Über den Autor

Osho ist einer der bekanntesten und provokativsten spirituellen Lehrer des 20. Jahrhunderts. Mehr als ein Jahrzehnt nach seinem Tod haben seine Worte ihre Kraft nicht verloren. Heute ist die Bedeutung von Osho auf der ganzen Welt unumstritten, und die aus seinen Vorträgen zusammengestellten Bücher sind in 47 Sprachen übersetzt. Osho ist 1990 verstorben. Er stammte aus Indien und war Universitätsprofessor, bis er sich entschloss, seine Einsichten in öffentlichen Vorträgen zu verbreiten. Das von ihm begründete Meditationszentrum in Poona zieht auch heute noch zehntausende Besucher aus aller Welt an. Weitere Informationen: www.osho.com

Von Osho sind in unserem Hause erschienen:

Die Kraft der Wahrheit
Der Vogel im Wind
Vom Leben und vom Sterben
Der Gott, den es nicht gibt
Jetzt oder nie
Autobiographie
Mitgefühl
Intelligenz
Mut
Freiheit
Intimität
Intuition
Bewusstsein
Kreativität
Freude
Reife
Das Buch der Frauen
Das Buch der Männer
Das Buch der Kinder
Das Buch der Heilung
Das Buch vom Ego

Mut – Die Freude, gefährlich zu leben (CD)
Mut – Der Mut der Liebe (CD)

OSHO

Die Kraft der Wahrheit

Authentisch leben

Aus dem Amerikansichen
von Rajmani H. Müller

Ullstein

Besuchen Sie uns im Internet:
www.ullstein-taschenbuch.de

Allegria im Ullstein Taschenbuch

Titel der englischen Originalausgabe:
DANGER – TRUTH AT WORK, by Osho

Dieses Buch ist eine Transkription von Originalaufnahmen Oshos vor Live-Publikum. Die Aufnahmen in diesem Buch wurden im Original veröffentlicht in *From Ignorance To Innocence* (Kapitel 1-15). Alle Vorträge von Osho wurden bereits vollständig in Buchform publiziert, sind aber genauso als Originalhörbücher und/oder Videoaufnahmen erhältlich. Weitere Informationen entnehmen Sie bitte dem Angebot der OSHO-Onlinebibliothek auf www.osho.com
OSHO ist eingetragener Markenname der
OSHO International Foundation, www.osho.com/trademarks

FSC®
www.fsc.org
MIX
Papier aus verantwortungsvollen Quellen
FSC® C083411

Deutsche Erstausgabe im Ullstein Taschenbuch
1. Auflage September 2013

Übersetzung: Rajmani H. Müller
Lektorat: Marita Böhm
Umschlaggestaltung: FranklDesign, München
Titelabbildungen: Terry Jeavons
Satz: Keller & Keller GbR
Gesetzt aus der Sabon
Pamo Super von Arctic Paper Mochenwangen GmbH
Druck und Bindearbeiten: CPI – Clausen & Bosse, Leck
Printed in Germany
ISBN 978-3-548-74594-7

Ich bin nicht interessiert, Glaubenssätze in dir zu schaffen, und ich bin nicht interessiert, dir eine Ideologie irgendwelcher Art zu vermitteln. Alles, was ich hier mache – und was sämtliche Buddhas aller Zeiten gemacht haben –, ist, die Wahrheit in dir zu wecken. Ich weiß, dass sie schon vorhanden ist. Es bedarf nur einer Synchronizität, eines Anstoßes, um den Vorgang des Wiedererkennens in dir auszulösen.

Inhalt

Über die Serie »Authentisch leben«

»Authentisch leben« ist der Name einer Serie von Büchern, die auf Aufzeichnungen von Meditationsveranstaltungen beruhen, in denen Osho Fragen seiner Zuhörerschaft beantwortet. Über diesen Vorgang der Fragen und Antworten sagt er selbst:

»Wie kannst du eine Frage stellen, die wirklich bedeutsam ist? Eine Frage, die nicht bloß intellektuell, sondern existenziell ist? Eine Frage, die nicht bloß dein verbales Wissen erweitert, sondern dir tatsächlich hilft, zu wachsen und authentisch zu leben? Dazu gibt es ein paar Dinge zu beachten:

Was auch immer du fragst: Stelle nie eine Allerweltsfrage, stelle nie eine stereotype Frage. Stelle eine Frage, die unmittelbar etwas mit dir zu tun hat, eine Frage, die für dich persönlich bedeutsam ist, die eine transformierende Botschaft für dich enthält. Stelle die Frage, von der dein ganzes Leben abhängt!

Stelle keine gelehrten Fragen, keine Fragen aus zweiter Hand. Frage etwas, was du wirklich wissen willst. Und wenn ich ›du‹ sage, meine ich das Du, das du in diesem Augenblick bist, hier und jetzt, unmittelbar. Wenn du etwas fragst, was unmittelbar ist, was hier und jetzt ist, dann wird es existenziell. Dann bezieht es sich nicht auf deine Erinnerung, sondern auf dein lebendiges Sein.

Stelle keine Frage, deren Beantwortung dich nicht verändern würde. Zum Beispiel könnte jemand fragen, ob es einen Gott gibt: ›Existiert Gott?‹ Eine solche Frage solltest du nur stellen, wenn die Antwort eine Wandlung in dir bewirken würde. Wenn du ein anderer Mensch wärst, je nachdem, ob es einen Gott gibt oder nicht. Wenn es jedoch keinen Unterschied für dich machen würde, ob Gott existiert oder nicht, dann ist diese Frage sinnlos. Dann hast du nur aus Neugierde gefragt, aber nicht aus Verlangen nach der Wahrheit.

Nach meiner Wahrnehmung macht es für die Menschen kaum einen Unterschied, ob Gott existiert oder nicht – sie bleiben gleich. Sie sind nur an oberflächlichem Wissen interessiert. Es liegt ihnen nicht am Herzen; es ist keine existenzielle Frage.

Also vergiss nicht: Frage nur etwas, was dir wirklich am Herzen liegt. Nur dann wird die Antwort für dich bedeutsam sein – bedeutsam in dem Sinne, dass sie dich zu verwandeln vermag, je nachdem, wie sie ausfällt. Würde sie einen anderen Menschen aus dir machen? Würde dein Leben sich in eine völlig andere Richtung bewegen, sodass du nicht unverändert bleiben kannst?«

Einleitung

Wahre Religion wird dir helfen, deine Wahrheit zu finden.
Und vergiss nicht: Meine Wahrheit kann niemals deine Wahrheit sein, weil die Wahrheit sich nicht von einem Menschen auf den anderen übertragen lässt.
Und selbst wenn ein Gautama Buddha die Wahrheit erkannt hätte, könntest du unmöglich wissen, ob dies der Fall ist oder nicht. Du kannst aber sehr wohl erkennen, ob jemand die Wahrheit kennt, wenn auch du sie erkannt hast. Dann wirst du ein feines Gespür dafür haben.
Andernfalls glaubst du einfach nur der öffentlichen Meinung.

– *Osho*

D*ie Kraft der Wahrheit* zielt direkt ins Herz unserer grundlegendsten menschlichen Anliegen. Warum können wir nicht einfach glücklich und zufrieden leben? Es sieht so aus, als besäße die Menschheit alles Wissen, das vonnöten ist, um alle ihre Probleme zu lösen. Aber in Wahrheit werden die Probleme nie wirklich gelöst – ja, sie scheinen oft nur noch schlimmer zu werden. Was ist der Grund für unser Unvermögen? Ist es etwas, was der menschlichen Natur innewohnt, oder …?

Die Wahrheit, die Osho in diesem Buch über die Wurzeln unserer Probleme aufdeckt, ist unbequem. Er stößt uns mit der Nase direkt auf das, was die meisten von uns nicht sehen wollen – unsere religiöse Konditionierung. »Ich und religiös konditioniert? Keine Spur! Davon bin ich frei.« Oder: »Ich bin spirituell, aber nicht religiös«. Oder: »Ich bin Atheist. Natürlich finde ich auch, dass die Religion der Kern vieler Probleme ist, aber sie ist nicht der Kern meiner Probleme.« Oder vielleicht gehören Sie zu jenen, die sagen würden: »Mach keine Witze! Wenn es den Einfluss der Religion nicht gäbe, wären wir heute in einem noch viel größeren Schlamassel!«

Gut, sofern es Ihnen gelingt, die Einwände, die sich Ihnen als Erstes aufdrängen – oder vielleicht alle zusammen –, beiseitezuschieben, dann können Sie die Reise in dieses Buch mit offenem Herzen antreten. Jedes Kapitel birgt in sich das Potenzial, Ihnen die Augen für Wahrheiten zu öffnen, die im Widerspruch zu allem stehen, was Sie gelernt haben. Wenn Sie meinen, Sie hätten bereits alles über Bord geworfen, was man Ihnen beigebracht hat, dann werden Sie mit Sicherheit auf Textpassagen stoßen, wo Sie plötzlich an die Grenzen Ihrer Komfortzone stoßen, in der Sie sich »frei von Konditionierungen« wähnten. Sie werden vieles auf eine neue, ungewohnte Weise betrachten. Sie werden anfangen, die religiöse Konditionierung aus den Worten aller möglichen Leute herauszuhören – angefangen von den Fernsehkommentatoren über die Politiker bis hin zu den New-Age-Wahrsagern und Lebensberatern. Ethische Regeln wie »Halte auch die andere Wange hin …« und »Was du nicht willst, dass man dir tu …« werden auf einmal Nuancen annehmen, auf die Sie bisher nie gekommen wären.

Und mit etwas Glück werden Sie sehen können, inwieweit Ihre Weltsicht der eigenen Wahrnehmung entspringt oder inwieweit sie nur ein mechanisches Wiederholen und Nachplappern der »überlieferten Weisheit« darstellt.

Dieses Buch ist nicht einfach ein Lesebuch, sondern es vermittelt Ihnen die lebendige Erfahrung des Dekonditionierungsprozesses, den Osho das »*Dry-Cleaning*« des Verstandes nennt. Vielleicht fragen Sie: »Warum sollte ich eine Dekonditionierung nötig haben?« – Weil wir uns unseres Lebens erst dann wirklich erfreuen können, wenn wir uns der Glaubenssätze und Vorstellungen entledigt haben, die uns – mit den allerbesten Absichten – von anderen eingetrichtert wurden. Erst dann können wir das Leben in jedem Augenblick leben, wie es sich uns darbietet, und darauf in einer Art und Weise antworten, die unserem wahren Wesen und unserer Natur entspricht. Authentisch zu leben – das bedeutet mit anderen Worten: Ihre eigene Wahrheit zu leben, anstatt sich mit Lügen aus zweiter Hand zu begnügen und an all die Dinge zu glauben, die andere Ihnen als »Wahrheit« aufgetischt haben.

Die beiliegende DVD vermittelt Ihnen eine unmittelbare Erfahrung von diesem Prozess: Sie nehmen teil an einem Experiment mit einem Mystiker unserer Zeit und erleben aus erster Hand die Kraft der Wahrheit.

1

Die Pseudoreligion – eine Seele zum Aufkleben

? *Warum wird die Menschheit heute immer unglücklicher?*

Der Grund ist sehr einfach, vielleicht zu einfach. Es ist ganz naheliegend, ganz offensichtlich, aber genau deshalb übersehen es die meisten Menschen ständig. Wenn etwas ganz offensichtlich ist, hält man es mit der Zeit für selbstverständlich. Wenn du etwas zu nahe vor Augen hast, kannst du es nicht sehen. Um etwas sehen zu können, brauchst du einen gewissen Abstand.

Zuerst möchte ich dich daran erinnern, dass die Menschheit nicht erst heute unglücklich ist. Sie war schon immer unglücklich. Das Unglück ist uns fast zur zweiten Natur geworden. Wir leben darin schon seit Jahrtausenden. Diese Nähe erlaubt uns nicht, es zu sehen, sonst wäre es sehr offensichtlich.

Um aber das Offensichtliche zu sehen, brauchst du den Blick eines Kindes.

Und wir alle tragen Jahrtausende in unseren Augen. Unsere Augen sind uralt; es fehlt ihnen der frische Blick. Sie haben viele Dinge längst als gegeben hingenommen und dabei vergessen, dass diese Dinge der wahre Grund für unser Unglück sind.

Die religiösen Propheten, die politischen Führer, die Moralgesetzgeber – ihr habt sie respektiert, ohne jemals Verdacht zu schöpfen, dass sie der Grund für euer Unglück sein könnten. Wie könntet ihr ihnen misstrauen? Sie sind die Diener der Menschheit; sie haben sich für die Menschheit aufgeopfert. Ihr betet sie an. Ihr bezieht euer Unglück nicht auf sie.

Die Ursachen des Unglücks verbergen sich gut getarnt hinter schönen Worten, heiligen Schriften und salbungsvollen Predigten.

Als ich Student war, geschah es einmal, dass der erste Premierminister Indiens zu Besuch in die Stadt kam. In Jabalpur fließt der ganze Unrat der Stadt mitten durch die Stadt. Sie ist sehr groß, und genau in ihrer Mitte strömt der ganze Unrat dahin wie ein Fluss. Es führt eine Brücke darüber, und wer diese Brücke überquert, bekommt einen Vorgeschmack von der Hölle. Ich habe nie einen Ort erlebt, an dem ein größerer Gestank herrschte.

An dem Tag, als Premierminister Jawaharlal Nehru die Stadt besuchte, war diese Brücke nun eines der größten Probleme. Er musste sie überqueren, denn sie war die einzige Verbindung zum anderen Teil der Stadt. Also verhängte man die ganze Brücke mit Mogra-Blüten. Es war Sommer, und die Mogra-Blüten verströmten einen sehr intensiven Duft. In der ganzen Länge der Brücke wurden an beiden Seiten dichte Mogra-Girlanden aufgehängt. So konnte man die Brücke überqueren, ohne überhaupt zu bemerken, dass sich hinter diesem Wall von duftenden Blüten der denkbar schmutzigste Ort verbarg.

Ich war auf dem Weg zur Universität, als ich die Leute sah, die mit dem Dekorieren der Naudra-Brücke beschäftigt waren – denn so hieß die Brücke. Der Name »Naudra« kam daher, dass sie neun Stützen hatte – neun Tore, und die Kloake floss mittendurch. Als ich die Leute beim Anbringen des Blumenschmucks sah, blieb ich stehen und fing an, ihnen beim Schmücken zu helfen, ohne dass irgendjemand etwas dagegen gesagt hätte. Sie dachten wohl, ich gehöre zur Mannschaft. Es arbeiteten viele mit, denn alles musste ganz schnell gehen, weil Jawaharlal bald vorbeikommen würde. Es war also einfach, mich unter die Arbeiter und freiwilligen Helfer zu mischen.

Als der Konvoi kam, mit Nehru stehend im offenen Jeep, trat ich vor den Jeep und stoppte ihn. Das wäre an keiner anderen Stelle möglich gewesen, denn überall sonst wimmelte es von Militärpolizei, Leibwächtern und Sicherheitsleuten. Auf der Naudra-Brücke aber waren auf beiden Seiten nur Freiwillige, denn sonst wollte keiner aus der Stadt dort in der Menge stehen. Die Menge bekam überhaupt nicht mit, was da veranstaltet wurde, um mit den Mogra-Blüten den Gestank völlig zu überdecken. Über dem Ganzen lag ein paradiesischer Duft! Die Menge hatte davon keine Ahnung, denn sie war weiter weg.

Ich sagte zu Jawaharlal: »Bitte steigen Sie aus dem Jeep. Sie müssen einen Blick hinter diese Blumen werfen! Dort liegt die

Wahrheit dieser Stadt. Man versucht, Sie zu täuschen. Dieser Blumenschmuck ist nicht zu Ihrem Willkommen da, sondern um Ihnen etwas vorzumachen.«

Er fragte: »Wie darf ich das verstehen?«

Ich sagte: »Steigen Sie aus und treten Sie näher an die Blumen heran, dann werden Sie es sehen.« Nehru war ein sehr feinsinniger und intelligenter Mensch. Aber die anderen, die lokalen Größen, versuchten, ihn daran zu hindern.

Ich sagte: »Hören Sie nicht auf diese Schwachköpfe. Das sind die Leute, die das mit den Blumen arrangiert haben. Haben Sie in der Stadt sonst irgendwo ein solches Blumenmeer zu Ihrer Begrüßung gesehen? Und hier sehen Sie keine Menschenmenge. Es ist eine einfache Rechnung. Kommen Sie mit!«

Er stieg aus und kam mit mir, um einen Blick hinter die Blumen zu werfen – und er war fassungslos. Zu den Leuten, zu den lokalen Größen, dem Bürgermeister, den Mitgliedern der Stadtverwaltung, dem Kongresspräsidenten sagte er: »Wäre dieser junge Mann nicht so hartnäckig gewesen, hätte ich es verpasst, die Realität eurer Stadt zu sehen. Was macht ihr hier eigentlich?«

Und zu mir sagte er: »Wenn du bei Gelegenheit nach Neu-Delhi kommst, dann komm mich besuchen.«

Ich sagte: »Nicht bei Gelegenheit – ich werde eigens kommen, um Sie zu besuchen. Aber Sie müssen den Dummköpfen in Ihrer Umgebung Bescheid geben, dass man mich reinlässt.«

Da sagte er zu seinem Sekretär: »Kümmere dich, dass ihn keiner abweist.« So wurde sein Sekretär zu einem meiner Schüler. Und immer wenn ich es brauchte, war er sofort bereit, es zu arrangieren. Die Türen zu Jawaharlals Haus standen mir offen.

Ich habe mich an diese Begebenheit erinnert, weil etwas Ähnliches mit der ganzen Menschheit passiert ist: Ihr seht das Unglück, aber ihr könnt dessen Ursache nicht sehen. Die Ursache wurde mit Blumen zugedeckt. Ihr seht die Blumen, aber weil die Blumen nicht die Ursache des Unglücks sein können, blickt ihr nicht hinter die Kulissen.

Und das Zweite, was nicht zu vergessen ist: Die Menschheit ist nicht erst jetzt unglücklich, sie war es schon immer!

Aber eines ist neu hinzugekommen – ein kleiner Unterschied, aber ein Unterschied, der seine Wirkung zeigt: Ein gewisser Prozentsatz der Menschheit ist bewusster geworden als je zuvor.

Das Unglück war schon immer da. Aber sich des Unglücks bewusst zu werden ist ein neu hinzugekommener Faktor. Es ist der Beginn einer Transformation. Sobald du dir einer Sache bewusst wirst, besteht die Möglichkeit, etwas zu unternehmen, um es zu ändern.

Die Menschen lebten stets im Unglück und nahmen es als Bestandteil des Lebens einfach hin, als ihr Schicksal. Niemand stellte es je infrage, niemand fragte nach dem Warum. Und noch bevor irgendjemand nach dem Warum fragen konnte, standen die religiösen Propheten, die Messiasse und Priester schon mit ihrer Antwort bereit. Die christliche Religion hält ihre Antwort bereit: »Weil Adam und Eva die Erbsünde begangen haben, darum müsst ihr leiden.«

Nun, siehst du den Zusammenhang?

Nach der christlichen Lehre wurde die Welt 4004 Jahre vor der Geburt von Jesus erschaffen – was ja überhaupt nicht stimmt, ein absoluter Schwachsinn! Die Welt ist viele Millionen Jahre alt – und mit »Welt« meine ich nicht nur unsere Welt, diese Erde. Ich meine nicht nur die Sonne oder unser Sonnensystem, denn auch sie sind viel älter. Und ich meine auch nicht die Welt der Sterne, denn sie sind nicht so winzig, wie sie aussehen. Sie sind größer als unsere Sonne; es sind alles Sonnen mit ihren eigenen Sonnensystemen, um vieles älter als unser Sonnensystem.

In der Tat, für Berechnungen über das Universum reichen Jahre als Maßeinheit nicht aus; dieser Maßstab ist zu klein. Eine Million Jahre ist gar nichts. Wenn du dir eine Vorstellung von der Größe des Sonnensystems machen willst, musst du eine andere Maßeinheit verwenden, die wir sonst nicht benutzen, weil wir nie mit solchen Größen zu tun haben. Die Physik fand dafür als neue Maßeinheit das Lichtjahr.

Wenn du verstehst, was ein Lichtjahr bedeutet, bekommst du eine Vorstellung davon, was es bedeutet, dass unsere Galaxie

Millionen von Lichtjahren alt ist. Das Licht pflanzt sich mit enormer Geschwindigkeit fort, der größten Geschwindigkeit, die wir kennen. Alles, was sich mit dieser Geschwindigkeit fortbewegt, verwandelt sich in Licht. Bei dieser Geschwindigkeit entsteht eine solche Hitze, dass alles zu Licht wird. Deshalb sprechen wir von der Lichtgeschwindigkeit als einer absoluten Größe. Wir können keine Rakete entwickeln, die sich schneller als mit Lichtgeschwindigkeit bewegt, denn sie würde selbst in Licht aufgehen.

Die Lichtgeschwindigkeit beträgt 360 000 Kilometer pro Sekunde – dreihundertsechzigtausend Kilometer! In einer Minute legt das Licht das Sechzigfache dieser Entfernung zurück, in einer Stunde wieder das Sechzigfache davon, an einem Tag das Vierundzwanzigfache, in einem Monat das Dreißigfache, in einem Jahr das Zwölffache davon – und auf diese Weise erhalten wir ein Lichtjahr.

Selbst wenn nun die Christen mit ihrer Geschichte recht hätten, wäre es mindestens 5000 Jahre her, dass Adam die Erbsünde beging. Da hat also vor 5000 Jahren irgendjemand gesündigt – und wie viele Generationen sind seitdem vergangen? Und du lebst immer noch im Unglück, nur wegen seiner Sünde? Das erscheint absolut ungerecht. Wenn Adam diese Sünde tatsächlich beging, hat Gott ihn dafür bereits leiden lassen. Aber warum solltest *du* dafür leiden? Du hattest nie etwas damit zu tun.

Wenn jemand dafür leiden sollte, dann Gott selbst, denn wozu musste er überhaupt diese zwei Bäume erschaffen? Wenn es dem Menschen nicht gestattet war, von diesen Bäumen zu essen, wäre es doch das Einfachste gewesen, Gott hätte die Bäume gar nicht erst erschaffen! Wenn hier überhaupt jemand eine Ursünde begangen hat, dann *er*!

Da Gott sie nun aber erschaffen hatte, warum musste er Adam darauf aufmerksam machen, dass er von diesen beiden Bäumen nicht essen dürfe? Ich glaube nicht, dass Adam von allein die beiden Bäume hätte finden können – bis heute nicht! Unter Millionen von Bäumen wäre es ein reiner Zufall gewesen, wenn Adam auf sie stieß. Doch Gott hat ihm die Bäume selbst gezeigt und zu ihm gesagt: »Von diesen zwei Bäumen hier darfst du nicht essen!«

Und dieser Gott ist jüdisch. Sigmund Freud versteht das besser – er ist auch jüdisch, aus der Erbsünde geboren ... Aber er versteht es viel besser als dieser jüdische Gott: Jemandem zu sagen, dass er etwas nicht tun darf, ist eine Provokation, eine Herausforderung, geradezu eine Einladung, um seine Faszination zu wecken. Es ist nicht die Schlange, die in Wirklichkeit Adam und Eva überredet. Es ist Gott mit seinem Verbot: »Ihr dürft nicht ...!« Das trifft sie hart, und sie werden neugierig und wollen wissen, warum.

Und es handelt sich nicht um giftige Bäume. Der eine ist der Baum der Erkenntnis. Es erscheint völlig unlogisch, warum der Baum der Erkenntnis dem Menschen vorenthalten sein sollte. Und der andere ist der Baum des ewigen Lebens. Diese beiden Bäume sind das Beste, was der Garten Eden überhaupt zu bieten hat! Gott hätte zu Adam sagen sollen: »Diese beiden Bäume dürft ihr euch auf keinen Fall entgehen lassen. Alles andere könnt ihr ignorieren, nur nicht diese zwei Bäume!« Stattdessen sagt er zu Adam und Eva: »Ihr dürft das nicht!« Dieses Nichtdürfen ist der wahre Grund für ihren Ungehorsam. Die Schlange ist nur ein Vorwand.

Aber selbst wenn sie diese Sünde wirklich begangen haben – sei es wegen Gott oder wegen der Schlange –, so steht doch fest, dass *du* damit absolut nichts zu tun hast, in keinster Weise. Du warst nicht ihr Helfershelfer. Mit der Behauptung, der Mensch müsse wegen dieser Erbsünde leiden und unglücklich sein, haben die Christen die ganze Welt ausgetrickst, haben die Juden die ganze Welt ausgetrickst. Nun muss er bereuen und wiedergutmachen, was Adam und Eva verbockt haben. Sie waren ungehorsam. Nun leiste du gefälligst Gott deinen Gehorsam!

Weil sie ungehorsam waren, wurden sie aus dem Paradies geworfen. Aber wenn du vollkommen gehorsam bist, nicht den geringsten Zweifel hegst und nie irgendetwas infrage stellst, darfst du wieder in die Welt der Glückseligkeit, ins Paradies, zurückkehren.

Das Unglück existiert wegen der Erbsünde gemäß den judaischen Religionen – dem Judaismus, Christentum und Islam. Diese drei Religionen entstammen alle derselben Wurzel. Sie glauben alle an diese Erbsünde und daran, dass wir leiden müssen, weil wir die Nachfahren derer sind, die sie begangen haben.

Nicht einmal die menschliche Rechtsprechung kann den Sohn eines Verbrechers dafür bestrafen, dass er der Sohn eines Verbrechers ist. Selbst wenn der Vater jemanden ermordet hat, was ein schweres Verbrechen ist, kann der Sohn nicht ebenfalls dafür bestraft werden. Der Sohn hat nichts damit zu tun. Nun haben Adam und Eva gar kein schweres Verbrechen begangen – sie waren nur ein bisschen neugierig. Ich glaube, dass jeder, der auch nur einen Funken Verstand hat, das Gleiche getan hätte. Es war absolut voraussehbar, denn der Mensch hat ein tiefes Bedürfnis nach Erkenntnis. Es ist ihm angeboren, es ist keine Sünde. Es liegt in der Natur des Menschen, nach Erkenntnis zu streben – aber Gott verbietet es ihm. Er sagt damit: »Du sollst unwissend bleiben.«

Ebenso gibt es ein angeborenes intensives Verlangen nach dem ewigen Leben. Niemand will sterben. Nicht einmal ein Selbstmörder ist gegen das Leben. Insgeheim hofft er vielleicht, das nächste Leben werde besser sein. Er ist all des Leidens und der Qual so überdrüssig, dass er denkt: »In diesem Leben hast du keine Chance, aber vielleicht im nächsten? Dieses Leben schenkt dir gar nichts und wird dir auch nichts mehr schenken – also riskiere es! Falls der Tod nicht das Ende ist, vielleicht klappt es ja im nächsten Leben!« Dieses Vielleicht, dieser hoffnungsvolle Wunsch, ist auch in einem Selbstmörder noch vorhanden. Sein Selbstmord mag ein Protest sein, aber keine Absage an das Leben an sich.

Erkenntnis und ewiges Leben sind also die beiden fundamentalsten und im Menschen am tiefsten verankerten Wünsche. Dennoch ist es ihm verwehrt, seiner Natur zu gehorchen. Ja, seine Natur wird als kriminell verurteilt, von vornherein in Sünde verwurzelt. Gehorcht er seiner Natur, fühlt er sich schuldig. Gehorcht er ihr nicht, bleibt er unglücklich. So haben die

Religionen einen ständigen Nährboden für euer Unglück geschaffen.

Um es zusammenzufassen: Wenn du natürlich bist, wirst du dich schuldig fühlen. Folglich besteht dein Unglück, deine Sorge, deine Angst darin: Welche Strafe erwartet dich? Du gehorchst Gott nur deshalb nicht, weil all die Schriften und Gebote nicht mit deiner Natur zu vereinbaren sind. Gehorchst du deiner Natur, ist Unglück die Folge. Gehorchst du nicht deiner Natur, ist ebenfalls Unglück die Folge. Du fühlst dich leer, unbefriedigt, unerfüllt. Du hast das Gefühl, nutzlos zu sein, dein Leben vollkommen sinnlos.

Es gibt demnach zwei Kategorien von unglücklichen Menschen auf dieser Welt: diejenigen, die den Propheten der Religionen folgen, und diejenigen, die ihnen nicht folgen. Es ist äußerst schwierig, eine dritte Kategorie zu finden – jemanden wie mich, der sich kein bisschen darum schert! Ich folge keinem von ihnen, aber ich bin auch nicht gegen sie. Ja, ich hasse sie nicht einmal, geschweige denn lieben. In meinen Augen sind sie einfach absurd und belanglos, für unser Dasein völlig irrelevant.

Entscheidest du dich für eine der beiden Seiten, dann bist du in der Zwickmühle. Also ist es besser, dich für keine Seite zu entscheiden, weder dafür noch dagegen. Sag diesen Typen einfach: »Fahrt zur Hölle! Und nehmt euren ganzen Schriftenkram mit!« Nur dann kannst du frei sein von diesem Unglück.

Der Osten hat eine ganz andere Begründung für das Unglück gefunden. Obwohl die Begründungen verschieden sind, verfolgen sie dennoch denselben Zweck. Alle drei Religionen des Ostens – Hinduismus, Jainismus und Buddhismus – lehren, dass dein Unglück von deinen schlechten Taten verursacht wird, die du in früheren Leben begangen hast. Millionen von früheren Leben, in verschiedensten Formen, verschiedensten Körpern, als Tiere, als Vögel ...

Die Hindus haben eine viel weitere Perspektive: 840 Millionen Spezies, die es auf der Erde gibt – das ist ein riesiger Spielraum, nicht eine so kurze Zeitspanne von 6000 Jahren wie bei den Christen!

Der Spielraum ist zweifellos riesig: 840 Millionen Arten, die du alle durchlaufen hast, bis du schließlich Mensch wurdest. In diesen unendlich vielen Jahren – und bei den Hindus, Jainas und Buddhisten ist das Wort »Lichtjahre« sehr angebracht – hast du so unendlich viele Dinge getan, gute wie schlechte, – und über alles wurde genauestens Buch geführt! Wenn du jetzt leidest, bedeutet es, dass deine schlechten Taten nun schwer auf dir lasten. Du musst leiden, nur so kannst du dich entlasten. Du musst für deine Taten büßen. Wer sonst sollte dafür büßen? Wenn du im letzten Leben jemanden ermordet hast, wer außer dir sollte jetzt die Rechnung dafür begleichen?

Diese Begründung erscheint kalkulierbarer und logischer als die, dass Adam eine Sünde beging, für die du 6000 Jahre später büßen musst. Obwohl schon so viele Generationen vergangen sind, bleibt die Sünde immer noch frisch. Obwohl schon so viele Generationen dafür gelitten haben und bestraft wurden, wirst du immer noch bestraft. Kann man so viele Menschen für die Sünde eines Einzigen bestrafen? Und bis in alle Ewigkeit?

Die östliche Sichtweise erscheint logischer: In deinem früheren Leben hast du schlechte Taten begangen, und natürlich musst du selbst dafür leiden. Ich sage, sie »erscheint« logischer, aber existenziell ist es nicht wahr.

Warum sage ich, dass es existenziell nicht wahr ist? Weil das Ergebnis deiner Handlungen jeder Handlung direkt entspringt und nicht bis zum nächsten Leben wartet. Warum sollte das Ergebnis so lange auf sich warten lassen? Wenn du jetzt Gift trinkst, stirbst du dann erst im nächsten Leben? Ich habe darüber Streitgespräche geführt, mit Hindu-Shankaracharyas, Jaina-Mönchen, buddhistischen Bhikkus, und ich habe sie gefragt: »Sagt mir: Wenn einer sich mit dem Hammer auf die Hand schlägt, wird er im nächsten Leben leiden oder jetzt und hier?« Jede Aktion bringt unmittelbar ihre Reaktion mit sich; sie wartet nicht. Weshalb sollte sie warten und weshalb ausgerechnet auf das nächste Leben?

So haben die östlichen Religionen die Menschen zum Narren gehalten, wenn auch mit etwas mehr Logik als die Christen und

Juden und Muslime. Deshalb kann ein gebildeter Hindu nicht zum Islam, Judaismus oder Christentum bekehrt werden – unmöglich, weil ihm deren Vorstellungen alle sehr kindisch vorkommen. Für den Hindu gibt es viel logischere Begründungen. Aber diese logischen Begründungen sind nur oberflächlich gesehen relevant. Wenn man tiefer schaut, ist im Grunde nicht viel an ihnen dran.

Ich habe mit all diesen Leuten disputiert. Aber kein Einziger war in der Lage, meine Frage zu beantworten. Wenn du deinen Arm ins Feuer steckst – hast du dann im nächsten Leben Brandwunden? Die Tat passiert jetzt, also muss auch das Ergebnis jetzt eintreten. Aktion und Reaktion gehören zusammen, sie sind untrennbar miteinander verknüpft. In dem Augenblick, wo du liebst, bist du glücklich. Es ist nicht so, dass du in diesem Augenblick liebst und dabei total unglücklich bist, aber im nächsten Leben, ob verliebt oder nicht, bist du plötzlich eines Tages glücklich, weil du dir im letzten Leben gutes Karma erworben hast.

Ihr trennt Dinge voneinander, die ihrem Wesen nach untrennbar miteinander verbunden sind. Wenn du jemanden hasst, wird dieser Hass wie ein Feuer in dir brennen. Wenn du wütend bist, wirst du mitten in dieser Wut leiden und nicht irgendwann nachher. Nach meinem Verständnis bekommst du in jedem Augenblick, bei allem, was du tust, die Reaktion unmittelbar präsentiert.

Diese Leute halten euch zum Narren. Sie können vieles nur deshalb nicht sagen, weil es ihren eigenen Interessen zuwiderläuft. Sie können euch nicht sagen, dass ihr nur deshalb arm seid, weil die Reichen euch ausbeuten. Sie selbst werden nämlich von den Reichen finanziert.

Zum Beispiel Acharya Tulsi, ein Jaina-Mönch ... Die Mönche der Jaina-Religion ziehen während der Regenzeit nicht durchs Land. In Indien sind die Jahreszeiten deutlich voneinander getrennt: Die Regenzeit dauert vier Monate, der Sommer dauert vier Monate, der Winter dauert vier Monate. In den letzten Jahren sind die Jahreszeiten unregelmäßig geworden, weil überall die verschiedensten atomaren Tests stattgefunden haben. Ansonsten würde die Regenzeit exakt zum erwarteten Zeitpunkt beginnen und auch exakt zum erwarteten Zeitpunkt wieder aufhören.

Während der viermonatigen Regenzeit zieht ein Jaina-Mönch nicht durchs Land. Acht Monate lang wandert er umher, aber in diesen vier Monaten ist es unmöglich, weil die Erde nass ist und überall Gras wächst. Und im Gras leben viele kleine Insekten und Ameisen. Da ist so viel Leben im Gras, dass der Mönch nicht über das Gras laufen kann. Und auch auf der nassen Erde kann er nicht gehen, weil die Nässe mehr Insekten anzieht. Er darf nur auf trockenem Boden gehen, wo er absolut sicher sein kann, dass er beim Gehen kein Lebewesen tötet. Darum ist die Regenzeit nichts für den Wandermönch. Er darf nicht einmal einen Schirm mit sich tragen; das wäre unerlaubter Besitz. In der Regenzeit wäre es für ihn extrem schwierig. Er besitzt nicht mehr als drei Kleidungsstücke, und alle drei Teile würden nass werden, und er hätte nichts zum Wechseln.

Acharya Tulsi, der oberste Jaina-Mönch, bleibt dann an einem festen Ort. Er hat eine Gefolgschaft von 700 Mönchen. Seine Mönche ziehen acht Monate lang umher, und während der vier Regenmonate kommen sie, um mit ihrem Meister an einem Ort zusammen zu sein.

Aber das ist ein schwieriges Problem, denn nur ganz reiche Leute können es sich leisten, Acharya Tulsi einzuladen, die Regenzeit in ihrer Stadt zu verbringen, weil diese ganze 700-köpfige Mönchsgemeinde ebenfalls kommt. Und das ist noch gar nichts. Wenn diese 700 Mönche sich um ihr Oberhaupt, den Acharya Tulsi, versammeln, der wie ein Papst für diese Sekte ist, dann kommen auch Tausende von Anhängern, um ihn zu hören. Das geht aber nur, weil während der Regenzeit in Indien praktisch alles dichtmacht. Man kann gar nichts tun. Die Geschäfte sind leer, die Leute spielen Karten oder Schach. Alle möglichen Feste werden veranstaltet, weil alle freihaben. Die Leute besuchen ihre Verwandtschaft, denn im Geschäft läuft nichts, was man verpassen könnte.

Die Leute besuchen dann ihre religiösen Führer. Und es ist Tradition, dass jeder, der das Oberhaupt eines religiösen Ordens besuchen kommt, ein Gast der Stadt ist, genauso wie das Oberhaupt ein Gast der Stadt ist. Den Acharya Tulsi einzuladen bedeutet eine Ausgabe von einigen Millionen Rupien, was sich nur superreiche Leute leisten können. Wer sich das leisten kann, muss ein Geschäftsmann sein. Und ein Geschäftsmann ist nie ein Verlierer. Er ist kein Spieler. Er kalkuliert alles genau, mit Zinseszinsen. Wenn er ein paar Millionen Rupien investieren will – und genau das ist es, eine Investition in den Acharya Tulsi –, dann wird er aus dem Acharya Tulsi so viel herausholen, wie er kann, mit Zinseszinsen, und vorher wird er nicht abreisen. Beide Seiten verstehen das; es ist also ein stillschweigendes Einverständnis. Acharya Tulsi muss den Reichen protegieren, weil der Reiche den Acharya Tulsi mit all seinen Mönchen protegiert. Ein einfacher Deal.

Genauso läuft es auch bei den anderen Religionen in Indien. Es ist eine sehr kostspielige Angelegenheit. Eine andere Jaina-Sekte zum Beispiel, deren Mönche nackt leben, darf in keinem Haushalt und bei keiner Familie wohnen, weil Bindungen entstehen könnten, wenn man so nah mit einer Familie zusammenlebt. Das könnte zu Problemen führen und die Mönche ablenken. Also können sie nur in einem Tempel wohnen. Und die Jaina-Tempel sind die kostspieligsten und besten Tempel in Indien. Einen solchen Tempel zu errichten ist heute schwierig. Vielleicht kennen einige von euch die Jaina-Tempel am Mount Abu, wo ich meine Meditationscamps abzuhalten pflegte – sie sind wahre Meisterwerke der Kunst! So viel Geld ist in diese Tempel geflossen. Sie sind ganz aus Marmor, und die Vollendung eines einzigen Tempels brauchte manchmal Jahrhunderte. Vielleicht hatte der Großvater damit angefangen, aber erst die dritte, vierte oder fünfte Generation konnte den fertigen Tempel einweihen. Oft wirken Tausende von Arbeitern, Künstlern und Handwerkern daran mit.

Wer einen nackten Jaina-Mönch einladen möchte – denn der nackte Jaina-Mönch steht am höchsten in der Rangordnung …

Acharya Tulsi ist kein nackter Jaina-Mönch, sondern gehört zu einer niedrigeren Stufe. Ja, er ist ein Jaina, doch fragt man die Anhänger der nackten Mönche, so sagen sie: »Es besteht kein großer Unterschied zwischen unserem Orden und Acharya Tulsi. Er hat vielleicht drei Kleidungsstücke, und wir haben sechs; das ist der ganze Unterschied. Die wahren Unterschiede bestehen zwischen unseren Mönchen.« Und zweifellos quält sich ein nackter Jaina-Mönch mehr als alle anderen auf der ganzen Welt. Mit ihm kann keiner konkurrieren. Er ist der Rekordhalter unter allen Masochisten.

Um einen nackten Jaina-Mönch einzuladen, braucht man deshalb einen Tempel, der seinem Ansehen gerecht wird, sonst wäre es eine Beleidigung. Also wird in jedem größeren Ort, in jeder größeren Stadt ständig Geld zum Fenster hinausgeworfen, um Tempel zu errichten, weil die nackten Mönche nur in Tempeln wohnen können. Es gibt nicht so viele Jainas, doch im ganzen Land gibt es so viele Tempel, dass man sich nur wundern kann. Selbst an Orten, wo keine einzige Jaina-Familie lebt, findet man Jaina-Tempel, damit die vorüberziehenden Jaina-Mönche eine Unterkunft haben.

Es ist erstaunlich, und wenn man sich das Ganze näher betrachtet, ist es wirklich zum Lachen: Ein Jaina-Mönch darf nur von einem Jaina Almosen annehmen. Es gibt aber so wenige Jainas – nur etwa 300 000 in ganz Indien –, das ist wie ein Teelöffel Salz im Ozean. Es gibt Tausende von Städten und Dörfern, in denen nicht ein einziger Jaina lebt. Weil aber die Jaina-Mönche acht Monate lang ständig auf Wanderschaft sind, kommen sie auch in Orte, wo keine Jainas leben.

Was machen also die Jainas? Eine Prozession von 20 Familien fährt dem Mönch hinterher, in 20 oder 50 Bussen. Warum 50 Busse? Ein einziger Bus oder ein Auto würde doch genügen, wenn eine Jaina-Familie den Mönch begleitet. Der Jaina-Mönch muss betteln gehen, darf aber nicht immer von derselben Familie betteln; das wäre gegen die Schriften. Und als die Schriften verfasst wurden, war das auch sinnvoll, weil es so viele Mönche gab, dass sie eine Last für die Gesellschaft wurden. Wenn ein

Mönch zu einer Familie kommt, die ihm gutes Essen gibt, wird er anfangen, jeden Tag dort hinzugehen, und dann wird er für diese Familie zu einer Belastung. Und wenn dann andere Mönche von dem guten Essen erfahren, dann gehen alle zu derselben Familie.

Darum wurde die Regel aufgestellt, dass ein Mönch sein Essen nicht bei einer einzigen Familie erbetteln darf – nicht einmal eine ganze Mahlzeit. Sogar eine einzige Mahlzeit muss er sich von verschiedenen Familien zusammenbetteln: ein paar Stückchen hier, ein paar Stückchen dort. Und am nächsten Tag darf er nicht wieder bei denselben Leuten betteln. Außerdem darf kein Mönch am selben Platz betteln, wo schon ein anderer war. Das schafft Probleme; jeder Mönch muss bei mehreren Familien betteln.

Deshalb folgen 50, 60 Familien diesen wandernden Mönchen als Tross, der sie mit allem möglichen Essen versorgt. Und natürlich wird auch alles für ihren eigenen Bedarf benötigt; sie brauchen Zelte und allen möglichen Hausrat.

Heute sind nur noch 22 nackte Jaina-Mönche übrig, weil das Ganze eine so aufwendige Sache ist. Wenn einer der nackten Mönche stirbt, wird er nicht mehr ersetzt. Es ist zu schwierig geworden.

Also 50, 60 Busse, eine ganze Prozession. Dann die Zelte, und am Abend wird eine ganze Zeltstadt aufgeschlagen, weil am Morgen der Mönch kommt. Und sie müssen Tempel an Plätzen einrichten, wo sie nicht einmal einen Jaina-Priester finden, der das Ritual durchführt. Dafür müssen sie einen Brahmanen engagieren, der im Tempel das Ritual abhält.

Dabei sind Brahmanen und Jainas eigentlich Feinde, denn der Jainismus ist eine Revolte gegen den Brahmanismus. Die Brahmanen sind aber die einzigen Leute, die ein Ritual abhalten können; also bezahlt man sie dafür, dass sie das tun. Man kann sehen, dass sie nicht wirklich bei der Sache sind. Wie können sie ihren Feind anbeten? Dieser Mahavira, dessen Statue in den Jaina-Tempeln angebetet wird, hat die Brahmanen ständig kritisiert. Gegen Bezahlung wird er nun von einem Brahmanen angebetet. Dieser mag dabei innerlich fluchen, aber nach außen sagt er Lobpreisungen, lässt Blüten regnen und erfüllt alles, was der Jainismus für die Andacht vorschreibt.

Bis zum nächsten Morgen ist die ganze Stadt bereit, und wenn dann der Mönch kommt, weiß er natürlich Bescheid über all die Busse und die Zeltstadt, die am Abend aufgebaut wurde. Als er tags zuvor hier durchkam, stand noch kein einziges Zelt. Und er kennt all diese Leute, weil sie ihm schon seit vier Monaten hinterherreisen. Diese Leute müssen alle sehr reich sein, wenn sie ihre Geschäfte ruhen lassen können, um mit der ganzen Familie umherzureisen. Und das ist in dieser Jahreszeit wirklich schwierig. In manchen Gegenden fällt es 200 Zoll (500 cm) Regen oder noch mehr. Und sie müssen dem Mönch sogar bis in die Berge hinterherreisen, weil die heiligen Stätten der Jainas in den Bergen liegen.

Die Hindus haben ihre heiligen Stätten an den Ufern von Flüssen. Weil die Hindus bereits ein Monopol auf die Flüsse hatten, mussten die Jainas sich etwas einfallen lassen, um sie zu übertrumpfen. Überall das gleiche Konkurrenzverhalten! Sie hielten es also für das Beste, sich die höchsten Berggipfel auszusuchen, um diesen Narren zu zeigen, dass sie die Reinheit der Berge den schmutzigen Flüssen vorzogen. In Indien werfen die Leute sogar tote Körper, halb verbrannte Leichen und tote Tiere in die Flüsse ... Und das sollen eure heiligen Stätten sein? Also suchten sich die Jainas hohe Berge für diesen Zweck aus.

Die Busse folgen den Mönchen dorthin, und auch die Zeltstädte werden in den Bergen errichtet, aber immer in der Nacht, während der Mönch schläft, niemals vor seinen Augen. Ich habe diese nackten Mönche gefragt: »Wollt ihr mir weismachen, nicht zu wissen, dass diese Leute euch hinterherreisen – dieselben Gesichter, dieselben Zelte, dieselben Busse – vier Monate lang? Sie halten sich selbst zum Narren, aber wen haltet ihr zum Narren? Was soll dieser ganze Zirkus eigentlich?«

Unter vier Augen gestanden sie mir: »Du hast recht, aber was sollen wir dazu sagen? Du triffst immer genau den wunden Punkt. Du hast ein Talent, die Menschen immer an ihrer empfindlichsten Stelle zu treffen. Ist doch klar, vier Monate ... Ich weiß ich es natürlich, aber ich kann nicht öffentlich darüber reden, denn wie soll ich sonst überleben?« Der Mönch ist von diesen Leuten abhängig. Das sind Geschäftsleute, die ihr Geld in ihn investieren. Sie wollen, dass er den Armen predigt: »Euch geht es schlecht wegen eures schlechten Karmas aus früheren Leben. Und die reichen Leute können ihr Leben genießen, weil sie in früheren Leben gutes Karma erworben haben. Wenn ihr Freude erleben wollt, dann tut gutes Karma, befolgt die Schriften und handelt nach den Prinzipien, die von den großen Meistern überliefert wurden, dann werdet ihr im nächsten Leben reich sein.«

Ich habe versucht zu erklären, warum die Priester immer das nächste Leben ins Spiel bringen: Sie können euch nichts geben, um in diesem Leben etwas zu ändern. Und was das nächste Leben angeht, hat es einen großen Vorteil: Keiner weiß, was geschehen wird – ob überhaupt etwas geschehen wird, ob man überhaupt weiterleben wird. Diese Strategie ist erfunden worden, um eine rational klingende Begründung zu haben. Im Übrigen gibt es Leute, die sich genau an die Schriften halten und dennoch leiden, die arm und krank sind. Sie fragen zu Recht: »Wir tun doch alles, was ihr sagt – warum müssen wir trotzdem leiden?« Davon abgesehen, betrifft es auch die Jaina-Mönche ... Einer stirbt an Krebs – wofür muss er leiden? Er hat sein Leben lang nichts Unrechtes getan. Also muss eine Begründung irgendwo in seinen früheren Leben gefunden werden.

Die Menschen sind unglücklich, weil die Religionen ihnen nicht geholfen haben, die Ursachen für das Unglück zu beseitigen. Im Gegenteil, sie haben ihnen Trost gespendet, damit sie so bleiben können, wie sie sind.

Revolte, Revolution fallen in dieselbe Kategorie wie Ungehorsam, Störung der Ordnung, Anstiftung zum Chaos: Dafür droht euch im nächsten Leben ungeheures Leid! Ihr leidet schon jetzt, aber damit verursacht ihr noch viel größeres Leid! So hat man eine Kluft zwischen diesem Leben und dem nächsten Leben, zwischen dem früheren Leben und diesem Leben geschaffen. Das ist eine großartige Strategie, denn es muss weder ein Beweis erbracht werden, welche schlechten oder guten Taten ein Mensch in früheren Leben begangen hat, noch kann man wissen, was im nächsten oder in zukünftigen Leben passieren wird.

So hat man uns wunderbare Erklärungen geliefert und die ganze stinkende Realität unter einer Tarnung aus duftenden Blumen verborgen, damit wir nur die Blumen riechen und den stinkenden Fluss vergessen, der direkt darunter als Unterströmung existiert.

Wenn du die Blumen auf den Müllhaufen wirfst, wirst du sofort sehen können, warum die Menschheit so unglücklich ist!

Wie ich schon sagte, ist etwas Neues hinzugekommen: Ein Prozent der Menschheit ist an einem Punkt angelangt, wo die Menschen ein wenig bewusster werden können, wo sie wach werden können. Und dieses eine Prozent der Menschheit, das sich des Unglücks bewusst wird und erkennt, dass die ganze Menschheit bereits jetzt in der Hölle lebt, stellt nun die Frage: »Von welcher Hölle ist hier überhaupt die Rede? Es kann doch nichts Schlimmeres mehr geben als das, was auf unserer Erde bereits geschieht!« Auf solche Fragen kommt jetzt ein Prozent der Menschheit. Diese Fragen erreichen auch jene, die noch nicht so wach sind – aber diese Fragen sind trotzdem bei ihnen angekommen. Sie haben sie gehört und fangen an wahrzunehmen, wie sich ein wenig Bewusstheit in ihnen regt: »Ja, es gibt viel Unglück, unendlich viel Unglück.«

Die Politiker haben euch getäuscht. Sie sagen: »Wenn die Demokratie kommt, dann hört das Leiden auf! Wenn die Unabhängigkeit kommt, dann hört das Leiden auf! Wenn der Sozialismus kommt, dann hört das Leiden auf! Wenn der Kommunismus kommt, dann verschwindet alles Leiden!« Wir haben die Demokratie, aber das Leiden hat ständig zugenommen und nimmt weiter zu. Viele Länder haben die Unabhängigkeit erlangt, leben nicht mehr in Sklaverei, aber selbst in den unabhängig gewordenen Ländern ist das Leiden nicht weniger geworden. Vielleicht sogar mehr, denn jetzt können sie ihr Unglück nicht mehr auf andere schieben – sie sind jetzt unabhängig. Ein versklavtes Land hat zumindest den Trost der Hoffnung. Das ist meine Erfahrung.

Ehe Indien unabhängig wurde, herrschte dieses Gefühl in ganz Indien. Mein Vaterhaus war ein Ort der Verschwörung. Meine beiden Onkel waren schon mehrmals im Gefängnis gewesen und mussten sich jede Woche bei der Polizei melden und nachweisen, dass sie nicht gegen die Regierung agitierten und immer noch am selben Ort lebten. Sie durften die Stadt nicht verlassen – aber die Leute kamen zu ihnen, und sie waren alle sehr hoffnungsvoll.

Ich war noch ein kleines Kind, aber ich wunderte mich immer: »Diese Leute sagen, wenn wir erst einmal unabhängig sind, wird alles Unglück verschwinden. Wie soll das geschehen? Ich sehe da keinen Zusammenhang.« Aber es gab die Hoffnung. Das gelobte Land war in Reichweite – nur ein kurzer Kampf, und das Ziel war erreicht. Es gab Leiden, aber man war nicht selbst dafür verantwortlich; die Engländer waren daran schuld. Es war sehr tröstlich, alles auf die Engländer schieben zu können.

Ich habe tatsächlich diese Revolutionäre, die heimlich in unser Haus kamen und manchmal monatelang darin wohnten, mit meinen Fragen gelöchert. Einer von ihnen, ein sehr berühmter Revolutionär, war Bhavani Prasad Tiwari, der Vorsitzende der indischen sozialistischen Partei. Immer wenn er in den Untergrund gehen musste, kam er in mein Dorf und wohnte in unserem Haus, versteckt. Er kam den ganzen Tag nicht heraus, obwohl ihn ohnehin keiner im Dorf kannte. Aber ich war hinter ihm her. Er sagte mir immer wieder: »Du stellst mir so unbequeme Fragen, dass ich manchmal denke, es wäre besser, in einem britischen Gefängnis zu sitzen als hier in deinem Haus. Zumindest würde ich dort eine erstklassige Behandlung bekommen!«

Als prominenter Führer hätte er eine erstklassige Behandlung bekommen – die Sonderbehandlung für politische Gefangene – mit allem Komfort, gutem Essen, einer guten Bibliothek. Und zumindest hätte er eine gewisse Freiheit gehabt, denn Gefangene erster Klasse mussten keine Zwangsarbeit leisten. Sie schrieben ihre Autobiografien und andere Bücher. Sämtliche Bücher der großen indischen Führer wurden von ihnen im Gefängnis geschrieben. Und sie konnten sogar spazieren gehen. Man brachte sie an schönen Orten unter, die nicht einmal Gefängnisse waren, sondern eigens für sie eingerichtet wurden.

Zum Beispiel gab es in Pune einen Palast am anderen Flussufer, schräg gegenüber von unserer Kommune, den Aga-Khan-Palast. Es war tatsächlich ein Palast. Dort wurde Gandhi gefangen gehalten und auch seine Frau. Seine Frau ist dort gestorben; ihre Grabstätte ist immer noch dort im Aga-Khan-Palast. Vielleicht habt ihr ihn in Pune gesehen: Wenn man über die Brücke kommt, liegt gleich daneben, oben auf dem Hügel, dieses schöne Haus.

Ich habe dessen Besitzer gefragt, der in Mumbai lebte und oft zu mir zu kommen pflegte: »Verlange dafür, so viel du willst, aber gib mir dieses Haus, bevor ich nach Pune ziehe. Ich möchte dieses Haus!« – Denn es ist der höchste Punkt von ganz Pune, und von dort aus kann man die ganze Stadt sehen. Es war wirklich ein schöner Palast.

Er sagte: »Das ist schwierig, denn es gehört meiner Mutter. Sie ist die Eigentümerin dieses Hauses, und sie will es nicht verkaufen, weil Gandhi dort in Gefangenschaft war, und sie ist eine Gandhi-Anhängerin. Sie möchte daraus ein staatliches Museum zum Gedenken an Gandhi machen. Es ist unmöglich, sie zu überreden – und schon gar nicht deinetwegen! Dein Name darf in meiner Familie nicht einmal in den Mund genommen werden. Wenn ich zu dir komme, muss ich sagen, dass ich woanders hingehe. Dein Name ist tabu.« Gandhi-Anhänger erwähnen nicht einmal meinen Namen, denn ich bin jemand, der ständig gegen Gandhi geredet hat.

Einige solche Paläste wurden in Gefängnisse umgewandelt. Sie hatten oft mehrere Hektar Grünland rundum, mit wunderbaren Ausblicken. Dieser sozialistische Führer, Bhavani Prasad Tiwari, sagte also zu mir: »Es wäre besser, wenn ich nicht mehr im Untergrund lebte, weil du so unbequeme Fragen stellst.«

Ich sagte: »Wenn du darauf keine Antwort weißt, was wird dann aus unserem Land, wenn es unabhängig geworden ist? Genau diese Fragen wirst du zu lösen haben. Du weißt nicht einmal in Worten darauf zu antworten, aber du wirst sie tatsächlich zu lösen haben.« Zum Beispiel fragte ich ihn: »Wie soll dadurch, dass die Engländer das Land verlassen« – und es waren gar nicht so viele Engländer da – »wie soll dadurch die Armut verschwinden? Willst du mir etwa weismachen, dass Indien nicht arm war, bevor die Engländer nach Indien kamen?«

Es war genauso arm wie jetzt, vielleicht noch ärmer, denn die Engländer brachten Industrie und Technik ins Land, und das verhalf dem Land zu einem gewissen Fortschritt. Sie brachten das Bildungswesen, Schulen, Colleges, Universitäten. Vorher gab es gar keine Möglichkeit für eine Schulbildung. Die einzigen Gebildeten waren die Brahmanen, weil bei ihnen der Vater sein Wissen an den Sohn weitergab. Sie hielten alle anderen in Unwissenheit, denn das war die beste Methode, um sie versklavt zu halten. Bildung kann gefährlich sein.

»Und wie willst du die Armut beenden? Wie willst du die hunderterlei Sorgen und Nöte beenden, die gar nichts mit den Engländern zu tun haben? Etwa ein Ehemann, der unter seiner Frau leidet – wie soll es ihm helfen, wenn Indien unabhängig wird? Die Engländer werden fort sein, aber seine Frau wird noch da sein, der Mann wird noch da sein – was soll sich daran ändern?«

Er sagte: »Ich weiß, dass es sehr schwierig ist. Aber lass uns erst einmal unabhängig werden.«

Ich sagte: »Ich weiß einfach, dass nach der Unabhängigkeit die Probleme die gleichen sein werden, wenn nicht noch schlimmer.«

Sie sind schlimmer. In 300 Jahren ist nicht ein einziger britischer Generalgouverneur ermordet worden. Heute ist es möglich, den Premierminister zu ermorden. Die Unabhängigkeit hat euch diesen Geheimdienst beschert! In 300 Jahren haben die Sikhs im Punjab nie einen eigenen Staat gewollt, jetzt wollen sie einen eigenen Staat. Das hat die Unabhängigkeit den Menschen gebracht! In Wirklichkeit geht es um die Hindu-Minderheit, die im Punjab lebt. Man wird sie alle töten. Entweder müssen sie Sikhs werden oder es gibt ein Gemetzel. Es geht also nicht darum, einem bestimmten Bundesstaat die Unabhängigkeit zu gewähren; das Problem ist die Hindu-Minderheit. Was soll man mit ihr anfangen? Man wird sie alle töten.

So geschah es in Pakistan. Nach der Gründung von Pakistan wurden sämtliche Hindus, die dort bleiben wollten, ermordet. Das hat Pakistan nicht reicher gemacht. Auf diese Weise wird man nicht reich. Pakistan ist heute viel ärmer als Indien. Die Armut ist größer geworden, weil die Bevölkerung so stark gewachsen ist. Nun, die Engländer sind nicht schuld am Bevölkerungswachstum. Ihr bringt einfach zu viele Kinder auf die Welt!

Die politischen Führer haben es schon immer verstanden, die Hoffnung der Menschen zu nähren – die große Hoffnung auf etwas, was in ferner Zukunft liegt. Russland erduldete viel für die klassenlose Gesellschaft, mehr als 60 Jahre lang: »Bald kommt die klassenlose Gesellschaft! Wann haben die Tage des Wartens endlich ein Ende?« Das ist eine uralte Strategie. Jesus versprach seinen Anhängern: »Bald schon werdet ihr im Reich Gottes bei mir sein. Bald schon werdet ihr sehen, dass jene, die mir folgen, erlöst werden, und jene, die mir nicht folgen, in die ewige Hölle fallen.« Das ist bis heute nicht geschehen, ja, wir wissen nicht einmal, ob Jesus bei Gott ist oder nicht.

Er versprach sogar wiederzukommen. Ich meine, er hat den Mut verloren – einmal gekreuzigt zu werden hat ihm gereicht! Jetzt würde er wieder gekreuzigt werden, diesmal im Vatikan, denn diesmal würde er als Christ kommen. Und der Papst würde derjenige sein, der entscheidet: »Dieser Mann muss gekreuzigt werden – er ist ein Betrüger, ein Antichrist. Das ist nicht unser Herr. Wenn unser Herr kommt, wird er in seiner ganzen Herrlichkeit kommen, und er wird auf einer Wolke thronen. Nur so kann unser Herr kommen. Aber dieser Mann wurde von einer Frau geboren, und sie war nicht einmal eine Jungfrau!« Sie spähen nach der Wolke, die den Herrn bringen wird, aber der Herr hat inzwischen das Weite gesucht!

Doch die Hoffnung … Die Politiker machen euch immer wieder Hoffnung, aber nichts davon wird wahr. Eines muss klar verstanden werden: Keine Hoffnung wird je helfen; keine falsche Begründung wird je helfen. Ihr müsst diesen ganzen Schwachsinn beiseitetun und die Realität sehen, wie sie ist. Die Realität ist die, dass die Erde eine so große Bevölkerung nicht verkraften kann. Die Weltbevölkerung müsste auf die Hälfte zurückgehen. Aber so, wie die Dinge sich entwickeln, wird sie sich stattdessen verdoppeln. Und damit wird sich auch das Unglück verdoppeln.

Ich wünschte, die Weltbevölkerung würde sich auf die Hälfte reduzieren – aber dazu braucht es Intelligenz, Weitblick, Verständnis. Ihr müsst endlich begreifen, dass die Kinder nicht von Gott geschickt werden! Da ist kein Gott, der Kinder schickt.

Tatsache ist, dass ein einziger Mann im Laufe der 40 oder 50 Jahre, in denen er Kinder in die Welt setzen kann, genug Sperma produziert, um die gesamte Weltbevölkerung hervorzubringen – ein einziger Mann! Bei jedem sexuellen Orgasmus gehen Millionen von potenziellen Menschen verloren. Das ist nicht etwas, was Gott macht, sonst wäre er ein sehr unintelligenter Gott. Welchen Sinn hätte es, dem Mann so viel Sperma zur Verfügung zu stellen, wenn bei der Frau normalerweise nur eine Eizelle pro Jahr befruchtet werden kann?

Damit hat das ganze Problem begonnen: Der Mann fing an, viele Frauen zu haben. Aber eine Frau kann nicht anfangen, viele Ehemänner zu haben. Ein Mann kann viele Frauen schwanger machen, aber eine Frau mit vielen Ehemännern ... Was würden sie anstellen? Eine Frau und ein Mann, der sie schwanger macht – und die anderen gehen alle ins Wirtshaus. Wohin sonst?

Das hat nichts mit Gott zu tun. Es ist simple Biologie. Man muss den Menschen beibringen, ihre eigene Biologie zu verstehen und alle verfügbaren Maßnahmen anzuwenden, mit denen die Bevölkerung auf die Hälfte des heutigen Standes reduziert werden könnte.

Hört auf, euch die Mühe zu machen, in die Synagoge, in den Tempel, in die Kirche zu gehen, denn dort hat man euch lange genug hinters Licht geführt. Hört auf, diese Leute zu fragen – die Rabbiner, die Mönche, die Priester –, denn alles, was sie wissen, hat ihnen seit Jahrtausenden nur dazu gedient, euch zu trösten – und all ihre Trostpflaster haben sich als völlig unwirksam erwiesen.

Ihr solltet den Politikern und den Frommen den Rücken kehren und euch an die Wissenschaftler halten. Die ganze Menschheit sollte sich auf Vorgehensweisen konzentrieren, die wissenschaftlich fundiert sind, wenn sie das Unglück und das Leiden wirklich beenden will.

Ich nenne meine Religion die Wissenschaft von der inneren Seele. Es ist keine Religion, es ist eine exakte Wissenschaft. So, wie die äußere Wissenschaft in der objektiven Welt funktioniert, funktioniert diese innere Wissenschaft in der subjektiven Welt.

Denkt daran, dass die objektive Wissenschaft eine immense Hilfe sein kann, um euer Unglück und Leiden um 90 Prozent zu reduzieren. Und wenn ihr erst einmal 90 Prozent eures Unglücks und Leidens auf der materiell-körperlichen und biologischen Ebene beseitigt habt – und dazu ist die Wissenschaft problemlos in der Lage –, dann werdet ihr zum ersten Mal die übrigen zehn Prozent eures Unglücks klar erkennen können. Im Moment gehen diese zehn Prozent im Chaos der 90 Prozent völlig unter.

Erst dann werdet ihr sehen können, dass das ganze äußere Unglück nichts war im Vergleich zu diesen zehn Prozent. Die zehn Prozent sind eure wahre Seelennot. Sie lässt sich nur durch eine Nach-innen-Wendung transformieren – nennt es Meditation, Bewusstheit, Achtsamkeit.

Aber diese zehn Prozent Unglück haben ein enormes Gewicht. Die 90 Prozent sind nichts dagegen – im Grunde bloß Hunger: Ihr braucht Nahrung, ein Obdach, eine Arbeit –, und das lässt sich alles durch die Wissenschaft regeln.

Nehmt den Priester völlig aus dem Spiel. Er hat keine Funktion für die Zukunft. Er hat bereits genug Unheil angerichtet. Konzentriert euch ganz auf eine wissenschaftliche Herangehensweise, dann werdet ihr unmittelbar eine neue Dimension in euch wahrnehmen, die euch vorher nicht bewusst war.

Sie war schon vorhanden, aber wie könnte ein Hungriger über den Sinn des Lebens nachdenken? Ein Hungriger kann nicht darüber nachdenken, ob eine Blume schön ist oder nicht; er ist hungrig. Mit ihm kannst du nicht über Musik und Poesie und Malerei reden. Das wäre demütigend für ihn; es wäre beleidigend, schlichtweg erniedrigend. Sobald aber diese 90 Prozent der Probleme verschwinden, werden die Menschen zum ersten

Mal zu den wirklich existenziellen Problemen Fragen stellen, auf die nur eine subjektive Wissenschaft Antworten geben kann.

Die Religionen haben keine Zukunft. Die Zukunft gehört einer objektiven Wissenschaft für die äußeren Angelegenheiten und einer subjektiven Wissenschaft für die inneren Angelegenheiten. Die eine wird sich um deine Physiologie und Biologie kümmern, die andere um deine Psychologie und dein innerstes Zentrum – die Seele.

2

Ich nenne es Ehrfurcht vor dem Leben

? *Wie denkst du über die Philosophie der Gewaltlosigkeit, insbesondere über die christliche Maxime, auch die andere Wange hinzuhalten?*

Ich bin kein Philosoph. Der Philosoph denkt über Dinge nach. Er hat eine mentale Herangehensweise. Meine Herangehensweise ist nicht mental; sie ist das genaue Gegenteil von Philosophieren. Sie ist kein Nachdenken *über* die Dinge, über Konzepte und Prinzipien, sondern ein Sehen mit einer Klarheit, die sich einstellt, sobald du den Verstand beiseitelässt und durch die Stille siehst, nicht durch die Brille der Logik. Sehen ist Nichtdenken.

Die Sonne geht auf ... Wenn du darüber nachdenkst, verpasst du es, denn während du darüber nachdenkst, entfernst du dich davon. Im Denken kannst du dich kilometerweit entfernen, und die Gedanken bewegen sich am allerschnellsten.

Wenn du den Sonnenaufgang siehst, muss eines gewährleistet sein: dass keine Gedanken darüber da sind; nur dann siehst du ihn wirklich. Das Denken wird zu einem Schleier vor den Augen. Es gibt der Wirklichkeit seine eigene Färbung, seine eigene Vorstellung. Es lässt die Wirklichkeit nicht bis zu dir durchdringen, es überlagert die Wirklichkeit. Es ist eine Abweichung von der Wirklichkeit.

Deshalb war kein Philosoph je imstande, die höchste Wahrheit zu erkennen. Alle Philosophen haben über die Wahrheit nachgedacht. Über die Wahrheit nachzudenken ist jedoch ein Ding der Unmöglichkeit. Entweder kennst du die Wahrheit oder du kennst sie nicht. Wenn du sie kennst, ist es unnötig, darüber nachzudenken. Wenn du sie nicht kennst, wie willst du über sie nachdenken? Ein Philosoph, der über die Wahrheit nachdenkt, ist wie ein Blinder, der über das Licht nachdenkt. Wenn du Augen hast, denkst du nicht über das Licht nach; du siehst es.

Sehen ist ein vollkommen anderer Vorgang. Es ist eine Begleiterscheinung der Meditation.

Deshalb möchte ich meine Lebensart lieber nicht als Philosophie bezeichnet wissen, denn sie hat mit Philosophie gar nichts zu tun. Eher könnte man sie als »*Philosia*« bezeichnen. Das Wort *philo* bedeutet Liebe, *sophia* bedeutet Weisheit oder Wissen, also: Liebe zur Weisheit. In *Philosia* bedeutet *philo* ebenfalls Liebe und *sia* bedeutet Sehen: Liebe – nicht zum Wissen, sondern zum Sein; Liebe – nicht zur Weisheit, sondern zur Erfahrung.

Das ist also das Erste, was zu beachten ist. Gewaltlosigkeit ist für Mahatma Gandhi eine Philosophie. Für mich ist sie keine Philosophie, sondern Philosia. Aus diesem Grund lag ich ständig mit den Denkern und Vertretern der Gandhi-Philosophie im Streit.

Gandhi schrieb seine Autobiografie mit dem Titel *(Die Geschichte meiner) Experimente mit der Wahrheit*. Also, das ist völlig absurd. Mit der Wahrheit kannst du nicht experimentieren. Wenn du still bist, ist die Wahrheit da, in ihrer ganzen Fülle, in ihrer absoluten Herrlichkeit. Und wenn du nicht still bist, ist die Wahrheit abwesend. Wenn du still bist, erscheint die Wahrheit nicht als ein Objekt vor dir. Wenn du still bist, erkennst du plötzlich, dass du die Wahrheit *bist*. Da gibt es nichts zu sehen. Der Seher ist das Gesehene, der Beobachter ist das Beobachtete. Die Dualität ist aufgehoben. Denken steht außer Frage. Dann gibt es keinen Zweifel, keinen Glauben, keine Vorstellung.

Gandhi versuchte, mit der Wahrheit zu experimentieren. Das impliziert, dass man weiß, was die Wahrheit ist – wie will man sonst mit ihr experimentieren? Aber welche Notwendigkeit bestünde für einen Menschen, der die Wahrheit kennt, mit ihr zu experimentieren? Er lebt sie! Er hat gar keine andere Wahl.

Für Gandhi ist das alles Philosophie; für mich ist es Philosia. Gandhi ist ein Denker, aber ich bin kein Denker. Meine Herangehensweise ist existenziell, nicht mental.

»Gewaltlosigkeit« – allein schon das Wort spricht mich nicht an; es hat nicht meinen Geschmack, denn es ist eine Negation.

Gewalt ist der affirmative Ausdruck, Gewaltlosigkeit dessen Verneinung. Aber offenbar ist keinem diese simple Tatsache aufgefallen, dass Gewalt dadurch zu einem positiven Ausdruck wird, zu etwas Konkretem, während Gewaltlosigkeit bloß die Verneinung davon ist. Deshalb verwende ich nicht das Wort Gewaltlosigkeit.

Ich nenne es lieber »Ehrfurcht vor dem Leben« – das ist bejahend ausgedrückt. Daraus ergibt sich die Gewaltlosigkeit ganz von selbst. Wie kannst du gewalttätig sein, wenn du Ehrfurcht vor dem Leben empfindest? Es ist aber möglich, Gewaltlosigkeit zu pflegen, ohne Ehrfurcht vor dem Leben zu empfinden.

Ich kenne diese sogenannten »gewaltlosen« Leute.

Vielleicht wird es euch erstaunen, dass die Stadt Kolkatta (früher: Kalkutta) für die Jainas ein äußerst wichtiger Platz ist. In den größten Städten Indiens wie Mumbai und Kolkatta bilden die Jainas die Klasse der Superreichen. In Kolkatta ist mir ein seltsames Phänomen untergekommen, und als ich es zum ersten Mal sah, traute ich meinen Augen nicht.

Ich wohnte öfter im Hause eines einzigartigen Mannes, Sohanlal Dugar. Er war einzigartig in vielerlei Hinsicht. Ich mochte ihn sehr, weil er so ein bunter Vogel war. Er war schon recht alt. Als er mich zum ersten Mal traf, war er schon 70, und er starb mit 90. Er traf mich in Jaipur, seiner Heimatstadt, und lud mich nach Kolkatta ein, wo er sein Geschäft hatte. Von dort steuerte er den ganzen Silbermarkt nicht nur Indiens, sondern ganz Asiens. Man nannte ihn den »Silberkönig«. Ich hatte schon von ihm gehört, kannte ihn aber nicht persönlich. Als er zum ersten Mal in Jaipur zu mir kam, berührte er meine Füße. Ein alter Mann, gekleidet nach Rajasthani-Art mit einem gelben Turban – sein Aussehen war in jeder Hinsicht antik. Er holte einige Bündel von Geldscheinen aus den Taschen seiner Jacke und wollte sie mir geben.

Ich sagte: »Aber jetzt im Moment brauche ich das nicht. Gib mir einfach deine Adresse, und wenn ich einmal Bedarf habe, werde ich nach dir fragen. Und wenn du dann noch wohlhabend bist und Lust hast, mir etwas zu geben, kannst du das gerne tun. Aber jetzt im Moment habe ich keinen Bedarf. Wozu soll ich mir unnötige Probleme schaffen? Ich werde anschließend 36 Stunden auf Reisen sein und müsste auf die Geldscheine aufpassen. Ich könnte nicht einmal schlafen, weil jeder sie wegnehmen könnte. Also behalte sie, bitte.« Da begann er zu weinen, Tränen flossen ihm aus den Augen.

Ich sagte: »Aber ich habe doch gar nichts gesagt, was dich so sehr verletzen könnte!«

Er sagte: »Nichts verletzt mich mehr. Ich bin ein armer Mann, denn ich besitze nur Geld und sonst gar nichts. Ich will etwas für dich tun – ich empfinde so viel für dich –, aber ich bin ein armer Mann. Außer Geld habe ich nichts. Und wenn du mein Geld zurückweist, weist du auch mich zurück, denn ich habe nichts anderes. Also nimm dieses Geld! Wenn du es verbrennen willst, verbrenne es gleich hier auf der Stelle. Wenn du es wegwerfen willst, wirf es gleich jetzt weg – das liegt bei dir. Aber merke dir, dass du niemals mein Geld zurückweisen solltest, denn das bedeutet, dass du mich zurückweist. Ich habe nichts anderes zu geben.« Seine Tränen waren so aufrichtig und authentisch, und was er sagte, war so bedeutsam, dass ich sagte: »Also gut. Gib mir das Geld und auch den Rest. Du hast noch mehr in deinen Rocktaschen.«

Er sagte: »Stimmt! Das ist der Mann, den ich gesucht habe!«, und er holte sein ganzes Geld hervor. Er zeigte mir seine nach außen gestülpten Taschen und sagte: »Also, im Moment habe ich nicht mehr. Aber du bist der Mann, nach dem ich gesucht habe.« Und er lud mich zu sich nach Kolkatta ein.

Wo er wohnte, war eine Jaina-Kolonie. Die Jainas leben gerne an einem Ort beisammen, weil sie sich nicht mit dem »gemeinen Volk« abgeben wollen. Sie dünken sich die erhabensten, reinsten, religiösesten Leute. Dort in seinem Haus sagte er also zu mir: »Ich will dir etwas zeigen, was dir die Sprache verschlagen wird.« Er ging mit mir in eines der Zimmer, öffnete das Fenster und sagte: »Schau mal da hinaus.«

Und was ich draußen sah ... zuerst konnte ich nicht ausmachen, was es war. Da waren mindestens hundert Feldbetten, ohne Matratzen, und hundert Leute, die auf diesen nackten Bettgestellen zu schlafen versuchten. Ich sagte: »Aber was soll das? Warum fehlen die Matratzen? Und warum haben diese Leute keine Kopfkissen? Das muss sehr unbequem für sie sein. Man kann sehen, wie sie sich hin und her wälzen.«

Er sagte: »Du hast keine Ahnung, was für eine Realität dahintersteckt: Diese Leute werden von den Jainas angeheuert.«

Ich sagte: »Angeheuert? Wofür?«

Er sagte: »Damit sie auf diesen Betten schlafen.«

Ich sagte: »Aber wozu soll das gut sein?«

Er erklärte es mir. In Indien, in den heißen Gegenden, gedeihen die Insekten aller Art sehr gut. Ein bestimmtes Insekt, ein Parasit, den ihr »Bettwanze« nennt, fühlt sich in diesen Betten besonders wohl. Aufgrund ihrer Philosophie der Gewaltlosigkeit können die Jainas sie nicht töten. Sie dürfen sie nicht töten, aber wenn keiner in diesen Betten schläft, sterben alle diese Wanzen. Deshalb heuern die Jainas Leute an, denen sie fünf Rupien pro Nacht bezahlen, damit sie auf einem Bett voller Bettwanzen schlafen – und die saugen ihnen dann die ganze Nacht lang ihr Blut aus!

Gewaltlose Menschen sind nicht unbedingt ehrfürchtig gegenüber dem Leben.

Was ist das für ein Geschäft? Man rettet die Wanzen – aber was ist mit den armen Menschen? Darüber machen sich die Jainas keine Gedanken, denn sie bezahlen ihnen ja etwas dafür! Und damit ist es für sie erledigt. Die Leute schlafen freiwillig auf diesen Betten und werden dafür bezahlt.

Allein schon die Idee, einen Menschen einer solchen Situation auszusetzen! Und er muss unter enormem Druck stehen, denn wer wäre sonst bereit, sich für fünf Rupien sein Leben ruinieren zu lassen? Vielleicht liegt die Mutter im Sterben, oder die Frau ist im Krankenhaus, vielleicht hatte der Vater einen Unfall, und diese fünf Rupien sind lebensnotwendig für Medizin, Essen und anderes. Aber jeden Tag stehen die Leute Schlange, und nicht alle kommen an die Reihe. Es gibt nur hundert Betten. Wer eines ergattert, der hat Glück gehabt! Und diejenigen, die ihnen Geld dafür bezahlen, erwerben sich damit Verdienste. Ihr Tugendkonto im Jenseits ist gut gepolstert, denn sie haben jede Menge Bettwanzen vor dem Tode gerettet. Eine sonderbare Liebesgeschichte mit Wanzen! Und sie machen sich keine Gedanken über die Leute, die da nächtelang gequält werden. Nein, sie haben dafür bezahlt und brauchen sich deshalb nicht schuldig zu fühlen.

Vergesst also eines nicht: Ein Mensch, der an Gewaltlosigkeit glaubt, muss nicht unbedingt Achtung vor dem Leben haben. Wer aber das Leben achtet, wird natürlicherweise gewaltlos sein – das ergibt sich ganz von selbst. Doch seine Gewaltlosigkeit wird eine völlig andere Qualität haben. Sie wird anders sein als die Gewaltlosigkeit eines Mahatma Gandhi.

Ein Beispiel: Gandhi trachtete ständig danach, seinen Schülern die Gewaltlosigkeit beizubringen und sie auch selbst zu befolgen. Er ist kein Betrüger. Was er glaubt, mag falsch sein, aber er hält sich daran, und zwar total. Seine Absichten sind immer aufrichtig; an seiner Aufrichtigkeit ist nicht zu rütteln – wohl aber an seiner Intelligenz. Und ein Mensch mit unbeugsamen Absichten, aber einem weniger hohen Intelligenzgrad ist gefährlicher als andere, denn er folgt einer blinden Absicht. Gandhi vermeinte Gewaltlosigkeit zu lehren, was er die Leute jedoch tatsächlich lehrte, war, sich selbst Gewalt anzutun.

Das kann nach meiner Lebensart nicht passieren. Ehrfurcht vor dem Leben macht nicht halt vor mir selbst. Wenn ich voller Ehrfurcht bin für alles Leben ringsumher, wie könnte ich da mein eigenes Leben von dieser Ehrfurcht ausklammern?

In tiefer Stille gibt es weder Mein noch Dein. Leben ist einfach Leben – ein einziger Lebensstrom. Wir sind durch unsichtbare Fäden miteinander verbunden. Wenn ich dir wehtue, tue ich mir selbst weh. Wenn ich mir selbst wehtue, tue ich euch allen weh.

Ich möchte diesen Unterschied ganz klar verstanden wissen. Er ist sehr subtil. Ein Mensch, der an Gewaltlosigkeit glaubt, wird sehr achtsam sein, nur ja keine Gewalt auszuüben – allzu achtsam! Weil es aber nicht seine eigene Erfahrung ist, Ehrfurcht vor dem Leben zu empfinden, ist die Gewaltlosigkeit für ihn nur eine Ideologie. Verstandesmäßig hat er den Schluss gezogen, dass dies gut sei, der richtige Weg, aber dabei wird er sich selbst Gewalt antun. Seine Gewalttätigkeit wird sich zwar nicht gegen andere, aber gegen sich selbst richten, im gleichen Verhältnis.

Ich habe zum Beispiel mit Jägern, die ja nicht gewaltlos sind, sondern töten, eine bestimmte Erfahrung gemacht. In der Nähe meiner Universität, etwa 400 Kilometer entfernt, lag ein Waldreservat, eines der schönsten Waldgebiete Indiens: Kanha Keshali. Hunderte von Quadratkilometern voll von allen möglichen Wildtieren – dort waren fast alle Arten anzutreffen, unvorstellbar! Die Jagd war verboten, außer für Ehrengäste des Vizekönigs, des Gouverneurs und dann später des Premierministers, des Präsidenten und des Chief Minister. Nur besondere Gäste durften dort jagen; ansonsten war es grundsätzlich verboten.

Immer wenn ich Zeit hatte, fuhr ich mit dem Auto nach Kanha Keshali. Das Rasthaus dort lag an einem wunderschönen Platz an einem riesigen See, umgeben von grüner Wildnis, so weit das Auge reichte. Man konnte tagelang umherstreifen, ohne einem Menschen zu begegnen oder irgendwen zu Gesicht zu bekommen. Aber in der Nacht sah man Tausende Hirsche. Im Dunkeln tauchten die Augen der vorbeiziehenden Hirsche wie kleine Flammen auf. Ein- bis zweitausend Hirsche wanderten nachts vorüber, und wenn Vollmond war, sah man eine Prozession von Tausenden von kleinen Lichtern dahinziehen. Die Hirsche mussten in der Nacht zum Wassertrinken an den See kommen. Alle Tiere kamen des Nachts dorthin. Man konnte im Rasthaus sitzen und von dort aus Löwen und Tiger sehen.

Ab und zu traf ich eine Gruppe von Jägern, ganz besondere Leute. Eines hat mich sehr erstaunt: wie liebevoll und freundlich diese Jäger waren, obwohl sie doch Gewalt gegen Tiere ausübten. Ich habe öfter mit Leuten zusammengelebt, die Gewaltfreiheit praktizierten, aber sie waren nie liebevoll, nie freundlich. Dieser Gegensatz ließ mich stutzig werden: Wie war das möglich? Ich freundete mich mit einigen großen Jägern Indiens an, mit Königen und Prinzen – denn in Indien gab es damals viele Maharadschas und viele Prinzen, und alle waren sie passionierte

Jäger. Kommt man in den Palast eines Maharadschas, kann man sehen, wie viele Löwen er getötet hat; sie sind dort alle ausgestellt. Das ganze Haus ist voll von toten, präparierten und ausgestopften Tieren. Und darauf sind sie ungeheuer stolz.

Ich fing also an, mich mit diesen Leuten anzufreunden, und stellte fest: Sie waren alle ausgesprochen nette, liebevolle Menschen, recht einfach und unverdorben. Ein solcher Jäger hatte vielleicht schon hundert Löwen zur Strecke gebracht und benahm sich trotzdem wie ein unschuldiges Kind. Keine Spur von der arroganten, egoïstischen Attitüde eines gewaltlosen Jaina oder eines gewaltlosen Gandhi-Anhängers. Diese Jäger waren schlichte, einfache Menschen. Sie waren sich bewusst, dass sie keine Heiligen waren. Doch die Leute, die dem Glauben an Gewaltlosigkeit anhängen, fangen automatisch an, sich selbst für Heilige zu halten, für besonders erhabene Wesen, die allen anderen überlegen sind. Ihre egoistische Haltung enthält mehr Gewalttätigkeit als vielleicht das ganze Leben eines Jägers, der viele Tiere zur Strecke gebracht hat.

Ein Anhänger der Gewaltlosigkeit wird dir physisch keine Gewalt antun, aber psychologisch ist er sehr gewalttätig. Psychologisch wird er danach trachten, seine Überlegenheit auf jede erdenkliche Art zu beweisen. Und noch etwas: Die gewalttätige Energie, die er zurückgehalten hat, um andere nicht zu verletzen, ist nicht einfach verschwunden. Solche Dinge verschwinden nicht einfach. Der gewalttätige Verstand wirkt innerlich. Wenn er unterdrückt wird und seine Gewalt nicht gegen andere richten kann, fängt er an, sie gegen sich selbst zu richten.

So haben die sogenannten gewaltlosen Leute sich selbst auf jede mögliche Wese gequält. Sie sind sehr erfinderisch darin, neue Methoden zu finden, um sich selbst zu quälen. Die Gewalt ist nicht verschwunden, sie hat nur eine Kehrtwendung gemacht. Gandhi war sehr gewalttätig gegen sich selbst – beim geringsten Anlass begann er zu fasten. Fasten ist Gewalttätigkeit. Wenn du jemand anders hungern lässt, ist es Gewalttätigkeit. Und wenn du dich selbst hungern lässt, ist das etwa keine Gewalttätigkeit? Gelten hier zweierlei Maßstäbe?

Ob ich dich hungern lasse oder ob ich mich selbst hungern lasse, das ist das Gleiche. Hier sollten dieselben Prinzipien und Maßstäbe gelten: Ich bin ein gewalttätiger Mensch – wenn nicht deinem Körper, so doch meinem eigenen Körper gegenüber. Und wenn ich dir Gewalt antue, hast du zumindest die Möglichkeit, dich zu revanchieren. Damit hältst du mich wahrscheinlich ab, dir noch mehr Gewalt anzutun. Aber deinem eigenen Körper Gewalt anzutun ist die einfachste Sache der Welt. Was kann dein Körper schon dagegen machen? Er kann sich nicht revanchieren, kann sich nicht dagegen wehren. Wer einem anderen Gewalt antut, muss zumindest damit rechnen, dass der andere sein Recht der Selbstwehr wahrnimmt und die Gewalt erwidert. Wer aber sich selbst Gewalt antut, ist absolut gerissen und abgefeimt, denn er hat sich das unschuldigste Opfer der Welt gesucht, das schutzloseste. Mit dem eigenen Körper kannst du anstellen, was du willst.

Es hat Mönche gegeben, die ihren Körper jeden Morgen so lange geschlagen haben, bis ihnen das Blut überall aus dem Körper quoll. Und solche Leute hielt man für große Heilige! Es gab da einen christlichen Heiligen in Alexandria, der auf einer 20 Meter hohen Säule lebte – oben an der Spitze war gerade genug Platz zum Sitzen. Dreißig Jahre lang blieb er dort oben auf dieser Säule sitzen. Er schlief dort; die Leute brachten ihm Essen, das er mit Seilen hochzog. Von der Säule aus entleerte er seinen Darm und seine Blase, und man hielt ihn für einen großen Asketen. Die Leute kamen Hunderte von Kilometern weit angereist, um diesen Irren anzubeten. Etwas anderes hatte er nicht zu bieten. Selbst Könige kamen, ihm die Ehre zu erweisen. Und wofür? – Für seine Selbstfolter.

Ich habe in Indien so viele Menschen gesehen, die sich auf mannigfache Weise selbst foltern, dass mir eines absolut klar wurde: Sämtliche Religionen waren bisher von Sadomasochisten beherrscht. Daran besteht nicht der geringste Zweifel. Die Religionen liefern ausreichende Beweise, dass ihre Stifter und deren Nachfolger samt und sonders sadomasochistisch waren.

Einmal traf ich einen Mann, der seit vielen Jahren im Stehen lebte. Man hält es normalerweise nicht lange aus, zu stehen, aber er stand schon viele Jahre lang. Sein ganzer Körper war geschrumpft. Sein ganzes Gewicht war ihm in die Beine gesackt; sie sahen aus wie Elefantenbeine. Selbst wenn er sich hinsetzen wollte, war es unmöglich. Er musste im Stehen schlafen. Vor sich hatte er eine hölzerne Stütze, die von der Decke herabhing. Die Hände auf die Stütze gelegt, schlief er, und den ganzen Tag über stand er ebenfalls. Und es kamen Tausende, um ihn anzubeten.

Ich fragte sie: »Was betet ihr an ihm an? Ist es die Fähigkeit, die ganze Zeit stehen zu können? Oder ist es, weil er ein Idiot ist? Was hat ihm das Stehen denn eingebracht? Seht euch doch nur sein Gesicht an! Hat er jemals irgendetwas Bedeutsames von sich gegeben?« Er war ein ganz gewöhnlicher Mensch. Aber allein durch sein Stehen hatte er es geschafft, als großer Weiser bekannt zu werden. Dieser Mann war gewaltlos gegen alle, außer gegen sich selbst – das war reine Gewalt. Und ich kann mir nicht vorstellen, dass jemand, der auch nur einen Funken Ehrfurcht vor dem Leben hat, sein eigenes Leben auf solche Weise zerstören könnte.

Der Jainismus ist die einzige Religion, die einem Mönch gestattet, sich zu Tode zu hungern, wenn es sein Wille ist. Sie nennen es nicht Selbstmord, sondern haben einen sehr blumigen Namen dafür gefunden: *Santhara* – das ist einer, der die Lust nach dem Leben aufgegeben, der die Lebenslust transzendiert hat. Viele Jaina-Mönche sterben jedes Jahr durch Santhara. Die Regierung kann nichts dagegen tun, weil es zu ihrer religiösen Übung gehört. Die weltliche Regierung darf sich in die religiösen Angelegenheiten der Leute nicht einmischen. Und sie begehen nicht etwa Selbstmord durch Gift oder mit dem Schwert – nein, ihre Methode ist sehr viel qualvoller. Der elektrische Stuhl wäre viel weniger gewalttätig: Man setzt sich einfach darauf, und schon ist man hinüber! Vielleicht spürt man gar nichts. Oder man könnte mit einem Betäubungsmittel sterben, sodass man gar nicht mitbekommt, wann man noch vorhanden ist und wann nicht mehr.

Doch so ein Jaina-Mönch fastet zwei, drei Monate lang. Es hat Fälle gegeben, wo es bis zu 90 Tage dauerte – drei Monate ohne Nahrung. Dabei wird der Mensch immer mehr zu einem Skelett. Während Tag um Tag vergeht, versammelt sich eine immer größere Menschenmenge, und der Mann kann nicht einmal mehr seine Augen öffnen. Die Leute singen Mantras zu seinem Lobpreis, aber ich glaube nicht, dass er da noch irgendetwas hören kann. Seit zwei Monaten fastet er und ist nur noch Haut und Knochen. Man könnte sagen, dass er noch lebt, weil er noch atmet. Aber außer dem Atem, dem Puls- und dem Herzschlag sind keinerlei Lebenszeichen mehr wahrzunehmen. Es kann drei Monate dauern, dass er in diesem Zustand zwischen Leben und Tod hängt. Und so etwas nennt man »gewaltlose Menschen«!

Gandhi übernahm seine Gewaltlosigkeit von diesen Schwachköpfen. Als einen seiner Gurus, seiner Meister, erwähnte er einen Jaina-Mönch namens Shrimad Rajchandra, der sich selbst nur quälte und den Leuten das Gleiche beibrachte – denn was sonst will man den Leuten beibringen? Was man selbst tut, bringt man genauso anderen bei. Deshalb nenne ich diese Leute Sadomasochisten. Sie sind beides. Normalerweise findet man in psychiatrischen Anstalten entweder Sadisten oder Masochisten; einer, der beide Störungen gleichzeitig hat, ist eher selten: der Sadomasochist.

Der Sadist empfindet Genuss dabei, andere zu quälen. Adolf Hitler, Josef Stalin, Benito Mussolini, Mao Zedong, Tamerlan, Nadir Schah, Alexander der Große, Napoleon – diese Leute waren Sadisten, die gerne andere quälten. Und dann gibt es die Masochisten, die es genießen, sich selbst zu quälen. Die Masochisten bieten sich an, gequält zu werden; sie suchen nach einem Sadisten.

Jemand hat mich einmal gefragt, welche Art von Mann und welche Art von Frau das ideale Paar ergeben würden. Ich antwortete: »Wenn der eine ein Sadist und der andere ein Masochist ist – das wäre das ideale Paar. Sie würden sich nie scheiden lassen. Der eine genießt es, zu quälen, und der andere genießt es, gequält zu werden. Beide wären damit glücklich und zufrieden.« Und tatsächlich gibt es Paare, die man für ideale Paare halten könnte, einfach weil der eine Partner ein Sadist und der andere ein Masochist ist. Sie passen einfach perfekt zusammen.

Der Masochist findet die seltsamsten Wege, Philosophien und Rationalisierungen. Hier ist eine Frau ... Als sie zum ersten Mal zu mir kam, vor fünfzehn Jahren, brachte sie einen jungen Mann mit. Er war auf der Suche nach einem Meister, der ihn lehren konnte, wie man nur von Wasser leben kann. Sie hatte diesen Masochisten mitgebracht, aber er hielt sich keineswegs für einen Masochisten. Er war in dem Glauben, die natürlichste Lebensweise finden zu wollen. Aber was ich hier mache, war natürlich nichts für ihn. Die Frau hatte ihn mitgebracht, aber er verzog sich – und sie musste mit mir vorliebnehmen!

Diese Sorte Menschen findet ihr an vielen Orten. Da gibt es die Anhänger der Naturheilkunde, die deren Idealen folgen. Eine meiner Tanten war eine fanatische Naturheilkundlerin. Ich sagte ihr immer wieder: »Du wirst dich noch umbringen, wenn du solche idiotischen Dinge befolgst.« Und genau das geschah dann auch. Im Grunde fehlte ihr überhaupt nichts, aber diese Naturopathen finden immer irgendetwas, was nicht in Ordnung ist. Wer suchet, der findet. Der Körper ist ein komplexes Phänomen. Schon der leiseste Kopfschmerz reicht aus, um zu fasten. Ein bisschen Schlappheit, und ein Einlauf ist angesagt. Und was es da nicht alles gibt ... Aber sie wissen immer genau, was zu tun ist, weil sie alles gelesen haben. Es gibt Bücher über die einfachsten Behandlungsmethoden, und das sind nicht viele, und im Nu wird aus jedem Patienten ein Doktor der Naturheilkunde. Dazu braucht es nicht viel – man studiert einfach ein kleines Büchlein, und das genügt.

Ich habe ihr das immer wieder gesagt ... In den vier Jahren, die ich bei ihr gewohnt habe, versuchte ich ständig, ihre Aktionen zu sabotieren, wo ich nur konnte. Ich warf ihre Einläufe weg, entsorgte ihre Badewanne – denn sie hatte Sitzbadewannen in allen Größen und was weiß ich noch alles ... eine ganze Kollektion von eigentümlichen Geräten. Ich warf alles raus. Sobald ich irgendetwas fand, warf ich es weg. Sie machte ständig Schlammpackungen – am Bauch, am Kopf, am Rücken. Ich fragte sie: »Was soll das alles? Ständig bist du mit irgendetwas zugange – 24 Stunden am Tag! Es leben Millionen von Menschen, aber keiner tut all diese Dinge, die du ständig tust.« Solange ich in ihrem Hause war, räumte ich alles weg – die Schlammpackungen, Eispackungen, heißen Umschläge. Aber sobald ich aus dem Haus ging, weil ich zur Universität musste, zog sie sofort wieder ihren Trip durch.

Als ich zwei Jahre wegen meines Master-Studiums von Jabalpur wegmusste, hat sie sich auf diese Weise ums Leben gebracht. Nicht einmal zwei Jahre, genau ein Jahr dauerte es. Ich hatte noch nicht einmal meine Master-Kurse abgeschlossen und kam sie nach neun oder zehn Monaten besuchen. Sie konnte mich nicht mehr erkennen. Und sie hatte sich das alles selbst zuzuschreiben. Ich sagte zu ihrem Ehemann: »Kannst du es jetzt endlich sehen? Du hast sie darin unterstützt. Und du warst immer gegen mich, weil ich ihr die Instrumente wegnahm und all das andere Zeug.« Aber sie fand immer neue Bezugsquellen. Sie hatte verschiedene Arten von Schlamm von verschiedenen Orten und fuhr oft meilenweit, um eine spezielle Tonerde zu bekommen. Ich sagte zu ihrem Mann: »Du hast immer gesagt, es sei nicht recht, dass ich ihre Sachen wegwerfe!« Ich war gerade mal erst neun Monate weg, da ist sie verrückt geworden. Die Ärzte sagten, sie würde es nicht überleben. Sie hatte ihr ganzes System zerstört.

In Indien entstand natürlicherweise eine Verbindung zwischen Naturheilkunde und Yoga, weil es eine traditionelle Sache ist, sich zu reinigen ... Aber worin besteht die Unreinheit? Und wenn man sich wirklich vollkommen reinigen will, wird man sterben, denn im Innern des Körpers ist alles unrein. Da gibt es Blut und Schleim und Fleisch und was nicht noch alles, und alles ist unrein. Wovon will man sich denn reinigen?

Sie war ständig damit beschäftigt, sich zu reinigen. Den unteren Teil des Darms kann man mit einem Einlauf reinigen, aber im oberen Teil geht das nicht. Dafür kennt man im Yoga eine spezielle Methode: Man verschluckt ein 30 Fuß langes Tuch, das so dünn ist wie ein Seil. Man schluckt nach und nach alles hinunter, sodass es in die Eingeweide gelangt. Es ist 30 Fuß lang, es wird also tief nach innen gehen – und dann lässt man es dort so lange, wie man kann. Schließlich zieht man alles wieder heraus, um damit den ganzen Schleim und alles Unreine aus dem Inneren hervorzuholen. Ich hinderte sie immer daran, diese Prozedur durchzuführen, aber sobald ich fort war, hielt nichts mehr sie davon ab, und sie reinigte sich – und starb. Da sagte ich zu ihrem Ehemann: »Jetzt kannst auch du dich reinigen und ihr nachfolgen.«

Andere Leute essen nur noch Reis. Reis sei das einzig Wahre, sagen sie. Diese Leute finden aber im Grunde nur einen Weg, sich einzureden, dass sie das Beste für sich tun.

Es gibt also die Sadisten wie Adolf Hitler. Und dann gibt es diese Masochisten, die außen nicht so viel Schaden anrichten, nur bei sich selbst. Sadisten richten enormen Schaden an, weil sie gerne andere quälen. Aber der allergrößte Schaden geht auf das Konto der Sadomasochisten.

Mahatma Gandhi ist ein Sadomasochist. Als Erstes quält er sich selbst; diese Selbstquälerei verleiht ihm die Autorität, auch andere zu malträtieren. Er kennt die Methode, er kennt den Weg; er hat alles ausprobiert. Auch Gandhi war ein Fanatiker in puncto Naturopathie, Schlammpackungen und Einläufe und im Hinblich darauf, was man essen darf und was nicht. Und dem, was er sagte, hatten alle anderen zu folgen. Natürlich hatte er seinen Schülern einiges voraus, darum war er die Autorität. Die Schüler wussten sehr wohl um ihre Grenzen, aber sie bemühten sich, ihr Bestes zu geben. Der Meister ist einfach der Meister.

Bei mir gibt es keine Philosophie der Gewaltlosigkeit, aber eine Lebensart, die man als Ehrfurcht vor dem Leben bezeichnen kann. Und das ist eine völlig andere Sichtweise.

Gewaltlosigkeit besagt einfach: Töte niemanden. Hältst du das für ausreichend? Das ist bloß eine negative Aussage: Töte keinen anderen, verletze keinen anderen. Aber ist das genug? Ehrfurcht vor dem Leben besagt: Teile mit anderen, gib deine

Freude, deine Liebe, deinen Frieden, deine Glückseligkeit. Gib alles, was du geben kannst.

Wenn du ehrfürchtig vot dem Leben bist, wird es zur Andacht. Dann fühlst du in allem die lebendige Schöpfung. Dann wird das Gießen eines Baumes zur Andacht. Dann wird das Kochen für einen Gast zur Andacht. Du tust es nicht, um jemandem gefällig zu sein, du tust niemandem damit einen Dienst; du tust es aus reiner Freude. So, wie manche ihre Freude am Quälen haben, hast du deine Freude am Geben.

Ich möchte, dass du es dir ein für alle Mal ins Gedächtnis schreibst: Ehrfurcht vor dem Leben ist mein Ansatz. Daraus folgt Gewaltfreiheit ganz automatisch; man muss sich nicht eigens darum bemühen. Und wenn sie sich von selbst ergibt, kann sie niemals hässlich sein.

Du fragst mich, was ich von der christlichen Philosophie, von dieser christlichen Maxime halte, auch die andere Wange hinzuhalten? Jesus hat diesen Gedanken von Indien gelernt. Er konnte ihn auf keine andere Weise aufgeschnappt haben, denn in den jüdischen Schriften ist nirgendwo von Gewaltlosigkeit die Rede. Nicht einmal der jüdische Gott ist gewaltlos. Er erklärt sehr deutlich: »Ich bin ein zorniger Gott. Und wer nicht mit mir ist, ist gegen mich. Ich bin nicht nett«, sagt er, »ich bin nicht euer Onkel.«

Natürlich, er ist ja euer Vater, nicht euer Onkel. Mit einem Onkel könnte man eine liebenswürdige Beziehung haben, eine Freundschaft. Onkel sind doch meistens nett. Aber der eigene Vater …! Er macht es ganz klar: »Versucht nicht, einen Onkel aus mir zu machen. Ich bin nicht euer Onkel.« Er erklärte tatsächlich: »Ich bin nicht euer Onkel, vergesst das nicht! Und ich bin nicht nett. Ich bin ein sehr wütender und eifersüchtiger Gott.« Wenn Adolf Hitler sagte: »Wer nicht für mich ist, ist gegen mich!«, war er sich wohl nicht bewusst, dass er damit ein durch und durch jüdisches Prinzip vertrat. Genau das ist die Haltung des jüdischen Gottes.

Woher nahm Jesus den Gedanken der Gewaltlosigkeit? Außer in Indien hatte diese Idee sonst nirgendwo existiert. Und gerade in der Zeit, als Jesus von Ägypten nach Indien ging, lag die Idee noch in der Luft, weil Mahavira erst 500 Jahre vorher gestorben war, Buddha erst 500 Jahre vorher gestorben war. Sanjay Viletthiputta, ein sehr bedeutender Meister, Ajit Keshkambal, ebenfalls eine sehr charismatische Figur, Makhkhali Gosal ... sie alle hatten das geistige Klima Indiens in Richtung Gewaltlosigkeit gewendet. Alle sprachen von Gewaltlosigkeit.

Die Brahmanen fingen an, sich ihrer Schriften zu schämen und die Kommentare zu ihren Schriften zu ändern. Sie begannen, auch ihre Rituale zu ändern. Es wird euch überraschen: Wenn man heute einen Hindu-Tempel besucht, bietet man eine Kokosnuss dar. Ursprünglich war die Kokosnuss keine Kokosnuss, sondern ein Menschenkopf. Eine Kokosnuss ähnelt dem Kopf eines Mannes – mit zwei Augen, einem Bart und einem Schädel. Man fing an, die Schriften so zu interpretieren, dass nicht der Kopf eines Menschen, sondern eine Kokosnuss darzubieten sei. Und die Statuen Hanumans werdet ihr überall in Indien mit roter Farbe bedeckt sehen. Früher einmal war es Blut, aber die Brahmanen mussten es ändern, weil sie sich sonst blamiert hätten.

Das ganze Land war von diesen großen Lehrern sehr beeindruckt. Sie hatten enormen Einfluss und bewegten sich zumeist auf dem festen Boden der Logik. Sie bereiteten allen möglichen Opferritualen ein Ende. Und was tut man, wenn kein Blut fließen darf? Man nimmt als Ersatz rote Farbe! Nur an einigen sehr orthodoxen Plätzen wurde die alte Tradition weitergeführt. So werden zum Beispiel im Kali-Tempel in Kolkatta jedes Jahr immer noch Tiere getötet, und ihr Blut wird über Kali geschüttet. An sehr orthodoxen Plätzen wurde die Tradition bewahrt, aber ansonsten verschwand sie und wurde durch andere Rituale ersetzt.

Als Jesus nach Indien kam, muss es in jener Zeit gewesen sein, als das ganze Land im Banne der Philosophie der Gewaltlosigkeit stand. Er übernahm die Idee aus Indien, und das ist einer der Gründe, weshalb die Juden ihn nicht akzeptieren konnten. Er brachte viele Ideen aus Indien und Ägypten mit. Als er von dort zurückkam, war er 30 Jahre alt. Über die Zeit von 13 bis 30, über diese 17 Jahre seines Lebens fehlt jeglicher Hinweis in den christlichen Aufzeichnungen. Diese siebzehn Jahre verbrachte er in Ägypten, Indien, Kaschmir, Ladakh und möglicherweise auch in Tibet. Die Ausstrahlung Buddhas und Mahaviras war noch sehr lebendig. Die Gewaltlosigkeit entsprang also nicht der Vision von Jesus. Die Idee hatte aber einen ungeheuren Eindruck auf ihn gemacht.

Und es war einleuchtend: Jemanden zu verletzen muss gegen Gott sein, weil es seine Schöpfung verletzt. Man darf nichts zerstören. Aber es stellte sich die Frage: Was ist, wenn andere mich verletzen? An diesem Punkt kam das Hinhalten der anderen Wange ins Spiel. Das hat Jesus hinzuerfunden. Nirgendwo steht in den indischen Schriften erwähnt, man solle die andere Wange hinhalten. Offenbar wurde diese Frage nie gestellt. Das Predigen der Gewaltlosigkeit war so einleuchtend, dass keiner fragte: »Und wenn jemand dich verletzt, was dann?«

Mahavira und Buddha wären bereit gewesen, zu sagen: »Lass dich ruhig verletzen; seine Karmas werden ihn dafür bestrafen. Kümmere dich nicht darum und geh deines Weges.«

Tatsächlich wurde Buddha einmal von einem *Bhikku*, einem Mönch, gefragt: »Wenn jemand mich schlägt, was soll ich tun?«

Buddha sagte: »Wenn du gehst, und der Ast eines Baumes fällt auf dich herab und trifft dich, was tust du?«

Der Mann sagte: »Was kann ich tun? Es war nur ein Unfall, ein bloßer Zufall, dass ich unter dem Baum war, als der Ast herabfiel.«

Buddha sagte: »Also tue das Gleiche. Irgendjemand war wütend, verrückt, wahnsinnig; er hat dich geschlagen. Es ist wie ein Ast, der auf dich herabfällt. Lass dich davon nicht aus der Ruhe bringen, lass dich nicht ablenken. Geh weiter auf deinem Weg, als wäre nichts geschehen.«

Als aber Jesus nach Jerusalem zurückkehrte und anfing, solche Dinge zu sagen, müssen die Leute ihn dazu immer wieder befragt haben, denn das war für die jüdische Tradition etwas völlig Neues. Das brachte eine fremde Idee ins Spiel, die in die jüdische Vorstellungswelt überhaupt nicht hineinpasste.

Jesus sagte: »Wenn jemand dich auf eine Wange schlägt, halte ihm auch die andere hin.« Nun fragst du mich, was ich davon halte. Es entspricht der Einstellung von jemandem, der an die Philosophie der Gewaltlosigkeit glaubt. Das sagt ein Philosoph der Gewaltlosigkeit. Wenn du aber tatsächlich von jemandem geschlagen wirst und hältst ihm auch noch die andere Wange hin, ermutigst du dadurch die Anwendung von Gewalt auf der Welt. Das ist keine Gewaltlosigkeit.

Und du gehst dabei von einer Annahme aus, die deiner Fantasievorstellung entspringt. Wenn jemand mich schlägt, soll ich ihm, laut Jesus, meine andere Wange hinhalten. Er könnte dadurch aber erst recht auf den Geschmack kommen. Er könnte den ersten Schlag genossen haben und den zweiten könnte er noch mehr genießen, wenn er ein Sadist ist! Damit lädt man Sadisten ein, andere zu quälen! Man fördert die Gewalt. Wenn ich zulasse, dass ein anderer meinen Körper quält, fördere ich die Gewalt.

Nein, diese dumme Ideologie hat sich für ganz Indien als sehr verhängnisvoll erwiesen. Nach Buddha und Mahavira war Indien nie wieder der gleiche goldene Vogel wie zuvor. Nach Buddha und Mahavira begann der Niedergang. Damit sind Buddha und Mahavira absolut verantwortlich zu machen für 25 Jahrhunderte indischer Sklaverei. Denn sie haben die Menschen dazu gebracht, gewaltlos zu werden, und übersahen dabei völlig, dass die anderen Völker, die rings um das Land lebten, alles andere als gewaltlos waren. Damit haben sie diese Völker ermutigt und sie geradezu eingeladen: »Kommt und tut uns Gewalt an!«

Und genau das ist in der indischen Geschichte 25 Jahrhunderte lang abgelaufen: Jeder, der Reichtümer, Frauen oder Sklaven haben wollte, konnte sich über Indien hermachen. Da gab es keine Schwierigkeiten, denn das gewaltlose Indien leistete keinen Widerstand. Die Eindringlinge konnten damit rechnen, dass man sie kampflos und widerstandslos in die Königreiche eindringen ließ.

Wenn die von euch praktizierte Gewaltlosigkeit aber dazu führt, dass Gewalt provoziert wird – wo bleibt da die Gewaltlosigkeit? Sie hat nur noch mehr Gewalt in die Welt gesetzt, als vorher da war. Vor Buddha und Mahavira war Indien niemals überrannt worden. Es hatte vorher nie solche Gewaltakte gegeben, weil die Völker wussten, dass sie ihren Tod riskierten, wenn sie in Indien einfielen. Nachdem aber Buddhas und Mahaviras Lehren sich verbreitet hatten, wurden die Menschen weich wie Butter: Man kann mit dem Messer hineinschneiden, aber es macht überhaupt kein Geräusch. Millionen von Menschen wurden umgebracht und verbrannt, völlig widerstandslos, denn jeder Widerstand hätte Gewalt bedeutet.

Dabei wird aber völlig übersehen, dass man die Gewalt des anderen selbst provoziert. Wer ist dafür verantwortlich? Wenn du deine andere Wange hinhältst, signalisierst du dem anderen: »Bitte, schlage mich noch ein bisschen mehr, es ist noch nicht genug; ich bin noch nicht befriedigt. Schlage mich noch ein bisschen mehr, damit ich noch ein bisschen heiliger werden kann!« Aber du hast nur zwei Wangen. Was machst du, nachdem er dich auch auf deine zweite Wange geschlagen hat? Was Jesus sagt, klingt wie eine wunderbare Maxime, aber es ist weder praktisch noch pragmatisch noch wissenschaftlich.

Ehrfurcht vor dem Leben geht an das ganze Problem von einem völlig anderen Blickwinkel heran. Ich sage lieber: Habe Hochachtung vor dem Leben, und das schließt dein eigenes Leben mit ein. Im Grunde solltest du zuallererst achtsam mit dir selbst umgehen, nur dann kannst du auch mit anderen achtsam umgehen. Sei liebevoll zu dir selbst, dann wirst du auch andere lieben können.

Ehrfurcht vor dem Leben wird keine Provokation von Gewalttätigkeit zulassen. Sie wird von sich aus keine Gewalt anwenden, aber wenn jemand damit anfängt, wird sie sie sofort stoppen.

Jesus sagt: »Wenn jemand dich auf eine Wange schlägt, halte ihm auch die andere hin.« Ich sage: »Okay, dann nimm *seine* andere Wange – und schlag ihn fester! Gib ihm eine Lektion. Mach ihm klar, dass er nicht einfach jemanden auf die Wange schlagen kann. Es kommt zurück, und zwar stärker! Und wenn du kannst, schlag ihn auf beide Wangen gleichzeitig. Gib ihm keine Möglichkeit, die andere Wange hinzuhalten und ein Heiliger zu werden. Schlag zu und sag ihm gleichzeitig: ›Ich glaube nicht an Gewalt, darum muss ich sie bei der ersten Gelegenheit abstellen. Und merke dir, dass du nicht einfach gewalttätig sein kannst, ohne dass man dich daran hindert.‹«

Wenn du das Leben achtest, musst du Gewalt verhindern.

Und auch in anderer Hinsicht ist es respektvoll, den andern zurückzuschlagen und nicht, ihm deine zweite Wange hinzuhalten, denn das wäre äußerst respektlos. Vielleicht erscheint dir das schwierig. Aber wenn du mich schlägst und ich schlage nicht zurück, sondern halte dir meine andere Wange hin und sage damit: »Bitte, sei so nett und schlag mich zurück!«, dann versuche ich, übermenschlich zu sein, und setze mich damit über deine Menschenwürde hinweg. Das ist viel erniedrigender, als wenn ich dich schlagen würde. Wenn ich zurückschlage, erkläre ich einfach: Du bist ein Mensch, ich bin ein Mensch und ich rede dieselbe Sprache wie du. Wir sind uns ebenbürtig.

Das ist viel respektvoller, weil du dich nicht über den andern erhebst; ihr seid auf gleicher Höhe. Du sagst ihm damit: »Du bist mein Bruder. Wenn du mich schlägst, verpasse ich dir einen härteren Schlag. Pass bloß auf und nimm dich in Acht, sonst bekommst du echte Probleme.«

Ich bin nicht dafür, dass man sich über den anderen erhebt. Aber genau das gibt Jesus damit zu verstehen: »Sei sanft und bescheiden und halte die andere Wange hin, dann wirst du das Reich Gottes erben.«

Ich verspreche dir kein Reich Gottes. Du wirst überhaupt nichts erben. Du hast es schon geerbt – das ist dein Leben. Geh liebevoll und respektvoll damit um. Geh liebevoll und respektvoll mit anderen um. Aber versuche nicht, dich über andere zu erheben und über ihnen zu stehen. Schau nicht auf den anderen herab.

Du wirst es in diesem Satz von Jesus nicht entdecken können, aber es ist darin impliziert: Du erniedrigst den anderen; du erzeugst Schuldgefühle in ihm. Er wird zu Hause darüber nachdenken: »Was habe ich getan? Was war das für ein Mensch? Ich habe ihn geschlagen, und er hat mir die andere Wange hingehalten. Wie grausam und animalisch bin ich doch, dass ich ihn auch auf die andere Wange geschlagen habe!« Der Mann wird die ganze Nacht nicht schlafen können. Er wird am nächsten Tag wiederkommen, um dich als Erstes um Vergebung zu bitten. Ihm zu vergeben wäre aber wieder eine Erniedrigung. Nein, ich würde sagen, wenn er dich schlägt, dann sei ein Sportler. Versuche nicht, ein Superman zu sein, nur ein Sportler. Schlag richtig fest zu und sag ihm: »Wenn du mal eine richtig gute Ohrfeige brauchst, sag mir Bescheid. Auf mich ist Verlass!«

Tue niemandem etwas zuleide, aber erlaube auch nie jemandem, dass er dir etwas zuleide tut. Nur so können wir eine menschliche Welt schaffen. In Indien haben wir es auf andere Weise versucht, aber das Experiment ist völlig fehlgeschlagen. Fünfundzwanzig Jahrhunderte Sklaverei, Gemetzel, Vergewaltigung, und bis heute hat noch niemand den Finger erhoben und Buddha und Mahavira dafür verantwortlich gemacht. Diese Ohnmacht im ganzen Land, diese Schwäche des ganzen Landes geht auf ihr Konto. Nein, ich bin absolut nicht dafür, Machtlosigkeit und Sklaverei zu schaffen und andere zu provozieren, dir Gewalt anzutun.

Lass nie Gewalt von dir ausgehen, aber erlaube keinem anderen, dir Gewalt anzutun. Nur dann gibt es eine Möglichkeit, eine menschliche Welt zu schaffen.

3

Politik und der Wille zur Macht

? *US-Senator Bob Smith aus Oregon hat dich zitiert mit dem Ausspruch, alle Oregoner seien Schwachköpfe. Bitte kommentiere das.*

Das enttäuscht mich nicht. Er hat damit bewiesen, dass ich recht habe. Ich habe aber nie das gesagt, was er den Leuten erzählt. Was ich gesagt habe, ist so klar, dass selbst ein Schwachkopf es verstehen könnte, aber der arme Bob Smith hat es leider nicht kapiert.

Ich hatte gesagt: »Ich habe schon alle möglichen Sorten von Schwachköpfen gesehen und dachte, das ganze Spektrum wäre damit ausgeschöpft. Doch als ich nach Oregon kam, erkannte ich, dass ich mich geirrt hatte. Der Schwachkopf à la Oregon ist eine Kategorie für sich.«

An welcher Stelle in dieser Aussage sage ich, dass alle Oregoner Schwachköpfe seien? Ich rede nur davon, dass der Schwachkopf à la Oregon eine Kategorie für sich ist. Ich bin ein großzügiger Mensch, aber nicht so großzügig, dass ich Oregon eine solche Sonderstellung auf der Welt geben würde. Dies wäre wirklich ein einzigartiger Ort, wenn sämtliche Oregoner Schwachköpfe wären! Dann wäre Oregon unvergleichlich, geradezu einmalig.

Bob Smith hat also nur bewiesen, dass ich recht habe. Und es war zu erwarten ... Irgendjemand musste ja meine These bestätigen. Und nun ist Senator Bob Smith der Erste dieser speziellen Kategorie von Schwachköpfen in Oregon. Er sollte sich freuen, dass er ganz oben auf der Liste steht! Den ersten Platz kann ihm keiner mehr streitig machen. Bob Smith gebührt der Nobelpreis.

Er hat auch gesagt, wir sollten nicht hierbleiben dürfen. Wir haben keinerlei Verbrechen begangen, haben niemandem in irgendeiner Weise geschadet. Wir kümmern uns um unsere eigenen

Angelegenheiten. Aber warum sind diese Politiker so geschockt und beunruhigt? Noch vor eineinhalb Jahren hat derselbe Mann gesagt: »Diese Leute sind absolut legal hier, und ich habe nichts gegen sie vorzubringen.« Und jetzt, eineinhalb Jahre später, hat sich alles geändert.

Wir sind noch die Gleichen. Aber politisch hat sich das Blatt für ihn gewendet. Nun kann jeder, der seine politische Position festigen will, aus uns Kapital schlagen. Alle Politiker machen das. Wir tun ihnen einen großen Gefallen; sie sollten uns dafür dankbar sein. Irgendein Politiker, der eine Wahl gewinnen will, muss nur eines tun: Unsinn über uns erzählen – das reicht, um gewählt zu werden. Alle Politiker machen das. Jetzt ist seine politische Position nicht mehr so stabil; sie wackelt.

Wir können ihm helfen, kein Problem. Er kann uns schlechtmachen, er kann drohen, uns hinauszuwerfen, er kann alles Mögliche tun, wenn es seine Position festigt. Wir freuen uns, wenn wir einen Ertrinkenden vor dem Untergang retten können, wenn wir ihm seinen Posten bewahren können. Er wird uns dafür wahrscheinlich nicht dankbar sein, aber wir erwarten von niemandem Dank. Wir tun einfach, was menschenfreundlich ist.

Man darf nicht vergessen, dass diese Senatoren jederzeit auf der Straße landen können. Politiker sind entweder an der Macht oder sie stehen auf der Straße; dazwischen gibt es nichts.

Sogar eine so machtvolle Politikerin wie Indira Gandhi hat mir einmal eine Nachricht zukommen lassen: »Ich versuche, meinen Sohn Rajiv zu überreden, dass er dich besuchen kommt. Er ist nicht bereit, seinen Job aufzugeben und seinen Dienst als Pilot der indischen Fluggesellschaft zu kündigen.«

Dabei hatte Rajiv ein handfestes Argument. Er sagte zu ihr: »Wenn du einmal nicht mehr an der Macht bist, wer soll dann die Familie erhalten? Wir haben kein eigenes Haus zum Leben. Ich bin der Einzige in der Familie, der Geld verdient. Und wenn du einmal alt bist, soll ich dann zusehen, wie du auf der Straße landest?« Sie konnte ihn nicht überreden zu kündigen. Und sein Argument war absolut klar: »Wo wirst du dann sein?« In den drei Jahren, nachdem Morarji Desai Premierminister wurde und sie nicht mehr an der Macht war, hat ihr Sohn Rajiv sie über Wasser gehalten. Zumindest musste sie nicht betteln gehen.

Die Politik ist eine sonderbare Laufbahn. Es lohnt sich, ein paar Dinge in diesem Zusammenhang zu verstehen, weil sie Licht auf den menschlichen Verstand werfen. Erstens: Nur ein ganz bestimmter Menschentyp wird von der Politik angezogen, genau wie eine bestimmte Art von Menschen sich von Wissenschaft, Dichtkunst, Malerei, Musik und Tanz angezogen fühlt. Man könnte sich einen Winston Churchill unmöglich als Tänzer vorstellen; das wäre einfach undenkbar. Genauso wenig könnte man sich einen Nijinsky als Premierminister vorstellen.

Nijinsky war ein Tänzer, vielleicht der beste, den die Welt je kannte; sein Tanz war geradezu magisch. Er war zum Tanzen geboren. Bei ihm war es kein antrainiertes Talent, sondern ein innerer Instinkt, eine Qualität, die er von Geburt an mitbrachte. So magisch war sein Tanz, dass bis heute kein anderer Tänzer es ihm gleichtun konnte. Manchmal machte er mitten im Tanz einen so hohen Sprung, dass das Gesetz der Schwerkraft aufgehoben war. Die Physik hat dafür keine Erklärung. Mit seinem Gewicht ist es eigentlich nicht möglich, so hoch zu springen. Aber das Wunderbarste war seine Landung: Er kam so langsam zurück auf den Boden, als wäre er ein welkes Blatt, das im Herbst vom Baum fällt und langsam, ohne Hast, zu Boden sinkt. Das verstößt absolut gegen das Gesetz der Schwerkraft.

Die Anziehung der Schwerkraft ist sehr stark; sie ist ein Magnet. Sie zieht einen einfach mit Gewalt nach unten, unwiderstehlich und unkontrollierbar. Man kann nicht steuern, ob man langsam oder schnell herunterkommt. Alles, was zur Erde fällt, ist dieser Kraft hilflos ausgeliefert; die Erdschwerkraft bestimmt die Fallgeschwindigkeit. Die Erde ist so riesig und ihre Anziehungskraft so enorm – und wir sind nicht leicht wie ein Blatt. Selbst Nijinsky war immer wieder aufs Neue überrascht. Er konnte zuschauen, wie er langsam heruntersank; er fiel nicht, sondern es war wie ein Schweben.

Man fragte ihn immer wieder: »Welche Technik hast du? Welche Strategie, welche Methode?«

Er sagte: »Ich bin genauso überrascht wie ihr. Ich weiß es nicht. Und wenn ich versuche, es zu machen, passiert es nie. Es passiert nur manchmal, wenn ich überhaupt nicht daran denke. Wenn der Tänzer verschwindet, wenn Nijinsky nicht mehr da ist, dann geschieht es. Ich bin nur ein Zuschauer, genau wie ihr. Ich sehe zu, wie mein Körper herunterkommt. Ich habe es für mich allein versucht, auf jede mögliche Art. Aber ich bin weder fähig, so hoch zu springen, noch, so langsam zu fallen. Ich habe es vor meinen Freunden, meinen Geliebten versucht, aber immer wenn ich mich darum bemühe, entzieht es sich mir.

So habe ich eines gelernt: Es gibt Dinge, um die man sich nicht bemühen kann. Es gibt Dinge, die durch keine Methode, Technik oder Strategie zu erreichen sind. Es gibt Dinge, die einfach geschehen; man muss sie nur zulassen.« Und das Zulassen geht so, dass man sich überhaupt nicht einmischt. Und das geht so weit, dass man nicht mehr anwesend ist, denn die eigene Anwesenheit wäre bereits eine Einmischung.

Du kennst das. Die Physik hat eine seltsame Entdeckung gemacht ... Etwas Vergleichbares kennen wir vom Menschen. Etwa wenn du im Badezimmer bist und vor dem Spiegel Grimassen schneidest, weil du genau weißt, dass dich keiner sieht. Aber plötzlich wird dir bewusst, dass du durchs Schlüsselloch beobachtet wirst. Das verändert alles. Du hörst auf, Grimassen zu schneiden, und fängst an, Gegenstände an ihren Platz zu stellen und irgendetwas Sinnvolles, Vernünftiges zu tun. Du fühlst dich ertappt. Du benimmst dich, als wärst du beschäftigt, obwohl du einen Augenblick zuvor gar nichts zu tun hattest.

Die moderne Physik machte die Entdeckung, dass sich das Verhalten von Elektronen schwer beobachten lässt. Es gibt zwar heute Instrumente, mit denen wir beobachten können, wie sich ein Elektron verhält, aber das Problem ist: Sobald das Elektron beobachtet wird, ändert es sein Verhalten – die gleiche Geschichte wie mit dem Schlüsselloch! Das Elektron benimmt sich plötzlich ganz anders. Einen Augenblick zuvor, als es noch nicht beobachtet wurde, verhielt es sich offenbar anders. Die Physiker konnten sich keinen Reim darauf machen – welchen Schluss sollten sie daraus ziehen? Aber die Fakten lassen eindeutig darauf schließen: Das Elektron hat ebenso ein Bewusstsein wie du. Anders kann es nicht sein, denn wie sollte das Elektron sonst wahrnehmen, dass es wahrgenommen wird?

Nijinsky sagte: »In dem Moment, da ich nicht bin, nicht mehr anwesend bin, geschieht es plötzlich. Und während es geschieht, bin ich nur Zuschauer. Wenn ich in diesem Moment auch nur herumschaue, um mitzubekommen, wie es geschieht, ist es eine Störung. Einmal bin ich mitten in einem solchen Sprung so abrupt heruntergefallen, dass ich mir die Beine brach. Weil ich mich einmischte, verschwand das Phänomen, und die Anziehung der Schwerkraft war so stark, dass ich mit einem Plumps zu Boden fiel.« Sonst landete er immer wie eine Feder. Und er machte noch nicht einmal ein Geräusch, wenn er auf dem Boden aufkam.

Es gibt geborene Dichter, es gibt geborene Tänzer. Im Grunde wird jeder mit besonderen Fähigkeiten geboren. Und wem es gelingt, herauszufinden, wofür er geboren ist, der ist der glücklichste Mensch auf Erden. Wer sich aber in Richtungen bewegt, die nicht für ihn gedacht sind, der ist am unglücklichsten.

Der Politiker gehört zu einem bestimmten Menschentyp. Er ist vom gleichen Schlag wie der Kriminelle. Ein Krimineller ist jemand, dem es nicht gelungen ist, Politiker zu werden. Beide streben nach Macht, beide werden vom Willen zur Macht beherrscht. Der Politiker gelangt ganz legal und verfassungsgemäß an die Macht, und sobald er die Macht in Händen hält, kann er das Gesetz, die Verfassung und alles andere manipulieren, auf tausendfache Art und Weise. Wenn er erst einmal die Macht hat, kann er alles korrumpieren und prostituieren. Doch bis er an die Macht kommt, bewegt er sich im Rahmen der Legalität, der Verfassung, der Moral.

Der Kriminelle ist ebenfalls auf Macht aus, aber er weiß nicht, wie er sie auf legalem, verfassungsgemäßem, moralischem Wege erlangen kann. Er ist wilder, nicht so zivilisiert wie der Politiker. Er ist weniger kultiviert, nicht so gebildet wie der Politiker, der seine Bildung als Sprungbrett zu benutzen vermag. Der Kriminelle ist nicht so sprachgewandt wie der Politiker.

Die Hauptkunst des Politikers ist seine Redegewandtheit, seine Fähigkeit, euren Hoffnungen Ausdruck zu verleihen und aus ihnen Versprechen zu machen. Er ist so geschickt mit der Sprache, dass es ihm immer wieder gelingt, eure bewussten und unbewussten Träume und Hoffnungen aufzuspüren und sie in Versprechungen für die Zukunft zu übersetzen: Wenn ihr ihm die Macht gebt, will er euch all diese Dinge erfüllen. Es ist ein Kuhhandel: Ihr gebt ihm die Macht – und er gibt euch das gelobte Land.

Wenn ihr ihm erst einmal die Macht verliehen habt, meint ihr, er würde sich dann noch für euch interessieren? Der Mann, der euch die Versprechen gab, war machtlos. Jetzt ist er ein völlig anderer Mann; er ist mächtig. Den Ausspruch von Lord Acton habe ich in meinem Leben immer wieder zitiert: »Macht korrumpiert, und absolute Macht korrumpiert absolut.« Und Lord Acton redet aus eigener Erfahrung, er philosophiert nicht nur. Er hat selbst die Macht und ihre Korruption kennengelernt und ist wegen ihrer korrumpierenden Wirkung ausgestiegen.

Wenn man erst einmal Macht besitzt, beginnen all die korrumpierenden Kräfte, die im Unbewussten verborgen waren, sich zu regen. Wen interessieren schon die anderen? Diese Versprechen wurden nicht aufrichtigen Herzens gegeben. Sie wurden in vollem Wissen gegeben, dass sie nicht erfüllt werden würden. Es war nur eine politische Taktik, um an die Macht zu kommen, und nun hat man die Macht erlangt. Jetzt geht es darum, die eigenen unbewussten Wünsche zu erfüllen.

Der Politiker kann sich jederzeit in einen Kriminellen verwandeln. Wir sehen, wie sich das in der Geschichte ständig wiederholt; trotzdem werden wir daraus nicht klüger. Bevor Josef Stalin an die Macht kam, war er kein Krimineller. Er hatte niemanden getötet, er war kein Mörder. Aber was geschah, als er an die Macht kam? Das Erste war, dass er das ganze zwölfköpfige kommunistische Parteipräsidium, das Gremium, das über die ganze Kommunistische Partei herrschte, zu demontieren begann. Das waren die wichtigsten Führungspersonen, und er fing an, einen nach dem anderen zu töten.

Er tötete Kamenew, dann Sinowjew, dann Trotzki. Er ließ einen nach dem anderen umbringen, und während er sich einer Person entledigte, sicherte er sich die Unterstützung aller übrigen. Und alle waren froh, dass wieder einer weniger war. Die Macht lag in immer weniger Händen, und das war natürlich besser. Von zwölf waren es bald nur neun Leute, dann nur noch sechs. Er vergiftete Lenin, den Spitzenmann der Revolution. Der zweitwichtigste war Trotzki. Als es ihm gelang, Trotzki zu ermorden ... Das geschah in Mexiko, wohin Trotzki geflohen war, nachdem er sah, dass Sinowjew und Kamenew getötet wurden; da setzte er sich ab.

Ihr werdet es nicht glauben, aber als er in Verkleidung floh – er musste in Verkleidung fliehen und in solcher Eile, weil Stalin sich bereit machte, ihn zu erledigen ... Es war eine Frage von zwei bis drei Tagen, nicht mehr. Dabei war Trotzki ein Minister, der russische Verteidigungsminister. Ihm unterstanden das ganze Militär und sämtliche Streitkräfte. Sobald er von Stalins Plänen erfuhr, verschwand er noch in derselben Nacht. Er konnte seinen Hund nicht mitnehmen, den er sehr liebte. Stalin ließ sogar den Hund töten, weil es Trotzkis Hund war. So ein krimineller Verstand! Und er schickte einen Auftragskiller nach Mexiko, der Trotzki tötete.

Trotzki hatte begonnen, Josef Stalins Biografie zu schreiben, eine der profundesten Biografien, die je über ihn geschrieben wurden, denn er kannte Stalin wie kein anderer. Trotzki war der zweitwichtigste Mann der Revolution. Stalin spielte vorne nicht mit; er kam erst an elfter oder zwölfter Stelle. Aber Trotzki war sich dessen bewusst, dass dieser Stalin gefährlich war, denn er sagte nie etwas. Er war sehr verschwiegen, alles um ihn war geheim. Seine Freunde – wer waren seine Freunde? Seine Feinde – wer waren seine Feinde? Nichts davon wurde je publik gemacht. Trotzki machte sich Gedanken über diesen Mann – er schien ein gefährlicher Typ zu sein. Er fing an, Fakten über ihn zusammenzutragen.

Als Stalin zu morden anfing, wandte er ein Verfahren an, das eine perfekte Verschwörung war: Lenin erhielt tägliche Giftportionen, als Medizin getarnt. Der Arzt war ein bezahlter Mann Stalins. Das Gift wurde in so geringen Dosen verabreicht, dass es Lenin über einen langen Zeitraum töten würde. Solange er lebte, blieb er der Führer, denn die Massen kannten ihn. Er durfte noch nicht gleich sterben, sonst würde Trotzki das Ruder im Land übernehmen. Ehe Lenin starb, musste Stalin sich eine solide Basis aufgebaut und alle anderen aus dem Weg geräumt haben, damit nach Lenin dann Stalin der zweite Mann war. Man musste deshalb Lenin solange am Leben erhalten, aber er war schon fast im Koma. Er wurde gelähmt und starb ganz langsam. Er war ans Bett gefesselt, seine Sehkraft ließ immer mehr nach, und er unterschrieb alles, was Stalin ihm vorlegte – er konnte es nicht mehr lesen. So räumte Stalin alle aus dem Weg, wie es seiner Sache dienlich war, und schließlich tötete er auch Lenin: Er erhielt die letzte Dosis.

Die Zeit, die Trotzki in Mexiko verbrachte, widmete er dem Schreiben von Stalins Biografie. Es ist ein seltenes Buch, denn noch nie hat ein Feind eine Biografie mit so tiefem Einblick, einer so tief schürfenden Akribie, ohne Hassgefühle geschrieben – rein faktisch, ohne etwas hinzuzudichten. Trotzki wurde ermordet, während er an der letzten Seite schrieb. Sie blieb unvollendet – die allerletzte Seite. Es ist eine umfangreiche Biografie, an die 1200 Seiten. Er schrieb gerade an der letzten Seite, als er mit einem Hammer von hinten erschlagen wurde. Der Hammer traf mehrmals seinen Kopf. Der Kopf fiel auf das Buch, und das Blut spritzte über die letzte Seite. Es ist bezeichnend, dass das Buch dadurch zu einer absolut glaubwürdigen Biografie all dessen wurde, was Trotzki darin über die Ermordung der anderen enthüllt hatte. Ihn selbst traf es auf der letzten Seite; er starb über dem Buch, und die erste Auflage wurde mitsamt den Blutspritzern abgedruckt.

Stalin hatte also noch nie einen Menschen getötet, hatte kein einziges Verbrechen begangen, ehe er an die Macht kam. Tatsächlich wurde er in einem katholischen Kloster erzogen; er war Christ und wurde von Mönchen aufgezogen. Er lebte in einem Kloster, weil er aus einem abgelegenen Dorf im Kaukasus stammte und das Kloster der einzige Ort war, wo er eine Schulbildung erhalten konnte. Sein Vater, der ein armer Mann war, hatte ihn deshalb dort zurückgelassen. Die Mönche des Klosters nahmen den Jungen aus Mitgefühl auf, bildeten ihn aus, erzogen ihn – und wir können sehen, was dabei herauskam! Nachdem er an die Macht gekommen war, muss er Millionen von Menschen getötet haben. Es gibt keine Zahlen als Beleg; er machte einfach immer weiter mit dem Töten. Jeder, der nicht für ihn war, musste sterben. Eine andere Strafe gab es nicht. Er machte kurzen Prozess: »Entweder du bist für mich oder du bist nicht mehr.«

Der Politiker ist im Grunde ein Krimineller. Er trachtet auf legalem Wege nach der Macht, darin besteht der Unterschied. Der Kriminelle schert sich nicht um legale Wege und wird erwischt. Der Politiker lässt sich niemals erwischen – oder nur ganz selten, wie Nixon, der durch Watergate aufflog. Und wisst ihr, was Mao Zedong sagte, als Nixon aufflog? »Was soll denn das? So ein Getue um nichts. Das macht doch jeder Politiker!« In der Tat, jeder Politiker macht es. Watergate brachte nichts Außergewöhnliches, was Nixon getan hätte, ans Licht. Auf der ganzen Welt machen alle Politiker, die an der Macht sind, die gleichen Sachen; sie lassen sich nur nicht erwischen. Es war ein Missgeschick, dass man ihn erwischte und er es nicht abwenden konnte ...

Tatsächlich hege ich einen gewissen Respekt für Richard Nixon. Ein Mann wie Stalin an Nixons Stelle – oder Mao Zedong oder Adolf Hitler oder Mussolini –, sie alle hätten an Nixons Stelle etwas Unvorstellbares getan ... und dieser Gedanke muss auch in Nixons Kopf herumgespukt sein. Eine einfache Methode: Wenn eine Sache so heiß wird, wäre es das Beste gewesen, die Welt in einen Krieg zu verwickeln. Dann wäre Watergate schnell in Vergessenheit geraten. Wer hätte sich dann noch Gedanken über Watergate gemacht? Man hätte nur die Aufmerksamkeit der Menschen ablenken müssen. Die anderen Führer hätten das mit Sicherheit alle getan – sie hätten sofort einen Weltkrieg begonnen. Nixon hätte Präsident bleiben können und wäre als größter amerikanischer Präsident in die Geschichte eingegangen. Wenn er den Krieg durchgestanden hätte und als Sieger daraus hervorgegangen wäre, hätte er sich als Größter der Weltgeschichte erwiesen.

Ich habe einen gewissen Respekt vor dem Mann, dass er dieser kriminellen Idee nicht Folge leistete, die ihm garantiert in den Sinn gekommen ist. Das kann ich garantieren; es ist zu naheliegend. Ich weiß nicht allzu viel von Politik. Obwohl ich auch Politikwissenschaften studiert habe, weiß ich nichts von der aktiven Politik. Aber als Student der Politik weiß ich einfach mit absoluter Sicherheit, dass er mit diesem Gedanken gespielt haben muss: Versetze die Welt in ein solches Chaos, dass Watergate zu einer Lappalie wird im Vergleich zu dem Chaos, das beim Ausbruch eines Weltkriegs entsteht. Dann hätten alle den Skandal blitzschnell vergessen.

Aber dieser Mann, Nixon, scheint sehr viel moralischer zu sein, als die Leute von ihm denken. Deshalb kann ich sagen, dass ich einen gewissen Respekt für ihn hege. Er entschied sich dafür, lieber als erster Präsident der amerikanischen Geschichte mit Schande aus dem Weißen Haus vertrieben zu werden. Er akzeptierte die Schande, den weltweiten Imageverlust, statt die Welt in einen Krieg zu stürzen. Damit zeigte er sich mehr als Mensch denn als Politiker, damit bewies er mehr Menschlichkeit als wahrscheinlich alle anderen Politiker.

Der kriminelle Verstand will Macht, denn ohne Macht vermag er gar nichts. So, wie ein Maler Farben braucht, wie ein Dichter einen großen Wortschatz und die Sprache braucht, ein Gespür für die verschiedenen Nuancen der Wörter und für ihre subtilen Untertöne, weiß auch der Politiker mit einer Gewissheit im Innersten, was ihn hinter der Macht her sein lässt. Wer nicht malen will, aber trotzdem Farben sammelt, ist ein Spinner. Wer keine Musik spielen will und trotzdem Musikinstrumente aller Art sammelt, ist verrückt.

Warum Macht? Erst kürzlich habe ich euch erzählt, dass Jawaharlal Nehru mich eingeladen hatte, ihn zu besuchen, und ich fuhr hin. Er hörte mir zu. Ich war noch sehr jung, und er war ein großer Staatsmann, aber er hörte mir so still und intensiv zu, als wüsste ich sehr viel von Politik und von dem, was im Lande zu tun wäre. Er sagte mir: »Warum kommst du nicht in die Politik? Alles, was du sagst – wenn du diese Dinge verwirklichen willst, musst du in die Politik kommen. Niemand anders wird das für dich tun, nur du kannst es. Ich kann deine Ideen verstehen, aber wer wird sie umsetzen? Engagiere dich!«

Ich sagte: »Nein, denn ich habe kein Interesse, Macht zu erlangen. Alles, was ich gesagt habe, war nur, um mein Herz auszuschütten, denn du hast die Fähigkeit und auch die Macht, etwas durchzusetzen, und du hast das Verständnis, es umzusetzen. Ich habe nur mein Herz ausgeschüttet. Ich bin jetzt fertig. Ich werde nicht hinter der Macht herlaufen. Und ich bitte nicht jemand anders, ich bitte dich: Wenn du meinst, dass ich recht habe, dann beweise es, indem du etwas unternimmst.«

Er sagte: »Du hast recht, aber ich kann diese Dinge nicht umsetzen, denn die Leute, dank deren Unterstützung ich hier stehe, werden keine der Ideen, die du vorschlägst, unterstützen. Wenn sie erfahren, dass ich diese Ideen umsetzen will, werden sie mich einfach hinauswerfen. Die Politik ist eine Pyramide. Nach oben zu wird es immer enger und enger: An der Spitze steht ein Mann. Du siehst den Mann an der Spitze, aber unter ihm stehen drei Männer; diese drei Männer haben neun Männer unter sich; diese neun Männer 90 weitere ... Und alle sind sie abhängig von denen, die unter ihnen sind. Sie stehen auf deren Schultern und können jeden Moment heruntergeworfen werden.«

Und sobald in der Politik jemand mit der Unterstützung so vieler Leute an die Macht gekommen ist, muss er die Wünsche all dieser Leute erfüllen. Der eine hat ihn unterstützt, um Konzessionen zu bekommen, ein anderer, weil er eine Industrie aufbauen will; jeder unterstützt ihn aus irgendeinem Grund, um etwas zu erreichen. Jetzt muss man ihre Wünsche erfüllen. Sonst kann es passieren, dass sie einen Schritt zur Seite machen, während man auf ihren Schultern steht. Der Mann an der Spitze ist im Grunde eine sehr schwache Figur; er hat nichts über sich, woran er sich festhalten könnte. Unter ihm sind Leute, die sich keine Gelegenheit entgehen lassen würden, ihn zu stürzen.Denn wenn sie diesen Mann zu Fall bringen könnten, würde einer der drei, die unter ihm stehen, an die Spitze gelangen. Also ist er gezwungen, alle möglichen kriminellen Dinge zu tun.

Ich weiß das, weil Indira Gandhi auf diese Weise an die Macht gekommen ist – denn sie hat mit ihrem Vater zusammengelebt. Sie war eine geborene Politikerin, ihr Ehemann war es nicht. Während ihres Studiums in England haben sie sich verliebt. Der Ehemann war nicht einmal ein Hindu, geschweige denn ein Brahmane. Indira stammte aus der höchsten Kaste der Brahmanen, aus Kaschmir. Der Mann, in den sie sich verliebte, Feroz Gandhi, war ein Parse. Die ganze Familie war gegen diese Ehe – niemand hatte je davon gehört, dass ein Brahmanen-Mädchen einen Parsen heiratete, einen Mann, der noch nicht einmal ein Hindu war! Es ist eine völlig andere Religion.

Indira war die einzige Tochter Nehrus, und nachdem seine Frau gestorben war – sie starb sehr früh –, war Indira der einzige Mensch, der ihm nahestand. Er stellte sich auf ihre Seite und sagte zu ihr: »Mach dir keine Gedanken wegen deines Großvaters und deiner Großmutter. Ich erledige das mit ihnen. Heirate du erst mal. Wenn du auf ihre Erlaubnis wartest, wird es nicht gehen. Selbst mir würde es nicht gelingen, sie zu überreden. Und sie würden verletzt sein. Es ist besser, du heiratest zuerst, und wenn du dann verheiratet nach Hause kommst, werde ich sie überreden: ›Jetzt kann man nichts mehr daran ändern; die Ehe wurde bereits geschlossen.‹« Und so geschah es.

Doch Feroz Gandhi hatte kein Interesse an der Politik. Nur weil er der Schwiegersohn von Jawaharlal Nehru war, wurde er Mitglied des Parlaments. Aber es interessierte ihn überhaupt nicht; es war nicht sein Ding. Doch für Indira war es das einzig Wahre. Sie fingen sofort zu streiten an und gerieten sich ständig in die Haare, und bald zog Indira zu ihrem Vater in die Villa des Premierministers und verließ Feroz Gandhi. Sie lebten getrennt, ohne sich scheiden zu lassen, aber sie sahen sich jahrelang nicht. In all diesen Jahren beobachtete sie die anderen Politiker und über jeden sammelte sie Informationen: über seine Schwächen, seine Vergehen gegen die Gesellschaft, seine Ausbeutung anderer, seine Korruption – selbst wenn er seine Fassade als (Mahatma-) Gandhi-Anhänger nach außen zu wahren trachtete.

Sie trug eine Akte über jeden politischen Führer zusammen – sie hat mir diesen Ordner gezeigt –, und darin lag ihre Macht. Als Jawaharlal starb, hatten alle diese Politiker Angst vor Indira, weil nun sie den Schlüssel in Händen hielt. Sie konnte jeden von ihnen vor der Öffentlichkeit und vor Gericht bloßstellen. Sie hatte alle Beweise, hatte all die Briefe. Diese Leute hatten Angst vor ihr, einfach weil sie von ihrer Gnade abhängig waren, sonst wären sie geliefert gewesen. Diese Akte enthielt ihre ganze Macht.

Ich habe mir den Ordner angesehen. Alle diese Leute haben dieses arme Land ausgebeutet. Sie alle hatten Bankkonten im Ausland – in der Schweiz, in Amerika. Sie alle hatten Kontakte außerhalb Indiens und erhielten Bestechungsgelder, Honorare und alles Mögliche dafür, dass sie Geheimnisse weitergaben. Alle waren mit dem einen oder anderen Staat verbändelt; sie waren Agenten. Vor der Öffentlichkeit, vor den Massen der Armen, präsentierten sie eine bestimmte Fassade, aber ihre Wirklichkeit sah völlig anders aus. Und sie hatten auch deshalb Angst, weil Indira absolut unbestechlich war. Das hatte sie von Jawaharlal gelernt. Er war unbestechlich, denn er war kein Politiker; er war eher ein Dichter. Er wäre gerne Maler oder Bildhauer geworden – jede Form von Kunst hätte seinem Wesen mehr entsprochen als die Politik.

Zur Politik gelangte er rein zufällig; sie wurde ihm geradezu aufgezwungen – so etwas kommt manchmal vor. Weil er großes Interesse an der Unabhängigkeit Indiens hatte, kämpfte er gegen die britische Regierung. Aber er hatte keinen Gedanken, einmal Premierminister zu werden, wenn das Land frei sein würde. Er hatte nie darüber nachgedacht. Er war nur ein Kämpfer in der Freiheitsbewegung wie viele Tausende andere auch. Er hätte erschossen werden können, er hätte getötet werden können, er hätte zum Tode verurteilt werden können – alles hätte passieren können. Macht spielte für ihn keine Rolle.

Als der Kampf um die Freiheit gewonnen war, tauchte die Frage auf: In wessen Hände sollte die Macht gelegt werden? Bis dahin war Macht überhaupt kein Thema gewesen. Das einzige Thema war, wie man die Fremdherrschaft loswerden konnte. Er begann sich dafür zu interessieren, weil er ein so sensibler Mensch war, dass er den Gedanken der Freiheit über alles stellte. Es hatte überhaupt nichts mit Politik zu tun; er liebte den Gedanken der Freiheit – als Dichter. Als aber die Freiheit da war, begann ein großes Gerangel darüber, wer nun Premierminister werden sollte. Da gab es Leute wie Sardar Vallabhbhai Patel, der ein echter Politiker war, ein mit allen Wassern gewaschener Politiker, der zu jedem Verbrechen fähig war. Er hat zahlreiche Verbrechen begangen, als er stellvertretender Premierminister wurde. Auch Nehru konnte ihn nicht daran hindern.

Und es gab noch andere, denn im Freiheitskampf hatte es Tausende von hochkalibrigen Leuten gegeben. Jawaharlal war der Einzige, der nicht an Politik, nicht an Macht interessiert war. Deshalb wählte Mahatma Gandhi ihn aus, statt einen von denen zu wählen, die in Wirklichkeit nur an der Macht interessiert waren ... Ihr Freiheitskampf war eigentlich kein Kampf für die Freiheit, sondern nur ein Mittel, um an die Macht zu gelangen. Es war ein Schock für diese Politiker, als Gandhi keinen von ihnen zum Premierminister wählte. Und Gandhi hatte die öffentliche Meinung Indiens total hinter sich.

Sardar Patel war schockiert, weil er Gandhi sehr nahestand und wie Gandhi aus Gujarat stammte; er hatte Gandhi sein Leben lang mit totalem Vertrauen gedient. Und im letzten Moment sagte Gandhi einfach zu Sardar: »Ziehe deine Kandidatur zurück. Kämpfe nicht gegen Jawaharlal. Ich mache dich zum stellvertretenden Premierminister, aber lass Jawaharlal Premierminister werden.«

»Weshalb?«, fragte Patel.

Und der Grund, den Gandhi ihm nannte, stimmte. Er sagte: »Er ist der Einzige, der nicht an Macht interessiert ist. Ihr werdet euch alle untereinander streiten; er ist der Einzige, der darübersteht.«

Weil Gandhi sagte: »Sei du der Premierminister«, willigte Jawaharlal ein. Als Gandhi 1942 zu ihm gesagt hatte: »Sei du der zweite Soldat im Freiheitskampf« – der erste war Vinoba Bhave –, hatte er ebenfalls eingewilligt. Vinoba Bhave war bis zu diesem Zeitpunkt in Indien überhaupt nicht bekannt gewesen. Er war nur irgendein Mitbewohner in Gandhis Ashram. Er massierte Gandhi, badete Gandhi, las ihm Schriften vor, und weil er ein Sanskrit-Gelehrter war, konnte er Gandhi erklären, was die Schriften bedeuteten. Aber im Land war er eine unbekannte Figur. Gandhi wählte eine anonyme Person als »Ersten Freiheitskämpfer« – der auch als Erster ins Gefängnis gehen würde – und als Zweiten schlug er Jawaharlal Nehru vor.

Jawaharlal sagte nicht: »Ich fühle mich übergangen. Diesen Mann kennt doch keiner ...« – Dabei mochte Jawaharlal diesen Vinoba nie besonders leiden. Jawaharlal war fast ein Westler, ausgebildet und erzogen im Westen. Er führte einen westlichen Lebensstil. Er war in vielfacher Hinsicht kein Inder – außer dass er in Indien geboren war. Er aß Fleisch, denn er hatte in England gelebt und war in England aufgewachsen; er war also kein Vegetarier. Er hatte jeden Grund, Vinoba nicht zu mögen, aber es war kein Problem, weil Vinoba und er unterschiedliche Tätigkeiten ausübten. Ich habe mit Vinoba und mit Jawaharlal gesprochen, und beide bestätigten mir, dass sie einander nicht mochten.

Zum Beispiel Vinobas Bart: Jawaharlal konnte ihn nicht leiden. Er selbst rasierte sich zweimal am Tag und fand einen Bart unpassend. Er war recht intolerant und ungeduldig: Er empfand auch das Gewand, das Vinoba trug, als »nicht richtig«. Im 20. Jahrhundert sollte man auch wie ein Mann des 20. Jahrhunderts gekleidet sein. Vinoba hatte die Erziehung eines orthodoxen Brahmanen erhalten. Er hatte in Varanasi (Benares) an einem Sanskrit-College studiert und lebte wie ein alter Sanskrit-Gelehrter. Er hatte keine Ahnung von westlichen Themen, westlichen Sprachen. Die beiden hatten also wenig miteinander gemein. Und dass dieser Mann an die erste Stelle gesetzt wurde, muss Jawaharlal verletzt haben, aber seine Hingabe zu Gandhi stand außer Frage: Wenn Gandhi wollte, dass Vinoba der erste Freiheitskämpfer sein sollte, dann musste es so sein.

Hätte Gandhi nun Sardar Vallabhbhai Patel zum Premierminister erkoren, hätte Jawaharlal dies auf keinen Fall infrage gestellt oder sich darüber geäußert. Tatsächlich hatte er Gandhi angeboten: »Warum sollen diese Leute so frustriert werden? Ich kann zurückstehen. Lass sie jemanden wählen, den sie haben wollen. Ich habe kein Interesse daran; ich habe nie daran gedacht, Premierminister zu werden. Ich habe für die Freiheit gekämpft, und nun ist sie da. Ich bin glücklich.« Nehru ließ sich durch das Amt des Premierministers nicht korrumpieren. Er war der zweite Mann hinter Gandhi, und nach Gandhis Tod ging dessen Monopolstellung in der indischen Psyche auf ihn über.

Doch Indira war Politikerin, eine geborene Politikerin. Sie machte Schluss mit ihrem Ehemann und vergaß ihn völlig. Die Politik war ihr wichtiger als der Ehemann. Ihre ganze Liebesgeschichte ging zu Ende, als es darum ging, zwischen beiden zu wählen. Und Feroz bestand darauf: »Entweder sei mit mir oder mit deinem Vater, dem Premierminister. Es ist mir egal, aber so kann es nicht weitergehen. Den ganzen Tag bist du dort und kommst nur für ein paar Minuten hierher, gerade um Hallo zu sagen, und dann läufst du schon wieder fort und bist im Haus des Premierministers. Du begleitest ihn auf seinen Reisen, aber du fährst nie mit mir irgendwohin.« Er bestand darauf, dass sie ihre Wahl treffen sollte.

Indira zog einfach aus. Sie sagte: »Für mich gibt es da nichts zu wählen. Ich gehöre der Politik und ich werde in die Politik gehen.« Von ihrem Vater lernte sie eine Sache: »Kein Politiker kann dir etwas anhaben, wenn du unbestechlich bleibst. Lass die anderen alle bestechlich sein, aber halte du die Augen offen und sammle sämtliche Informationen über sie.« Darin lag ihre ganze Macht. Niemand konnte sie diskreditieren, weil sie nie etwas Unrechtes getan hatte; aber sie konnte jeden diskreditieren. Politiker sind legale, verfassungsgemäß eingesetzte Kriminelle.

Dieser US-Senator Bob Smith hat also die Absicht, mich und meine Kommune ganz und gar aus Oregon hinauszuwerfen. So reden diese Leute – und das sind Senatoren! Und das ist genau die Art, wie auch ein Faschist redet, ein Kommunist, ein Nazi. Sie reden von Demokratie, sie reden von freier Meinungsäußerung, sie reden von Achtung vor dem Individuum, aber ich kann mir nicht denken, dass sie auf der Seite von George Washington, Thomas Jefferson, Abraham Lincoln stehen. Sie stehen auf der Seite von Josef Stalin, Chruschtschow, Breschnjew. Sie sollten sich auf der richtigen Seite einreihen.

Aber sie schlagen aus uns Profit. So, wie dieser Mann nun den Oregonern erzählt, ich hätte sie alle als Schwachköpfe bezeichnet, versucht er, Profit daraus zu schlagen. Dabei habe ich das gar nicht gesagt. Aber jetzt kann ich sagen, dass ich ihn gefunden habe – den ersten Schwachkopf! Er hat sich selbst geoutet. Und jetzt warte ich noch auf den zweiten, denn Oregon hat zwei Senatoren. Bestimmt lauert der zweite schon um die Ecke. Er ist etwas spät dran. Senator Bob Smith hat sich schon einen Vorsprung gesichert in diesem Rennen.

Mein Statement ist so einfach, dass jedes Kind es verstehen kann. Ich sagte, dass der Schwachkopf à la Oregon eine Kategorie für sich ist. Wie schafft er es bloß, diesen Satz so zu verstehen, dass alle Oregoner Schwachköpfe seien? – Wie steht es dann mit mir? Wie steht es mit euch? Wir sind alle Oregoner, und wir werden auch Oregoner bleiben.

Diese Leute können nach Belieben alles tun und alles sagen. Unsere Sannyasins waren bei einer Anhörung anwesend, wo er sprach. Er hatte dieses Hearing einberufen, und zwei oder drei unserer Sannyasins waren anwesend. Sie haben sich aber gar nicht beteiligt, denn was hätte es für einen Sinn, sich an solch unsinnigen Veranstaltungen zu beteiligen? Es war eine derart absurde Veranstaltung – man kann nicht begreifen, wie die Leute so etwas ständig tolerieren können.

Zu unserem Grundstück gehören ein paar kleinere Landstücke, die der Regierung, der US-Bundesregierung, gehören. Auf ihnen liegt eine fünfzigjährige Pacht, und als wir das Land kauften, übernahmen wir auch diese Pacht. Das Hearing hatte eine Beschwerde zum Thema, wonach wir anderen den Zutritt zu diesem Regierungsland verwehren würden – eine Anschuldigung, die absolut unrichtig ist. Selbst die Beamten, die für das Regierungsland zuständig sind, haben ausgesagt, dass wir nie irgendetwas Illegales getan hätten und nie irgendjemandem den Zutritt verwehrt hätten. Tatsächlich gibt es keinen Grund, weshalb irgendjemand dieses öde Stück Land und diese Berge aufsuchen wollte.

Wir haben uns also an der Anhörung nicht beteiligt und keine Argumente vorgebracht, allein schon deshalb, weil das Regierungsamt selbst zu unseren Gunsten argumentierte und zu Protokoll gab, wir hätten niemals irgendetwas Illegales getan und alles sei absolut rechtens – es gab also überhaupt keine Handhabe für ein Verfahren. Dort waren aber all die bigotten Leute anwesend, die gegen uns sind, seit wir hierhergekommen sind, und sie haben gegen uns ausgesagt.

Und dieser Senator, dieser Don Quichotte, hat der Kommission erzählt, wie sie es anstellen müssen, um unsere Kommune, unsere Stadt zu zerstören. Er hat diesen Leuten regelrechte Anweisungen gegeben – vor unseren eigenen Leuten, die da saßen –, wie sie das Gesetz umgehen und uns das Leben unmöglich machen könnten, damit wir gehen müssten.

So etwas nennt sich Demokratie. Das sind die »demokratischen« Leute. Das sind die Leute, die sich um die Belange der Menschen kümmern. Das ist die Demokratie, die sich definiert hat als Regierung »des Volkes, durch das Volk, für das Volk«. Ich weiß nicht, wer dieses »Volk« sein soll – mit Sicherheit sind es nicht wir.

? *Worin besteht die Aufgabe einer Kommune in Anbetracht dessen, dass jeder von uns allein geboren wird und allein stirbt und das Alleinsein unser Seinszustand ist?*

Die Aufgabe der Kommune ist genau das: dir dein absolutes Alleinsein bewusst zu machen. Die Familie erlaubt dir das nicht. Die Familie gibt dir die Illusion, dass du eine Mutter, einen Vater, einen Ehemann, einen Bruder, eine Schwester hast – dass du nicht allein bist.

Die Gesellschaft gibt dir die Idee, dass du ein Mitglied des Rotary Clubs oder des Lions Clubs bist, dass du einer bestimmten Kirche, einem Tempel, einer Glaubensgemeinschaft angehörst – dass du nicht allein bist. Die Gesellschaft liefert dir die Menge – alles mögliche Volk, unter das du dich mischen kannst: Du bist ein Republikaner, du bist ein Demokrat, du bist ein Liberaler; aber du bist nicht allein – all die anderen Republikaner stehen hinter dir.

Die Aufgabe der Kommune ist grundsätzlich die, mit all diesen Fiktionen aufzuräumen. Niemand steht hinter dir. Du bist allein. Und du sollst verstehen lernen, dass dieses Alleinsein etwas so Kostbares ist, dass du es um keinen Preis verlieren darfst.

Das heißt aber nicht, dass du nicht in Beziehung treten kannst. Es heißt nur, dass du nicht mehr an feste Beziehungen glaubst. Bemühe dich, diesen Unterschied zu sehen.

In Beziehung zu treten – oder sich zu beziehen – ist ein fließender Strom. Du kannst mit anderen in Beziehung treten, aber du kannst es nur, weil du allein bist, weil du ein Individuum bist. Von deiner Seite ist jemand vorhanden, der in Beziehung treten kann. Du kannst aber nur mit einem Menschen in Beziehung treten, der ebenfalls sein Alleinsein begriffen hat, sonst ist es nicht möglich, miteinander in Beziehung zu treten.

Wenn du dein Alleinsein kennst und dich in eine Frau verliebst, die ihr Alleinsein nicht kennt, wird diese Liebe nirgendwo hinführen. Sie wird schneller zu Ende sein, als du dir vorstellen kannst, weil die Frau mit dir eine Beziehung haben will. Ein Mensch, der einsam ist, sehnt sich nach einer Beziehung: »Fülle meine Leere, ich bin einsam! Werde eins mit mir!«

Doch ein Mensch, der um sein Alleinsein weiß, der weiß auch, dass weder er die Leere eines anderen füllen kann noch ein anderer seine Leere füllen kann. Ihr könnt euch begegnen, aber ihr bleibt zwei »Allein-Seiende«.

Und es ist schön, wenn zwei Menschen in ihrem Alleinsein sich begegnen und zusammen sein können, wenn zwei Individuen sich treffen können, aber dieses Zusammensein kann nicht zu etwas Festem, Beständigem gemacht werden. Es lässt sich nicht auf eine »Beziehung« reduzieren, es bleibt ein »Sichbeziehen«. Es bleibt stets ein sich wandelnder Fluss, eine Bewegung, weil der andere sich ständig verändert und du dich ständig veränderst. Ihr seid nicht statisch – obwohl die meisten Menschen diese Erwartung haben.

Wenn zwei Menschen eine Ehe schließen, heiraten beide ein bestimmtes Bild vom andern, das sich schon am nächsten Tag verändern wird. Die Frau, die du geheiratet hast, wird morgen nicht mehr die gleiche sein. Sie ist lebendig, sie entwickelt sich, bewegt sich – morgen ist morgen. Aber wenn du erwartest, dass sie so bleibt wie in dem Augenblick, als du deine Unterschrift auf dem Standesamt gegeben hast, versuchst du, die Uhr anzuhalten.

Aber selbst wenn es dir gelänge, die Uhr anzuhalten, würde die Zeit auch ohne Uhr weiterlaufen. Beide tragen das Bild in sich, das in ihrer Vorstellung festgeschrieben ist, und beide wünschen sich, der andere möge diesem Bild entsprechen. Wenn einer von euch irgendwie von diesem Bild abweicht, fühlt sich der andere getäuscht und betrogen. Keiner kann dieses Bild erfüllen, das ist unmöglich; es ist gegen die Natur.

Die Aufgabe der Kommune besteht darin, euch die Möglichkeit zu geben, zusammen zu sein, ohne eine Beziehung zu zementieren. Sie gibt euch die Möglichkeit, mit Menschen in Beziehung zu treten, ohne an sie gefesselt zu sein. Sie gibt euch die Möglichkeit, andere kennenzulernen, andere zu fühlen, aber ohne jeden Kuhhandel, ohne jede Abhängigkeit, ohne jedes Eingesperrtsein. Du bleibst du; der andere bleibt der andere.

Es ist gut, wenn wir uns heute begegnen, es ist eine Freude, zusammen zu sein, aber wenn es morgen nicht mehr passiert, ist es sinnlos und unnötig, sich darüber zu beklagen. Vielleicht sollte die Begegnung nur dieses eine Mal stattfinden. Du bleibst ein Fremder, der andere bleibt ein Fremder, und ihr macht euch nicht gegenseitig zu einer »Bekanntschaft«.

Diese Fremdheit ist absolut und unzerstörbar.

Die Kommune ist also keine alternative Form von Gesellschaft. Sie liefert euch keine Gesellschaft, keinen Club, keine Gemeinde, keine Partei. Nein, sie schafft einfach nur einen Raum, eine Gelegenheit – mit dem Verständnis, dass die andern alle genauso einsam sind wie du. Aber versuche nicht, die Leere zu füllen, denn wenn du das versuchst, gehst du gegen die Natur und wirst unglücklich sein. Denke also am besten nicht in Begriffen von Einsamkeit; nenne es lieber »Alleinsein«.

Und allein zu sein ist etwas so Wunderbares! Ohne Übergriffe, ohne dass jemand dich überrollt, bleibst du dir selbst überlassen und überlässt auch andere sich selbst. Und ja, gelegentlich trefft ihr euch ...

Indien hat im 20. Jahrhundert einige große Genies hervorgebracht; eines davon ist Rabindranath Tagore. Besonders liebe ich seinen Roman *The Last Poem* (Das letzte Gedicht): Darin kommen zwei Personen vor: ein junger Mann, Dichter und Philosoph, der im Grunde das ausspricht, was Rabindranath sagen möchte – er vertritt Rabindranath –, und eine junge Frau, die sich eine Beziehung ersehnt. Sie bedrängt ihn ständig, sie zu heiraten. Und wenn in Indien – und besonders dort – eine Frau und ein Mann zusammen auch nur beim Spazierengehen gesehen werden, reicht das schon für einen Skandal. Sie brauchen gar nichts anderes zu tun, als einfach nur nebeneinander herzugehen, und der Skandal ist perfekt. Die ganze Stadt wird sich darüber aufregen, und viele Gerüchte werden aus dem Nichts auftauchen. Natürlich leidet die Frau mehr darunter; überall werden die Leute mit dem Finger auf sie zeigen.

Sie war also ziemlich unter Druck. Sie drängte ihn immer wieder: »Weshalb zögerst du? Du liebst mich doch und willst mit mir zusammen sein. Wenn du mich nicht liebst, werde ich nicht darauf drängen.«

Und der Mann sagt: »Ich liebe dich, und genau deshalb werde ich dich nicht heiraten.« Nun, das ist für die Frau ein schwerer Brocken. Eine Frau aus meiner Kommune hätte das verstanden. Aber was ist das auch für eine Aussage: »Weil ich dich liebe, kann ich dich nicht heiraten«? Sie gibt aber nicht nach, und schließlich lenkt er ein: »Ich werde dich heiraten, aber nur unter einer Bedingung.«

Sie sitzen zusammen am Ufer eines Sees. Er sagt: »Ich werde mir ein Haus auf dieser Seite des Sees bauen, und du baust dir dein Haus auf der anderen Seite des Sees. Und gelegentlich, beim Spazierengehen, werden wir uns vielleicht begegnen. Gelegentlich werde ich vielleicht an deine Tür klopfen, oder du wirst vielleicht an meine Tür klopfen. Gelegentlich werde ich vielleicht in einem Boot sein, und du wirst auch in einem Boot sein, und wir treffen uns auf dem See. Aber es sollte immer ohne Verabredung passieren. Es darf kein Rendezvous sein. Ich werde dir nie Bescheid geben, dass ich komme. Und du solltest mir nie Bescheid geben, dass du kommst. Nur unter dieser Bedingung würde ich dich heiraten. Wir würden uns vielleicht einige Tage lang nicht sehen. Du wirst mich aber nie fragen: ›Wo warst du?‹ Und ich werde dich nie fragen, wo du warst. Wir werden niemals gegenseitig unsere Freiheit einschränken. Wir werden weiter wie Fremde bleiben, so wie jetzt.«

Die Frau sagte: »Welchen Sinn hätte dann die Ehe?« Natürlich konnte sie nicht verstehen, was der Sinn einer solchen Ehe wäre.

Der Sinn der Ehe besteht darin, 24 Stunden am Tag den anderen im Kopf zu haben. Der Sinn der Ehe besteht darin, sich gegenseitig im Namen der Liebe kaputt zu machen: ständig zu nörgeln, sich gegenseitig auf die Nerven zu gehen, zu streiten. Der Mann macht ihr genau den richtigen Vorschlag: »Was für eine Freude wird es sein, dich plötzlich auf dem See zu sehen! Ich werde es nicht erwartet haben. Oder du wirst mir unerwartet im Wald am Ufer des Sees begegnen.« Sich ganz auf solch einen unerwarteten Augenblick einzustellen ist Sichbeziehen. Das ist etwas anderes als eine Beziehung.

Er kann ihr keine Nachricht senden: »Du musst heute Abend kommen, denn du bist meine Frau – sonst lasse ich mich scheiden.« Praktisch kann der Ehemann nicht zu seiner Frau sagen: »Bitte schlafe im anderen Zimmer.« Das reicht schon für einen Ehekrach. Und die Frau kann nicht zu ihrem Mann sagen: »Du kannst heute nicht in meinem Bett schlafen.« Damit ist die Ehekrise vorprogrammiert. Wir haben eine einfache Tatsache völlig vergessen: unser Alleinsein. Und wir versuchen, es möglichst ganz zu vergessen, wir verdrängen jeden Gedanken daran.

Alleinsein ist ein natürliches Phänomen. Und es ist überhaupt nicht schmerzhaft. Wenn du es kennst, ist es das größte Glück.

Die Funktion der Kommune besteht darin, euch den Raum und die Möglichkeit dafür zu geben, euch das Verständnis und das Gefühl für euer Alleinsein zu geben sowie die Erfahrung, dass ihr miteinander in Beziehung sein könnt, ohne dass es in eine Beziehungskiste ausartet.

4

Die Kraft der Wahrheit

? *Warum ist die breite Masse so sehr gegen dich, wenn das, was du sagst, doch offensichtlich die Wahrheit ist?*

Genau deshalb: weil es offensichtlich die Wahrheit ist. Die Wahrheit ist gefährlich, eine Gefahr für alle, die in Fiktionen leben, in schönen Lügen, angenehmen Träumen, Utopien.

Die Wahrheit wird von all diesen Leuten unweigerlich als Feind angesehen, weil sie alles zertrümmern würde, woran sie geglaubt haben, wofür sie gelebt haben. Die Wahrheit ist der Tod für jede Art von Lügen, so tröstlich sie auch sein mögen.

Warum war das Volk so sehr gegen Sokrates? Warum war die Menge so feindselig gegen Mansur al-Halladsch? Warum waren die Orthodoxen, die Frommen, die Ehrbaren so sehr gegen Jesus? Sein einziges Verbrechen war, dass er Dinge sagte, die die Menschen aus ihrem Schlaf aufschreckte. Wer möchte schon gestört werden, wenn er gerade einen wunderbaren Traum träumt? Und die Menschen haben ja nichts außer Träume.

Überall gibt es seit eh und je die Traumhändler, die den Menschen Träume verkaufen und sie ausbeuten, ohne dass sie selbst irgendetwas dafür zurückgeben. Die Religionen waren bisher allesamt Traumverkäufer und Ausbeuter der menschlichen Schwächen. Gewiss, die Schwächen sind eine Realität. Jeder Mensch, der geboren wird, muss einmal sterben. Die Wahrheit des Todes lässt sich nicht verbergen.

Aber wie lange könnt ihr die Realität eurer Friedhöfe hinter einer schönen Fassade verbergen? Gärten, Rasen, Blumen, Marmorgräber ... aber die Tatsache des Todes lässt sich nicht verbergen. Vielerorts sind die Friedhöfe außerhalb der Stadt. Sie sollten eigentlich mitten in der Stadt liegen, damit ihr, sooft ihr an ihnen vorbeikommt, immer wieder an den Tod erinnert werdet – denn der Tod ist das Einzige, was absolut sicher ist. Alles andere ist nur wahrscheinlich – es kann geschehen oder auch nicht. Aber der Tod ist keine bloße Wahrscheinlichkeit.

Der Tod ist die einzige Gewissheit in deinem ganzen Leben.

Was auch immer geschieht, der Tod wird kommen. Du kannst dich nirgends vor ihm in Sicherheit bringen. Der Tod wird dich finden, wo auch immer du hingehst.

Dazu fällt mir eine sehr alte Geschichte ein: Ein großer König träumte einmal, dass der Tod vor ihm stünde, eine dunkle Gestalt. Er begann sich zu fürchten, sogar in seinem Traum. Doch weil er ein tapferer Mann war, nahm er allen Mut zusammen und fragte die fremde Gestalt: »Wer bist du, und was willst du?«

Die Gestalt sagte: »Ich bin dein Tod und ich bin gekommen, um dich zu warnen: Vergiss nicht, mich am rechten Ort und zur rechten Zeit zu treffen!« Er sagte nur so viel: »Vergiss nicht, mich morgen zu treffen, am rechten Ort und zur rechten Zeit!« Der Schock, den diese Worte auslösten, war so groß, dass der Traum abrupt endete und der König erwachte. Es war mitten in der Nacht, aber er rief sofort alle seine weisen Berater, Astrologen, Traumdeuter, Wahrsager und andere zusammen und erzählte ihnen seinen Traum.

Da huben sie alle an zu streiten und diskutieren und disputieren, was dieser Traum wohl zu bedeuten habe. Der alte Diener des Königs, der beinahe wie ein Vater für ihn war – denn er hatte ihn von Kindheit an aufgezogen ... Die Mutter des Königs war früh verstorben, und sein Vater war ständig unterwegs in fernen Ländern, die es zu erobern galt, um das Reich zu vergrößern. Also wurde der Knabe dem vertrauenswürdigen alten Diener anvertraut, und dieser war zu ihm wie ein Vater.

Der alte Mann stand neben ihm und flüsterte dem König ins Ohr: »Vergeude keine Zeit! Diese Leute bringen es fertig, noch jahrhundertelang zu streiten, wie sie es schon seit Jahrhunderten tun. Diese Philosophen, Astrologen, Propheten – sie konnten sich noch nie über irgendetwas einigen. Und es wird bald Morgen, der morgige Tag beginnt, und du hast nicht mehr viel Zeit. Ich schlage dir vor, du nimmst dein schnellstes Pferd und machst dich davon!« Dieser Rat erschien ihm einleuchtend. »Lass diese Leute streiten; sie werden zu keinem Ergebnis gelangen. Der Abend kommt schnell – und es kann Jahrhunderte dauern, bis sie zu einem Ergebnis gelangen. Wenn du dich auf sie verlässt, wirst du es bereuen. Sieh zu, dass du wegkommst! Lass die Leute ruhig streiten; ich bleibe hier und höre mir ihre Argumente an.«

Der König machte sich davon; er nahm sein schnellstes Pferd und ritt, so schnell er konnte, fort aus dem Palast, in dem er den Traum gehabt hatte. Bis zum Abend war er Hunderte von Meilen geritten und war sehr froh, es so weit geschafft zu haben. »Jetzt wird der Tod es schwer haben, mich an jenem Ort zur festgesetzten Zeit zu finden.«

Die Sonne ging gerade unter. Der König hatte den Rand der Stadt Damaskus erreicht. »Jetzt eine Pause machen, um auszuruhen ...« Denn er hatte den ganzen Tag nichts gegessen, hatte nicht einmal einen Becher Wasser getrunken. Dafür war ihm die Zeit zu kostbar gewesen. Der Durst würde ihn schon nicht umbringen, der Hunger würde ihn nicht töten in einem Tag! Nun wollte er sich in einem Garten vor den Toren der Stadt ausruhen. Er begab sich in den Garten und band sein Pferd an einen Baum. Er bedankte sich bei seinem Pferd, denn es war mit Sicherheit das beste Pferd der Welt. Er dankte dem Pferd und sagte zu ihm: »Du hast dich heute wahrlich bewährt. Nicht einmal ich konnte ahnen, dass du so schnell laufen kannst. Jetzt ruhe dich aus; ich werde mich um dein Futter und um Wasser kümmern.«

In diesem Augenblick spürte er eine Hand auf seiner Schulter. Er blickte sich um. Da stand die schwarze Gestalt und lachte. Der König war schockiert. »Warum lachst du?«, fragte er.

Der Tod erwiderte: »Dies ist der Ort und die genaue Zeit. Ich war schon in Sorge, ob du es noch rechtzeitig schaffen würdest. Doch dein Pferd ist zweifellos das beste der Welt. Auch ich bedanke mich bei ihm.«

Wohin könntest du flüchten, um dem Tod zu entgehen? Vielleicht ist überall, wo du hingehst, der rechte Ort und die rechte Zeit. In der Tat, für den Tod ist jeder Ort der richtige und jede Zeit die richtige.

Über Tatsachen wie den Tod versuchen die Religionen die Menschen hinwegzutrösten. Sie haben euch Vorstellungen eingepflanzt, die als Puffer zwischen euch und eurer Todesangst dienen – eine Art Stoßdämpfer, damit ihr angesichts des Todes nicht ständig in Schock geratet, sonst wäre das Leben untragbar. Auf diese Weise wurden alle möglichen Fiktionen zu mythologischen und theologischen Glaubenssystemen verwoben.

Jemand, der die Wahrheit sagt, kann nicht anders, als dieses Spinnwebennetz aus Mythen und Ammenmärchen zu zerreißen.

Und wenn jemand plötzlich mit der nackten Wahrheit konfrontiert wird, wendet er sich unweigerlich gegen die Person, die ihm ein so schockierendes Präsent überreicht hat. Er würde lieber glauben, dass es nicht wahr ist, aber er weiß, dass es stimmt. Daher die Wut – sonst wäre es doch unnötig gewesen, einen Sokrates zu töten!

Wenn man recht hat und weiß, dass man recht hat, lässt man dem anderen seine angebliche »Wahrheit«. Soll er sich doch selbst zum Narren halten – es berührt einen nicht. Die Leute von Athen glaubten an ein Leben nach dem Tod, wie die Menschen überall auf der Welt. Alle, mit Ausnahme der Atheisten, glaubten an irgendeine Form von Leben nach dem Tod. Die griechische Mythologie war voll davon, und da kam dieser Sokrates daher und sagte: »Über den Tod kann man gar nichts sagen, denn es ist noch nie jemand davon zurückgekehrt. Wir sollten also unser Denken offen halten. Wir können nicht irgendeine Fiktion über den Tod und über das Leben nach dem Tod akzeptieren, weil es noch keinen einzigen Augenzeugen gab. Bevor ich sterbe, kann ich nicht sagen, ob man nach dem Tod weiterlebt oder nicht. Wenn ich sterbe, ist es keine Frage; dann stellt sich dieses Problem nicht mehr – ich bin einfach nicht mehr da.

Und was war, bevor ihr geboren wurdet?« – Seine Argumentation ist hieb- und stichfest. »Welche Schwierigkeiten hattet ihr – welche Angst, welche Verzweiflung, welches Leiden? Ihr wisst genau, dass sich diese Frage vor eurer Geburt nicht stellte: ob es Leiden oder Angst gab. Wer sollte da Leiden, Angst und Verzweiflung erleben? Es gab euch noch gar nicht!«

Sokrates schaut mit dem gleichen klaren Blick auf den Tod: »Wenn mit euch einfach alles zu Ende ist, wie die Atheisten sagen, wenn ihr völlig verschwindet und nichts von euch übrig bleibt, dann ist es kein Problem, denn ihr seid nicht mehr da. Alle Probleme, alle Ängste und Nöte sind verschwunden. Das ist die eine Möglichkeit.

Die andere Möglichkeit ist die, dass vielleicht die Theisten recht haben und ihr weiterlebt. Aber auch dann«, sagt er, »sehe ich kein Problem. Irgendwie überlebt ihr jetzt auch, und irgendwie bewältigt ihr euer Unglück, eure Not, eure Probleme. Irgendwie schafft ihr das alles. Und wenn ihr an dem Punkt angekommen seid, werdet ihr Erfahrung haben, viel mehr Erfahrung haben, und ihr werdet es genauso bewältigen können.«

Er sagt also: »Ich sehe kein Problem, um das man sich Sorgen machen müsste. Entweder ich sterbe, dann ist es kein Thema. Oder ich bin noch da, aber erfahrener, weiser. Und ich kann mir selbst vertrauen. Wenn ich das Leben gut überstanden habe, werde ich auch den Tod gut überstehen. Aber ich kann nichts darüber sagen, solange ich es nicht selbst erfahren habe. Und genauso wenig kann ich euch versprechen, dass ich nach der Erfahrung des Todes in der Lage sein werde, zurückzukommen, um euch davon zu berichten. Denn bisher ist noch niemand zurückgekommen. Vielleicht gibt es keinen Weg zurück. Vielleicht stürzt die Brücke ein, sobald man sie überquert hat, und jede Verständigung wird unmöglich. Aber auch darüber können wir nichts aussagen.«

Er wollte keine definitive Aussage darüber machen. Und das war das Problem, das er in den Köpfen der Menschen schuf. Es machte ihnen Angst.

Dies war eines der Argumente, die gegen seine Anwesenheit in Athen vorgebracht wurden: »Man sollte ihn verbannen oder zum Tode verurteilen, denn dieser Mann hat Angst und Verzweiflung im Denken der Menschen erzeugt. Leute, die völlig glücklich und zufrieden waren, ihre Arbeit zu tun und sich dabei wohlfühlten ... Wer diesem Mann begegnet und mit ihm redet, dessen Seelenruhe ist ein für alle Mal dahin.«

Sokrates hatte eine Gewohnheit: Er ging durch die Stadt, um irgendjemanden anzusprechen und ihm eine Frage zu stellen. Selbst wenn der andere weglaufen wollte, ließ Sokrates ihn nicht gehen: »Du schuldest mir eine Antwort!« Und dann, sobald man seine Frage beantwortet hatte, zerpflückte er diese Antwort nach jedem möglichen Gesichtspunkt, bis der andere überhaupt nichts mehr zu antworten wusste. Dann sagte er ihm: »Du kannst in meine Schule kommen« – er hatte eine Schule –, »wenn du etwas dazulernen willst, denn deine Antwort entbehrte jeder Grundlage. Irgendein Schwachkopf hat dir diese Antwort verkauft und dich hinters Licht geführt. Du lebst nach einer Lüge.«

Gewiss, mit Lügen kann man sich häuslich einrichten; Lügen können bequem sein. Die Wahrheit ist am Anfang sehr unbequem, sehr beunruhigend, doch am Ende ist sie der größte Segen.

Zusammenfassend lässt sich sagen: Eine Lüge ist immer süß am Anfang und bitter am Ende. Die Wahrheit ist bitter am Anfang und süß am Ende. Aber für das Ende muss man Geduld aufbringen. Wenn man ungeduldig ist, wird man die Lüge für bare Münze nehmen.

Die breite Masse der Menschen hat keine eigenen Gedanken; sie können nicht selbstständig denken. Seit Jahrhunderten werden sie ständig konditioniert, hypnotisiert, gehirngewaschen. Wenn so jemand wie ich etwas sagt, müsste man Mumm haben, um es überhaupt hören zu können. Und dann braucht es gehörigen Mut, es aufzunehmen, denn es schmeckt bitter; es geht gegen eure ganze Konditionierung.

Darum werden nur sehr wenige Menschen, wirkliche Wahrheitssucher, bereit sein, dieses ganze Chaos durchzustehen, in dem alles auf den Kopf gestellt wird: ihr Gott, ihr Himmel, ihre Hölle, ihr Teufel, ihre Erlöser, ihre Propheten.

Zwischen dir und der Wahrheit gibt es eine dicke Mauer. Und alle diese Heilsfiguren stehen zwischen dir und der Wahrheit. Du wirst ihnen sagen müssen: »Verschwindet! Geht nach Oregon!« Das ist meine Übersetzung für: »Geht zur Hölle!«, weil das nicht mehr zeitgemäß ist. Wir sollten auch unsere Sprichwörter ständig updaten.

Ein Christ wird also seinen Christus beiseitelassen müssen, und das ist äußerst schwierig. Es ist den Juden sehr schwergefallen, ihren Moses beiseitezulassen, als Jesus Dinge sagte, die der Wahrheit viel mehr entsprachen. Moses beiseitezulassen war für sie äußerst schwierig. Jetzt stellt sich den Christen das gleiche Problem: Es wird ihnen schwerfallen, Jesus beiseitezulassen. Dabei ging das, was Jesus behauptete, viel weiter als alles, was Moses je gesagt hatte. Moses hatte nie behauptet, der eingeborene Sohn Gottes zu sein.

Doch Jesus behauptete von sich, er sei der eingeborene Sohn Gottes. Kannst du das beiseitelassen und Jesus »nach Oregon schicken«? Das wird sehr schwierig sein. Stattdessen wäre es dir lieber, ich würde aus Oregon verschwinden. Das betreiben zumindest jene Politiker, die mir zu verstehen geben: »Verschwinde aus Oregon.« Das scheint ihnen die einfachere Lösung, denn sie fühlen sich nicht an mich gebunden. Ich verkaufe ihnen keine süßen Träume. Ich habe ihnen nichts versprochen noch verspreche ich ihnen jetzt irgendetwas.

Meine ganze Arbeit ist die eines Abbruchunternehmens: all die Lügengebäude einzureißen, in die du eingemauert bist, und sie durch nichts anderes zu ersetzen, sondern dich völlig nackt in deinem Alleinsein zu belassen. In meinen Augen wirst du nur in deinem Alleinsein fähig sein, die Wahrheit zu erkennen – denn du selbst bist die Wahrheit.

Du musst nirgends hingehen, um die Wahrheit zu finden. Weder kann Jesus sie dir geben noch kann Krishna, kann Buddha, kann ich sie dir geben. Die Wahrheit ist keine Ware, die irgendjemand dir einfach überreichen könnte. Überleg mal: Wäre die Wahrheit eine Ware, eine Sache, die dir gegeben werden kann, dann könnte sie auch gestohlen werden, wieder zurückgenommen werden – oder sie könnte verloren gehen. Alles Mögliche könnte mit ihr geschehen. Aber der Wahrheit geschieht gar nichts. Sie geschieht dir, aber ihr geschieht nichts. Sie kann nicht gestohlen werden und sie kann nicht käuflich erworben werden.

Da gibt es eine Geschichte aus Mahaviras Leben … Einer der sehr berühmten Könige, Bimbisara, hatte ganz Indien und die angrenzenden Länder erobert und ein großes Imperium errichtet. Er war ein Mann, der alles haben konnte, was er sich in den Kopf gesetzt hatte. Es war ihm noch nie passiert, dass er etwas haben wollte, aber keinen Weg fand, es zu bekommen. Er hatte schon viel von Mahavira gehört, der gerade während der Regenzeit draußen vor der Stadt, der Hauptstadt, Rast machte.

Der König erkundigte sich nach ihm: »Was hat dieser Mann? Denn ich höre, dass Tausende zu ihm gehen.«

Jemand sagte: »Er hat die Wahrheit.«

Bimbisara sagte: »Dann ist es kein Problem. Wie viel will er dafür haben? Ich bin bereit, es zu zahlen. Feilschen steht außer Frage. Er soll mir einfach sagen, wie viel er dafür haben will.«

Dieser Mann konnte nicht zum König sagen: »Du redest wie ein Narr.« Er sagte: »Es ist besser, Eure Majestät, Ihr geht selbst zu ihm und verhandelt mit ihm. Ich bin ein armer Mann; bringt mich nicht in diese Situation. Ihr seid ein großer König. Er ist ein großer Tirthankara, eine große Seele, wie sie sich selten ereignet. In einem existenziellen Zyklus erreichen nur 24 Personen diese Höhe.«

Er sagt damit, dass es in Millionen und Abermillionen von Jahren nur 24 Menschen gab ... und dieser ist der Letzte für diesen Zyklus. Nun wird es in diesem Zyklus der Existenz keinen weiteren Menschen von diesem Kaliber mehr geben. Erst wenn die ganze Existenz erloschen ist, wenn alle Sterne und Galaxien und Sonnensysteme verschwunden sind und nicht mehr existieren und eine ganz neue Schöpfung bei null wieder beginnt – erst dann wird wieder ein erster Tirthankara erscheinen. »So selten ist dieser Mann, denn in Millionen von Jahren wird es keinen anderen mehr geben, der sich mit ihm vergleichen ließe. Es ist also besser, Ihr geht zu ihm.«

Bimbisara ging mit seinem ganzen Brimborium hin und erwies Mahavira seinen Respekt – eine reine Formalität. In Indien muss sogar ein König, der zu einem Weisen kommt, dessen Füße berühren; das ist eine reine Formalität. Und er sagte: »Ich bin wegen einer einfachen Sache hergekommen. Gib mir deine Wahrheit, und ich gebe dir alles, was du willst – selbst wenn es mein ganzes Königreich wäre. So habe ich es in meinem Leben immer gehalten: Alles, was ich mir in den Kopf setze, muss ich haben. Es spielt keine Rolle, was es kostet.«

Mahavira lachte und sagte: »Da bist du unnötig so weit herausgekommen. Direkt in deiner Hauptstadt lebt einer meiner Schüler. Er hat die Wahrheit und er ist ein ganz armer Mann – er könnte bereit sein, sie dir zu verkaufen. Ich bin nicht bereit, sie zu verkaufen. Und du musst wissen, auch ich bin ein Königssohn. Ich sollte das Königreich meines Vaters erben. Ich habe darauf verzichtet, um die Wahrheit zu erlangen. Wie könnte ich sie nun um ein Königreich verkaufen? Selbst wenn du mir dein ganzes Königreich geben würdest, wie könnte ich die Wahrheit verkaufen? Ich habe bereits auf mein ganzes Königreich verzichtet, um sie zu erlangen, und nach vierzigjährigem Ringen habe ich sie gefunden. Ich kann sie nicht verkaufen.«

Mahavira muss Sinn für Humor gehabt haben, was aber den Jainas völlig entgangen ist. Er schickte ihn zu dem armen Mann zurück in die Hauptstadt. Der König war noch nie in dem Stadtviertel gewesen, in dem nur die Ärmsten der Armen, die Unberührbaren, lebten. Sein goldener Wagen blieb vor der Hütte des armen Mannes stehen. Der Arme kam herbeigelaufen, und Bimbisara sagte: »Freue dich! Ich bin bereit, dir alles zu geben, was du willst, aber gib mir die Wahrheit! Dein Meister hat mich zu dir geschickt. Ich komme direkt von Mahavira.«

Der Arme sagte: »Mein Meister muss sich einen Scherz mit Euch erlaubt haben. Vielleicht wollte er Euch nicht verletzen vor so vielen Leuten, weil Ihr mit Eurem ganzen Hofstaat dort wart, mit all Euren Ratgebern, Ministern, Generälen. Er wollte Euch nicht verletzen oder Euch etwas abschlagen. Deshalb hat er Euch zu mir geschickt. Ich kann Euch mein Leben geben, wenn Ihr wollt. Ich bin nur Euer armer Diener; ich mache Eure Straßen sauber. Ihr könnt mein Leben verlangen, und hier ist es, ich bin bereit. Ihr könnt meinen Kopf haben – aber die Wahrheit ...? Ja, ich habe sie, aber es liegt in der Natur der Wahrheit, dass man sie niemandem geben kann. Nicht dass ich sie Euch nicht geben wollte, ich wäre absolut dazu bereit.

Wenn Ihr sie nehmen könnt, nehmt sie Euch. Ihr könnt mich töten. Wenn Ihr die Wahrheit in mir findet – so weit, so gut; ich bin bereit. Ich würde mich glücklich schätzen, Euch auf eine so intime und persönliche Weise dienlich zu sein. Aber ich warne Euch: Ihr werdet sie in mir nicht finden können, denn die Wahrheit muss authentisch sein, sie muss Eure eigene sein, nur dann ist sie wahr. Wenn sie jemand anders gehört, ist sie nicht mehr wahr. Meine Wahrheit kann nicht Eure Wahrheit sein. Sobald ich etwas über die Wahrheit sage, hört Ihr nur die Worte, und die Wahrheit bleibt auf der Strecke. Die Wahrheit lässt sich niemals in Worte pressen, ausgeschlossen!«

Worte haben stets die breite Masse der Menschen erreicht, und sie hielten diese Worte für die Wahrheit. Der eine glaubt an die Worte von Jesus, der andere an die Worte von Buddha, ein Dritter an die Worte von Mohammed – aber diese Worte sind nicht die Wahrheit. Kein Buch enthält die Wahrheit, kein Wort kann sie je enthalten. Aber ihr gebt euch damit zufrieden. Und wenn jemand euren zufriedenen Zustand stört, werdet ihr wütend. Natürlich habt ihr die Mehrheit der Leute hinter euch. Das hilft euch enorm – so viele Menschen können doch nicht falschliegen! Aber die Wahrheit ereignet sich nie für die Masse, sie ereignet sich nur für Individuen. Immer wenn sich die Wahrheit einstellt, geschieht es in der Schwingung eines Einzelnen, und dieser Einzelne steht immer allein gegen die Masse.

Ansonsten habt ihr die Masse immer hinter euch, weil man den anderen genau das gleiche unsinnige Zeug gefüttert hat wie euch. Die Katholiken – wie viele gibt es davon? – vielleicht 600 Millionen? (2012: ca. 1,1 Mrd. – Anm. d. Übers.) Gut, für jeden Katholiken ist es ein großer Trost, zu wissen, dass 600 Millionen auf seiner Seite stehen. 600 Millionen Menschen können nicht unrecht haben. Noch dazu gegen eine einzelne Person! Natürlich empfinden sie diesen einen als störend. Es ist besser, diese Person fertigzumachen, dann kann man beruhigt weiterschlafen und seine Träume weiterträumen.

Für mich ist das nichts Neues. Ich war von Kindheit an immer in dieser Position.

Mein Vater nahm mich stets mit, wenn er zu irgendeiner Zeremonie, einer Hochzeit, Geburtstagsfeier oder ähnlichen Veranstaltungen ging. Er nahm mich aber nur unter der Bedingung mit, dass ich absolut still blieb: »Ansonsten bleib bitte zu Hause.«

Ich fragte: »Aber warum? Alle anderen dürfen etwas sagen, nur ich nicht!«

Er sagte: »Du weißt, warum. Und ich und alle anderen wissen auch, warum du nichts sagen darfst: weil du so ein Störenfried bist!«

»Wenn du mir versprichst, dass du dich nicht in Angelegenheiten einmischen wirst, die mich betreffen, dann verspreche ich dir, dass ich still sein werde.«

Und es geschah häufig, dass er sich einmischen musste. Zum Beispiel wenn ein älterer Mann anwesend war, und sei es auch nur ein entfernter Verwandter – aber das spielt in Indien keine Rolle ... Mein Vater berührte seine Füße und sagte zu mir: »Berühre seine Füße.«

Dann sagte ich: »Du mischst dich ein und hältst dich nicht an unsere Abmachung! Warum soll ich die Füße dieses Mannes berühren? Wenn du das tun willst, dann berühre sie zweimal, dreimal – ich werde mich nicht einmischen. Aber warum soll ich seine Füße berühren? Warum nicht seinen Kopf?«

Und das war schon Störung genug. Alle erklärten mir, dass man das eben so machte, wenn jemand sehr alt war. Ich sagte: »Ich habe schon viele Alte gesehen. Direkt vor unserem Haus ist ein alter Elefant, und ich berühre nie seine Füße. Dieser Elefant gehört einem Priester; es ist ein sehr alter Elefant. Ich berühre nie seine Füße, obwohl er sehr weise ist – ich glaube, weiser als dieser alte Mann. Das Alter allein macht es wohl nicht.

Ein Narr bleibt ein Narr – vielleicht wird er sogar noch närrischer, wenn er älter wird. Ein Dummkopf wird noch dümmer, wenn er älter wird, denn man bleibt nie stehen, man entwickelt sich weiter. Wenn ein Dummkopf senil wird, multipliziert sich seine Dummheit. Und das ist die Zeit, da er sehr ehrwürdig wird. Ich werde die Füße dieses alten Mannes nicht berühren, solange ihr mir keinen Beweis gebt, weshalb ich das tun sollte.«

Einmal ging ich zu einer Totenfeier; einer meiner Lehrer war gestorben. Er war mein Sanskrit-Lehrer gewesen, ein sehr dicker, komisch aussehender Mann, komisch gekleidet nach der Art altertümlicher Brahmanen, mit einem riesigen Turban. Er war in der ganzen Schule eine Spottfigur gewesen, aber er hatte auch etwas sehr Unschuldiges. Das Hindi-Wort für unschuldig ist *bhole*, und genauso nannten wir ihn alle: *Bhole*. Wenn er das Klassenzimmer betrat, rief die ganze Klasse im Chor: »Jai Bhole!« – lang lebe Bhole! Und natürlich konnte er nicht sämtliche Schüler bestrafen, denn wie sollte er sonst unterrichten und wen?

Er war gestorben, und mein Vater nahm mir kein Versprechen ab, weil er natürlich dachte, ich würde mich beim Tod meines Lehrers zu benehmen wissen. Aber das war mir nicht möglich, denn was dort geschah, hatte ich nicht erwartet – niemand hatte das erwartet. Als wir eintrafen, lag sein Leichnam aufgebahrt. Da kam seine Frau herbeigelaufen, warf sich über ihn und rief: »O mein Bhole!«

Alle blieben still, aber ich schaffte es nicht. Ich bemühte mich wirklich, aber je mehr ich mich bemühte, umso schwieriger wurde es. Schließlich platzte ich lachend heraus und sagte: »Das ist spitze.«

Mein Vater sagte: »Ich hatte diesmal keine Abmachung mit dir getroffen, weil ich dachte, du würdest dich respektvoll deinem Lehrer gegenüber benehmen.«

Ich sagte: »Ich bin nicht respektlos, aber dieser Zufall hat mich überrascht. Bhole war sein Spitzname, und er war immer sehr ärgerlich darüber. Jetzt ist der Arme tot, und seine Frau nennt ihn Bhole, und er kann nichts daran ändern. Er tut mir einfach leid.«

Überall, wo ich mit meinem Vater hinging, traf er immer diese Abmachung. Und er war immer der Erste, der sie brach, weil irgendetwas passierte und er etwas sagen musste. Und das genügte mir, denn die Bedingung war, dass er sich nicht in meine Angelegenheiten einmischte.

Einmal kamen Jaina-Mönche in die Stadt. Jaina-Mönche sitzen immer auf einem sehr hohen Podest, damit man auch im

Stehen ihre Füße mit dem Kopf berühren kann. Ein mindestens eineinhalb Meter hohes Podest – und sie sitzen dort oben. Jaina-Mönche ziehen stets in Gruppen umher, denn es ist ihnen nicht gestattet, allein zu wandern. So wandern immer fünf Jaina-Mönche gemeinsam. Das ist eine Strategie, dass immer vier Mönche ein Auge auf den Fünften haben können, damit keiner zum Beispiel versucht, sich eine Coca-Cola zu besorgen – außer sie machen gemeinsame Sache. Und ich habe gesehen, wie sie gemeinsame Sache machten und sich eine Coca-Cola besorgten, deshalb erinnere ich mich daran.

Es ist ihnen nicht einmal erlaubt, in der Nacht etwas zu trinken, aber ich habe sie in der Nacht gemeinsam Coca-Cola trinken sehen. Bei Tag war es natürlich gefährlich – wenn jemand sie Coca-Cola trinken gesehen hätte! Aber nachts … Ich selbst hatte ihnen eine Flasche organisiert, das war also kein Problem. Wer sonst hätte ihnen das besorgt? Kein Jaina wäre bereit, es zu tun. Aber sie kannten mich und wussten, dass ich zu jeder Schandtat bereit war.

Man hatte also fünf Podeste aufgestellt, aber einer der Mönche war krank geworden. Als ich mit meinem Vater hinkam, kletterte ich auf das fünfte Podest und setzte mich darauf. Ich kann mich noch genau an den Blick meines Vaters erinnern – er rang um Worte: »Was soll ich dazu sagen?« Und er konnte mir nicht Einhalt gebieten, denn ich hatte nichts Unrechtes getan. Wenn ich einfach auf dem Podest saß, einem hölzernen Podest, tat ich keinem Menschen und keiner Sache weh. Er kam nah an mich heran und sagte: »Offenbar machst du sowieso immer nur das, was du willst, mit oder ohne Abmachung. Deshalb treffen wir ab jetzt keine Abmachung mehr, denn es ist absolut sinnlos.«

Und die vier Mönche fühlten sich sehr unbehaglich und wussten ebenfalls nichts zu sagen – was hätten sie sagen sollen? Einer von ihnen sagte schließlich: »Das ist nicht recht. Niemand, der nicht Mönch ist, sollte auf gleicher Höhe mit uns sitzen.« Also forderten sie meinen Vater auf: »Hol ihn da herunter.«

Da sagte ich: »Überlegt euch das zweimal. Denkt an die Flasche!« Denn ich hatte ihnen die Coca-Cola besorgt. Sie sagten:

»Ja, stimmt, wir denken an die Flasche. Bleib ruhig auf dem Podest sitzen, solange du willst.«

Mein Vater wollte wissen: »Was für eine Flasche?«

Ich sagte: »Das musst du diese Leute fragen. Ich habe eine zweifache Abmachung: eine mit dir und eine mit ihnen – und daran kann mich niemand hindern.« Und zu den Mönchen sagte ich: »Ihr vier seid euch also einig, dass ich hier sitzen bleiben kann – oder ich verrate den Namen der Flasche.«

Sie sagten: »Wir haben nichts dagegen. Du kannst hier sitzen bleiben, kein Problem. Aber bitte, schweige still über die Flasche.«

Es waren viele Leute da, und alle begannen sich für die Flasche zu interessieren. Als ich aus dem Tempel kam, scharten sie sich um mich und fragten: »Was ist mit dieser Flasche?«

Ich sagte: »Das ist ein Geheimnis. Aber darin liegt meine Macht über diese Narren, deren Füße ihr ständig berührt. Wenn ich wollte, könnte ich sie dazu veranlassen, meine Füße zu berühren – andernfalls: die Flasche ...« Solche Narren!

Mein Vater fragte mich auf dem Heimweg: »Du kannst es mir jetzt verraten, ich werde es keinem erzählen. Was ist das für eine Flasche? Trinken sie Wein?«

Ich sagte: »Nein. So weit ist es nicht gegangen, aber wenn sie noch ein paar Tage länger hierbleiben, bekomme ich das auch hin. Ich könnte sie dazu zwingen, Wein zu trinken – andernfalls würde ich verraten, um welche Flasche es sich handelt.«

Die ganze Stadt diskutierte über die Flasche: um was für eine Flasche es sich wohl handle und warum die Mönche Angst bekommen hätten: »Wir haben immer geglaubt, wer weiß wie heilig und spirituell sie wären, aber dieser Junge hat ihnen Angst gemacht. Und sie waren alle einverstanden, dass er dort oben sitzen konnte – und das verstößt gegen die Schriften.« Sie waren alle hinter mir her. Man war sogar bereit, mich zu bestechen: »Wie viel willst du haben? Erzähl uns einfach das Geheimnis von der Flasche.«

Ich sagte: »Es ist ein ganz großes Geheimnis, und von mir erfahrt ihr gar nichts. Warum geht ihr nicht hin und fragt eure

Mönche, um welche Flasche es sich handelt? Ich könnte ja dabei sein, damit sie nicht lügen. Und dann werdet ihr wissen, was für Leute ihr da anbetet.«

So sind die Leute, die euer Denken und euren Verstand manipulieren.

An der Universität gab es einen Professor, der meinetwegen kündigen wollte. Er war schon sehr alt, ein Seniorprofessor mit vielen Ehren. Sein Name war Doktor S.N.L. Shrivastava, er war ein PhD, DLitt und hatte in philosophischen Kreisen einen sehr bekannten Namen. Und er drohte, meinetwegen zurückzutreten.

Er stellte der Universität die Bedingung, wenn man mich nicht von der Universität verwies, würde er zurücktreten. Nur einer von uns beiden könne an der Universität bleiben: entweder er oder ich. Dabei war ich nur Student, ein Student im ersten Jahrgang. Ich hatte gerade immatrikuliert und war aus meinem Dorf in die größere Stadt gekommen. Und innerhalb von drei Monaten geriet dieser Mann in solche Schwierigkeiten, dass er, sobald er mich sah, aus dem Hörsaal flüchtete.

Ich rannte ihm nach und fragte ihn: »Was ist denn los? Warum gehen Sie? Ich bezahle meine Studiengebühren. Sie sollen unterrichten, und ich soll studieren, und ich tue doch nichts anderes, als zu lernen. Wenn ich eine Frage stelle, dann doch nur, um zu lernen.«

»Aber die Fragen, die du stellst«, erwiderte er, »bringen mich immer in ein solches Dilemma. Wenn ich Ja sage, bin ich gefangen; wenn ich Nein sage, bin ich gefangen. Jede Frage provoziert nur weitere Fragen, und es nimmt kein Ende. Jetzt sind schon drei Monate vergangen, und deinetwegen sind wir mit dem Stoff noch nicht weitergekommen als am ersten Tag. Wir sind dort stehen geblieben, und ich weiß, dass wir in den zwei Jahren, die du bei mir sein wirst, nichts anderes durchnehmen werden. Du lässt einfach nicht zu, dass wir mit diesem ersten Tag fertigwerden. Es wäre also besser …«

»Aber Sie sind doch so gelehrt«, sagte ich, »und Sie haben so viele Titel, Ehrentitel und 30 Jahre Unterrichtserfahrung, Sie müssen schon so viele Studenten zum Abschluss gebracht haben – weshalb sind Sie so beunruhigt? Wenn sie etwas nicht wissen, dann sagen Sie doch einfach: ›Ich weiß es nicht.‹ Ihr einziges Problem ist, dass Sie nicht sagen können: ›Ich weiß es nicht.‹ Ich bin nicht Ihr Problem. Sie wollen den Anspruch aufrechterhalten, alles zu wissen, und die Tatsache ist, dass niemand alles weiß, nicht einmal Sie.«

Er unterrichtete uns in aristotelischer Logik. Er war der Professor für Logik und Philosophie. Und in Indien musste man in den ersten zwei Jahren Logik lernen; daher waren diese ersten beiden Jahre Aristoteles und seiner Logik gewidmet. Ich sagte ihm, nicht einmal Aristoteles sei allwissend gewesen; er war genauso unwissend wie alle anderen. So steht in seinen Schriften, Frauen hätten einen Zahn weniger als Männer.

Nun seht euch diesen Narren an: Er hatte zwei Frauen. Er hätte doch zu Frau Aristoteles eins oder Frau Aristoteles zwei sagen können: »Mach mal den Mund auf!« Frauen haben sowieso meistens den Mund offen, man braucht es ihnen noch nicht einmal zu sagen. Und wenn er sich das nicht getraut hat, hätte er doch in der Nacht, wenn sie schliefen, einmal ihre Zähne zählen können. Aber nein, in Griechenland herrschte damals der Glaube, die traditionell verbreitete Ansicht, eine Frau müsse dem Mann in jeder Hinsicht unterlegen sein. Wie konnte sie also genauso viele Zähne haben wie ein Mann? Und dieser Aristoteles hat sich nicht die Mühe gemacht, es nachzuzählen.

Ich fragte Shrivastava: »Dieser Mann ist ein Logiker, sagen Sie? Der Vater der Logik? Aber das ist doch so simpel, dass selbst ein sehr minderbemittelter Mensch auf die Idee kommen würde, zuerst die Zähne zu zählen, bevor er so etwas schreibt. Und wozu hatte er überhaupt zwei Frauen? Ohne ihre Zähne zu zählen, übernahm er einfach die landläufige Meinung. Und so etwas hat man in Griechenland jahrtausendelang geglaubt – und keiner hat je nachgezählt! Das ist doch äußerst seltsam, dass niemand, weder Mann noch Frau, darauf gekommen ist. Zumindest hätte irgendeine Frau einmal nachzählen und allen klarmachen können, was für ein total absurder Blödsinn das war.«

Da sagte der Professor: »Jetzt reicht es mir, und ich will nichts mehr hören. Ich gehe jetzt zum Rektor und reiche meine Kündigung ein. Entweder wirft er dich raus oder ich kündige.«

Drei Tage lang blieb er weg, da ließ der Rektor mich rufen. Ich fragte ihn: »Was ist mein Vergehen? Sie können mich rauswerfen, damit habe ich kein Problem, aber bitte sagen Sie mir, was ich falsch gemacht habe. Habe ich eine einzige Frage gestellt, die nichts mit Logik zu tun hat? Und wenn ich gekommen bin, um Logik zu lernen, muss ich doch Fragen stellen dürfen, damit ich meine Zweifel beseitigen kann. Sonst soll der Mann einfach sagen, dass er keine Antwort weiß, das kann ich akzeptieren. Wenn er sagen würde: ›Ich weiß es nicht‹, würde ich die Frage nie wieder stellen. Er hat nicht einmal den Mut zu sagen: ›Ich weiß es nicht.‹ Und jetzt droht er damit, dass er kündigen will.

Er weiß, dass er ein wertvoller Professor ist. Wenn er mitten im Semester kündigt, wo werden Sie einen Mann vom selben Kaliber herbekommen? Er weiß, dass man gegen einen Studenten, der erst seit drei Monaten am College ist, zu seinen Gunsten entscheiden wird. Aber«, so sagte ich, »so einfach wird das nicht gehen. Dann wird der Disput, den ich mit Shrivastava hatte, mit Ihnen weitergehen. Ich werde jeden Tag hier in Ihr Büro kommen. Und Sie werden es mir schriftlich geben müssen, aus welchen Gründen ich ausgeschlossen werde.«

Er war wirklich ein netter und intelligenter Mann. Er sagte: »Ich sehe überhaupt keinen Grund, dich rauszuwerfen, und ich wäre der Letzte, der dich ausschließen würde. Aber bitte verstehe meine Situation: Wir können diesen Professor nicht verlieren. Also schlage ich dir Folgendes vor: Ich werde dich nicht ausschließen. Ich werde mit einem anderen College etwas arrangieren, und du wechselst in ein anderes College. Die Universität von Jabalpur hat mindestens 20 Colleges, du kannst dir also irgendeines aussuchen, das dir gefällt.«

Ich sagte: »Es geht nicht darum, dass ich mir irgendein College aussuche. Sie müssen bei all diesen Rektoren anrufen und herausbekommen, ob überhaupt jemand bereit ist, mich zu nehmen, denn jetzt wissen alle Bescheid über diese Sache mit S. N. L. Shrivastava: dass der beste Philosophieprofessor der Universität bereit ist, meinetwegen zu kündigen. Wer wird mich dann nehmen wollen? Aber versuchen Sie es, ich bin dazu bereit.«

Von 20 Colleges war nur ein einziger Rektor bereit, mich aufzunehmen – unter der Bedingung, dass ich nie im Unterricht auftauchen würde. Er würde mir die erforderliche Anwesenheit bescheinigen, aber ich dürfe nicht zu den Vorlesungen kommen.

Ich sagte: »Das ist ein perfektes Arrangement. Ich bin nicht besonders erpicht, hinzugehen und dann solche Schwachköpfe vorzufinden, die nicht wissen, was sie da tun, was sie da unterrichten. Das ist also ein gutes Arrangement, so können Sie es machen. Aber denken Sie daran: Ich werde keine Gebühren bezahlen. Ich tue Ihnen einen Gefallen, also arrangieren Sie bitte die Studiengebühren für zwei Jahre. Ich werde in diesem College nie aufkreuzen. Kümmern Sie sich um die Gebühren und alles. Nach zwei Jahren komme ich wieder zu Ihnen. Und wenn irgendetwas schiefläuft, übernehmen Sie die Verantwortung.«

Er sagte: »Ich übernehme die ganze Verantwortung« – und das tat er auch.

Nach zwei Jahren ging ich zu ihm und sagte: »Geben Sie mir die Zulassungskarte, damit ich an der Prüfung teilnehmen kann. Ich habe dieses College nie besucht, ich bin noch nicht einmal dort gewesen.«

So ist das mit der breiten Masse – selbst gebildete Leute gehören zur breiten Masse. Sie besitzen weder die Integrität noch die Intelligenz noch den Mut, zu sagen: »Ich weiß es nicht.« Die Bedingung für dieses Arrangement, das weiß ich, kam von dem anderen Professor. Der Rektor hatte den Philosophieprofessor gefragt: »Können wir diesen Studenten aufnehmen? Das Problem ist Folgendes ...«

Und der Professor hatte gesagt: »Ich will in meinem Lehrgang keine Schwierigkeiten haben. Sie können ihn aufnehmen unter der Bedingung, dass er nie zum Unterricht erscheint.«

Vor nicht allzu langer Zeit las ich einen Artikel von genau diesem Professor, namens Soleri, in dem er voller Stolz erklärte, ich sei sein Student gewesen. Ich habe ihn nie zu Gesicht bekommen, er hat mich nie zu Gesicht bekommen. Ich war nie in seiner Vorlesung oder auf seinem Campus oder auch nur in der Nähe. Und jetzt ist er stolz darauf, dass ich sein Student war und er immer schon wusste, dass aus mir einmal etwas Besonderes werden würde. Diese Toren! Das Lügen fällt ihnen so leicht! Aber ihr ganzes Leben ist voller Lügen.

Die breite Masse ist wenigstens noch irgendwie unschuldig. Aber die Pädagogen, die Priester, die Politiker – das sind die Leute, die die breite Masse vergiften und sie auf dem Niveau des Mobs halten.

Was wir »Demokratie« nennen, ist noch nicht an den Punkt gekommen, eine Demokratie zu sein. Es ist immer noch – und zwar überall – nur eine Mobokratie, denn die Masse des Volkes, das seine Vertreter wählt, ist ein Mob. Sie haben noch keine Bewusstheit oder Wachheit.

Erst vor wenigen Tagen fanden hier (in Oregon) Wahlen statt. Soviel ich gehört habe, gab es am Vorabend der Wahl vom sechsten November, also am fünften November, eine Versammlung sämtlicher christlichen Gemeinden vor dem Gerichtsgebäude von Wasco County. Alle Priester, die sich sonst so feindlich gesonnen sind und ständig streiten und wetteifern, wer von ihnen mehr recht habe, wer näher bei Christus und bei Gott sei, wer wirklich auf dem richtigen Glaubenspfad sei oder auf einem Irrweg – sie haben alle dort zusammengefunden. Sämtliche Priester mitsamt ihren Glaubensgemeinden trafen sich vor dem Bezirksgericht des Verwaltungsbezirks Wasco – wozu? Um gegen den Antichrist zu beten und Wasco County zu retten!

Nun, wer ist dieser Antichrist von Wasco County? Und Wasco County muss vor dem Antichrist gerettet werden? Ich fand es wirklich köstlich, dass sie alle für mich beten – denn ich denke, es gibt außer mir niemanden, der behaupten könnte, der Antichrist zu sein. Aber ich bin ein bisschen verrückt. Man sagt, ich sei Anti-Christus, Anti-Buddha, Anti-Mahavira, Anti-Krishna, antisemitisch ... anti-irgendwas. Man braucht nur »anti« davorzusetzen, und schon passt es auf mich. Dabei bin ich in Wirklichkeit einfach nur *für* mich selbst und überhaupt gegen niemanden. Es liegt mir überhaupt nichts an Christus, weshalb sollte ich gegen Christus sein? Es liegt mir nichts an irgendwelchen dieser Leute. Keinem von ihnen lag je etwas an mir – warum sollte mir etwas an ihnen liegen?

Aber diese Leute machen so weiter ... Die Journalisten fragten die Priester: »Wer ist denn der Antichrist?«, und die Priester hatten nicht einmal den Mut, meinen Namen zu erwähnen. Sie redeten einfach um den heißen Brei herum und sagten: »Wir beten, damit der Bezirk vor den bösen Kräften bewahrt wird.« Warum nur Wasco County? Haben sich alle bösen Kräfte hier in Wasco County versammelt? Sie hätten zum Weißen Haus nach Washington gehen und dort beten sollen, denn wenn irgendwo alle bösen Kräfte versammelt sind, dann an zwei Orten: im Kreml und im Weißen Haus. Und wenn die Welt unter irgendjemandem zu leiden hat, dann unter dem Kreml und dem Weißen Haus.

Doch das Perverseste an diesen Priestern ist: Im Zweiten Weltkrieg haben sie in England zu Gott, zu ihrem christlichen Gott, für Englands Sieg und Winston Churchills Sicherheit gebetet. Und die Christen in Rom, im Vatikan, wo der Papst sitzt, haben für Mussolinis Sicherheit und für seinen Sieg gebetet – zu ein und demselben christlichen Gott! Und nicht nur das: Auch Adolf Hitler wurde von den christlichen Bischöfen gesegnet, und sie beteten für seinen Sieg – zum selben christlichen Gott. Was ist wohl aus diesem christlichen Gott geworden? Ob er Selbstmord begangen hat? Für wen sollte er sich entscheiden? – Das waren alles seine Leute und seine Agenten, die zu ihm beteten. Zu wessen Gunsten sollte er sich entscheiden?

Und die Christen haben es nicht durchschaut, dass ihre christlichen Priester für Adolf Hitler beten, wenn Adolf Hitler an der Macht ist. Was für feige Heuchler! Sie waren nicht imstande, Hitler zu sagen: »Ich werde nicht für dich beten, und auch nicht für die Ideologie, die du vertrittst. Ich werde dafür beten dass du besiegt wirst!« O nein, tapfere Menschen werden keine Priester; sie haben etwas Besseres zu tun. Was für Feiglinge das sind!

Und diese Feiglinge vergiften die Seelen der anderen; sie machen alle zu Feiglingen. Sie haben die ganze Menschheit unterminiert und in ein Irrenhaus verwandelt.

Wenn also die breite Masse gegen mich ist, so ist das zu erwarten. Anders kann es gar nicht sein; es ist natürlich.

Unerwartet ist aber, dass es auf der ganzen Welt ein paar Menschen gibt, die fähig sind, hinter mir zu stehen. Die den Mut haben, ihre Vorurteile beiseitezulassen und mir zuzuhören. Die genug Intelligenz besitzen, um die Wahrheit zu erkennen, wenn sie ihnen begegnet – was auch immer der Preis sein mag und was auch immer die Folgen sein mögen.

In der Tat konnte noch nie irgendjemand vor mir so viele intelligente Menschen aus der ganzen Welt um sich herum versammeln – Menschen von einem solchen Kaliber, von solcher Empfindsamkeit und einer solchen Bereitschaft, die Feuerprobe auf sich zu nehmen.

Ja, es ist ein Gang durchs Feuer, wenn du in Richtung Wahrheit gehst.

Sie wird dich verbrennen, sie wird dich restlos verbrennen. Was dann unverbrannt und lebendig übrig bleibt, ist deine Wirklichkeit. Alles andere, was verbrannt ist, war nur der Müll, den dir andere übergestülpt hatten. Die Wahrheit lässt sich nicht verbrennen, doch um zur Wahrheit zu gelangen, musst du viele Dinge über Bord werfen, viele Lasten abwerfen.

Aber ich bin von Glück gesegnet, denn mindestens ein Prozent der Menschheit ist *fast* bereit, den Sprung zu wagen und die erste wirkliche Religion auf der Welt zu erschaffen: eine Religion der Wahrheit, eine Religion des Bewusstseins – ohne all die Lügen über Gott, Himmel, Hölle und den Teufel – die reinste, 24-karätige Wahrheit.

Aber schon ein Prozent rund um die ganze Erde ist eine ungeheure Kraft! Ihr solltet nicht denken: Was vermag dieses eine Prozent gegen die 99 Prozent auszurichten? Nein, *diese* 99 Prozent vermögen gar nichts, denn sie haben kein eigenes Feuer in sich. Sie sind schon tot, bevor sie gestorben sind, nur wandelnde Leichen.

Aber das eine Prozent hat eine ungeheure Macht, weil es lebendig ist.

Sein Feuer der Bewusstheit wird die ganze Welt transformieren. Und die 99 Prozent zählen überhaupt nicht.

Ich kümmere mich nicht darum, was die Massen über mich denken. Ich kümmere mich nur um das eine Prozent der intelligenten Menschen dieser Welt – und was sie über mich denken.

5

Ekstase ist jetzt – warum warten?

? *Was ist Entsagung? Welchen Platz hat sie in deiner Vision von Religiosität?*

Die Idee der Entsagung ist ein Grundprinzip der Pseudoreligionen. Ihre verschiedenen Ausprägungen muss man in ihrer ganzen Tiefe verstehen.

Sämtliche Religionen predigten immer die Trennung zwischen der diesseitigen Welt und der Welt jenseits des Todes, die Trennung zwischen Körper und Seele. Der Körper gehört zum Diesseits, die Seele gehört zum Jenseits. Wenn ihr demnach die Welt jenseits des Todes erlangen wollt, die ewig ist und deren Glückseligkeit niemals endet, dann ist das Glück des Diesseitigen diesen Namen gar nicht wert, denn es ist nur vorübergehend, ein Traumgebilde. Es kommt zu dir, aber noch ehe du es zu fassen bekommst, hat es sich schon wieder verflüchtigt. Es ist illusorisch – wie eine Fata Morgana, eine Luftspiegelung in der Wüste.

Von Weitem siehst du einen See voller Wasser. Du bist durstig und schöpfst große Hoffnung. Und der See erscheint dir absolut real, so weit du blicken kannst, denn der Beweis für seine Realität, für das Vorhandensein von Wasser, sind die im Wasser gespiegelten Bäume. Wenn ein Berg in der Nähe ist, spiegelt sich auch der Berg im See, spiegelt sich die Sonne im See. Braucht es noch mehr Beweise? Ohne Wasser könnte sich nichts spiegeln. Du eilst voller Hoffnung in Richtung des Sees, doch beim Näherkommen scheint er zurückzuweichen. Die Entfernung zwischen dir und dem See bleibt die gleiche.

Es war nur eine Illusion, die von der Reflexion der Sonnenstrahlen durch den Wüstensand erzeugt wurde. Wenn Sonnenstrahlen reflektiert werden, bewegen sie sich wellenförmig, und ihre Bewegung erzeugt aus der Ferne die Illusion von Wasser. In ihrer wellenförmigen Bewegung haben sie die Eigenschaft, Dinge zu reflektieren; sie wirken wie ein Spiegel. Das macht die Fata Morgana zur einen Hälfte aus.

Die andere Hälfte trägt dein Durst bei. Wenn du keinen Durst hättest, wärst du vielleicht gleich darauf gekommen, dass es nur eine Fata Morgana ist. Du hast es früher schon einmal gesehen und weißt, dass es ganz real erscheinen kann – aber du bist durstig. Das physikalische Phänomen der reflektierten Sonnenstrahlen macht die halbe Realität einer Fata Morgana aus. Die andere – und viel wichtigere – Hälfte tragen du und dein Durst dazu bei. Du möchtest glauben, dass es wahr ist. Und wenn jemand anders dir beweisen wollte, dass es nicht real ist, würdest du wütend auf ihn werden. Du bist durstig, und dort ist das Wasser – und dieser Mensch versucht dir einzureden, das Wasser sei nur eine Illusion? Er weiß wohl nicht, was Durst ist – wahrscheinlich ist er nicht durstig. Es ist unmöglich, einen Durstigen zu überzeugen, dass seine Wahrnehmung nicht der Wirklichkeit entspricht.

Nicht alles, was man sieht, ist unbedingt wirklich. Der Anschein macht noch nicht die Wirklichkeit.

Die Religionen haben den Menschen seit Millionen von Jahren weisgemacht, das diesseitige Glück sei seinem Wesen nach wie eine Fata Morgana in der Wüste. Darum würdet ihr es nie zu fassen bekommen. Ihr könnt das Glück nie in eurer Faust halten; es kommt und geht. Es fühlt sich an wie eine sanfte Brise, doch kaum habt ihr sie wahrgenommen, ist sie schon wieder entschwunden. Vielleicht ist das Glück sogar noch unwirklicher als eine Fata Morgana. Eine Fata Morgana hat zumindest eine gewisse Realität – die reflektierten Sonnenstrahlen tragen die eine Hälfte dazu bei, dein Durst die andere Hälfte. Aber zu deinem sogenannten weltlichen Glück trägst du selbst 100 Prozent bei; nichts anderes ist daran beteiligt.

Und du weißt es. Heute erscheint dir eine Frau so schön, dass du imstande bist zu sagen, selbst Kleopatra sei ein Nichts dagegen. Sie erscheint dir als die allerschönste Frau der Welt und nicht nur der heutigen Welt … Du meinst, es hätte nie eine schönere Frau gegeben und es könnte auch in Zukunft nie eine schönere geben. Es ist deine Projektion. Dieselbe Frau bedeutet anderen gar nichts, und morgen kann dir dieselbe Frau schon nichts mehr bedeuten. Das wird dich überraschen und schockieren – was ist geschehen? Was ist mit der Frau passiert?

Gestern hattest du Durst; du hast deine Lust projiziert. Heute ist die Lust befriedigt; du projizierst nicht mehr deine Biologie. Die Frau ist eine gewöhnliche Frau, und das Glück, das du fühltest, lag nur an deiner Projektion – du selbst hast das ganze Spiel inszeniert. Die Frau hat höchstens die Rolle einer inaktiven Teilnehmerin gespielt; sie diente dir als Projektionsfläche. Wahrscheinlich projizierte sie ebenfalls auf dich, und es war eine gegenseitige Projektion. Früher oder später wird alles verblassen, denn Projektionen haben keine Beständigkeit, sobald die eigentliche Ursache nicht mehr gegeben ist.

Die Ursache liegt in deiner Biologie, und die Biologie kümmert sich nicht um Liebe oder Poesie oder Romantik oder all so was – die Biologie will zur Sache kommen! Sie hat kein Interesse an Vorspiel und Nachspiel – reine Zeitverschwendung! Die Biologie ist nur an Fortpflanzung interessiert. Sobald die Biologie ihre Aufgabe erfüllt hat, zieht sie sich zurück; die Projektion verschwindet. Dann stehst du da, dieselbe Frau steht da – aber es ist nicht mehr dasselbe. Wohin ist das Glücksgefühl entschwunden?

Du fühltest dich auf dem höchsten Gipfel der Welt, und jetzt bist du in die tiefsten Tiefen des Pazifiks abgestürzt. Diese Frau hat dich getäuscht! Und die Frau denkt, du hättest sie getäuscht. Und dann versucht jeder, dem anderen die Schuld zu geben. Es hat aber keiner den anderen getäuscht, sondern beide wurden von der Biologie zum Narren gehalten. Die Biologie ist aber nicht außerhalb von dir, sie gehört zu deinem Körper. Du bist eine biologische Projektion von Vater und Mutter, und sie waren ebenfalls biologische Projektionen zweier Wesen. Es ist ein kontinuierlicher Lebensstrom.

Die Religionen haben diese fundamentale Wahrheit zu ihrem Vorteil ausgenutzt.

Es stimmt, dass die ganze Romantik und Poesie – euer sogenanntes Verliebtsein – nur ein Schatten der Biologie ist. Das geht ganz leicht: Mit einer einfachen Hormonspritze lässt sich die ganze Poesie, die ganze Romantik sofort herstellen. Eine weitere Spritze – und du stürzt in den Pazifik! Wie wir wissen, kann man heute einen Mann zur Frau machen und eine Frau zum Mann. Nur durch eine kleine Veränderung der Hormone, durch eine kleine chemische Veränderung.

Die Religionen haben diese einfache Wahrheit für sich ausgenutzt. Es ist wahr, aber statt es euch zu erklären, haben sie ihren Vorteil daraus gezogen. Sie sagten: »Dieses weltliche Glück ist ein flüchtiger Schein. Lauft ihm nicht nach; ihr verschwendet damit nur eure Zeit. Die wahre Welt liegt jenseits des Todes.« Wieso jenseits des Todes? Weil der Tod eure ganze Biologie, Physiologie, Körperchemie auflösen wird. Der Tod nimmt alles Materielle weg. Nur das Spirituelle bleibt zurück, und das Spirituelle kennt die Ewigkeit. Das Materielle, das Körperliche kennt nur das, was vorübergeht.

Es erschien ganz logisch, was die Religionen sagten: Zum einen Teil ist es wahr, aber zum anderen Teil ist es reine Erfindung. Ja, es ist wahr, dass die Momente des Glücks in diesem Leben sehr flüchtig sind, aber das heißt nicht, dass es ein anderes Leben jenseits des Todes gibt, in dem solche Momente ewig währten. Dafür gibt es keine Beweise. Hier gibt es zumindest diese kurzen Augenblicke, die jeder erfahren kann. Wie kurz und flüchtig sie auch sein mögen, es gibt sie. Niemand kann ihre Existenz leugnen. Man kann sagen, dass sie aus dem gleichen Stoff wie die Träume sind, aber dennoch gibt es sie. Selbst Träume haben ihre eigene Realität. Es gibt sie, und sie beeinflussen dich. Und wenn etwas dich beeinflusst, wird es real.

Zum Beispiel wenn du hungrig bist: Den ganzen Tag lang konntest du nichts essen; jetzt bist du müde und schläfst ein. Doch der Körper hat Hunger und will etwas essen. Dein Verstand liefert dir einen schönen Traum, in dem du Gast bei einem großen Gelage bist. Der Verstand erweist dir diesen Dienst, denn würde er dir nicht diesen Traum liefern, könntest du vor Hunger nicht schlafen. Irgendwie muss er dich davon überzeugen, dass du etwas isst und nicht mehr hungrig bist. Dann kannst du ungestört schlafen. Der Traum bringt etwas Wirkliches hervor. Wie kann etwas, das unwirklich ist, etwas Wirkliches hervorbringen? Es ist eigentlich nicht möglich – aber der Traum hat seine eigene Wirklichkeit. Gewiss, ein Traum ist etwas anderes als ein Stein, aber auch eine Rose ist etwas anderes als ein Stein. Ein Traum ist etwas ganz anderes, aber es beeinflusst dich, es beeinflusst dein Leben, es beeinflusst deinen Lebensstil – und die Veränderungen sind wirklich.

Man darf also eines nicht vergessen: Im Leben gibt es vorübergehende Glückserfahrungen, flüchtige Augenblicke von Seligkeit, unvermittelte Explosionen der Freude – aber du kannst sie nicht festhalten.

Du kannst sie nicht in deinem Safe verwahren, kannst ihnen keine Dauer verleihen. Und genau an diesem Punkt, weil du dem Glück keine Dauer verleihen kannst, haben die Religionen die Menschen ausgebeutet. Es war eine sehr gerissene Strategie. Ihr wollt, dass die glücklichen Augenblicke von Dauer sind; euer tiefster Wunsch ist es, für immer und ewig glücklich zu sein und keinen Schmerz, keine Traurigkeit, keine Verzweiflung zu kennen – niemals! Für immer im Paradies zu leben – das ist euer Wunsch.

Die Religionen haben sich das zunutze gemacht. Sie haben gesagt: »Solch einen Ort gibt es, aber ihr könnt nichts bekommen, ohne dafür zu bezahlen!« Mathematisch und ökonomisch gesehen erscheint das richtig. Die Religionen fingen an, euch zu predigen, dass ihr auf das diesseitige Leben verzichten müsst, wenn ihr in die ewige Welt des Paradieses gelangen wollt, die jenseits des Todes liegt. Und der Eintritt ist sehr billig, denn was ihr opfert, sind nur ein paar vorübergehende, spärliche, flüchtige Erfahrungen.

Wenn ihr sämtliche Augenblicke der Seligkeit in den 70 Jahren eures Lebens zusammenzählt, kommt ihr vielleicht auf nicht einmal sieben Augenblicke, von denen ihr absolut sicher sein könnt, dass sie ekstatisch waren.

In 70 Lebensjahren nicht einmal sieben Augenblicke von Ekstase? Was habt ihr dann eigentlich hier gemacht – nur euch selbst und andere gequält? Ihr könnt nicht einmal sieben ekstatische Momente finden, denn es liegt im Wesen dieser Momente, dass sie euch völlig überwältigen und von euch Besitz ergreifen – ja, das ist das richtige Wort: Sie ergreifen völlig von euch Besitz. Aber wenn sie vorüber sind, gehen sie euch genauso voll und ganz verloren, wie sie euch voll und ganz besessen hatten; es bleibt nur eine Erinnerung zurück. Aber wie lange könnt ihr von der Erinnerung zehren, die sich als so trügerisch erwiesen hat?

Schon nach wenigen Tagen beginnt ihr zu zweifeln, ob es überhaupt passiert ist: »Oder habe ich mir das vielleicht nur eingebildet?« Denn so ein Augenblick steht in einem solchen Gegensatz zur Erfahrung eures ganzen Lebens. Jahre vergehen, und dann kommt vielleicht ein einziger solcher Augenblick ... Aber selbst das habt ihr nicht in der Hand. Ihr könnt nicht entscheiden, wann und wo es geschieht. So schleppt ihr euch jahrelang dahin, und irgendwann passiert vielleicht unverhofft ein Augenblick, der jetzt nur noch Erinnerung ist ... Und mit der Zeit beginnt auch der Nebel der Erinnerung zu entschwinden.

Wenn man also einen 70-Jährigen fragt, kann er nicht einmal sagen, es hätte auch nur sieben solcher Augenblicke gegeben. Und je älter man wird, desto weniger Möglichkeiten für solche Augenblicke gibt es. Man ist mehr und mehr desillusioniert, mehr und mehr enttäuscht. Die Zukunft birgt nur noch Tod und Dunkelheit, die Vergangenheit nichts als Täuschung.

Die Religionen hatten ein großartiges Spielfeld, um euch auszubeuten – und das ist ihnen bestens gelungen, überall auf der Welt. Über Tausende von Jahren haben sie das lukrativste Geschäft betrieben, das allergrößte aller Geschäfte: Sie haben euch das Paradies verkauft – für fast umsonst!

Alles, was sie dafür verlangten, war: »Entsagt dem vergänglichen Leben, dann werdet ihr in die ewige Welt der Ekstase gelangen!« Und so wurde die Entsagung zu einem fundamentalen Glaubenssatz erhoben: Je mehr man entsagt, desto würdiger wird man und desto mehr Gewissheit kann man haben, dem Paradies näher zu kommen. Folglich haben die Menschen versucht, allem zu entsagen.

Mahavira sollte dereinst König werden. Sein Vater war schon alt, und er lag Mahavira ständig in den Ohren: »Lass mich endlich abdanken, ich bin müde. Und du bist jetzt bereit, jung und bestens ausgebildet – ich bin sehr zufrieden. Wo könnte ich einen besseren Sohn als dich finden? Mach dich bereit, mich abzulösen.«

Aber Mahavira hatte andere Vorstellungen. Während er von den Priestern und Mönchen erzogen und ausgebildet wurde, hatten sie sein Denken vergiftet. Sie hatten ihm weisgemacht, wenn er seines Königreichs entsagen könne: »... dann wirst du das Königreich Gottes erlangen.« Natürlich, je größer die Entsagung, umso stattlicher die Belohnung. Darum sind alle 24 großen Jaina-Meister von königlichem Blut.

Ich habe die Jaina-Mönche immer wieder gefragt: »Welches Geheimnis steckt dahinter? Hat es im ganzen Land sonst niemanden gegeben, der imstande gewesen wäre, ein Großmeister zu werden – einen Krieger, Brahmanen, Gelehrten, irgendjemand anders – warum nur Könige?« Sie wissen darauf keine Antwort. Ich sagte dann: »Ich frage euch nicht wegen der Antwort, denn ich habe die Antwort. Ich frage euch nur, damit ihr anfangt, darüber nachzudenken.«

Die Antwort ist einfach: Weil sie auf das Königreich verzichteten, mussten sie die höchste Belohnung erhalten. Ein Armer kann sehr leicht auf alles verzichten – aber was besitzt er schon? Er kann unmöglich ein *Tirthankara*, ein Großmeister, werden. Selbst im Paradies wird er irgendwo draußen vor der Stadt wohnen. Sie werden ihn nicht einlassen, denn sie werden ihn fragen: »Wie groß ist deine Entsagung? Was besitzt du überhaupt, dessen du entsagen kannst?«

Natürlich sind dann die Könige dem Palast Gottes am allernächsten. Als Nächstes kommen die Reichsten, die superreichen Leute; dann kommt der Mittelstand, dann die Unterschicht, und schließlich kommen die, die gar nichts haben, dessen sie entsagen könnten – weil sie schon besitzlos sind. Eigentlich sollten doch gerade sie bereits an der Seite Gottes sitzen, weil sie gar nichts haben. Aber sie werden sich außerhalb der Grenzen des

Paradieses aufhalten, weil sie kein Bankguthaben für das Jenseits vorzuweisen haben.

Sämtliche Hindu-Avatare sind Könige: Rama, Krishna ... Auch Buddha ist ein König. Es ist merkwürdig, dass diese Leute ausschließlich aus den Reihen der Könige stammen. Doch wenn ihr das System und die Strategie des Priesters versteht, dann ist es klar: Die Könige haben am meisten entsagt, also wird ihnen auch das meiste versprochen. Keiner weiß, ob sie nach dem Tod irgendetwas bekommen oder nicht. Aber dieser Gedanke konnte sich so festsetzen, weil er einfach ein Körnchen Wahrheit enthält: In diesem Leben ist alles vergänglich.

Für mich ist nichts daran verkehrt, wenn etwas vergänglich ist. In der Tat, gerade weil es vergänglich ist, ist es so aufregend, so ekstatisch. Wenn man es beständig macht, wird es tot sein.

Morgens öffnet sich die Rosenblüte, so frisch, die Tautropfen noch frisch auf ihren Blütenblättern, so duftend. Man kann sich nicht vorstellen, dass diese Blütenblätter bis zum Abend in den Staub fallen werden und die Rose vergehen wird. Man würde sie gerne beständig machen, aber dazu braucht man eine Plastikblume. Mit einer echten Blume geht das nicht. Eine echte Blume muss vergänglich sein. Nur wenn sie vergänglich ist, ist sie echt. Nur Plastikdinge können beständig sein.

Plastik ist eine neuere Entdeckung. Zu Zeiten von Buddha, Mahavira, Mohammed, Jesus war es noch unbekannt – aber ich sage euch: Das Paradies muss aus Plastik bestehen. Wenn es überhaupt ein Paradies gibt, kann es nur aus Plastik bestehen, denn Plastik hat die Eigenschaft, dass es nicht stirbt; es ist unvergänglich.

Jetzt machen sich die Wissenschaftler, und besonders die Ökologen, große Sorgen, weil Plastik so billig herzustellen ist, dass daraus viele Dinge zum Wegwerfen gemacht werden. Glas war nicht so billig; man hat die Flaschen gesammelt und sie zurückgegeben und den Einsatz zurückbekommen. Plastik ist so billig, dass alles, was aus Plastik hergestellt wird, auf dem Müll landet. Man verwendet es einmal und wirft es weg. Aber ihr könnt euch nicht vorstellen, wo es überall hingelangt: Es sammelt sich in den Meeren, in den Flussläufen, in den unterirdischen Seen, und es gibt keine Möglichkeit, dass die Natur es auflöst, denn die Natur ist dafür nicht gewappnet; sie ist nicht dafür gemacht, Plastik zu absorbieren.

Wenn Gott diese Welt geschaffen hat, ist er mit Sicherheit nicht allwissend. Zumindest hatte er keine Ahnung, dass es eines Tages Plastik geben würde. Er hat in der Natur nichts geschaffen, was Plastik auflösen könnte, keine Chemikalien, und deshalb häuft sich das Plastik immer mehr an. Bald wird sich so viel davon angesammelt haben, dass es die Bodenfruchtbarkeit zerstören und die Gewässer vergiften wird. Es ist unverwüstlich, aber es wird alles verwüsten.

Im Hindu-Paradies gibt es die *Apsaras* ... wie soll man das Wort *Apsara* bloß übersetzen? Das sind »Callgirls«. Die großen Weisen, die im Paradies leben, brauchen natürlich Callgirls! Diese *Apsaras*, diese Callgirls, sind die schönsten Mädchen, keine Frage. Und sie bleiben ewig jung – deswegen denke ich, dass sie aus Plastik sind. Sie sind im Alter von 16 stehen geblieben; seit Millionen von Jahren sind sie 16 geblieben. In der Vorstellung der Inder ist 16 das reifste Frauenalter; darum bleiben die *Apsaras* ewig 16. Und sie schwitzen nicht. Zu Zeiten von Mahavira oder Buddha oder Jesus oder Mohammed hatte man keine Ahnung von Deodorants, darum hat man sich vorgestellt, dass diese jungen Mädchen, die den Weisen dienten, nicht schwitzten. Aber nur ein Körper aus Plastik wird nicht schwitzen; ansonsten ist das Schwitzen absolut lebensnotwendig. Und diese Mädchen werden niemals alt, sie sterben nie.

Im Paradies stirbt gar nichts, wird nichts alt, verändert sich nichts – es muss ein schrecklich langweiliger Ort sein! Kannst du dir vorstellen, wie langweilig es sein muss, wenn alles jeden Tag immer gleich bleibt? Man braucht dort keine Zeitung.

Ich habe gehört, im Paradies sei einmal eine Zeitung herausgekommen, eine einzige Ausgabe, an einem einzigen Tag. Aber das war ein Flop, denn nachher passierte nichts Neues mehr! Alles stand in dieser ersten Nummer, und sie war dann auch die letzte.

Dieser Wunsch nach Beständigkeit ist irgendwie krank, aber er war in den Menschen vorhanden. Darum haben die religiösen Firmen – ja, ich nenne sie Firmen –, die christlichen, hinduistischen, mohammedanischen Firmen, über viele Jahrhunderte ein gutes Geschäft gemacht. Sie machen es immer noch, und ihr Geschäft hört nie auf, einfach weil sie unsichtbare Waren verkaufen. Sie nehmen euch sichtbare Dinge weg und geben euch unsichtbare Dinge, an die ihr glauben sollt.

Das erinnert mich an eine Geschichte: Ein König hatte die ganze Welt erobert, und nun war er sehr ruhelos – was jetzt? Er hatte gedacht, wenn er erst einmal die ganze Welt erobert haben würde, könnte er sich zur Ruhe setzen. Aber er hätte nie gedacht, dass er so ruhelos sein würde; er war noch nie so ruhelos gewesen. Solange er kämpfte und ein Land nach dem anderen überrannte, immer weiter und weiter – denn es gibt immer irgendwelche Gegenden zu durchqueren, irgendwelche Feinde zu besiegen, irgendein Land zu erobern –, da war gar kein Raum und keine Zeit für Ruhelosigkeit, weil er so beschäftigt war. Aber jetzt, nachdem er die ganze Welt erobert hatte, war er total ruhelos – was sollte er tun?

Ein Gauner hörte von dieser Situation. Er kam in den Palast, bat um Audienz beim König und sagte: »Ich habe ein Mittel gegen Ruhelosigkeit.«

Sofort wurde er eingelassen, denn alle Ärzte hatten bisher versagt. Der König konnte nicht schlafen, konnte nicht still sitzen, lief ständig auf und ab und zerbrach sich den Kopf mit der Frage: »Was ist jetzt zu tun? Gibt es nicht irgendwo noch eine andere Welt? Findet es heraus! Wir wollen sie erobern.«

Dieser Gauner kam an den Hof, trat vor den König und sagte: »Macht Euch keine Gedanken. Ihr seid der Erste, der die ganze Welt erobert hat. Nun seid Ihr würdig, Gottes eigene Kleider zu erhalten – und das kann ich bewerkstelligen.«

Das war eine grandiose Idee! Der König interessierte sich sofort dafür. Er sagte: »Fang gleich damit an! Gottes eigene Kleider ... hat man sie je auf Erden zu sehen bekommen?«

Der Mann sagte: »Niemals, weil es keinen gab, der ihrer würdig war. Ihr seid der Erste. Also werde ich Euch zum ersten Mal die Kleider Gottes aus dem Paradies bringen.«

Der König sagte: »Triff alle Vorbereitungen dafür. Und was wird es kosten?«

Der Mann sagte: »Sie sind unbezahlbar. Dennoch werden Millionen von Rupien dafür benötigt – aber was ist das schon!«

Der König sagte: »Keine Sorge! Geld ist überhaupt kein Problem. Versuche nur nicht, mich zu betrügen.«

Der Mann sagte: »Betrug kommt überhaupt nicht infrage. Ich werde mich in Eurem Palast aufhalten, und Ihr könnt Eure Soldaten um den Palast herum postieren. Ich werde hier daran arbeiten. Aber mein Zimmer darf nicht geöffnet werden, bis ich von innen ein Klopfzeichen gebe. Ihr könnt es von außen verriegeln, damit Ihr völlig sicher seid, dass ich nicht entschlüpfe. Aber was immer ich an Geld verlange, müsst Ihr an die Person senden, deren Namen ich Euch gebe. Es wird nicht länger als drei Wochen dauern.« Und in drei Wochen holte er Millionen von Rupien heraus. Er schickte jeden Tag einen Namen: morgens, mittags, abends ... sofort zu erledigen! Eilig!

Dem König war klar, dass die Arbeit dies erforderte ... Und es war nicht möglich, dass der Mann ihn betrog. Wo sollte er hingehen? Er war ja eingeschlossen. Und natürlich entschlüpfte der Mann nicht. Nach drei Wochen klopfte er von innen an die Tür, und die Tür wurde geöffnet. Er kam mit einem riesigen, wunderschönen Schrein heraus. Er hatte diesen Schrein mitgebracht, als er in den Raum einzog, und gesagt: »Diesen Schrein bringe ich für die Kleider, die Ihr empfangen werdet.« Um ganz sicherzugehen, dass er nicht getäuscht wurde, hatte der König den Schrein geöffnet, um zu sehen, ob darin irgendwelche Kleider waren. Der Schrein war leer; es war alles rechtens, und so erhielt der Mann den Schrein zurück.

Nun kam der Gauner heraus und sagte: »Dieser Schrein wird bei Hofe vor all den Weisen, Gelehrten und Generälen, vor der Königin, dem König, dem Prinzen und der Prinzessin geöffnet werden. Alle müssen anwesend sein, denn es ist ein einzigartiges Ereignis!«

Dieser Mann muss wirklich mutig gewesen sein – wie Gauner es immer sind. Er rief den König herbei: »Kommt näher, hier. Ich werde nun den Schrein öffnen. Gebt mir Euren Turban. Ich werde ihn in den Schrein legen, denn so lauteten die Anweisungen an mich: Ich lege zuerst Euren Turban hinein und hole dann den Turban heraus, den Gott Euch verliehen hat, und gebe ihn Euch. Ihr selbst sollt ihn Euch aufsetzen.« Und dann erklärte er vor dem ganzen Hofstaat: »Und noch eines: Dies sind göttliche Kleider. Deshalb können nur jene sie sehen, die wirklich die Söhne ihres Vaters sind. Den Bastarden bleiben sie unsichtbar. Daran kann ich leider nichts ändern. So ist die Bedingung.«

Aber alle sagten: »Das ist kein Problem. Wir sind alle die wirklichen Söhne unserer Väter.«

Der Turban des Königs wurde hineingelegt, und dann kam die Hand des Betrügers leer wieder heraus, und er sagte zum König: »Was für ein prachtvoller Turban!« Seine Hand war leer, aber der ganze Hofstaat begann zu klatschen, und alle versuchten, die anderen noch zu übertreffen, und riefen, sie hätten etwas so Schönes noch nie gesehen.

Der König dachte sich: »Wenn ich jetzt sage, dass seine Hand leer ist, dann stehe ich als einziger Bastard da. Und all die Bastarde hier werden als die wirklichen Söhne ihrer Väter gelten. Es ist besser, wenn ich den Mund halte.« Und tatsächlich waren alle in der gleichen Situation. Alle konnten sehen, dass seine Hand leer war, aber wer wollte schon damit herauskommen und Verachtung ernten, wenn doch alle anderen etwas sehen konnten? Sie fingen an zu zweifeln: »Vielleicht bin ich ein Bastard, also ist es besser, still zu sein. Warum sollte ich mir unnötig die Verachtung von allen zuziehen?« Und sie begannen, noch lauter die Schönheit dieses Turbans zu preisen.

Der König setzte sich den Turban, der gar nicht vorhanden war, auf den Kopf. Aber nicht nur der Turban, nach und nach verschwanden auch die anderen Kleidungsstücke in dem Schrein. Schließlich war nur noch die Unterwäsche übrig. Der König überlegte einen Moment: »Was mache ich jetzt?« Aber es war zu spät zum Rückzug. »Wenn ich den Turban und den Mantel und das Hemd sehen konnte, warum nicht auch die Unterwäsche? Es ist besser, sie auch zu sehen. Jetzt gibt es keinen Weg zurück. Dieser Mann …«

Der Mann hielt die unsichtbare Unterwäsche in Händen und zeigte sie ihnen: »Seht, wie viele Diamanten auf der Unterwäsche sind!« Und wieder applaudierte der ganze Hofstaat, und sie sagten: »Ein solches Ereignis gab es noch nie in der ganzen Geschichte der Menschheit!«

So verschwand auch die Unterwäsche des Königs. Aber dieser Gauner war wirklich mit allen Wassern gewaschen! Er sagte: »Bevor ich hierherkam, trug Gott mir auf: ›Diese Kleider werden zum ersten Mal auf der Welt gezeigt, darum richte dem König von mir aus: Wenn er diese Kleider zum ersten Mal trägt, soll er in einer Prozession durch die ganze Hauptstadt ziehen, damit alle Menschen sie sehen können. Sonst würden diese armen Leute sie nie zu Gesicht bekommen.‹ Euer Wagen steht bereit, bitte kommt mit.«

Jetzt war an Rückzug nicht mehr zu denken. Der König überlegte: »Es wäre besser gewesen, wenn ich das Ganze schon beim Turban abgebrochen hätte – aber jetzt ist es zu spät. Wenn ich jetzt sage, dass ich nackt bin … und der ganze Hofstaat applaudiert!«

Und sie begannen ihn zu drängen: »Ja, Majestät, so ist es richtig. Wenn Gott es so wollte, muss es getan werden. Das ist der rechte Empfang für Gottes Kleider.«

Die Straßen waren gedrängt voll mit Leuten, denn das Gerücht hatte sich wie ein Lauffeuer verbreitet, dass die Kleider Gottes zu sehen sein würden. Und so willigte der König ein. Vollkommen nackt stand er auf seinem Wagen, und ihm voran ging dieser Mann und kündigte an: »Diese Kleider kann nur sehen, wer wirklich das Kind seines Vaters ist!«

Und alle sahen sie. Nur ein kleines Kind, das mit seinem Vater gekommen war, saß auf den Schultern des Vaters und sagte: »Papa, der König hat ja gar nichts an!«

Sein Vater sagte: »Sei still, du Dummerchen! Wenn du groß bist, wirst du die Kleider auch sehen können. Dazu braucht man eine gewisse Reife. Ein Kind kann diese Kleider noch nicht sehen. Sei ruhig, wenn du etwas sehen willst. Sonst hätte ich dich besser zu Hause gelassen.«

Aber das Kind konnte sich nicht zurückhalten; immer wieder sagte es: »Aber ich sehe ihn doch ganz deutlich, er ist nackt!« Der Vater musste sich mit dem Kind aus der Menge davonmachen, denn wenn andere es hörten, würden sie meinen, das Kind sei nicht sein eigenes, sondern das Kind eines anderen.

Mit unsichtbaren Waren kann man ganz leicht die Menschen ausbeuten und sie zwingen, Dinge gegen ihre Natur zu tun – und genau das ist Entsagung. Sie ist ein Betrug, der von den Priestern veranstaltet wird im Namen von Gott, Wahrheit, *Moksha*, Nirwana.

Ihre Namen mögen verschieden sein, aber die Priester sind die größten Betrüger auf der Welt. Andere Betrüger sind nur kleine Fische dagegen. Worum könnten sie euch betrügen? Aber die Priester, die Propheten, die Messiasse, die Avatare, die Tirthankaras – das sind die Superbetrüger.

Sie haben euch Dinge verkauft, die noch nie jemand gesehen hat und die nie irgendjemand zu sehen bekommen wird. Nicht einen einzigen Zeugen gibt es dafür. Noch nie ist jemand vom Tode zurückgekehrt und hat gesagt: »Ja, es gibt die ewige Schönheit, ewige Freude, ewige Stille, den ewigen Frieden.« Und so läuft das Geschäft weiter, weil keiner es widerlegen kann. Wenn du Widerspruch einlegst, bist du im Unrecht, weil die ganze Welt daran glaubt.

Doch es gab eine bestimmte Wahrheit, die sie in ihre Ausbeutungsstrategie eingebaut haben: Im Leben ist alles vergänglich. Aber daran ist nichts verkehrt. Es muss so sein. Wenn es anders wäre, würde das Leben unerträglich sein.

Die Dinge verändern sich, und es ist gut, dass sie sich verändern, sonst wären sie tot. Veränderung hält sie lebendig.

Du veränderst dich ständig. Kannst du dich erinnern, an welchem Tag du einen Sprung aus der Kindheit gemacht hast und ein junger Mann geworden bist, oder wann du aus der Blüte deiner Jahre zu einem alten Mann geworden bist? Du kannst keine Grenzlinie ziehen zwischen der Kindheit, der Pubertät, den jungen Mannesjahren, den mittleren Jahren, dem Alter. Oder kannst du eine Grenze ziehen? Nein, denn man wandelt sich in jedem Augenblick; es ist ein kontinuierlich fortschreitender Prozess.

Nach der Empfängnis hast du dich schon im Mutterleib, bereits in diesen neun Monaten, so sehr verändert, wie du dich in 90 Jahren deines Lebens nicht mehr verändern wirst. Würde man dir Bilder von den neun Monaten im Bauch deiner Mutter zeigen, könntest du dich auf den Bildern nicht wiedererkennen. Oder meinst du, du könntest dich darauf erkennen? Du hast dich komplett verändert und veränderst dich weiter, in jedem Augenblick. Und nicht nur du – alles ringsum verändert sich. Sämtliche Sterne bewegen und verändern sich. Jeden Tag stirbt und verschwindet irgendwo ein Stern, der vielleicht Millionen von Jahren hier war, und ein neuer Stern wird geboren. Das geschieht tagtäglich.

Das Leben ist ein Strom, eine unaufhörliche Bewegung, ein Kontinuum.

Daran ist nichts verkehrt. Erfreue dich an jedem Augenblick, der kommt und geht. Trinke daraus, so viel du kannst, denn er ist flüchtig. Verschwende also keine Zeit mit Nachdenken. Fang nicht an, darüber nachzugrübeln, dass er so flüchtig ist. Mach dir keine Gedanken darüber, was morgen geschehen könnte, ob du morgen noch da sein wirst oder nicht. Und denke auch nicht an vergangene Tage.

Solange er währt, presse allen Saft aus diesem Augenblick und trinke ihn in vollen Zügen. Wen kümmert's, ob er entschwindet oder bleibt? Wenn er bleibt, werden wir ihn genießen. Wenn er entschwindet, gut – dann werden wir einen anderen Augenblick genießen.

Warum würdest du darauf bestehen wollen, dass dieser Augenblick ewig währt? Wie kannst du wissen, ob nicht noch bessere Augenblicke kommen? Noch vor einer Sekunde hast du nicht an den gegenwärtigen Augenblick gedacht. Und wer weiß, wenn er vergeht, ist etwas Besseres vielleicht schon unterwegs.

In der Tat, es ist schon unterwegs, denn wenn du total in diesem Augenblick aufgegangen bist, hast du etwas ungeheuer Wichtiges gelernt. Du wirst es im kommenden Augenblick anwenden können. In jedem Augenblick nimmt deine Reife zu.

In jedem Augenblick wirst du mehr und mehr zentriert, mehr und mehr gegenwärtig, mehr und mehr achtsam, mehr und mehr wach, mehr und mehr fähig, wirklich zu leben.

Wen kümmert dann der Tod? Wir werden ihn genießen, wenn wir sterben. Auch der Tod kommt als ein Augenblick im Leben. Der Tod ist nicht das Ende des Lebens, nur ein Augenblick der Transformation, denn nichts kann sterben. Nichts ist zerstörbar – es verändert nur die Gestalt, die Erscheinungsform.

Die Wissenschaft vermag Hiroshima, Nagasaki, die ganze Welt zu vernichten ... aber nicht wirklich. Sie vermag nicht einen einzigen Stein zu vernichten. Sie kann ihn nicht völlig beseitigen; er wird immer noch vorhanden sein. Man kann ihn in Stücke brechen, aber diese Stücke bleiben vorhanden. Man kann ihn so stark erhitzen, als hätte man ihn mit der Sonne selbst berührt, und er wird schmelzen – aber er wird noch vorhanden sein. Ja, man kann seine Form verändern, aber man kann ihn nicht völlig aus dem Dasein verschwinden lassen.

Nichts stirbt, nichts wird geboren.

Geburt bedeutet einfach, dass du jetzt in einer anderen Form existierst als vorher, und deshalb erkennst du sie nicht wieder. Würde ich dir ein Bild aus deinem letzten Leben zeigen, könntest du dich wiedererkennen? Du kannst dich auf Bildern von dir im Bauch deiner Mutter nicht wiedererkennen. Ja, du würdest noch nicht einmal Bilder von dir erkennen, als du drei Monate, sechs Monate, neun Monate alt warst. Ununterbrochen verändert sich alles.

Der Tod ist eine große Transformation.

Du fragst, welchen Platz die Entsagung in meiner Vision von Religiosität einnimmt. Bevor ich dir darauf antworte, ist noch eines anzumerken: Die Vorstellung der Entsagung hat sich in der ganzen Menschheit so tief verwurzelt, dass sogar diejenigen, welche die Existenz eines Lebens nach dem Tod leugneten, sich derselben Logik bedienten. Diese Logik hat sich fast überall verbreitet.

Zum Beispiel gab es in Indien eine Schule von Atheisten, die Charvakas hießen. Das Wort *Charvaka* zu verstehen lohnt sich. Ihre Feinde – und das sind sämtliche Religionen – haben alle ihre Bücher verbrannt; kein einziges Buch der Charvakas ist erhalten geblieben. Alles, was wir wissen, stammt aus den Schriften der Hindus, Jainas und Buddhisten, die an den Charvakas kein gutes Haar ließen. Deshalb können wir höchstens erraten, was die Charvakas gesagt haben, aber wir können nicht absolut sicher sein. Und das waren alles »religiöse« Leute, die die Schriften der Charvakas einfach vernichteten! Vielleicht haben sie auch viele von ihren Anhängern getötet, denn heute gibt es keinen einzigen Charvaka mehr in Indien. Und alle Schriften äußern sich so ablehnend gegen die Charvakas, dass sie offenbar einmal eine sehr starke Kraft waren. Warum sonst wären sie so kritisiert worden, wenn ihre Philosophie keinen Anklang gefunden hätte?

Alle drei Religionen haben ständig die Charvakas attackiert und gegen sie argumentiert. Ihre Philosophie muss sehr populär gewesen sein. Und tatsächlich ist diese Philosophie auch heute auf der ganzen Welt stark verbreitet. Weil aber die Menschen solche Heuchler sind, erkennen sie das nicht an. Wenn man sich die Lebensphilosophie der Leute näher betrachtet, sieht man, dass 99,9 Prozent der Leute Charvakas sind – auch wenn sie sich als Christen oder Hindus oder Muslime bezeichnen – aber das spielt keine Rolle; das sind nur ihre Masken.

In den Schriften ihrer Feinde wird die Bedeutung des Wortes *Charvaka* beschrieben mit »Essen, Trinken und Fröhlichsein«. *Charvaka* bezeichnet jemanden, der nur an eines glaubt: Essen, Essen, Essen – mit sämtlichen Sinnen. Ich kann nicht bestätigen, dass die Charvakas gesagt haben, was in den Schriften ihrer Gegner zitiert wird, aber es wäre möglich ... Sie sollen gesagt haben: »Selbst wenn ihr euch Geld borgen müsst, macht euch keine Sorgen, sondern trinkt, esst und seid fröhlich. Borgt euch so viel, wie ihr braucht, denn nach dem Tod seid ihr nicht mehr da, um es zurückzuzahlen, noch wird jemand da sein, der euch fragt: ›Was ist mit meinem Geld?‹ Alles ist mit dem Tod zu Ende. Darum macht euch keine Gedanken über das, was euch die Priester erzählen: dass ihr für euer Karma leiden werdet. Genießt das Leben in vollen Zügen! Verpasst nicht den Spaß. Diese Welt ist alles, was existiert.«

Diese Wortbedeutung haben also die Gegner den Charvakas zugeschrieben. In einer gegnerischen Schrift – und der das schrieb, muss ein sehr liberal denkender Mensch gewesen sein – heißt es, dass diese Bedeutung von den Gegnern stamme, also »von uns«. Die Charvakas geben ihrem Namen eine andere Bedeutung: »einer, der eine süße Philosophie hat«, oder »einer, der Worte wie Honig spricht« – diese Bedeutung lässt sich vom selben Wort herleiten. Und zweifellos sprechen sie Worte wie Honig. Aber sie waren in der gleichen Logik verfangen.

Die religiösen Leute sagen: »Entsage dieser Welt, wenn du dich der jenseitigen Welt erfreuen willst.« Und die Charvakas sagen: »Entsage der jenseitigen Welt, wenn du dich dieser Welt erfreuen willst.« Das ist dieselbe Logik. Man hat sie von verschiedenen Blickwinkeln her angewandt, aber beide verlangen, man solle auf das eine um des anderen willen verzichten. Die Charvakas sagen: »Entsage der anderen Welt; es gibt keinen Gott, kein Nirwana, kein Paradies – verzichte darauf. Das Diesseits ist alles, was es gibt, darum genieße es!«

In Griechenland vertrat Epikur die gleiche Philosophie und verrannte sich in der gleichen Logik. Selbst Karl Marx war in dieser Logik verfangen: Es gibt kein Jenseits. Als Erstes muss also die jenseitige Welt geleugnet werden, um sich an der diesseitigen Welt erfreuen zu können. Zuerst demontiert man das Jenseits: Es gibt keinen Gott, kein Paradies, keinen Himmel, nichts dergleichen. Es gibt keine Seele, die weiterlebt; mit dem Körper stirbt alles. Du bist nichts als Körper, Körperchemie, Biologie, Physiologie, alles zusammen – ein Nebenprodukt all dieser Dinge. Wie eine Uhr, die immer weitertickt. – Das heißt nicht, dass da eine Seele wäre, welche die Zeiger bewegt. Wenn man die Teile auseinandernimmt, findet man keine Seele, nur eine bestimmte Anordnung der Teile. Wenn man sie wieder zusammenfügt, beginnt die Uhr wieder zu ticken.

Karl Marx sagt, das Bewusstsein sei nur ein Nebenprodukt, es habe keine unabhängige Existenz. Wenn also der Körper stirbt, würde demnach auch das Bewusstsein verschwinden. Weshalb dieses Beharren auf der Leugnung der jenseitigen Welt? – Sie wird geleugnet, einfach weil man glaubt, das Diesseits sonst nicht genießen zu können.

Sieh aber bitte meinen Standpunkt, der völlig abweicht vom Standpunkt all dieser Leute – der Religiösen, der Antireligiösen, der Theisten, der Atheisten. Ich gehöre zu keiner dieser Kategorien. Ich sage, dass das Leben weitergeht, aber es ist unnötig, ihm den Namen »Jenseits« zu geben. Es ist ein und dieselbe Welt, einfach eine Kontinuität.

Der Ganges entspringt im Himalaja; zuerst ist er nur ein kleines Bächlein. Während er herabfließt, vereinigen sich viele andere Bäche und Wasserfälle, mit ihm und er wird immer größer und größer und größer. Wenn er aus dem Himalaja kommt, ist aus ihm ein großer Fluss geworden. Kaum vorstellbar, dass es der gleiche Fluss ist! Man kann sehen, wo er entspringt. Weil die Hindus die Vorstellung einer Kuh als Mutter lieben, haben sie die Quelle des Ganges in einen steinernen Kuhkopf gefasst. Der Ganges fließt aus dem Maul der Kuh, ganz klein, ganz winzig.

Wenn der Ganges Benares erreicht, ist er unglaublich groß und breit geworden. Und wenn er schließlich bei Kolkatta in den Ozean mündet, ist er beinahe selbst schon wie das Meer. Wenn man dort steht, kann man nicht sagen, wo der Ozean anfängt, so breit ist die Mündung. Der Ganges fließt in den Ozean, aber er existiert weiter. Wohin sollte er denn verschwinden? Natürlich ist er kein Fluss mehr; ein Teil seines Wassers wird vielleicht in die Wolken verdunsten, ein Teil seines Wassers wird zu Eis werden, wenn es sich in Richtung Antarktis bewegt – aber das Wasser bleibt, und nichts geht verloren.

Ich sage also nicht, dass du irgendetwas aufgeben, auf irgendetwas verzichten müsstest: auf diese Welt zugunsten einer anderen oder auf die andere Welt zugunsten von dieser. Du musst keiner Welt entsagen. Du musst leben! Du musst intensiv und total leben, wo auch immer du bist, was auch immer du bist.

Und wenn du diese Zeit, diesen Raum, diese Gelegenheit, die dir gegeben ist, total genießt, wirst du dich zweifellos zu einem höheren Bewusstsein hin entwickeln. Du wirst etwas hinzugewinnen, wirst hinzulernen, mehr Verständnis und mehr Bewusstheit erlangen. Das Leben wird immer weitergehen. Es wird von deiner Bewusstheit abhängen, welche Formen es annimmt, höhere oder niedrigere, ob es mehr Leiden oder mehr Ekstase bringt – aber es wird immer von diesem Augenblick abhängen. Ich kann also nicht sagen, dass du der Welt entsagen sollst.

Ich bin in gewisser Weise ein merkwürdiger Mensch, denn ich bin gegen alle Religionen. Deshalb schreiben in Indien die religiösen Leute in Büchern und Artikeln gegen mich – und die Kommunisten schreiben ebenfalls Bücher und Artikel gegen mich.

Einmal war ich auf Reisen, und der Vorsitzende der indischen kommunistischen Partei, S. A. Dange, saß mit mir im Zugabteil. Sein Schwiegersohn hatte gerade ein Buch gegen mich geschrieben. Er fragte mich: »Haben Sie das Buch schon gesehen, das mein Schwiegersohn gegen Sie geschrieben hat?«

Ich sagte: »Ich bin viel zu sehr mit Leben beschäftigt, als dass ich mich darum kümmern könnte, wer was über mich schreibt. Und jeder, der etwas über mich schreibt, ist ein Tor. Statt seine Zeit damit zu verschwenden, über mich zu schreiben, sollte er lieber leben! Aber wenn er unbedingt schreiben will, soll er wenigstens etwas über sich selbst schreiben. Und weshalb sollte ich diesen Krampf lesen? Selbst wenn es Ihr Schwiegersohn ist – aber Sie können es ja lesen! Ich habe kein Interesse.«

Er wollte mir das Buch geben. Ich sagte: »Werfen Sie's aus dem Fenster! Es sind schon so viele Bücher gegen mich geschrieben worden; ich kann meine Zeit nicht damit verschwenden.« Ich sagte ihm: »Nur zu Ihrer Information: Seltsamerweise schreiben sowohl die religiösen Leute gegen mich als auch die Antireligiösen, die Kommunisten. Das hat es noch nie gegeben!«

Aber der Grund ist, dass ich versuche, euch einen völlig neuen Gesichtspunkt zu geben, der die ganze alte Logik über den Haufen wirft. Beide Seiten sind Partner im selben Spiel, und ich verderbe ihnen ihr ganzes Spiel, die ganze Logik.

Beide glauben, man müsse auf *eine* Welt verzichten – auf welche, da scheiden sich die Geister. Aber in dem einen Punkt sind sie sich einig: Einer der beiden Welten muss man entsagen. Die Religionen sagen: »Entsage dem Diesseits für das Jenseits.« Die Kommunisten sagen: »Entsage dem Jenseits für das Diesseits.« – Das ist der ganze Meinungsunterschied. Aber im Grunde ist es die gleiche Logik: Man kann nur eine Welt haben. Und ich sage: Warum können wir nicht beides haben? Ich sehe keinen Widerspruch; ich habe beides. Und meine Erfahrung ist die: Je mehr du von dem einen hast, umso mehr wirst du auch von dem anderen haben, weil du einfach viel mehr Erfahrung haben wirst.

Falls es ein Paradies gibt, dann ist eines sicher: Eure Mönche werden es nicht genießen können. Woran werden sie sich freuen? Ihr ganzes Leben lang haben sie die Frauen schlechtgemacht, haben sie Frauen verdammt – und dort finden sie all diese wunderschönen Callgirls! Sie werden so nervös sein, dass viele von ihnen einen Herzinfarkt bekommen werden. Hier leben sie der Entsagung, verzichten auf leckeres Essen, weil sie das Schmecken als Anhaftung am Essen ablehnen – und dort werden ihnen die köstlichsten Speisen serviert; sie werden sich erbrechen müssen! Ihre ganze Lebenserfahrung steht dagegen.

Nur meine Leute können das Paradies in vollen Zügen genießen.

Weder die Frommen können es genießen – denn sie haben sich selbst verkrüppelt und ihre Sensibilität für das Genießen zerstört – noch können die Kommunisten es genießen, denn sie werden erst gar nicht ihre Augen aufmachen. Sie leugnen, dass es nach dem Tod noch irgendetwas gibt. Also werden sie die Augen schließen, damit sie ihre Überzeugung behalten können, dass nach dem Tod nichts existiert – sonst würde sich ihre ganze Lebensphilosophie als falsch erweisen. Man lässt also besser die Augen zu.

So machen es die Menschen: Wenn etwas gegen ihre Überzeugungen geht, irgendeine Tatsache, dann versuchen sie, diese Tatsache zu ignorieren; es wäre zu beunruhigend. Die Kommunisten werden blind; sie können nicht akzeptieren, dass Karl Marx unrecht haben könnte und *Das Kapital* unrecht haben könnte.

Und die Frommen werden im Paradies die größten Schwierigkeiten haben; überall wird es Probleme für sie geben. Vielleicht gibt es verschiedene Zonen im Paradies, wie es scheint. Das Paradies der Muslime unterscheidet sich erheblich von dem der Hindus, der Christen, der Jainas – aber vielleicht gibt es reservierte Bereiche für verschiedene Leute.

In Mohammeds Paradies gibt es Flüsse von Wein. Ihr könnt davon trinken, so viel ihr wollt: Ihr könnt darin schwimmen, herumplanschen, euch darin ertränken – ganz nach Belieben. Aber hier auf Erden – Finger weg vom Wein! Das erscheint mir total unlogisch. Man sollte die Leute hier auf diese großartige Erfahrung vorbereiten, sonst werden sie das nicht überleben! Wenn sie am Ufer eines Flusses sitzen, in dem Champagner fließt, können sie nicht daraus trinken wegen ihrer früheren Gewohnheiten, ihrer ganzen lebenslangen Übung und Disziplin. Und nirgendwo findet sich eine Beschreibung eines Flusses, in dem Wasser fließt. Im Paradies der Muslime fließt in allen Flüssen nur Wein. Warum eigentlich? Wenn es Wein zu trinken gibt, wer wird dann noch Wasser anrühren? Sie werden also entweder verdursten oder gegen ihren Willen zu trinken anfangen. Das gibt ein ganz schönes Chaos! Viele werden vor Wut durchdrehen: Was ist das für eine Belohnung? Das ist doch eine Strafe!

Nur meine Leute werden in jeder Zone planschen können. In der mohammedanischen Zone werden sie keine Probleme haben, sondern es total genießen. Sie werden überall hinpassen, weil sie keine festgefahrenen Lebensgewohnheiten haben, keinen festen Lebensstil.

Ich lehre nichts anderes, als flexibel zu sein, frei und offen, verfügbar für neue Erfahrungen, neue Abenteuer. Meine Leute werden sich also im Paradies nicht auf eine bestimmte Zone beschränken. Sie werden alle Zonen durchprobieren und sämtliche Szenerien des Paradieses genießen. Da ist niemand, der sie daran hindern könnte.

Ihr könnt beide Welten haben – warum also die Menschen verkrüppeln? Macht aus diesem Leben eine Erfahrung, eine Schule, ein Lernen, ein Erforschen, denn etwas Unbekanntes wird sich nach dem Tod öffnen, und ihr solltet darauf in jeder möglichen Weise vorbereitet sein. Lasst euch keine Gelegenheit entgehen, zu leben. Wer weiß, was für eine Art von Leben euch nach dem Tod erwartet?

Ich gebe euch keine feste Vorstellung, denn wenn ich euch eine feste Vorstellung geben würde, wäre ich euer Feind. Dann würde ich starre, unflexible, rigide, unlebendige Menschen aus euch machen. Seid flexibel, dann könnt ihr euch in sämtlichen Dimensionen, die euch zur Verfügung stehen, bewegen.

In meiner Vision ist kein Platz für Entsagung.

Das Sanskrit-Wort für Entsagung ist *Sannyas*, weil Entsagung so wichtig wurde, dass man das Wort *Sannyas* dafür verwendete. Ich habe jedoch diesem Wort eine neue Bedeutung gegeben. Die, die unter *Sannyas* Entsagung verstanden haben, meinten damit »den richtigen Weg, dem Leben zu entsagen«. Ich aber meine mit *Sannyas* »den richtigen Weg, das Leben zu leben«.

Das Wort *Sannyas* kann beides bedeuten. Wenn es aber »den richtigen Weg zu leben« bedeuten kann, weshalb sollte man die Menschen verkrüppeln, sie von ihrer Lebendigkeit abschneiden, ihre Natürlichkeit und Spontaneität zunichtemachen? Warum kann man ihnen nicht helfen, so viele Aspekte wie möglich in ihr Leben zu integrieren, damit ihnen so viele Dimensionen wie nur möglich offenstehen?

Meine Vision ist multidimensional. Das ganze Leben gehört dir. Liebe es, lebe es in vollen Zügen. Das ist die einzig richtige Vorbereitung auf den Tod.

Dann kannst du auch den Tod leben, in vollen Zügen; und das ist eine der wunderbarsten Erfahrungen. Im Leben gibt es nichts, was mit der Todeserfahrung vergleichbar wäre, außer tiefe Meditation.

Diejenigen, die Meditation kennen, haben auch etwas vom Tod kennengelernt – das ist die einzige Möglichkeit, vor dem Sterben etwas vom Tod zu erfahren.

Wenn ich sage, dass es im Leben keine bedeutsamere Erfahrung gibt als den Tod, dann nicht etwa deshalb, weil ich gestorben und zurückgekehrt wäre, um euch davon zu erzählen. Sondern ich sage es, weil ich weiß, dass in der Meditation der gleiche Zustand erfahren wird wie im Tod. Wenn du in Meditation bist, hast du deine Physiologie, deine Biologie, deine Chemie, deine Psychologie weit hinter dir gelassen. Du bist jenseits davon.

Du kommst zu deinem innersten Zentrum, wo nur reines Bewusstsein ist. Dieses reine Bewusstsein wird auch bei dir sein, wenn du stirbst, denn es kann dir nicht genommen werden. All die Dinge, die uns genommen werden können, nehmen wir uns selbst in der Meditation.

Meditation ist also eine Erfahrung des Todes im Leben.

Und das ist so schön, so unbeschreiblich schön, dass sich über den Tod nur eines sagen lässt: Er wird eine ebensolche Erfahrung sein, nur millionenfach gesteigert. Die Erfahrung von Meditation, millionenfach gesteigert, ist die Erfahrung des Todes.

Und wenn du hinübergehst, lässt du einfach nur deine Form zurück. Du bleibst absolut unversehrt und bist zum ersten Mal vom Kerker der Physiologie, Biologie und Psychologie befreit. Sämtliche Mauern sind gesprengt, und du bist frei. Zum ersten Mal kannst du deine Flügel öffnen und dich in die Existenz ausbreiten.

6

Transformation statt Entsagung

? *Ist in deiner Vision wirklich absolut kein Platz für Entsagung? Die Frage stellt sich, weil viele Dinge in meinem Leben weggefallen sind, seit ich mit dir in Berührung kam. Ich habe gar keinen Bezug mehr zu meinem alten Selbst.*

In meiner Vision ist wirklich absolut kein Platz für Entsagung. Ich kann die Frage verstehen und auch die Schwierigkeit des Fragenden. Ihm ist der Unterschied zwischen dem Aufgeben von Dingen und ihrem Wegfall noch nicht klar.

Entsagung ist das erzwungene Aufgeben von Dingen. Und immer wenn du irgendetwas erzwingst, fällt in Wirklichkeit gar nichts weg. Es geht nur tiefer in dein Unterbewusstsein. Es wird zu einem größeren Problem als vorher. Von nun an wird es versuchen, sich in unterschiedlichster Weise, in verschiedenen Verkleidungen und Maskierungen bemerkbar zu machen, und dann wirst du es vielleicht nicht einmal erkennen können. Es wird sich aber behaupten, und zwar mit Macht. Du selbst hast ihm diese Macht gegeben, dadurch, dass du es tiefer ins Unterbewusstsein verdrängt hast.

Wenn du etwas wegdrängst, gibst du ihm Macht. Dadurch machst du es stärker. Du machst, dass der Feind sich in dir verbirgt, in der Dunkelheit, was dich verletzlicher macht. Als es noch im Bewusstsein war, im Licht, warst du weniger verletzlich.

Entsagung ist nichts anderes als Verdrängung. Und das ist der richtige psychologische Ausdruck dafür: Verdrängung. Wie kannst du dem Sex entsagen, außer du verdrängst ihn? Verdrängter Sex wird pervertiert.

Es ist einfacher, Sexualität und Sex zu verstehen, auf natürliche Weise bewusst zu erleben und von allein wegfallen zu lassen, als ihre pervertierten, unnatürlichen Ausdrucksformen zu verstehen. Zunächst einmal ist es schon schwierig, überhaupt zu erkennen, dass es sich um einen pervertierten Ausdruck von Sexualität handelt. Würdest du bei einem Menschen, der gierig nach Geld ist, vermuten, dass seine Geldgier etwas mit verdrängter Sexualität zu tun haben könnte? Es erscheint so weit hergeholt, dass es einen Sigmund Freud braucht, um darauf zu kommen. Der Durchschnittsmensch wird gar nicht fähig sein, diese Verbindung herzustellen. Wie denn auch? Geld und Sex scheinen allzu weit auseinanderzuliegen. Aber so weit sind sie gar nicht voneinander entfernt.

Verdrängte Sexualität kann sich als Ehrgeiz zeigen. Dann wird sie in der Politik aktiv. Der Politiker kann Sex völlig vergessen, weil seine ganze Sexualität, seine sexuelle Energie sich in politischen Ehrgeiz verwandelt hat. In der Hierarchie immer höher und höher zu steigen bereitet ihm das gleiche Vergnügen. Je höher er steigt, umso mehr wird er eine Art sexueller Lust empfinden, die für andere schwer nachvollziehbar ist.

Ich wohnte einmal bei einem sehr reichen Mann. Er war Junggeselle und hatte überhaupt kein Interesse an Frauen. Sein einziges Interesse galt dem Geld – tagein, tagaus arbeitete er daran, Geld zu machen. Aber weil ich in seinem Haus lebte, fing er an, sich für meine Ideen zu interessieren. Er hatte ein großes Haus und lebte allein; Vater und Mutter waren beide tot. Er war unverheiratet und hatte keine Kinder, nur Diener. Ich mochte den Platz, denn dort gab es keine Störung, keine Kinder, keine alten Leute im Haus – und keinen Streit, denn er hatte keine Frau. Es war wirklich still. Die Diener gingen abends nach Hause, und es war ein so großes Haus, dass jeder von uns beiden praktisch allein war.

Sein einziges Interesse galt dem Geld. Er pflegte die Türen zu seinem Zimmer zu schließen – obwohl außer mir sonst niemand da war, verriegelte er sie von innen – und dann fing er an zu arbeiten: zu zählen, wie viel Gewinn er gemacht hatte, wie viel Verlust er gemacht hatte, wie viel Geld er in dieses oder jenes Geschäft investiert hatte. Bis zum Schlafengehen hatte er sich ein klares Bild verschafft, wie er finanziell dastand. Erst dann ging er schlafen, oft erst gegen zwei oder drei Uhr. Wenn ich um drei Uhr erwachte, legte er sich gerade schlafen, und ich machte meinen Spaziergang.

Einmal fragte ich ihn: »Denkst du je darüber nach, was du mit all diesem Geld machen willst? Du führst ja kein extravagantes Leben; du bist ein Geizkragen. Und du hast keine Kinder, denen du das Geld hinterlassen könntest. Du bist nicht so großzügig, es irgendwelchen Freunden oder bedürftigen Menschen zu schenken. Du kannst dich von keinem Penny trennen. Was wirst du damit machen? Willst du es mitnehmen, wenn du stirbst? Welchem Zweck dient all dein Geld?«

Denn Geld ist eigentlich völlig sinnlos, wenn man es nicht verwendet. Sein ganzer Zweck liegt in der Verwendung. Ihr könnt die gleiche Geldmenge besitzen wie ich, aber ihr könnt es so verwenden, dass ihr reicher seid als ich. Der Wert des Geldes liegt in seiner Verwendung. Zweifellos haben jene, die ihr Geld zu verwenden verstehen, tausendmal mehr davon als jene, die das nicht können – denn auch wenn sie genau so viel haben, sind sie arm.

Dieser Mann war ein armer Mensch. Bei all seinem Geld im Safe, Geld auf verschiedenen Bankkonten, Geld in Aktien war er ein armer Mann.

Ich sagte zu ihm: »Für dich gibt es überhaupt keinen Grund, noch mehr Geld zu verdienen: Du hast schon mehr als genug. Es würde reichen, selbst wenn du 200 Jahre alt würdest. So sparsam, wie du lebst, reicht es für 2000 Jahre. 200, würde ich sagen, wenn du so lebst wie ich, sonst 2000. Und selbst dann würdest du noch nicht alles ausgeben können. Allein von den Zinsen könntest du ewig leben. Warum machst du dir solche Sorgen? Du hast keinen guten Schlaf und keine Zeit für irgendetwas anderes. Hast du je darüber nachgedacht, wie du dir diese Krankheit, diesen Krebs, zugezogen hast?«

Er sagte: »Darüber habe ich noch nie nachgedacht, aber du hast recht. Ich habe genug Geld, und ich könnte davon leben … Natürlich werde ich keine 2000 Jahre alt – 70 oder 80, das reicht. Mein Vater starb mit 70, also werde ich sicher nicht älter als 70, allerhöchstens 80. Ja, an dem, was du sagst, ist etwas dran«, räumte er ein. »Aber sag mir doch bitte, weshalb ich das tue.«

Ich sagte: »Der Grund ist einfach: Du bist in deinem Leben den Frauen aus dem Weg gegangen.«

Er sagte: »Was haben denn die Frauen und das Geld miteinander zu tun?«

Ich erwiderte: »Darüber reden wir gleich. Sag mir zuerst, warum du den Frauen aus dem Weg gehst.«

Wie es sich zeigte, gab es dafür einen einfachen Grund: Er hatte mitbekommen, wie seinem Großvater durch das ständige Nörgeln der Großmutter das Leben zur Hölle gemacht wurde. Seinem Vater erging es genauso, ebenso seinen Onkeln. Sie waren alle todunglücklich; also hielt er die Frauen für die Ursache dieses Unglücks. So wurde er von Kindheit an zum Frauenhasser. Später geriet er unter den Einfluss der Jaina-Mönche, denn sein Vater war ein sehr frommer Mann.

Geplagte indische Ehemänner suchen Zuflucht in der Religion. Außer der Religion gibt es für sie keine Rettung. Nur die Religion kann ihnen einen gewissen Trost spenden: »Mach dir keine Sorgen, halte nur noch die paar Jahre durch! Aber mach nicht im nächsten Leben wieder den gleichen Fehler! Fang an, dich aus dem weltlichen Leben zurückzuziehen. Die Frau hat Macht über dich, weil du sexuell etwas von ihr willst. Und diese Schwäche nützt sie aus.« Das bekam er ständig von den Jaina-Mönchen zu hören. Im Jainismus ist Sex das Erste, dem der Gläubige entsagen muss. Damit entsagt er automatisch vielen anderen Dingen und muss nicht jedes Thema einzeln bearbeiten. Die Sexualität gilt als das Grundproblem.

Nachdem er das Leiden des Großvaters, Vaters, der Onkel und Nachbarn mitbekommen hatte und die Jaina-Mönche so reden hörte, fasste er den Entschluss, diesem ständigen Kopfweh lieber aus dem Weg zu gehen.

Ich sagte ihm: »Daher rührt dein Interesse für Geld. Deine Energie braucht irgendein Objekt, irgendeine Sache, in die du vernarrt sein kannst.« Und ich sagte ihm: »Auf die Gefahr hin, dass es dich verletzt: Ich habe dich beim Zählen der Geldscheine gesehen, und so, wie du diese Scheine berührst, ist es, als würdest du deine Geliebte berühren.«

Er warf mir einen schockierten Blick zu. Einen Augenblick herrschte Schweigen, dann sagte er: »Wahrscheinlich hast du recht. Es macht mir wirklich Freude, diese Banknoten zu berühren. Ich zähle sie immer wieder. Selbst wenn schon alles zusammengerechnet ist, zähle ich sie spät nachts noch einmal. Allein schon die Berührung der Scheine gibt mir eine seltsame Befriedigung – sogar wenn es das Geld anderer Leute ist.«

Zum Beispiel kam er manchmal in mein Zimmer, und wenn Geld auf dem Tisch lag – denn das war für mich der einzige Aufbewahrungsort –, so fing er als Erstes an, es zu zählen, bis ich ihm sagte: »Das ist doch unsinnig. Das Geld gehört dir nicht. Warum zählst du es denn?«

Er sagte: »Ich mache es einfach so gerne, egal, wem es gehört.«

Versteht ihr, was ich meine? Wenn ihr euch für die Frau eines anderen interessiert, überlegt ihr da, wem sie gehört? Es ist egal, wem sie gehört. Wenn sie schön ist, genügt das, um euer Interesse zu wecken. Wessen Frau es ist, kümmert euch nicht. Genauso war es auch bei ihm: Geld ist Geld – eigentlich gehört es niemandem. Und es einfach zu berühren, zu zählen und damit zu spielen ...

Ich sagte ihm: »Wenn du diese Vernarrtheit in das Geld loswerden willst, die absolut töricht ist ...«

Ich bin nicht gegen das Geld, ich bin gegen diese Besessenheit. Wenn man vom Geld besessen ist, kann man es nicht ausgeben. Damit wird das Geld, der eigentliche Zweck des Geldes, zunichtegemacht. Im Englischen, wie in vielen Sprachen der Welt, lautet eine andere Bezeichnung für Geld *currency*, und das ist bedeutsam. Geld muss wie ein Strom sein, wie ein Fluss, der schnell dahinströmt, in raschem Umlauf. Je schneller es zirkuliert, desto reicher ist eine Gesellschaft.

Wenn ich einen Hundertdollarschein bei mir habe und ihn nur in meiner Rocktasche herumtrage, ohne ihn je auszugeben, was macht es da für einen Unterschied, ob ich das Geld habe oder nicht? Irgendein Stück Papier würde denselben Zweck erfüllen. Wenn ich diesen Hundertdollarschein aber benutze, und er zirkuliert hier unter uns, und jeder, der ihn bekommt, ihn gleich weiterverwendet, sodass er durch hundert Hände geht – dann multipliziert sich dieser Hundertdollarschein hundert Mal und entsprechend größer ist der Wert des Geldes.

Wer das Geld hortet, ist in Wirklichkeit sein Feind. Er macht den Nutzen des Geldes zunichte, denn er hört auf, es in Umlauf zu bringen.

Ich sagte: »Ich schlag dir etwas vor: Fang an, dich für eine Frau zu interessieren.«

Er sagte: »Wie bitte?«

Ich sagte: »Probier es mal aus. Ich kann es einfädeln, ein paar Frauen mit dir bekannt zu machen« – denn es kamen mich eine Menge Frauen von der Universität besuchen. Da gab es ein paar weibliche Professoren von verschiedenen Colleges, die zu mir kamen, um Fragen über Meditation und andere Dinge zu stellen. Ich sagte ihm: »Es ist kein Problem. Gib mir einfach einen Hinweis, für welche Frau du dich interessierst, und ich mache euch miteinander bekannt. Und ich sage dir: Eine jede Frau wird sich für dich interessieren.«

Er sagte: »Wieso denn das?«

Ich sagte: »Weil du Geld hast. Sie wird nicht an *dir* interessiert sein, aber an deinem Geld. Und wenn du dich erst einmal für eine Frau interessierst, wirst du anfangen, Geld auszugeben und dich zu entspannen. Deine Energie, die einen pervertierten Weg genommen hat, wird auf natürliche Weise in Bewegung kommen. Und du kannst niemand Besseren finden als eine Frau, um dein Geld loszuwerden. Dann brauchst du keine 2000 Jahre alt zu werden; das Geld wird viel früher weg sein. Und wenn du erst einmal in eine Frau vernarrt bist, wird sich deine Faszination für das Geld auf natürliche Weise legen.«

Er sagte: »Ich muss mir das überlegen.«

Ich sagte: »Überleg es dir, aber verschwende nicht zu viel Zeit, denn du bist schon fast 45. Wenn du erst einmal über 60 bist, wird es sogar für mich schwierig, noch etwas einzufädeln. Warte also keine 15 Jahre! Denke heute Abend darüber nach, und wenn wir uns morgen früh treffen, sag mir Bescheid.«

Er konnte die ganze Nacht nicht schlafen. Immer wieder ließ er sich das Ganze durch den Kopf gehen, und langsam wurde ihm klar: »Ja, im Grunde sind es die Frauen. Mit dem Geld halte ich mich andauernd beschäftigt, um den Frauen aus dem Weg zu gehen. Da ist kein Platz und keine Zeit, dass eine Frau überhaupt in mein Leben treten kann. Und warum ich so geldbesessen bin, ergibt jetzt einen Sinn: Es ist ein Ersatz für die Frau.«

Diese Gier nach Geld, Gier nach Macht oder Gier nach Ruhm – denn die sexuelle Energie kann jede Form annehmen – hängt ganz davon ab, um welchen Typ von Mensch es sich handelt. Vielleicht ist euch aufgefallen, dass Dichter zwar ständig Gedichte über Frauen schreiben, die meisten Dichter sich aber von Frauen ferngehalten haben. Die meisten großen Romanschriftsteller waren an Frauen nicht interessiert. Die meisten großen Maler hatten Angst vor Frauen – denn entweder kann man Maler sein oder verheiratet. Man kann nicht zwei Ehen eingehen – beides zusammen würde einen umbringen.

In Indien gibt es eine alte Anekdote: Ein Mann wurde als Dieb in einem Haus erwischt. Er wurde vor Gericht gestellt, und der Richter sagte: »Bekennst du dich schuldig?«

Der Mann sagte: »Ich bekenne mich absolut schuldig, aber eines möchte ich sagen: Du kannst mir jede Strafe geben, nur nicht, dass ich zwei Frauen heiraten soll.«

Der Richter sagte: »Von einer solchen Strafe habe ich noch nie etwas gehört. Mein Leben lang verhänge ich Strafen über Leute, aber auf diese Weise habe ich noch nie jemanden bestraft.«

Der Mann sagte: »Dann bist du ein wahrhaft guter Mensch. Du kannst mich zum Tode verurteilen, nur das nicht ...!«

Der Richter sagte: »Jetzt interessiert mich aber, weshalb du diese Bedingung stellst?«

Der Mann sagte: »Es war der Grund, warum ich erwischt wurde. Ich kam in ein Haus, wo ein Mann mit zwei Ehefrauen lebt. Eine Frau wohnt im Erdgeschoss und die andere einen Stock höher. Und beide haben an dem Mann gezerrt – die eine zog ihn in Richtung erster Stock, die andere zog ihn in Richtung Erdgeschoss. Das fand ich so spannend, dass ich vergaß, warum ich dort war. Ich wollte unbedingt wissen, wie es ausgeht und wer letzten Endes gewinnt. Zweifellos hatte der Mann keine Chance, zu gewinnen. Er bekam von beiden Seiten sein Fett ab.

Deshalb hat man mich erwischt. Ansonsten ... hast du mich in meinem ganzen Leben je vor Gericht gesehen? Ich bin ein geborener Dieb, mein Vater war ein Dieb, der Vater meines Vaters war ein Dieb – das ist unser vererbter Beruf. Es ist zum ersten Mal, dass jemand aus meiner Familie erwischt wurde. Ich schäme mich! Die Seele meines Vaters, die Seele meines Großvaters – alle werden sich für mich schämen! Dabei war es gar kein Problem; ich hätte in Ruhe etwas stehlen und flüchten können. Aber diese Geschichte mit den beiden Frauen und dem einen Mann ... Und eine Menge hatte sich versammelt; darum konnte man mich erwischen. Sie sagten: ›Wer ist dieser Mann? Und was macht er hier? Es ist keiner aus der Nachbarschaft.‹ Also kannst du mich zum Tode verurteilen oder zu lebenslänglicher Haft – ganz wie du willst, aber befehle mir bitte nicht, zwei Frauen zu heiraten!«

Das ist die Situation, in der sich auch viele Dichter, Maler, Musiker, Tänzer befinden. Ein schöpferischer Künstler lässt sich lieber nicht so tief mit Frauen ein oder nur sporadisch, vielleicht mit einer fremden Person. Auf einer Zugfahrt, da kann er sich eventuell mit einer Frau einlassen und hat keine Angst, weil er ja bald wieder aussteigt! Einige Künstler haben mir erzählt, dass sie sich nur für Fremde interessieren. Sie kennen ihren Namen nicht, ja, sie wollen den Namen nicht einmal wissen. Und die Fremde kennt seinen Namen nicht, und er will ihn ihr auch nicht sagen – sie bleiben Fremde.

Es ist eine tief verwurzelte Angst, und sie hat ihre eigene Realität. Vielleicht besteht einer der Gründe, warum die Frauen in der Vergangenheit nicht so kreativ waren, in der Tatsache, dass sie es sich nicht leisten konnten, in einer absolut männlich dominierten Gesellschaft allein zu leben. Eine Frau, die allein lebte, war ständig in Gefahr. Erst in jüngerer Zeit haben auch Frauen angefangen, Karriere zu machen – als Romanschriftstellerinnen, Dichterinnen, Malerinnen. Das kommt daher, dass die Frau erst in den letzten Jahrzehnten – und nur in einem modernen, fortschrittlichen, avantgardistischen Umfeld – zum ersten Mal in der Lage war, unabhängig wie ein Mann zu leben. Dann fangen auch sie zu malen an, komponieren Musik und schreiben Gedichte.

Die Frauen besitzen all diese Talente und Fähigkeiten, aber sie mussten über Millionen von Jahren ihre Kreativität in erster Linie über ihre Geschlechtlichkeit verwirklichen. Wenn die ganze sexuelle Energie ins Kinderkriegen fließt ... Es ist unvorstellbar, dass eine Mutter von zwölf Kindern Musik komponiert – oder könnt ihr euch das vorstellen? Zwölf Kinder toben um sie herum und stellen alles Mögliche an, und mitten im Trubel sitzt die Frau und komponiert Musik oder schreibt Gedichte oder malt Gemälde? Glaubt ihr, die zwölf Rangen werden still danebensitzen? Sie haben schon alles mit Farbe beschmiert, ehe die Frau überhaupt den ersten Pinselstrich macht!

Es erscheint sonderbar, dass Dichter oft die geringste Erfahrung mit Frauen haben. Vielleicht schreiben sie gerade deshalb über sie, es ist pervertierte Energie. Warum sonst sollten Dichter über Frauen schreiben? Sie haben nicht viel Erfahrung; sie leben beinahe wie Mönche. Und warum sollten Maler ständig nackte Frauen malen? Warum kreieren Bildhauer Marmorstatuen von nackten Frauen, wozu machen sie das? Es ist pervertierte, fehlgeleitete Energie – besser, als Geld zu horten oder in die Politik zu gehen, aber dennoch eine Perversion. Sie befriedigen ihren natürlichen Instinkt auf unnatürliche Art und Weise. Einerseits kreieren sie ihre Bilder, ihre Musik, ihre Gedichte, und andererseits leben sie mit dem Gefühl, dass das Leben sinnlos ist.

Künstler empfinden die Sinnlosigkeit des Lebens am deutlichsten. Das ist merkwürdig. Sie schreiben solch wunderbare Poesie, malen so schöne Bilder, und dennoch erscheint ihnen das Leben sinnlos. Einem Büroangestellten erscheint das Leben nicht sinnlos, aber einem Jean-Paul Sartre, der mit dem Nobelpreis ausgezeichnet wurde, erscheint es sinnlos! Es ist nicht sinnlos für einen Schullehrer, der eigentlich der unglücklichste Mensch auf Erden sein müsste – 30 Kinder gegen einen einzigen armen Mann –, doch er empfindet das Leben nicht als sinnlos.

In der Tat sind die Leute, die das Leben als sinnlos empfinden, gerade diejenigen, die unnatürlich gelebt haben. Ich habe Mönche der Hindus, der Buddhisten, der Jainas, der Christen gefragt: »Was habt ihr für Erfahrungen mit Frauen? Ihr redet so abfällig über sie. Aber um abfällig über jemanden reden zu können, muss man mehr Erfahrungen gemacht haben, als wenn man positiv redet. Was sind eure Erfahrungen?« Doch keiner von ihnen konnte sagen, dass er irgendwelche Erfahrungen hätte. Ich fragte sie: »Warum redet ihr dann ständig so negativ über die Frauen?«

Tatsächlich machen Mönche nur eine Erfahrung: Die Frau in ihrem Unterbewusstsein zieht sie ständig von ihrem selbstgerechten, scheinheiligen Podest herunter. Unwissentlich projizieren sie ihre Feindseligkeit gegen diese innere Frau – von der sie nichts wissen und die tief im Dunkel verborgen ist – auf jede Frau, die sie außen vorfinden. Alle Frauen sind schlecht, Vertreterinnen des Bösen.

Diese Leute haben nicht die geringste Erfahrung. Würden sie aufhören, die Frauen schlechtzumachen, müssten sie befürchten, dass ihre Faszination für die Frauen zurückkommt – denn sie klopft ständig bei ihnen an. Sie halten sich damit beschäftigt, so laut wie möglich die Frauen schlechtzumachen, um nicht zu hören, dass es an ihrer Tür klopft: Die Frau ist da! Würden sie aufhören, die Frauen zu verurteilen, könnten sie das Klopfen vernehmen, und dann könnten sie nicht widerstehen, die Tür zu öffnen – und das wäre ihr Absturz.

Ich sagte also zu meinem Freund: »Probiere es doch einfach mal aus – es kann ja nichts schaden. Die Frauen, die mich besuchen kommen, sind nicht arm, und sie werden dich nicht um Geld anbetteln oder teure Geschenke von dir haben wollen. Ich werde dich einfach als meinen Freund vorstellen, und so kannst du auch ein wenig die Bekanntschaft von Frauen machen.«

Am nächsten Morgen sagte er: »Ich bin bereit. Und vielleicht hast du recht, und ich werde mein Interesse am Geld verlieren.

Die ganze Nacht habe ich darüber nachgedacht, habe alles abgewogen: Was soll ich tun? Aber schließlich dachte ich, vielleicht stimmt es, dass ich nur Papierfetzen sammle.«

Ich machte ihn mit einer Frau bekannt, die er innerhalb von sechs Monaten heiratete – und damit setzte ich seiner Karriere ein Ende. Er hatte vorgehabt, der reichste Mann in der Stadt zu werden, aber nun fing die Frau an, sein Geld zu verwenden. Er kam jeden Tag, mich zu sehen, und sagte: »Da hast du mir etwas eingebrockt! Ihre Ansprüche nehmen kein Ende. Ich habe das Interesse am Geld verloren. Ich bin nicht mehr so darauf versessen, wie du es früher von mir kanntest. Wenn Geld kommt, ist es gut, wenn es nicht kommt, ist es mir auch egal. Aber sie gibt es mit beiden Händen aus. Ob 200 Jahre oder 80 Jahre ... Ich glaube, sie schafft es, mich mit 60 oder noch früher zu erledigen. Aber du hattest recht.«

Ich sagte: »Jetzt besteht zumindest eine Möglichkeit, aber vorher war gar nichts möglich. Wenn du dem Geld entsagt hättest, dann hättest du auf etwas verzichtet, was nicht deinem natürlichen Instinkt entspricht. Du hättest nur auf das Ventil einer Perversion verzichtet, ohne zu wissen, dass es eine Perversion ist. Die Perversion hätte sich dann einfach einen anderen Weg gesucht. Vielleicht wärst du nicht mehr hinter dem Geld her gewesen, sondern in die Politik gegangen. Und das gleiche Problem hätte sich dann auf die Macht verlagert. Aber jetzt befindest du dich auf natürlichem Boden. Eine Transformation kann nur erfolgen, wenn du ein natürlicher Mensch geworden bist.«

Die Philosophie der Entsagung beinhaltet, auf Geld zu verzichten. Weil aber Geld etwas Künstliches, vom Menschen Geschaffenes ist, weiß ich, dass es überhaupt nichts bringt, dem Geld zu entsagen. Diese Leute predigen: »Entsage und gib dein Haus auf«, aber was spielt das für eine Rolle? Dann wohnst du eben in einem Tempel und fällst der Gesellschaft zur Last. Sie predigen: »Entsage dem Geldverdienen für den Lebensunterhalt« – dann wirst du eben betteln gehen.

In Indien sieht man so viele Bettler, aber ihr werdet nie einem Bettler begegnen, der sich wegen des Bettelns schuldig fühlt. Mir ist zumindest nie einer begegnet. Obwohl ich 30 Jahre lang ständig unterwegs war, ist mir kein einziger Bettler begegnet, der das Gefühl hatte, etwas Falsches zu tun. Im Gegenteil, wenn du ihm nichts gibst, hast du dich schuldig zu fühlen!

Einmal erlebte ich etwas an einer Bahnstation, in Khandwa, einem Knotenpunkt: Ich kam von Indore und musste in Khandwa umsteigen, um einen Zug nach Mumbai zu nehmen. Ich war allein im Abteil, und der Zug sollte in einer Stunde Khandwa verlassen. Ich saß auf meinem Platz und schaute aus dem Fenster. Da kam ein Bettler und sagte mir, seine Mutter sei gerade gestorben und er brauche ein wenig Geld, um ihre Totenfeier zu bezahlen. Also gab ich ihm eine Rupie.

Er konnte es nicht fassen. Er muss wohl sein Leben lang gebettelt haben, aber kein Mensch gibt einem Bettler eine Rupie. Er schaute mich an. Ich sagte: »Ich habe sie dir nicht zufällig gegeben. Deine Mutter ist tot. Geh nach Hause und kümmere dich darum.«

Der Mann hat wohl gedacht: »Dieser Kerl ist entweder verrückt oder ein Einfaltspinsel!« Er trug einen Mantel, aber fünfzehn Minuten später kam er wieder, ohne Mantel, und er tat so, als wäre er ein anderer, und sagte: »Mein Vater ist sehr krank.«

Ich sagte zu ihm: »Das war zu erwarten.« Ich gab ihm eine Rupie und sagte: »Geh und hilf deinem Vater. Vor ein paar Minuten war einer hier, dessen Mutter gestorben war. Dein Vater kann auch sterben. Geh heim und hilf ihm.«

Nun fiel es dem Mann sichtlich schwer, wegzugehen und mich in Ruhe zu lassen. Nach fünfzehn Minuten kam er wieder, diesmal ohne seine Mütze.

Ich fragte: »Probleme in der Familie?«

Er sagte: »Wie kommst du darauf? Ja, meine Frau ist schwanger. Sie kann jeden Moment ihr Kind zur Welt bringen, und ich habe keinen einzigen Pai.«

Ich sagte: »Hier, nimm eine Rupie und beeil dich. Heute passieren so viele Dinge. Einem Mann ist die Frau gestorben – er trug einen Mantel und eine Mütze. Der Vater eines anderen Mannes liegt im Sterben – er trug keinen Mantel, aber eine

Mütze. Du hast weder einen Mantel noch eine Mütze, aber deine Frau ist in Gefahr. Lauf schnell zu ihr!«

Nach 15 Minuten kam er wieder. Ich sagte: »Probleme in der Familie?«

Er sagte: »Nein. Ich habe darüber nachgedacht, dass ich dich betrüge. Und jetzt fühle ich mich schuldig.«

Ich sagte: »Wofür? Du bist ein anderer Mann – das waren andere Leute.«

Er sagte: »Nein, ich bin derselbe Mann.«

Da sagte ich: »Mach dir keine Sorgen. Dann muss ich wohl ein anderer Mann sein.«

Er sagte: »Wie wäre das möglich?«

Ich sagte: »Mach dir keine Sorgen – ich bin bestimmt ein anderer Mann. Vorher hat hier sicher jemand anders gesessen. Sonst könnte ein so redlicher Mensch wie du so etwas nicht tun.«

Er sagte: »Also, das ist zu viel! Bitte nimm die vier Rupien, die du mir gegeben hast.«

Ich sagte: »Nein. Hier, nimm noch eine Rupie, damit du das nächste Mal nicht nackt wiederkommen musst, denn wenn du noch mehr Kleider ausziehst … Und wo willst du all die Leute für deine Familie hernehmen? Bald wird deine ganze Familie tot sein – Ende!«

Und was er dann sagte, habe ich nie vergessen. Er sagte: »Du bist der Erste, bei dem ich Schuldgefühle habe. Sonst, wenn die Leute etwas geben, denken wir immer, das sind Dummköpfe. Wenn sie uns nichts geben, sagen wir, das sind Sünder. Wir denken nie über uns selbst nach.«

Kein Bettler tut das. Er gibt dir Gelegenheit, eine gute Tat zu vollbringen. Dafür schuldest du ihm eigentlich Dank. Er hält dir eine Leiter hin, auf der du ins Paradies gelangen kannst! Kein indischer Bettler fühlt sich schlecht, nur weil er bettelt.

Der Verstand ist so raffiniert; er kann dich in jede beliebige Richtung manipulieren und dein einfaches, natürliches Wesen deformieren.

Natürlich möchte niemand gerne betteln, niemand ist ein geborener Bettler. Aber der Geschlechtstrieb kann alle möglichen pervertierten Formen annehmen – die Habgier eines reichen Mannes ebenso wie die Habgier eines Bettlers.

Als ich Professor war, hatte ich einen Studenten, der an der philosophischen Fakultät sein Post-Graduate-Studium machte. Er war immer teuer gekleidet und sah wohlhabend aus. Eines Tages geschah etwas, als ich gerade aus dem Bahnhof kam ... denn von meiner Universitätsstadt Jabalpur aus reiste ich ständig durch ganz Indien und war 20 Tage im Monat unterwegs. Alle drei Tage kreuzte ich für ein paar Stunden an der Universität auf, um dort gesehen zu werden, denn sie konnten mir weder so viel Urlaub geben noch konnte ich mir so viel Urlaub leisten, und irgendwie musste ich ja mein Geld verdienen.

Es gab also folgendes Arrangement: Wenn ich weg war, nahm einer meiner Studenten mein Auto und parkte es am selben Platz, wo ich es normalerweise parkte. Das Auto stand immer an derselben Stelle – das war das Zeichen, dass ich in der Universität war. Ich sagte ihm: »Du parkst dort das Auto um zwei Uhr, und um vier Uhr fährst du es wieder weg – nur für zwei Stunden. Jeder wird wissen, dass es dort steht, denn das ist die Hauptzeit, in der alle da sind. Und alle wissen, dass ich nie vor zwei Uhr komme, weil ich von zwölf bis zwei meinen Mittagsschlaf halte. Das ist also kein Problem.«

So ging es jeden dritten oder vierten Tag: Morgens kam ich und abends fuhr ich wieder weg. Und da gab es einen Bettler, der regelmäßig von mir eine Rupie bekam, als Festpreis – egal, ob ich am Kommen oder Gehen war, er bekam sie immer. Eines Tages sah ich ganz zufällig diesen betuchten Studenten mit dem alten Mann direkt hinter der Trennwand, wo mein Auto geparkt war. Ich trat näher heran: Was wollte dieser Sohn eines Reichen mit diesem Bettler? Und der Bettler gab ihm Rupien.

Ich kam näher und rief ihnen etwas zu. Da fingen beide an zu zittern, und der alte Mann sagte: »Bitte sag es niemandem – er ist mein Sohn!«

Ich sagte: »Wie viel verdienst du denn? Dieser junge Mann lebt an der Uni wie ein König; du musst also etwa 30, 40 oder 50 Rupien am Tag verdienen.«

Er sagte: »Das ist richtig.«

Ich sagte: »Wie viel hast du denn auf der Bank?«

Er sagte: »Jetzt kann ich dir nichts mehr verheimlichen.« Er hatte 50 000 Rupien auf der Bank.

Ich fragte ihn: »Warum bettelst du überhaupt? Du könntest doch ein Geschäft aufmachen.«

Er sagte: »Dies ist mein Geschäft. Und ohne jede Investition. In welchem Geschäft kannst du sonst in Indien 50 Rupien am Tag verdienen?«

Ich sagte: »Das ist wahr.«

Er sagte: »Und ich werde meinem Sohn genug hinterlassen. Er kann ein reiches Leben führen. Ich habe noch ein paar Jahre zu leben, dann werde ich ihm genug hinterlassen können. Und jetzt ist er gut ausgebildet. Aber bitte, sag es niemandem, sonst schadet es seiner Karriere.«

Also, dieser Mann war ein Bettler, aber er fand überhaupt nichts falsch daran, zu betteln. Es ist ein Geschäft – ohne Kapitaleinsatz und mit guter Rendite. Alles, was man dafür tun muss, ist, die Leute zu beschwindeln.

Der Geschlechtstrieb kann also viele verschiedene Kanäle finden: Er kann zu Habgier werden, er kann zum Willen zur Macht werden, er kann zu einem subtilen Egotrip selbstgerechter Scheinheiligkeit werden.

Genau das trifft auf die Mönche zu; sie haben ja sonst kein anderes Vergnügen. Sie quälen sich selbst und haben allem entsagt, was anderen Lust und Lebensfreude bringt. Was hält denn ihre Uhr am Ticken? Woraus beziehen sie ihre Energie? Woher nehmen sie ihre Kraft? Sie nehmen sie aus ihrer selbstgerechten Einstellung: »Ihr seid alle Sünder. Nur wir sind keine Sünder, wir sind Heilige!« Und sie werden vom Himmel auf euch herabschauen und euch dort unten im Höllenfeuer braten sehen.

Entsagung kann bedeuten, dass man lernt, auf Sex zu verzichten, auf leckeres Essen zu verzichten, auf Kleidung zu verzichten und nackt zu leben, auf sämtlichen Besitz zu verzichten – aber seltsamerweise wird man genau an diesen Dingen besonders anhaften.

Als ich in Mumbai lebte, kam mich einmal ein Hindu-Mönch besuchen. Er hatte einen Schüler dabei und wollte wissen, welche Art von Meditation für ihn geeignet sei.

Ich sagte ihm: »Morgen früh treffen wir uns am Strand zur Meditation. Es ist am besten, du kommst dorthin, denn es geht um praktische Erfahrung.«

Er sagte: »Morgen wäre es für mich schwierig, zu kommen. Aber übermorgen kann ich kommen.«

Ich sagte: »Was ist das Problem morgen?«

Er sagte: »Das Problem ist, dass mein Schüler morgen früh arbeiten muss; er kann nicht kommen.«

Aber ich sagte: »Lass ihn seine Arbeit tun – es ist nicht nötig, dass er mitkommt.«

Er sagte: »Du verstehst nicht: Ich habe dem Geld entsagt.«

Ich sagte: »Das wird immer rätselhafter. Du hast dem Geld entsagt, okay. Aber was hat das mit diesem Mann zu tun und damit, dass er morgen früh arbeiten muss, und mit deinem Kommen zu meiner Meditationsgruppe?«

Er sagte: »Offenbar verstehst du eine einfache Sache nicht: Ich kann kein Geld anfassen, darum verwahrt er es für mich. Und in Mumbai muss ich mir ein Taxi nehmen – wer wird das für mich bezahlen? Ich kann kein Geld anrühren, ich habe ihm entsagt. Er verwahrt das Geld. Er bezahlt für mich, und wenn mir jemand etwas spendet, nimmt er es in Empfang. Ich halte mich da völlig heraus. Ich habe gar nichts mit Geld zu schaffen.«

Ich sagte: »Gutes Arrangement! Du hast nichts mit Geld zu schaffen. Aber was hast du mit diesem Mann zu schaffen? Du wirst in den Himmel kommen und der Mann in die Hölle. Dieser arme Mann dient dir ständig und folgt dir überallhin – und trotzdem wird er in der Hölle landen. Wenn du dem Geld entsagt hast, dann lebe auch ohne Geld und leide auch ohne Geld. Weshalb soll dieser Mann in der Hölle landen? Du wirst dafür verantwortlich sein, dass dieser Mann in die Hölle kommt. Du wirst in eine tiefere Hölle fallen als dieser Mann.«

Die Menschen kommen auf die komischsten Ideen, weil sie nicht durchschauen, was sie tun. Sie folgen einfach einem toten

Glauben, einem toten Dogma. Sie entsagen dem Geld, weil es jahrhundertelang von den religiösen Leuten verdammt wurde. Ich sagte zu ihm: »Dadurch wird aber alles nur komplizierter. Es wäre einfacher, mit deiner Hand in die eigene Tasche zu greifen. Jetzt musst du einem anderen in seine Tasche greifen. Das nennt man Taschendiebstahl. Du bist also auch ein Dieb«, sagte ich. »Was machst du da eigentlich? Du bist ein größerer Taschendieb als andere, denn sie benutzen dafür wenigstens ihre eigene Hand. Du aber benutzt seine Hand, um ihm das Geld aus der Tasche zu ziehen. Es ist seine Tasche, seine Hand – und du stehst darüber, völlig erhaben.«

Ich sagte zu dem Schüler: »Am besten verschwindest du schnell und lässt diesen Mann hier bei mir. Ich werde ihn nicht mit dir gehen lassen. Mach dich davon, so weit weg wie möglich, damit er dich nicht finden kann, denn er organisiert und arrangiert alles für deine Höllenfahrt. Und was du noch an Geld hast, gehört alles dir, denn er hat dem Geld entsagt. Er hat keinen Anspruch darauf.«

Der Schüler sagte: »Ist das wahr? Das ganze Geld?«

Ich sagte: »Was heißt ›Das ganze Geld‹?«

Er sagte: »Wenn ich mit ihm irgendwo hingehe, so wie jetzt, habe ich nur 200 bis 300 Rupien in der Tasche. Aber in unserem Tempel haben wir Tausende.«

Ich sagte: »Das ganze Geld gehört dir. Geh einfach hin. Ich behalte den Mann hier, und du holst dir das ganze Geld und verschwindest damit. Und wenn dieser Mann hier weggeht, übergebe ich ihn der Polizei, denn er hat dem Geld entsagt. Er kann nicht einmal Anzeige bei der Polizei erstatten, dass ihm sein Geld gestohlen worden sei.«

Der Mönch sagte: »Was?! Ich bin hergekommen, um Meditation zu lernen!«

Ich sagte: »Und ich bringe dir bei, was Entsagung bedeutet. Aber was du machst, ist einfach nur, dich selbst zu betrügen, diesen armen Mann zu betrügen, Gott zu betrügen – alle zu betrügen.«

Wenn du irgendeiner Sache entsagst, bindest du dich nur noch stärker an sie als zuvor. Dann wird dein Denken ständig um diese Sache kreisen.

Ein altes Gleichnis: Ein Mann wollte immer das Geheimnis der Wunder erfahren. Er hatte schon so viel darüber gehört, dass es heilige, weise Männer in Tibet gab, in den hohen Bergen des Himalaja, die alle möglichen Wundertaten beherrschten und lehren konnten. Also diente er immer allen möglichen Weisen. In Indien gibt es unzählige Weise (engl.: *sages*) – so viele, wie es hier Salbeibüsche gibt.* Als ich hierherkam und zum ersten Mal hörte, es gäbe hier so viele *Sages*, da sagte ich: »Diese Leute werden mich nicht in Ruhe lassen.«

Der Mann suchte sich also einen uralten Weisen, dem er ständig die Füße massierte, das Essen brachte und alle möglichen Dienste erwies. Der alte Weise wusste genau – und das wusste die ganze Stadt –, warum er solchen Leuten diente. Der alte Weise sagte immer wieder zu ihm: »Ich bin ein einfacher Mann, ich kann keine Wunder vollbringen.«

Der Mann sagte: »Das ist das wahre Zeichen eines Weisen! Die es von sich behaupten, sind ohne Bedeutung. Du bist jemand, der das Geheimnis kennt.«

Der Alte sagte: »Es ist sehr schwierig. Wenn ich sage, dass ich es kenne, dann habe ich das Problem, dass du sagen wirst: ›Lehre mich!‹ Und wenn ich die Wahrheit sage – dass ich nämlich gar keine Wunder vollbringen kann und auch nicht glaube, dass es irgendjemand kann ... außer Leuten wie dir, die sofort bereit sind, einen Mythos über jemand zu verbreiten. Ansonsten gibt es keine Wunder.«

Doch der Mann ließ nicht von ihm ab. Tag und Nacht wartete er dem Weisen auf. Eines Nachts wollte sich der alte Mann schlafen legen, als der Mann ihn noch massierte. Also sagte er zu ihm: »Hör auf!«

Der Mann sagte: »Ich höre so lange nicht auf, bis du mir etwas verrätst. Wenn du heute Nacht schlafen willst, verrate mir ein einfaches Geheimnis, damit ich Wunder vollbringen kann.«

---

* Osho bezieht sich hier auf die *Sagebrushes* auf der Ranch in Oregon.

Der Weise sagte: »Also gut, ich werde dir etwas verraten. Es ist ganz einfach: Geh nach Hause, nimm eine kalte Dusche, setze dich in die Lotosposition, und hier ist das Mantra: *Om mani padme hum*, das tibetische Mantra. Rezitiere es fünfmal, und am Morgen wirst du jedes Wunder vollbringen können, das du willst.«

Als er das gehört hatte, sprang der Mann auf und rannte aus dem Zimmer. Der alte Mann sagte: »Warte! Du hast noch nicht die Bedingung gehört.«

Er sagte: »Ich kann morgen früh wiederkommen.«

Der Alte sagte: »Nein, die Bedingung muss erfüllt werden, sonst wirkt das Mantra nicht.«

Der Mann sagte: »Welche Bedingung?«

Der Weise sagte: »Die Bedingung ist: Während du das Mantra fünfmal wiederholst, darfst du nicht an einen Affen denken.«

Der Mann sagte: »Kein Problem. Ich habe in meinem ganzen Leben noch nie an einen Affen gedacht. Ich denke immer an Weise und Heilige. Diese Bedingung ist kein Problem.«

Aber schon als er die Stufen des Tempels herunterkam, fing er an, überall, wohin er schaute, Affen in den Bäumen zu sehen; sie verbargen sich in den Büschen.

Er sagte: »Mein Gott! So viele Affen heute Abend!« Sie waren immer dort, nur hatte er bisher nie die Bedingung erfüllen müssen, nicht an sie zu denken. Aber heute hatte er dieses Gelöbnis auf sich genommen. Auf dem Weg nach Hause wusste er nicht, ob es stimmte oder nicht: Er war von einer Horde Affen eingekreist, und sie schnitten Grimassen. Aber er sagte: »Jetzt will ich erst mein Bad nehmen, vielleicht hilft das.«

Doch gar nichts half. Während er sein Bad nahm, waren die Affen mit ihm im Badezimmer. Dann setzte er sich in die Lotosposition, *Padmasana,* schloss die Augen und ... der Affe! Nicht bloß einer, sondern eine ganze Horde! Er konnte nicht ein einziges Mal das Mantra, dieses kurze Mantra *Om mani padme hum* rezitieren. Die Affen waren ständig da. Er probierte es immer wieder, die ganze Nacht: noch ein Bad, noch einmal die Position, aber die Affen ...

Noch vor dem Morgengrauen eilte er zum Tempel. Der Weise lachte, aber der Mann wurde richtig wütend. Er sagte: »Das ist kein Grund zum Lachen. Was findest du daran lustig?«

Der Alte sagte: »Ich habe dir doch immer gesagt, dass ich keinerlei Wunder, keine Geheimnisse, keine Mantras und all solche Dinge kenne, aber du wolltest es nie hören, also musste ich dich anlügen.«

Der Mann sagte: »Wenn du schon lügen musstest, hättest du es dir wenigstens verkneifen können, über Affen zu reden!«

Der Alte sagte: »Aber ohne die Affen ist das Mantra unvollständig. Haben die Affen dir Probleme gemacht?«

Der Mann sagte: »Probleme gemacht? Du bist ein alter Weiser, und ich habe dich als meinen Meister akzeptiert – sonst hätte ich dich jetzt umgebracht!«

Sobald du einer Sache gewaltsam entsagst – und das Wort Entsagung bedeutet, dass du etwas gegen deine Natur erzwingen willst –, dann spaltest du dich. Jede Entsagung schafft in dir eine schizophrene Situation: Der eine Teil entsagt, während ein anderer Teil davon geradezu besessen wird – du bist gespalten.

Alle diese Religionen sind kriminell, denn sie haben eine Spaltung in allen Menschen erzeugt. Du kannst nur eins werden, wenn du natürlich bist.

Und ich kann die Schwierigkeit des Fragestellers verstehen. Seine Schwierigkeit liegt aber darin, dass er einen sehr deutlichen Unterschied noch nicht versteht. Ja, meine Sannyasins machen die Entdeckung, dass viele Dinge, viele Gewohnheiten, die sie sich schon lange abgewöhnen wollten, ganz von selbst verschwinden, ohne dass sie sich darum bemüht hätten. Und sogar wenn sie diese alten Gewohnheiten wieder aufgreifen wollen, ist es ihnen nicht mehr möglich.

Dies geschieht nicht durch Entsagung, sondern nur durch eine Transformation.

In dem Maße, wie du bewusster wirst, natürlicher, stiller, mehr im Einklang mit dir selbst und nicht mehr kämpfst, sondern in der Tiefe loslässt, fängst du an, sinnlose Gewohnheiten an dir wahrzunehmen. Dadurch wird es unmöglich, sie weiter aufrechtzuerhalten. Aber du versuchst überhaupt nicht, sie dir abzugewöhnen, ganz im Gegenteil. Eines Tages erkennst du plötzlich: Wie kommt das nur? Eine bestimmte Gewohnheit, die früher 24 Stunden am Tag dein Begleiter war, ist schon seit vielen Tagen nicht mehr aufgetaucht. Du hast nicht einmal mehr an sie gedacht.

Es gab einen Professor an meinem Uni-College, der war Kettenraucher. Die Ärzte ermahnten ihn, seine Frau, seine Kinder und alle seine Kollegen redeten ihm gut zu, dass er nicht seine Lunge und seine ganze Gesundheit ruinieren sollte.

Die Ärzte sagten: »Wenn es so weitergeht, kann keine Medizin Ihnen mehr helfen. Sobald Sie aufwachen, ist eine Zigarette das Erste, und nachts vor dem Einschlafen ist eine Zigarette das Letzte und das ständig.« Man traf ihn nie ohne Zigarette an. Wenn eine Zigarette fast fertig war, zündete er sich gleich die nächste damit an. Er hatte nie ein Feuerzeug bei sich, weil er es nicht brauchte. Er hatte nur seine Zigaretten dabei, in allen seinen Taschen.

Eines Tages saß ich im Professorenzimmer. Einer der Stühle war zu meinem Stuhl geworden, ohne dass ich etwas dafür getan hätte. Rein zufällig war der Stuhl an dem Tag, als ich das Zimmer zum ersten Mal betrat, frei gewesen, und so setzte ich mich darauf. Langsam sprach es sich herum, dass das mein Stuhl war. Im Professorenzimmer hatte niemand einen Stammplatz. Es war ein Raum, den alle gemeinsam benutzten, und jeder im Kollegium konnte jeden beliebigen Stuhl benutzen, was sie auch taten.

Nur dieser eine Stuhl, das war meiner. Irgendwie hatten die anderen wohl Angst vor mir, denn ich interessierte mich nicht für ihren Klatsch, nicht für ihre Kinofilme, nicht für ihre Politik, nicht dafür, wer die Wahlen zum Dekan gewinnen würde oder wer der nächste Rektor sein würde, und all das andere Gerede. Es war ihnen völlig klar, dass ich das alles für Schwachsinn hielt. Darum blieb nicht nur dieser eine Stuhl für mich frei, sondern noch zwei Stühle auf der einen und zwei auf der anderen Seite. Insgesamt hatte ich also fünf reservierte Plätze. Nur hier und da kam jemand ganz vorsichtig näher und fragte: »Kann ich mich setzen?« Und ich sagte dann: »Kein Problem.«

Dieser Mann kam eines Tages etwas wackelig mit seiner Zigarette in der zittrigen Hand. Ich sehe ihn noch vor mir: seine Finger vergilbt, seine Lippen vergilbt. Ich sagte: »Ja, Sie können sich setzen. Kann ich Ihnen irgendwie behilflich sein? Es kommt keiner, der nicht das Gefühl hat, ich könnte ihm irgendwie helfen.«

Er sagte: »Nur eine Sache: Ich möchte das Rauchen aufgeben. Meine Ärzte bedrängen mich, meine Familie bedrängt mich, meine Freunde bedrängen mich, und alle sind sie böse auf mich. Und es ist ja nicht so, dass ich nicht aufhören will. Ich habe es auf jede erdenkliche Weise versucht, aber ohne Zigaretten kann ich nicht leben. Ich kann nicht einmal für ein paar Augenblicke ohne Zigarette dasitzen. Und es ist garantiert, dass ich daran sterben werde. Können Sie mir helfen?«

Ich sagte: »Ja, ich kann Ihnen helfen. Als Erstes sagen Sie all Ihren Freunden, Ärzten, Ihrer Frau, Ihren Eltern, Ihren Kindern: ›Ich werde weiterrauchen, und ihr müsst aufhören, mir zu sagen, dass ich es aufgeben soll. Ich habe das jetzt oft genug gehört, und wenn ihr nicht damit aufhört, werde ich aus dem Haus verschwinden.‹«

Und dann sagte ich: »Sie können in mein Haus kommen. Es wird genügen, wenn Sie drohen: ›Ich komme nie wieder in dieses Haus zurück, wenn irgendjemand Zigaretten auch nur erwähnt!‹« Und weiter sagte ich ihm: »Sagen Sie ihnen: ›Wenn es möglich ist, werde ich jetzt anfangen, auch im Schlaf zu rauchen.‹ – Das müssen Sie allen absolut klarmachen!«

»Aber wie kann ich damit aufhören?«, fragte er.

Ich sagte: »Sie sollen nicht damit aufhören. Tun Sie einfach, was ich Ihnen sage. Geben Sie diese ganze Idee auf, das Rauchen aufgeben zu wollen. Das ist der erste Schritt. Der zweite Schritt ist: Rauchen Sie, aber seien Sie dabei bewusst.«

Er sagte: »Wie meinen Sie das?«

Ich sagte: »Wenn Sie das Päckchen herausnehmen, holen Sie es ganz bewusst aus Ihrer Rocktasche.« Dann forderte ich ihn auf: »Zeigen Sie mir mal, wie Sie das machen.«

Er holte wie gewohnt das Päckchen heraus. Ich sagte: »Das ist unbewusst. Sie haben nicht darauf geachtet, dass Sie eine bestimmte Handlung ausführen. Ihre Hand, das Päckchen, das Gewicht des Päckchens, wie es sich anfühlt, die Oberfläche – darauf müssen Sie achten. Versuchen Sie es noch einmal hier vor mir.«

Er versuchte es. Er sagte: »Das scheint sich anders anzufühlen.«

Ich sagte: »Das ist gut so. Jetzt nehmen Sie eine Zigarette heraus – nicht so, wie Sie es normalerweise tun. Seien Sie achtsam. Und klopfen Sie sie nicht wie üblich gegen das Päckchen, sondern tun Sie es bewusst. Wenn Sie sonst dreimal dagegen klopfen, dann klopfen Sie jetzt sechsmal, kein Problem – aber tun Sie es bewusst. Stecken Sie sie in den Mund, dann warten Sie ein bisschen; es gibt keine Eile. Und fangen Sie an, ein Feuerzeug bei sich zu haben. Warten Sie noch ein wenig, bleiben Sie bewusst und gehen Sie genauso mit dem Feuerzeug um. Zünden Sie sich die Zigarette an, aber bleiben Sie dabei weiter achtsam.

Dann fangen Sie an zu rauchen. Atmen Sie den Rauch ein, aber achten Sie darauf, wie der Rauch hineingeht, wie der Rauch hinausgeht – seien Sie achtsam. Genauso hat Buddha es gemacht, aber ohne Zigarette«, erklärte ich ihm. »Buddha tat genau das Gleiche, aber mit reiner Luft. Aber Sie sind ein moderner Mensch, Sie tun es eben mit unreiner Luft, das ist alles. Kein Problem – aber das Bewusstsein ist das gleiche. Ob Sie es mit reiner, frischer Morgenluft tun oder mit schmutzigem Zigarettenrauch, macht überhaupt keinen Unterschied.

Und ob Sie zwei Jahre früher oder später sterben – was spielt das für eine Rolle? Was würden Sie tun, wenn Sie zwei Jahre länger lebten? Sie würden mehr rauchen – also keine Sorge! Und die anderen würden Ihnen noch länger Druck machen – also vergessen Sie das Ganze! Das Rauchen soll man nicht aufgeben, sondern man muss achtsam alles wahrnehmen, was dabei geschieht.«

Er war tatsächlich ein hochintelligenter Mann. Schon nach 24 Stunden berichtete er mir: »Ich fühle mich völlig anders. Ich könnte eigentlich das Gleiche tun, indem ich nur atme!«

Ich sagte: »Kein Problem. Versuchen Sie es einfach mit Atmen, ohne die Zigaretten. Aber nehmen Sie die Zigaretten immer mit. Und sobald Sie sich unruhig fühlen, nehmen Sie eine Zigarette heraus und rauchen Sie, aber auf die neue Art, im neuen Stil.«

Schon nach sieben Tagen praktizierte dieser Mann Vipassana mit seinem Atem. Ich fragte ihn: »Haben Sie dafür die Zigaretten aufgeben müssen?«

Er sagte: »Nein, es hat von allein aufgehört. Und diese Achtsamkeit hat mir nicht nur geholfen, die Zigaretten aufzugeben, sondern sie hilft mir in vielerlei Hinsicht, von der ich keine Ahnung hatte.«

Ein Meditierender wird erleben, dass viele Gewohnheiten von ihm abfallen, ohne dass er sich irgendetwas abgewöhnt. Deshalb wiederhole ich es kategorisch: In meiner Vision von Religiosität ist kein Platz für Entsagung. Das heißt aber nicht, dass du der Gleiche bleibst.

Ich gebe dir hochwirksame Methoden der Transformation, die alles von dir wegnehmen, was sinnlos ist, was unnötig ist, was dumm ist – alles, was du nur aus reiner Gewohnheit tust oder was du nur tust, weil andere gesagt haben, dass du damit aufhören sollst – und du tust es aus Trotz und als Reaktion darauf.

Ja, aus dir wird ein neuer Mensch geboren werden, der es schwierig finden wird, einen Bezug zu seinem alten Selbst herzustellen. Das ist ganz natürlich und selbstverständlich, denn das alte Selbst war nichts als eine Ansammlung all der alten Gewohnheiten, die du irgendwann unterwegs verloren hast. Aber du weißt nicht, wo du sie gelassen hast.

Und das neue Selbst wird ständig geschärft durch deine Bewusstheit, gereinigt durch deine Bewusstheit, verjüngt durch deine Bewusstheit.

Nur eines möchte ich, dass du lernst, und das ist Bewusstheit. Sie wird sich um alle deine Probleme kümmern. Ohne Bewusstheit erzeugt alles, was du tust, mehr und mehr Probleme, die mehr und mehr von deiner Natur entfernt sind – und dann wird es äußerst schwierig, sie zu lösen, weil es keine echten Probleme sind.

Selbst wenn es dir gelänge, sie zu lösen, hättest du gar nichts gelöst. Deine Perversion, die pervertierte Energie, würde nur eine andere Richtung einschlagen und andere Formen annehmen. Sie würde vielleicht nicht mehr durch dieselbe Tür kommen, sondern irgendein Hintertürchen finden – denn dein Haus hat viele Türen, von denen du viele nicht einmal kennst.

Mit der Flamme der Bewusstheit, mit dem Licht in deinem Inneren, lernst du dein Haus zum ersten Mal richtig kennen, mit all seinen Türen und all seinen Fenstern. Und wenn dein Haus von Licht durchstrahlt ist, braucht keiner dir zu sagen: »Tue dieses und unterlasse jenes.« Das wird unnötig sein, weil du selbst nur das jeweils Richtige tun wirst.

Die Leute fragen mich ständig: »Was ist richtig und was ist falsch?«

Meine Antwort ist: Alles, was aus der Bewusstheit kommt, ist richtig, und alles, was aus der Unbewusstheit kommt, ist falsch. Die Handlungen an sich sind weder richtig noch falsch – nur der Ursprung, aus dem sie kommen.

7

Die Natur ist alles, was ist

? *Warum haben alle Religionen als Hauptstrategie die Verdrängung benutzt?*

Die Religion ist durch viele verschiedene Phasen gegangen. Die erste Phase der Religion war die magische Phase; sie ist noch nicht überwunden. Die indianischen Völker Amerikas leben noch in dieser ersten Phase der Religion. In Südafrika und unter den indianischen Natruvölkern besteht Religion aus einem magischen Opferritual an Gott. Es ist eine Art Bestechung, damit Gott den Menschen hilft und sie beschützt. Dafür geben sie alles, was sie für wertvoll halten – Nahrung, Kleidung, Schmuck, alles Wertvolle – als Opfergabe an Gott.

Natürlich ist da kein Gott, der es empfängt; der Priester empfängt es. Er ist der Vermittler, er profitiert davon. Und das Seltsamste ist, dass seit mindestens 10 000 Jahren diese magische, ritualistische Religion das Denken der Menschen gefangen hält.

Dabei gibt es so viele Fehlschläge; 99 Prozent sind Fehlschläge. Zum Beispiel wenn der große Regen nicht rechtzeitig kommt. Dann wird die magische Religion ein rituelles Opfer darbringen in dem Glauben, Gott damit glücklich zu machen: Jetzt wird der Regen kommen! Ab und zu kommt er rechtzeitig – aber er kommt auch zu denen, die kein Ritual vollzogen und Gott nicht angebetet haben. Er kommt sogar zu den Feinden derer, die zu Gott gebetet haben. Der Regen hat nichts mit dem Ritual zu tun, aber er gilt als Beweis für dessen Erfolg.

Neunundneunzig Mal klappt das Ritual nicht; es kann nicht klappen, weil es nichts mit dem Wetter zu tun hat. Es besteht keine wissenschaftliche Ursache-Wirkung-Beziehung zwischen dem Ritual – der Feuerzeremonie, den Mantras – und den Wolken, dem Regen. Der Priester ist zweifellos schlauer als die Leute, die er ausbeutet. Er weiß genau, was da wirklich läuft.

Die Priester haben noch nie an Gott geglaubt, vergesst das nicht. Sie können es nicht, aber sie geben vor, dass sie an ihn glauben, mehr als alle anderen. Sie müssen das tun, weil es ihr Beruf ist. Je stärker ihr Glaube, desto größere Menschenmassen können sie anziehen; darum geben sie vor, zu glauben. Mir ist aber noch nie ein Priester begegnet, der wirklich glaubte, dass es Gott gibt. Wie kann er daran glauben? Er erlebt tagtäglich, dass nur ganz selten, rein zufällig, das Ritual manchmal den gewünschten Erfolg bringt. In 99 von 100 Fällen klappt es nicht. Aber für die armen Leute hat er Erklärungen parat: »Ihr habt euer Ritual nicht richtig gemacht! Ihr wart nicht voll reiner Gedanken dabei!« Aber wer ist schon voll reiner Gedanken – und was ist überhaupt ein reiner Gedanke?

Dabei ist es ganz natürlich … Zum Beispiel müssen die Leute während eines Jaina-Rituals fasten. Und während des Rituals denken sie an Essen – ein unreiner Gedanke! Ein Hungriger, der an Essen denkt … ich kann nicht sehen, was daran unrein sein soll. Er hat genau den richtigen Gedanken. Im Grunde ist es falsch, in diesem Augenblick das Ritual zu vollziehen. Er sollte möglichst schnell in ein Restaurant gehen!

Der Priester hat aber eine simple Erklärung, warum das Ritual nicht geklappt hat: »Gott lässt dich nie im Stich. Er ist immer bereit, dich zu schützen. Er ist der Ernährer, der Schöpfer, der Erhalter; er lässt dich niemals hängen. Aber du hast ihn im Stich gelassen, während du das Gebet gesprochen oder das Ritual durchgeführt hast: Du warst voll unreiner Gedanken!« Und die Leute wissen, dass der Priester recht hat. Sie dachten ans Essen, oder es kam gerade eine schöne Frau vorbei, und es tauchten Gedanken darüber auf, wie schön sie ist, und der Wunsch, sie zu besitzen … Sie haben diese Gedanken schnell beiseitegeschoben, doch zu spät: Es war schon passiert! Jeder weiß, dass seine Gedanken unrein sind.

Aber ich kann darin nichts Unreines sehen. Wenn eine schöne Frau an einem Spiegel vorbeigeht, wird er doch auch diese schöne Frau widerspiegeln. Ist der Spiegel deswegen unrein? Dein Verstand ist ein Spiegel; er spiegelt einfach wider. Und dein Verstand bekommt alles mit, was um dich herum geschieht. Er kommentiert alles; er liefert ununterbrochen seine Kommentare. Wenn du anfängst, es zu beobachten, wirst du dich wundern: Einen besseren Kommentator findest du nicht.

Der Verstand sagt dir, dass diese Frau schön ist. Und wenn du dich von dieser Schönheit nun angezogen fühlst, sehe ich darin nichts Verkehrtes. Würdest du dich von Hässlichkeit angezogen fühlen, dann wäre etwas verkehrt, dann wärst du krank. Schönheit will gewürdigt sein. Wenn du ein schönes Gemälde siehst, möchtest du es besitzen. Wenn dir etwas Schönes begegnet, folgt ihm wie ein Schatten der Gedanke: »Wenn dieses Schöne mir gehören könnte ...!« Das sind jedoch alles ganz natürliche Gedanken.

Doch der Priester wird sagen: »Der Regen ist nicht gekommen, weil du unreine Gedanken hattest!« Und dem kannst du nichts entgegenhalten. Du weißt es selbst und schämst dich dafür. Gott hat immer recht. Ist der Regen aber gekommen, dann hattest du trotzdem die gleichen Gedanken im Kopf; du warst genau derselbe. Wenn du hungrig warst, hast du an Essen gedacht. Wenn du durstig warst, hast du an Wasser gedacht.

Diese Gedanken kommen dir auch, wenn der Regen sich einstellt – nur kümmert sich dann keiner um die schlechten Gedanken. Dann wird der Priester dich loben für deine große Disziplin, deine tiefe Andacht: »Gott hat dich erhört!« Und dein Ego wird sich so geschmeichelt fühlen, dass du nicht sagen wirst: »Und was ist mit den unreinen Gedanken?« Wer will schon die unreinen Gedanken erwähnen, wenn du Erfolg gehabt hast und Gott dich erhört hat?

Aber in 99 Prozent der Fälle erhört dich niemand. Der Himmel bleibt leer, die Antwort bleibt aus. Dennoch lebt die magische Religion immer weiter und weiter.

Die magische Religion ist die primitivste Form von Religion, aber Fragmente davon bleiben auch in der zweiten Phase noch erhalten; es gibt keine scharfe Grenzlinie. Die zweite Phase ist die der Pseudoreligionen: Hinduismus, Christentum, Islam, Judaismus, Jainismus, Buddhismus, Sikhismus – alles in allem gibt es etwa 300 solcher »Ismen«. Das sind alles Pseudoreligionen. Sie sind ein bisschen weiter als die magische Religion.

Die magische Religion ist einfach nur ritualistisch. Sie ist ein Versuch, Gott zu überreden, dass er dir hilft. Der Feind droht das Land zu überfallen, der Regen ist ausgeblieben, oder zu viel Regen ließ die Flüsse über die Ufer treten, und deine Ernte droht vernichtet zu werden. Immer wenn du solche Schwierigkeiten vorfindest, betest du zu Gott um Hilfe. Doch die magische Religion bietet dir keinerlei Disziplin. Darum sind magische Religionen nicht repressiv; es geht ihnen noch nicht um deine Transformation, deine Wandlung.

Die Pseudoreligionen haben die Aufmerksamkeit von Gott auf dich verlagert. Gott bleibt im Zentrum, entschwindet aber in die Ferne. Für den magisch-religiösen Menschen ist Gott ganz nah: Er kann mit ihm reden, kann ihn überreden. Die Pseudoreligionen tragen noch die Vorstellung von Gott, aber Gott ist jetzt weit weggerückt – ganz weit weg. Der einzige Weg, ihn zu erreichen, besteht nicht mehr in Ritualen, sondern in einem bedeutsamen Wandel deiner Lebensweise. Damit beginnen sie, dich zu formen und zu verändern.

Die magischen Religionen belassen die Menschen unverändert, darum sind die Gläubigen der magischen Religionen natürlicher, weniger unecht, aber auch primitiver, ungehobelter, weniger kultiviert. Die Gläubigen der Pseudoreligionen sind gebildeter und kultivierter. Für sie ist Religion nicht bloß ein Ritual; sie ist ihre ganze Lebensphilosophie.

Deine Frage passt hierher, in die zweite Phase der Religion. Du fragst, warum alle Religionen als Hauptstrategie die Verdrängung benutzt haben – wofür? Das Phänomen der Verdrängung zu verstehen ist ungeheuer wichtig, denn in jeder anderen Hinsicht unterscheiden sich alle Religionen voneinander; in jedem anderen Aspekt lehnen sie alle anderen Religionen ab.

Keine zwei Religionen sind sich in irgendeinem Punkt einig – außer was die Verdrängung angeht. Demnach scheint Verdrängung, Repression, das wichtigste Werkzeug in ihren Händen zu sein. Was machen sie damit? Repression ist das Mittel, um die

Menschen zu versklaven und die Menschheit einer psychologischen und spirituellen Sklaverei zu unterwerfen.

Lange bevor Sigmund Freud Phänomene wie Verdrängung, Unterdrückung, Spaltung entdeckte, hatten die Religionen bereits 5000 Jahre lang repressive Methoden angewandt – und mit Erfolg. Die Methode ist einfach, aber sie wirkt Wunder. Die Methode besteht darin, einen inneren Konflikt in dir zu erzeugen. Wenn du zu deinem eigenen Feind wirst, hat das zwangsläufig viele Auswirkungen.

Erstens einmal wirst du geschwächt. Du wirst nie wieder so stark sein wie vorher. Vorher warst du eins; jetzt bist du nicht nur zwei, sondern viele. Vorher warst du ein einheitliches Ganzes, eine Einheit; jetzt bist du ein ganzer Haufen. Ein Teil von dir redet mit der Stimme deines Vaters, ein anderer Teil mit der Stimme deiner Mutter. In deinem Inneren streiten sie sich immer noch, obwohl sie vielleicht längst nicht mehr auf der Welt sind. All deine Lehrer haben eine Schublade in dir, alle Priester, die du je getroffen hast, und all die Heiligen, Weltverbesserer und Moralprediger haben sich in dir eingenistet und verschanzt.

Jeder, der dir je Eindruck gemacht hat, ist zu einem Stück von dir geworden. Jetzt bist du ein ganzer Haufen von Leuten – Toten, Lebenden, fiktiven Gestalten – aus Büchern, die du gelesen hast, aus den heiligen Büchern der Kategorie *Religious Fiction*, wie *Science-Fiction.* Wenn du in dich hineinschaust, wirst du dich verloren fühlen in dieser Riesenmenge. Mitten in dieser ganzen Masse kannst du nicht erkennen, wer du bist. Welches ist dein ursprüngliches Gesicht? Sie benehmen sich alle, als wären sie du. Sie haben alle die gleichen Gesichter wie du, sprechen die gleiche Sprache wie du und liegen ständig im Streit miteinander. Du bist ein Schlachtfeld geworden.

Die Stärke des Einzelnen, des Individuums, geht verloren. Du lebst in einem geteilten Haus. Du kannst nie etwas aus deiner Ganzheit heraus tun. Einige Teile von dir sind immer dagegen, andere sind dafür und wieder andere absolut unbeteiligt. Wenn du etwas tust, werden die Teile, die dagegen waren, dir ständig sagen, dass es falsch war, und sie werden Schuldgefühle in dir erzeugen. Die Teile, die unbeteiligt blieben, werden sich zu Heiligen aufspielen und dir sagen, wie drittklassig du bist, wenn du auf diese Leute hörst, die überhaupt keine Ahnung haben.

Egal, was du machst oder nicht machst – in jedem Fall wirst du schlechtgemacht. Du bist immer in einem Dilemma. Egal, in welche Richtung du gehst, verlierst du immer, und größere Anteile deines Wesens werden immer gegen dich sein. Du hast immer nur die Unterstützung einer Minderheit. Das bedeutet aber, dass die Mehrheit sich revanchieren wird – und das tut sie! Sie wird dir sagen: »Wenn du dies nicht getan hättest, dann hättest du jenes tun können. Wenn du dies nicht gewählt hättest, dann hättest du jenes wählen können. Aber du bist ein Narr. Du hörst ja nicht auf mich. Jetzt musst du eben leiden und es bereuen.« Aber das Problem ist, dass du nichts mit ungeteilter Ganzheit tun kannst, damit später keine Stimme da ist, die dich kritisiert und dir sagt, wie du dumm und unintelligent du bist.

Das Erste ist also: Die Pseudoreligionen haben die Integrität, die Ganzheit, die Stärke des Menschen unterminiert. Das ist absolut nötig, wenn man die Menschen versklaven will. Starke Menschen sind nicht zu versklaven. Und es ist eine äußerst subtile Sklaverei, psychologisch und spirituell. Man benötigt dafür keine Handschellen und Ketten und Gefängniszellen, nein. Die Pseudoreligionen haben sich viel besserer Maßnahmen bedient. Sie beginnen mit ihrer Arbeit im Augenblick deiner Geburt; sie lassen sich keinen einzigen Augenblick entgehen.

Im Hinduismus schnappt sich der Brahmane das Kind, sobald es geboren wird, und erstellt als Erstes sein Geburtshoroskop. Er wird das Kind sein Leben lang begleiten. Bei jedem wichtigen Anlass wird er beratend zur Seite stehen: Über die Ehe wird er entscheiden, nach dem Tod wird er entscheiden. Nach dem Tod wird er der erste Gast der Familie sein – denn im Hinduismus wird am dritten Tag nach dem Tod ein Fest gefeiert. Dann kommen sämtliche Brahmanen und Verwandte und Freunde zu dem Fest, nur um der Seele des Verschiedenen Trost zu geben. Der Priester hat dich am Kragen und lässt nicht einmal los, wenn du tot bist.

Im Hinduismus gibt es jedes Jahr nach einem Todesfall ein bestimmtes Festival und eine Zeremonie, bei der man für die Toten betet: deinen Vater, deine Vorfahren, sämtliche Leute, die du in irgendeiner Weise repräsentierst – die ganze lange Linie der Generationen. In sehr orthodoxen Hindu-Häusern findet man eine Ahnentafel, einen Familienstammbaum.

Einen solchen gab es auch in meiner Familie, aber ich habe ihn verbrannt. Mein Vater war darüber sehr böse. Ich sagte: »Ihr verbrennt die Leute, und keiner ist böse, und ich habe nur das Papier verbrannt! Wozu soll es gut sein, diese Ahnentafel ständig an der Wand hängen zu haben?«

»Aber«, fragte er, »inwiefern haben sie dich gestört?«

Ich sagte: »Es hat mich gestört, jeden Tag an all diese Toten denken zu müssen ... Ich gehe zwei- oder dreimal am Tag durch dieses Zimmer, und dieser ganze Stammbaum – so viele Generationen!«

Nun blieb ihm nichts anderes übrig, als wieder alles aufzuschreiben, woran er sich noch erinnern konnte. Als er nach Pune kam, um bei mir zu wohnen, sagte er: »Ich erinnere mich an vieles nicht mehr – du hast ja den ganzen Baum vernichtet! Ich erinnere mich nur noch an den Vater meines Vaters und dessen Vater, nur vier Generationen zurück.«

Ich sagte: »Das genügt doch. Und nicht einmal das ist vonnöten. Was sollen wir mit all diesen Leuten und ihren Namen anfangen? Wenn du willst, mache ich dir einen Baum, und wir können irgendwelche Namen draufschreiben – das gilt sicher genauso.«

Aber er flehte mich an: »Bitte, vernichte dieses Papier nicht; es enthält zumindest vier Generationen. Du bist die fünfte Generation; und außerdem sind da meine Brüder und ihre Kinder und deren Kinder, meine Schwestern und deren Kinder.« Er war im Begriff, den Stammbaum wieder zusammenzustellen.

Ich sagte: »Du verschwendest unnötig deine Zeit. Wenn ich es in die Hände bekomme, werde ich es verbrennen. Wozu soll das Ganze gut sein?«

Aber die Brahmanen verwenden es. Wenn du nach Allahabad

oder Benares fährst, wo die Brahmanen-Familien leben, kannst du zu derselben Familie gehen, zu der schon dein Vater ging. Es steht in ihren Büchern geschrieben, dass dein Vater an diesem oder jenem Tag dort war, wie viel er spendete und welches Ritual er mitmachte, und dass auch der Vater deines Vaters dort gewesen war. Sie haben Aufzeichnungen über Generationen hinweg, weil die Leute aus deiner Familie dort seit Generationen hingehen. Und dann unterzeichnest du mit deinem Namen, und damit gehörst du auch dazu. Sie werden dir die Aufzeichnungen von Tausenden von Jahren zeigen, weil ihre Familie schon immer diese Arbeit machte. Und dann bist du richtig aufgeregt, zu erfahren, dass so viele Leute aus deiner Familie dort waren – du bist nicht der Einzige.

Die ganze Linie deiner Vorfahren ist dort gewesen, und diese Brahmanen-Familie diente ihnen als Priester. Sie haben alles aufgeschrieben und es übertrieben – denn so können sie dich ausbeuten: Dein Großvater gab eine Spende von 10 000 Rupien – und die Spenden gehen an ihre Familie –, und sein Vater hatte 20 000 gegeben. Du hast natürlich keinerlei Belege dafür. Du hast keine Ahnung, und dann fühlst du dich sehr arm, wenn du nichts gibst. Zumindest solltest du in der Lage sein, 10 000 zu geben, denn so viel hat dein Großvater gegeben, und es wäre eine Schande, wenn du dem Namen deiner Familie keine Ehre machst! Aber egal, was du gibst, keine Sorge: Für deine Kinder wird es in Tausenderbeträgen aufgeschrieben, denn auch sie werden dorthin gehen.

Von diesen Leuten kann man seinen ganzen Familienstammbaum bekommen. Es war für meinen Vater schwierig gewesen, ihn zu bekommen, denn normalerweise gehen Jainas nicht zu den Brahmanen in Allahabad oder Benares. Für bestimmte Rituale – zum Beispiel wenn der eigene Vater stirbt – muss man hingehen, um die Asche im Ganges zu verstreuen. Dann geht man zu der Familie, die diese Arbeit seit vielen Generationen verrichtet. Sie hat sich seit Jahrtausenden um die Asche von allen gekümmert, die einem vorausgegangen sind. Diese Familie kümmert sich um alles: Sie bringen einen im Boot hinaus auf den Ganges, und in seiner Mitte vollziehen sie das ganze Ritual und versenken dort die Asche.

Weil aber die Jainas nicht an den Ganges und an dieses Ritual glauben, wusste sich mein Vater keinen Rat; es schien keinen Weg zu geben. Jainas müssen ihren Familienbaum entweder selbst erstellen oder zu einem Brahmanen gehen, denn in bestimmten Dingen sind sie auf die Brahmanen angewiesen. Obwohl der Jainismus eine Religion ist, die aus Rebellion gegen den Hinduismus entstand und grundsätzlich gegen das Brahmanentum ist, mussten sie schließlich einen Kompromiss eingehen, denn es gab tausenderlei Dinge, die sie ohne die Brahmanen nicht regeln konnten. Wer sollte zum Beispiel das Geburtshoroskop erstellen? Die Jainas hatten keine Ahnung von Astronomie, Astrologie und Handlesen.

Schließlich mussten sie einen Kompromiss aushandeln. Wer vollzieht die Rituale bei der Eheschließung? Der Brahmane. Wer übernimmt das Rezitieren der Mantras? Der Brahmane. Und in einem Todesfall, wer rezitiert die Mantras, während der Körper im Feuer verbrennt? Der Brahmane muss es machen.

So ging letztlich die ganze Rebellion verloren, und der Jainismus wurde zu einer Untergruppe, einer Unterreligion, einem Zweig des Hinduismus – aber von ihrer Philosophie her sind sie Opponenten. Zuinnerst halten sich die Jainas für etwas Höheres, und sie engagieren einfach die Brahmanen für bestimmte Arbeiten, so wie sie auch andere Diener engagieren. Doch die Brahmanen halten sich ebenfalls für etwas Höheres, denn: »Ohne uns könnt ihr nicht einmal geboren werden, ohne uns könnt ihr nicht sterben!«

Diese Pseudoreligionen haben in euch ein Chaos erzeugt – das ist für sie unabdingbar.

Ich habe gehört: Ein Politiker, ein Anwalt und ein Priester, drei alte Freunde, die ihr 70. Lebensjahr schon überschritten hatten, pflegten jeden Morgen einen Spaziergang zu machen und dann auf einer Bank im Park zu sitzen, um von den Dingen zu palavern, über die sie am besten Bescheid wussten: die gute alte Zeit. Oftmals kam es dabei zu heftigen Debatten. Eines Morgens fingen sie an, darüber zu diskutieren, welcher ihrer Berufe als Erster da war.

Der Anwalt sagte: »Das ist doch klar: Mein Beruf war der erste Beruf auf der Welt, denn die Menschen hatten schon immer Streit und brauchten jemanden, der für sie vermittelte und verhandelte, damit beide Parteien fair behandelt wurden und Gerechtigkeit waltete. Natürlich kam mein Beruf als Erster!«

Der Priester sagte: »Aber ist dir klar, wie der Streit überhaupt angefangen hat? Warum sollten sie in Streit geraten, wenn es den Priester nicht gäbe? Es ist der Priester, der die Grundwerte und Ideen vorgibt und im Denken der Menschen ein Konfliktpotenzial schafft. Und wenn sie eine bestimmte Idee erst einmal lieb gewonnen haben und sich daran klammern, sind sie auch bereit, dafür zu kämpfen. Warum sollten sie sonst streiten?«

Der Politiker lachte, er sagte: »Ihr habt beide irgendwie recht. Aber es ist euch nicht bewusst, wie es wirklich läuft. Weshalb sind denn eure Ideen, eure Philosophien, eure Theologien von den Menschen überhaupt akzeptiert worden? – Wegen uns! Wir waren es, die den Willen zur Macht in die Welt gesetzt haben. Natürlich wird die richtige Idee erfolgreich sein, aber diese ganze Idee von Erfolg, Macht, ans Ziel kommen, etwas erreichen, den Sieg erringen – sie geht auf unser Konto!«

Nur mit diesem Willen zur Macht fängt der Mensch an, sich nach der »richtigen« Art von Philosophie, der »richtigen« Art von Theologie, der »richtigen« Art von Religion umzuschauen, damit er sein Ziel erreicht. Doch da sind immer so viele andere, die sagen: »Wir haben recht – hier geht's lang!« Sämtliche Religionen sagen: »Wir allein haben recht, sonst niemand!«

Die Pseudoreligionen haben die Menschen verwirrt, sie von ihrer inneren Integrität, ihrer Ganzheit abgebracht. Sie haben die Gesellschaft in Verwirrung gebracht, weil sie so viele ideologische Dinge frei erfunden haben. Ihr wärt verblüfft, wenn ihr diese Ideologien und theologischen Konstrukte einmal genauer untersuchen würdet. Ihr würdet lachen: »Wie war es möglich, dass große Denker sich mit solchen Kinkerlitzchen abgaben?«

Im Mittelalter haben Leute wie Thomas von Aquin, ein großer Theologe, vielleicht der hervorragendste aller christlichen Theologen, sich unglaublich viele Gedanken darüber gemacht, wie viele Engel auf einer Nadelspitze Platz hätten. Engel sind gewichtslos und körperlos, dennoch muss es da eine Grenze geben. Wie viele Engel können dort stehen?

Thomas von Aquin verschwendete viele Seiten mit der Diskussion dieser Frage, wie viele Engel auf einer Nadelspitze stehen können – und er war nicht der Einzige. Das ganze Mittelalter hindurch beschäftigte man sich damit. Es war ein schwerwiegendes religiöses Problem von großer Dringlichkeit. Ich habe keine Ahnung, worin die Dringlichkeit bestehen könnte. Vielleicht haben diese Leute geglaubt, sie würden nach ihrem Tod Engel werden und müssten dann auf einer Nadel- oder Kirchturmspitze stehen. Wo lag das Problem? – Aber so ergeht es jeglicher Theologie.

Mahavira glaubte an sieben Höllen und sieben Himmel. Er war schon alt, als Gautama Buddha anfing, durchs Land zu ziehen und die Menschen mit seinen Lehren zu beeindrucken. Alle hatten Mahavira gehört, und nun fragten sie Buddha: »Mahavira hat das und das gesagt, was sagst du dazu?« Jemand fragte: »Mahavira sagt, dass es 7 Höllen und 7 Himmel gibt. Was sagst du dazu?«

Buddha antwortete: »Er hat keine Ahnung. Es gibt 77 Höllen und 77 Himmel!« Also, das lässt sich weder beweisen noch lässt es sich widerlegen. Es bleibt also euch überlassen, wem ihr Glauben schenken wollt.

Dieselbe Frage wurde auch an Ajit Keshkambal gestellt, der noch jünger war als Buddha und gerade erst in der Kampfarena aufgetaucht war.

Er behauptete: »Sie haben völlig recht! Bis zur siebenten hat Mahavira recht; bis zur 77. hat Buddha recht. Es gibt aber in Wirklichkeit 777 Höllen und 777 Himmel – und ich habe sie alle erforscht! Diese Armseligen! – Soweit es ihre eigene Erfahrung betrifft, haben sie nicht unrecht. Wenn sie aber meinen, dies sei der letzte Schluss und sie hätten alles erforscht, dann haben sie unrecht. Würden sie sagen: ›Bis zu diesem Punkt bin ich gekommen‹, dann wäre es kein Problem.«

Nun scheint dieser Ajit Keshkambal viel Sinn für Humor gehabt zu haben – er macht nur einen Witz. Was aber tat Buddha? Er nahm es offenbar völlig ernst – aber mir erscheint auch das ein Witz. Was tat Mahavira? Er nahm es noch ernster, aber wie kann man solche Dinge ernst nehmen? Du kannst dafür keine Beweise liefern, du kannst höchstens einen Konflikt in den Leuten erzeugen. Folglich wurden einige zu Jainas, einige wurden zu Buddhisten und einige folgten Ajit Kehkambal. Weil dieser aber ein Mann mit Humor war, ist seine Religion wieder von der Bildfläche verschwunden. Die Leute wollten etwas Ernsthaftes und erkannten bald, dass man diesen Mann unmöglich ernst nehmen konnte.

Wie kannst du einem Mann glauben, der nicht ernsthaft ist? Mein Gefühl ist, dass dieser Ajit Keshkambal aufrichtiger war als die anderen beiden. Er scherzte einfach über diesen theologischen Schnickschnack. Im Grunde sagte er: »Werft diesen ganzen Quatsch über Bord! Was bringt es euch, euch damit abzugeben?«

Die Pseudoreligionen haben Chaos in den einzelnen Menschen erzeugt, sie haben Chaos in der ganzen Gesellschaft erzeugt – und von beidem haben sie profitiert.

Solange es Muslime gibt, herrscht Einigkeit unter den Hindus, herrscht Einigkeit unter den Christen. Es ist dasselbe wie mit Russland und Amerika – keiner kann aufhören, Nuklearwaffen zu produzieren, obwohl beide ständig über Frieden reden. Keiner will einen Dritten Weltkrieg, weil alle begreifen, dass er sie alle ausradieren würde. Es wäre ein absolut idiotischer Krieg, wenn es je dazu käme, denn ein Krieg erfüllt nur seinen Zweck, wenn einer gewinnt und einer verliert. Doch in einem Dritten Weltkrieg wäre keiner der Verlierer und keiner der Sieger – alle würden getötet werden. Es würde keiner mehr übrig bleiben, um zu erklären: »Wir haben gesiegt!«

Dennoch machen beide weiter und pumpen ständig ihre ganzen Ressourcen in Nuklearwaffen, weil sie Angst haben, dass die andere Seite es genauso macht – und darum müssen sie mithalten. Die andere Seite ist genau wie ihr, menschlich – weil ihr es macht, müssen die anderen es auch machen. Nur, an welchem Punkt wird das aufhören?

Genauso ist es mit den Religionen passiert. Unwissentlich haben sie sich alle gegenseitig geholfen. Die Hindus vereinigten sich gegen die Muslime, die Christen vereinigten sich gegen die Juden, die Juden vereinigten sich gegen die Christen. Die ganze Welt wurde zu einem Schlachtfeld. Das Individuum wurde zum inneren Schlachtfeld, und die Welt wurde zum äußeren Schlachtfeld. Und die Strategie, die das bewerkstelligt hat, ist die der Verdrängung, der Repression.

Wie ist es möglich, dass man mit Verdrängung all diese Dinge bewirken kann und noch viel mehr? Verdrängung bedeutet im Grunde: Deine Natur ist dein Feind, den du bekämpfen, abtöten und besiegen musst, über den du dich erheben musst. Nur so kannst du heilig werden.

Aber das ist unmöglich. Niemand hat es jemals geschafft, sich über die Natur zu erheben. Wo auch immer du dich befindest, bleibst du innerhalb der Natur. Zwar kannst du dich selbst verstümmeln, kannst dir deine Glieder auf die Länge kürzen, die deine heilige Schrift vorschreibt; du kannst leiden, kannst dich selbst foltern, so viel du willst, aber du kannst die Natur nicht hinter dir lassen. Die Natur ist alles, was ist – nichts ist jenseits davon. Das Jenseitige ist innerhalb der Natur, nicht außerhalb von ihr.

Wer gegen seine Natur ankämpft, kann niemals über sie hinausgehen. Und sein ständiges Versagen macht ihn so frustriert, so unglücklich, dass er sein psychisches Gleichgewicht verliert, seine geistige Gesundheit einbüßt. Das alles dient dem Priester; damit kann er andere ausbeuten. Sein Beruf besteht darin, dem Menschen zu helfen. Aber damit er ihm helfen kann, muss er ihn erst in die Lage versetzen, dass er seine Hilfe nötig hat.

In Indien habe ich zahlreiche Psychologen und Psychiater getroffen, die im Westen ausgebildet wurden, und sie gehörten entweder zur freudschen Schule oder zur jungschen Schule oder zur adlerschen Schule oder zur assagiolischen Schule. Aber eines hatten alle miteinander gemein: Sie waren alle gegen mich. Und ich sagte zu ihnen: »Seht ihr nicht, was da abläuft? Ihr seid alle miteinander verfeindet, nur in einer Hinsicht seid ihr euch einig: Ihr seid alle gegen mich. Warum? – Weil ich euren ganzen Berufsstand ruinieren könnte.« Und wenn sein Berufsstand ruiniert wird, leidet der Freudianer darunter genauso wie der Adlerianer oder der Jungianer.

Ich kann den Menschen wieder ganz machen. Ich kann ihn wieder zu seinem integrierten, zentrierten, verwurzelten Sein zurückführen.

Ich bin kein Psychologe. Ich behandle keine psychologischen Probleme, denn für mich sind diese Probleme alle künstlich erzeugt. Zuerst erzeugen sie das Problem, und dann bieten sie euch die Lösung an. Und es ist ganz einfach, das Problem zu erzeugen. Ihr würdet euch wundern, wie einfach das ist ...

Einer meiner Professoren – ich war ein Student der Psychologie und er ein berühmter Psychologe ... Eines Tages sagte ich einfach zu ihm: »Alle Probleme, mit denen die Psychologen zu tun haben, werden von ihnen selbst erzeugt.«

Er sagte: »Dafür wirst du mir den Beweis erbringen müssen!«

Ich sagte: »Herausforderung akzeptiert!«

Und am nächsten Tag erbrachte ich den Beweis. Ich ging zu seiner Frau, mit der ich auf sehr freundschaftlichem Fuß stand – wie auch mit ihm –, und ich sagte zu ihr: »Du musst etwas für mich tun, mir zuliebe, nur ein einziges Mal!«

Sie sagte: »Was denn? Sag es mir. Wenn ich es tun kann, werde ich es tun.«

Ich sagte: »Tu bitte eines: Wenn dein Mann morgen früh aufsteht, sag einfach zu ihm: ›Was ist los mit dir? Du bist heute so blass. Hast du nicht gut geschlafen? Deine Augen sehen gerötet aus.‹ Dann leg ihm die Hand auf die Stirn und frag ihn: ›Hast du etwa Fieber oder was ist mit dir?‹ Und natürlich wird er darauf etwas antworten. Schreib dir auf, was er sagt, auf ein Blatt Papier – seine genauen Worte –, und ich komme es mir später abholen.«

Sie sagte: »Und was soll das Ganze?«

Ich sagte: »Das erzähle ich dir dann am Abend. Aber im Moment denke nur daran, dass du das morgen früh für mich tust.«

Sie sagte: »Das mach ich. Verlass dich drauf!«

Gleich nebenan wohnte der Postmeister der Universität. Er war schon ziemlich alt, ein sehr netter Kerl. Ich ging zu ihm und plauderte mit ihm über seinen Garten. Er hatte großes Interesse an Blumen, aber außer mir kam nie jemand und lobte seinen Garten. Ich war der Einzige, darum freute er sich immer besonders, wenn ich kam. Ich sagte: »Kannst du mir morgen einen Gefallen tun?«

Er sagte: »Was denn? Ich tue alles!«

Ich sagte: »Wenn Professor Mehta auf dem Weg zur Universität vorbeikommt, bleib bitte nahe am Zaun und sag zu ihm: ›Was ist denn mit Ihnen los? Sie sehen ja aus wie ein Geist! Ihre Beine zittern!‹«

Er sagte: »Fehlt dem Professor etwas?«

Ich sagte: »Es ist alles in Ordnung. Aber du musst das bitte zu ihm sagen, und zeig ihm mit deiner Miene, dass du es ernst meinst. Er wird irgendetwas antworten. Bitte schreib dir seine Worte genau auf, ich hole sie mir später ab.«

Professor Mehta ging morgens immer von seinem Haus zur Fakultät, etwa eine Meile auf einer schönen Straße, darum ging er immer zu Fuß. Auf beiden Seiten waren Gärten und Professorenhäuser – eine Professorenkolonie. Also sprach ich noch ein paar Leute an, speziell die Ehefrauen und ein paar kleine Kinder – jeden, den ich für zuverlässig hielt. Und sie freuten sich alle und sagten: »Das machen wir gerne.«

Und schließlich, wenn Professor Mehta in der Fakultät ankam, saß dort immer der Bürodiener vor dem Büro. Ich sagte zu ihm: »Dhyananda, ich habe dich noch nie um etwas gebeten …«

Er sagte: »Das stimmt. Alle belagern sie mich: ›Dhyananda, hol dies! Dhyananda, hol jenes!‹ Die Professoren belagern mich, die Studenten belagern mich. Stimmt, nur du nicht! In diesen zwei Jahren hast du nicht ein einziges Mal um ein Glas Wasser gebeten. Ich hab mich schon gewundert – das ist selten! Also, ich werde alles tun, was nötig ist.«

Ich sagte: »Du brauchst nur eines zu tun: Wenn Professor Mehta morgen früh hier ankommt, dann stehst du auf und hältst ihn fest und sagst zu ihm: ›Sie fallen ja gleich um! Und wie Sie zittern! Was ist denn passiert?‹«

Er sagte: »Aber ist das denn wahr?«

Ich sagte: »Nein, es ist nicht wahr, aber du musst so tun, als wäre es wahr.«

Er sagte: »Okay, aber nur, weil du mich noch nie um etwas gebeten hast ... Ich werde tun, was ich kann.«

Am nächsten Tag sammelte ich sämtliche Zettel ein, denn ich lief gleich hinter dem Professor her. Er ging ein Stück voraus, und ich folgte ihm und sammelte überall die Zettel. Und Dhyananda gab ihm den Rest. Er gab ihm einen solchen Schubs, dass er fast hinfiel! Ich musste ihn stützen, und gemeinsam führten wir ihn hinein. Der Professor sagte: »Ich kann nicht einmal sitzen. Legt mich einfach dort auf die Bank.« Also legten wir ihn auf die Bank. Ich rannte los und holte ein Kissen und eine Decke, denn er zitterte und war schweißgebadet.

Ich fragte: »Was ist passiert?«

Er sagte: »Ich scheine ein seltsames Fieber zu haben. Gestern Abend, als ich zu Bett ging, war alles noch in Ordnung. Aber jetzt habe ich Kopfschmerzen wie noch nie und ich spüre ein Zittern am ganzen Körper. Bitte hol den Arzt. Ohne Dhyananda wäre ich gestürzt und hätte mir das Bein gebrochen!«

Dabei wäre er wegen Dhyananda beinahe hingefallen. Dhyananda war ein einfacher Mann und hatte sich nicht geziert. Ich holte den Arzt und erklärte ihm: »Sie müssen ganz ernst mit ihm reden. Es fehlt ihm überhaupt nichts. Es geht nur um eine Wette, die ich mit ihm abgeschlossen habe. Tun Sie mir bitte den Gefallen und seien Sie ganz ernst.«

Er tat ganz ernst. Er untersuchte ihn da und dort und dann sagte er: »Herr Mehta, Sie brauchen mindestens drei Monate absolute Ruhe.«

Herr Mehta sagte: »Drei Monate absolute Ruhe! Was ist los?«

Er sagte: »Ich kann es Ihnen nicht sagen. Ich werde mit Ihrer Frau reden.«

Und Professor Mehta sagte: »Bitte tun Sie eines für mich: Bringen Sie mich in Ihrem Auto zu mir nach Hause, denn ich schaffe unmöglich den Weg zurück. Eine Meile ...«

Er ging sonst jeden Tag diesen Weg hin und zurück, weil er so gerne zu Fuß ging und den Spaziergang so genoss. Doch nun sagte er: »Ich kann jetzt nicht laufen.« Dann wandte er sich zu mir: »Geh zum Rektor und sag ihm, dass es mir gar nicht gut geht. Der Doktor sprach von drei Monaten ... Ich weiß nicht, wie es weitergeht, also sag ihm, wenn ich in ein paar Tagen nicht wiederkomme, soll er mich einfach vertreten lassen.«

Ich brachte ihn im Auto des Arztes nach Hause, und wir führten ihn hinein. Die Frau nahm sich sehr zusammen, sonst hätte sie zu kichern und zu lachen angefangen. Und in der Tat, ihr Mann hatte sich total verändert. Der Doktor hielt ihn an der einen, ich an der anderen Hand; er konnte nicht einmal gehen. Wir legten ihn aufs Bett, und er sagte zu dem Arzt: »Sie können es meiner Frau sagen.«

Der Arzt sagte: »Ich komme bald wieder. Lassen Sie mich jetzt gehen und ein paar Medikamente für Sie zusammenstellen. Es ist dringend.« Und er ging.

Professor Mehta fragte mich: »Hat der Doktor irgendetwas zu dir gesagt?«

Ich sagte: »Jetzt sieh dir zuerst diese Zettel an.«

Er sagte: »Was für Zettel? Hat er sie dir gegeben?«

Ich sagte: »Nein, lies das erst einmal: Hier steht, was du zu deiner Frau gesagt hast: ›Mir geht es wunderbar! Was redest du für einen Unsinn?‹ Das war heute Morgen um sechs. Um sieben Uhr dreißig hast du zum Postmeister gesagt: ›Ja, die Nacht war ein wenig unruhig.‹ Und danach sagtest du zu Professor Nand Dulare Vajpeyel: ›Ich hatte eine schreckliche Nacht.‹ Das sind alles deine Sätze. Dir fehlt gar nichts – du kannst sofort aufstehen. Du brauchst keine drei Monate Pause, nicht einmal drei Minuten! Du bist völlig gesund.«

»Aber ich war schweißgebadet«, sagte er, »und wäre beinahe hingefallen.«

Ich sagte: »Da war überhaupt nichts. Als Dhyananda sich auf

dich gestürzt hat, bist du ins Wanken geraten und hast gedacht, du fällst hin. Er hat ein wenig übertrieben. Ich hatte ihn nicht darum gebeten und hätte nicht geglaubt, dass er seine Rolle so perfekt spielen würde. Also, steh auf!«

Er stand sofort auf und sagte: »Tatsächlich? Das ist wahr. Gestern Abend fehlte mir gar nichts, und auch heute Morgen ging es mir gut. Als meine Frau mich fragte, sagte ich einfach: ›Mir geht es wunderbar! Was hast du denn?‹ Aber als dann alle zu fragen anfingen, bekam ich seltsamerweise das Gefühl, etwas sei nicht in Ordnung. Ein kleiner Junge sagte: ›Onkel, deine Beine zittern‹, da fühlte ich tatsächlich, dass meine Beine zitterten, denn warum sollte dieses Kind …?«

Ich sagte: »Hier ist der Zettel von dem Kind. Das waren alles meine Leute – die Frauen, die Kinder, Dhyananda, der Doktor. Ich musste das Ganze arrangieren, weil ich deine Herausforderung akzeptiert hatte. Ich habe diese Krankheit erzeugt. Das hätte ich auch drei Monate lang geschafft. Du hättest sogar sterben können!«

Er sagte: »Das kann ich nicht abstreiten. Und nachdem ich jetzt sehe, wie es mir erging, ist es durchaus möglich, dass ich drei Monate im Bett verbracht hätte. Und hättest du mit deiner Propaganda weitergemacht, dann hättest du mich umbringen können.«

Ich sagte: »Genau so funktioniert eure ganze Religion: Sie erzeugt Probleme im Kopf der Menschen, und wohin sollen sie sich dann wenden? Sie gehen zum Priester. Dann gibt ihnen der Priester die Lösung – und er wird dafür bezahlt. Was ihr Psychologen macht, ist genau das Gleiche. Neunzig von hundert Fällen werden von euch erzeugt.«

Ich behaupte nicht, dass die Psychologen das beabsichtigen – genauso wenig, wie die Priester es beabsichtigen. Sie tun das alles mit den allerbesten Absichten; sie halten es für wahr. Sie glauben an das, was sie tun, und ihr Glaube ist ansteckend, darum fängt die andere Person an, es auch zu glauben. Und dann haben sie ihre Lösungen parat; dann verschreiben sie ihre Rezepte.

Wenn du zu einem Freudianer, dann zu einem Jungianer, dann zu einem Adlerianer, dann zu einem Assagiolianer gehst, dann weißt du, was ich meine. Alle vier werden deine Krankheit unterschiedlich diagnostizieren, denn sie berufen sich auf unterschiedliche Schriften. Jeder wird dir sagen, worin dein wahres Problem besteht, und keiner wird mit dem übereinstimmen, was die anderen sagen. Und weil jeder ein anderes Problem sieht, wird natürlich jeder auch eine andere Lösung haben. Das Problem muss unterschiedlich sein, denn was hätte ein Jung sonst auf dieser Welt zu tun? Freud hat ja bereits alle Arbeit getan.

Das war auch der Grund, warum Jung sich von Freud trennte. Ihm wurde eines klar: Mit Freud konnte er höchstens ein guter Freudianer sein, aber er würde seine eigene Individualität niemals leben können. Was Freud konnte, das konnte er auch. Und so stellte sich Jung auf seine eigenen Füße und war total erfolgreich damit. Adler setzte sich auf ähnliche Weise ab. Und wie Freud alles auf die Sexualität zurückführte, führte Adler alles auf das Ego zurück.

Natürlich sind ihre Lösungen verschieden, weil sie das Problem unterschiedlich angehen. Wenn du zufällig Erfolg hast im Befolgen ihrer Lösungen, dann war ihre Therapie erfolgreich, nicht du. Bist du aber nicht erfolgreich, dann hast *du* versagt, weil du ihre Regeln nicht richtig befolgt hast. Die Regeln der Psychoanalyse oder irgendeiner anderen Schule zu befolgen ist aber eine sehr langwierige Angelegenheit!

Du brauchst vielleicht drei Jahre Psychoanalyse und wenn du die Psychoanalyse endlich abgeschlossen hast, bist du vielleicht noch verwirrter, noch viel gestörter als vorher. Dann bist du auf die Hilfe von jemand anderem angewiesen. Dann wirst du dein Leben lang auf Hilfe angewiesen sein. Es gibt Leute, die ihr Leben lang psychoanalysiert werden und von einem Psychoanalytiker zum nächsten gehen.

Und dasselbe trifft auf die Religionen zu. Sie erzeugen das Problem auf repressive Weise.

Im Grunde hat die Psychologie das, was die Religionen, die Pseudoreligionen, gesät haben, für sich genutzt. Die Psychologen haben die Früchte geerntet. Der Psychologe ist in der Tat der Priester von Heute und er bestellt das gleiche Feld mit der gleichen Strategie. Jahrtausendelang bestellten die Priester den Boden, aber allmählich hatten die Menschen genug von den Priestern und waren heilfroh, als da eine neue Wissenschaft auftauchte! Die Psychologie ist aber gar keine Wissenschaft, sondern nichts als Wissenschaftschinesisch.

Die Leute, die früher zum Priester gingen, gehen heute – wenn es gebildete, kultivierte, distinguierte Leute sind – zum Psychoanalytiker, die gleichen Leute. Wenn sie nicht so gebildet sind, gehen sie weiter zum Priester. Der Priester ist billiger und richtet weniger Schaden an, weil er nicht so geschickt herumhantieren kann mit Begriffen wie Bewusstsein, Überbewusstsein, Unterbewusstsein, Unbewusstes, kollektives Unbewusstes, kosmisches Unbewusstes, kosmisches Bewusstsein! Der arme Priester kann da nicht mithalten. Man kann vom Psychoanalytiker und seiner Fachsprache auch hypnotisiert sein. Er hat Argumente zur Hand, die ihm Rückenwind geben. Und was er sagt, stimmt ja auch in gewisser Weise.

Ihr *seid* unterdrückt, aber das ist das Werk der Religionen. Die Religionen haben die Sexualität verdammt, sie haben eure Liebe zum Essen verdammt, sie haben alles verdammt, was euch Genuss und Freude bringt – sie haben die Musik verdammt, die Kunst, den Gesang, das Tanzen. Wenn man sich die ganze Welt betrachtet und alles zusammenträgt, was die Religionen schlechtgemacht haben, kann man sehen, dass sie im Grunde das Menschsein an sich schlechtgemacht haben. Sie haben nichts übrig gelassen, ohne es schlechtzumachen und zu verdammen.

Ja, natürlich hat jede Religion auf ihre Weise dazu beigetragen. Denn würden sie das Menschsein komplett verurteilen, dann wären die Menschen vielleicht schon längst ausgerastet. Also muss man häppchenweise vorgehen. Dann werden die Menschen sich schlecht fühlen, sich schuldig fühlen. Dann werden sie sich von ihrer Schuld befreien wollen und die Hilfe der Religion annehmen. Man darf die Menschen nicht so sehr verdammen, dass sie gleich die Flucht ergreifen oder ins Meer springen und ihrem Leben ein Ende bereiten. Das wäre kein gutes Geschäftsgebaren.

Es ist wie mit den Sklaven in alten Zeiten. Man gab ihnen zu essen, aber nicht so viel, dass sie allzu stark wurden und revoltierten, aber auch nicht so wenig, dass sie starben, denn sonst machte man Verluste. Man gab ihnen eine genau kalkulierte Menge, sodass sie ihr Dasein irgendwo in der Mitte zwischen Leben und Tod fristeten und weiterlebten und für die Herren arbeiteten. Gerade so viel Essen gab man ihnen, nicht mehr. Sonst hätten sie nach der Arbeit noch Energie für eine Revolte übrig gehabt. Sie hätten zu revoltieren angefangen, hätten sich zusammengetan, hätten angefangen zu sehen, was mit ihnen gemacht wurde.

Genau so haben es die Religionen gemacht. Jede Religion hat sich einen anderen Ausschnitt der Menschheit vorgenommen und ihn schlechtgemacht; auf diese Weise haben sie Schuldgefühle in den Menschen erzeugt. Sobald du dich schuldig fühlst, bist du dem Priester ausgeliefert. Dann kannst du ihm nicht entkommen, denn nur der Priester kann dich von all den schmachvollen Seiten in dir befreien, nur er kann dich in die Lage versetzen, ohne Scham und Schuld vor Gott hinzutreten.

Der Priester erfindet die Fiktion von Gott. Er erfindet die Fiktion von Schuld. Er erfindet die Fiktion, dass du eines Tages vor Gott stehen wirst. Also trachte danach, sauber und rein zu sein, damit du ohne Angst und Scham vor ihm stehen kannst!

Die ganze Sache ist frei erfunden. Aber man darf nicht vergessen: Das gilt für alle Pseudoreligionen. Immer wenn ich »alle Religionen« sage, meine ich damit die Pseudoreligionen; der Plural weist immer auf das »Pseudo-« hin.

Wenn die Religion wissenschaftlich wird, steht sie nicht mehr im Plural. Dann wird es nur »die« Religion sein, und ihre Aufgabe wird genau das Gegenteil von dem sein, was die Aufgabe der Pseudoreligionen ist.

Ihre Aufgabe wird es sein, dich von Gott zu befreien, dich von Himmel und Hölle zu befreien, dich vom Konzept der Erbsünde zu befreien, dich von dieser ganzen Vorstellung zu befreien, dass du getrennt seist von der Natur, dich von Repression jeglicher Art zu befreien.

Mit all der gewonnenen Freiheit wirst du lernen, deinem natürlichen Sein Ausdruck zu geben, wie immer dies auch aussehen mag.

Es ist völlig unnötig, dich für irgendetwas zu schämen. Das Universum will dich so, wie du bist; deshalb bist du so. Das Universum braucht dich genau so, sonst hätte es jemand anderen hervorgebracht, nicht dich.

Nicht du selbst zu sein ist die einzige irreligiöse Sache, so wie ich es sehe. Sei du selbst, ohne Bedingungen, ohne Verpflichtungen. Sei einfach du selbst und du bist religiös, denn dann bist du gesund, dann bist du heil und ganz.

Du brauchst keinen Priester, du brauchst keinen Psychoanalytiker, du brauchst keine Hilfe von irgendwem, denn du bist nicht krank, bist nicht behindert, nicht gelähmt. All diese Verkrüppelung und Lähmung verschwindet, sobald du die Freiheit findest.

Religion lässt sich in einem einzigen Satz zusammenfassen: Es ist die vollkommene Freiheit, du selbst zu sein.

Drücke dich auf so vielfältige Art wie möglich aus, ohne Angst. Es gibt nichts zu befürchten; da ist keiner, der dich bestrafen oder belohnen wird. Wenn du dein Sein in seiner authentischsten Form, in seinem natürlichen Fluss ausdrückst, wirst du auf der Stelle dafür belohnt – nicht morgen, sondern heute, hier und jetzt.

Du wirst nur bestraft, wenn du nicht auf deine Natur hörst. Aber diese Strafe ist hilfreich; sie ist einfach ein Hinweis, dass du dich von deiner Natur entfernt hast, dass du ein bisschen in die Irre gegangen und vom Weg abgewichen bist. Komm zurück!

Diese Strafe ist keine Rache. Nein, die Strafe ist nur ein Signal, um dich aufzuwecken: Was tust du da? Irgendetwas stimmt nicht, irgendetwas geht gegen dich selbst. Nur darum erlebst du Schmerz, erlebst du Angst, erlebst du Qual.

Doch wenn du natürlich bist und dich selbst ausdrückst, wie es die Bäume und die Vögel tun – sie sind etwas glücklicher dran, denn kein Vogel hat je versucht, ein Priester zu sein, und kein Baum ist je auf die Idee gekommen, Psychoanalytiker zu werden – dann wirst du dich wie die Bäume und die Vögel und die Wolken in der Existenz zu Hause fühlen.

Und bei sich zu Hause zu sein, das ist Religion.

8

Gott ist nicht die Lösung, sondern das Problem

? *Glaubst du wirklich, dass Gott nicht existiert?*

Ich glaube nicht, dass Gott nicht existiert, ich weiß mit Sicherheit, dass er nicht existiert. Und »Gott sei Dank«, dass er nicht existiert, denn seine Existenz würde so viele Probleme und Schwierigkeiten mit sich bringen, dass das Leben nahezu unmöglich wäre.

Du hast es vielleicht noch nie von diesem Blickwinkel betrachtet, von dem ich gleich sprechen werde. Vielleicht hat noch nie jemand versucht, es von diesem Blickwinkel zu betrachten. Die Christen sagen, Gott habe die Welt erschaffen. In der Tat ist die Hypothese eines Gottes die Grundvoraussetzung für die Schöpfung. Die Welt ist da – also muss jemand sie erschaffen haben! Wer auch immer sie erschaffen hat – dieser Schöpfer ist Gott. Aber ist dir auch klar, was das bedeutet? Wenn die Welt erschaffen wurde, kann es keine Evolution geben. Evolution bedeutet, dass die Schöpfung immer weitergeht.

Erinnere dich an die christliche Legende: Gott erschuf die Welt in sechs Tagen und schließlich, am siebten Tage, ruhte er. Seither ruht er sich aus. Die ganze Schöpfung wurde in sechs Tagen vollendet. Aber woher sollte dann die Möglichkeit einer Evolution auftauchen? Schöpfung bedeutet, alles ist fix und fertig! Gott zog einen Schlussstrich – am sechsten Tag kam der Schlussstrich. Danach ist keine Evolution mehr möglich.

Evolution bedeutet, dass die Schöpfung unvollendet ist, nur dann ist eine Weiterentwicklung möglich. Aber wie kann Gott eine unvollendete Welt erschaffen? Das entspricht nicht dem Wesen Gottes. Er ist vollkommen, und alles, was er vollbringt, ist vollkommen. Er unterliegt keiner Evolution, ebenso wenig wie die Welt. Alles ist zum Stillstand gekommen, tot. Aus diesem Grund waren die Päpste gegen Charles Darwin, denn dieser

Mann führte einen Gedanken ein, der früher oder später Gott den Garaus machen würde. In gewisser Weise waren die Päpste vorausschauend: Sie erahnten, welche Folgen der Evolutionsgedanke letztlich nach sich ziehen würde.

Normalerweise würde man Schöpfung und Evolution nicht miteinander in Verbindung bringen. Welche Verbindung könnte es zwischen Gott und Charles Darwin geben? Doch es gibt eine Verbindung. Charles Darwin sagt, dass die Schöpfung ein fortschreitender Prozess ist und dass die Existenz immer unvollkommen ist und nie vollkommen sein wird. Nur dadurch kann sie sich weiterentwickeln, kann sie neue Gipfel und neue Dimensionen erreichen, neue Türen und neue Möglichkeiten öffnen.

Gott vollendete sein Werk in sechs Tagen – vor nicht allzu langer Zeit, genau 4004 Jahre vor Christi Geburt. Es muss am ersten Januar gewesen sein, einem Montag – denn wir bringen es fertig, bei allem, was wir geschaffen haben, Gott ins Spiel zu bringen: Er muss sich sogar unserem Kalender unterordnen. Aber wenn du mich fragst, würde ich sagen: Es war an einem Montag, dem ersten April. Ein Aprilscherz! Dieser Tag erscheint mir absolut passend für die Schöpfung einer vollkommenen Existenz, die fix und fertig geliefert wird.

Wenn keine Evolution möglich ist, verliert das Leben jeden Sinn. Dann verliert das Leben seine Zukunft – dann besteht es nur noch aus der Vergangenheit.

Kein Wunder, dass religiöse Leute sich ständig an der Vergangenheit orientieren – sie haben nur die Vergangenheit! Alles ist schon fertig, für die Zukunft bleibt nichts zu tun übrig. Die Zukunft ist leer, ein unbeschriebenes Blatt, aber dennoch muss sie gelebt werden. Alles, was zu geschehen hatte, geschah bereits 4004 Jahre bevor Jesus geboren wurde. Danach gab es keine Hinzufügung mehr, keine Evolution, keine Weiterentwicklung.

Gott erschuf die Welt, so wie ein Töpfer einen Topf erschafft, ein totes Ding aus Lehm. Aber man darf nicht vergessen: Ein Töpfer kann seinen Topf jederzeit wieder kaputt machen! Wenn man Gott die Macht des Erschaffens verleiht, verleiht man ihm gleichzeitig die Macht der Zerstörung, der Abschaffung. Das sind Konsequenzen, die niemand bedacht hat. Gott kann das, was er geschaffen hat, jederzeit wieder abschaffen. Zum Beispiel an einem ersten April. Vielleicht macht Gott seine Schöpfung irgendwann am ersten April wieder rückgängig! Das müsste für ihn in höchstens sechs Tagen zu schaffen sein.

Allein schon der Gedanke, dass du erschaffen wurdest, macht dich zu einem Ding. Er beraubt dich deines Seins. Ein Sein, ein Lebewesen, bist du nur, wenn Gott nicht existiert. Gott und dein Sein können nicht beide zusammen existieren.

Darum sage ich: Ich weiß mit Sicherheit, dass Gott nicht existiert, denn ich sehe überall das Sein in allen Lebewesen.

Das Dasein von Lebewesen ist ein ausreichender Beweis, dass Gott nicht existiert, dass es ihn nicht geben kann. Entweder kann es dich geben oder es kann Gott geben, aber beide zusammen könnt ihr nicht existieren. Sobald ein Mensch anfängt, an Gott zu glauben, verliert er, ohne sich dessen bewusst zu sein, die Seinsberechtigung. Es macht ihn zu einem Ding. Dann gibt es christliche, hinduistische, muslimische »Dinge«, aber keine Lebewesen. Sie haben ihr lebendiges Sein aus freien Stücken aufgegeben, haben ihr lebendiges Sein einem Gott geopfert, den es gar nicht gibt.

Damit ist eine Fiktion lebendig geworden, und das Lebendige wurde zur Fiktion. Aber ich bringe das, was auf dem Kopf gestanden hat, nur, wieder in die richtige Lage.

Wenn ich sage, dass Gott nicht existiert, hege ich keinen Groll gegen Gott. Es ist mir völlig gleichgültig, ob Gott existiert oder nicht. Es hat nichts mit mir zu tun. Wenn ich sage, dass Gott nicht existiert, tue ich dies mit der Absicht, euch euer verlorenes Sein, eure Seinsberechtigung wiederzugeben und euch zu zeigen, dass ihr kein Ding seid, das willkürlich von irgendjemandem erschaffen wurde.

Warum beschloss er, an einem bestimmten Tag, 4004 Jahre vor Christi Geburt, die Welt zu erschaffen? Was brachte ihn auf den Gedanken der Schöpfung? War da irgendetwas, was ihn zur Schöpfung zwang? War da eine Schlange, die ihn dazu verführte, sie zu erschaffen? Und warum erschuf er sie an einem bestimmten Tag, warum nicht schon früher? Ich möchte, dass ihr seht, wie willkürlich das ist – eine reine Laune. Wenn diese Geschichte stimmt, dann ist Gott geistesgestört. Was hat er denn die ganze Ewigkeit lang getan, dass ihm der Gedanke der Schöpfung erst so spät kam?

Die ganze Idee der Schöpfung macht aus uns etwas Willkürliches, eine Laune. Die Evolution hingegen ist nicht willkürlich, sie ist keine Laune. Die Evolution ist ewig, sie hat schon immer stattgefunden. Es gab nie eine Zeit, in der es die Existenz nicht gab; es wird nie eine Zeit geben, in der es die Existenz nicht geben wird.

Existenz bedeutet Ewigkeit.

»Gott« lässt alles dumm, klein, willkürlich, unbedeutend, zufällig erscheinen. Da ist dieser alte Mann – und er muss wirklich alt gewesen sein, wirklich sehr, sehr alt –, und plötzlich kommt ihm dieser Gedanke der Schöpfung ... Und innerhalb von sechs Tagen hat er sie vollendet. Was die Päpste Charles Darwin vorwarfen, war: »Du behauptest somit, dass die Schöpfung noch nicht vollendet ist und sich noch weiterentwickelt. Damit leugnest du die Bibel, die Heilige Schrift! Du bist gegen Gott, gegen den Schöpfungsgedanken!«

Charles Darwin sagte einfach: »Ich bin nicht gegen Gott; ich weiß nichts von Gott.« Er war ein sehr furchtsamer Mensch und er war Christ. Er pflegte zu beten; ja, er betete noch mehr, nachdem er die Evolutionstheorie geschrieben hatte. Er hatte Angst bekommen: Wer weiß, vielleicht versündigte er sich gegen Gott? Er hatte immer geglaubt, dass Gott die Welt erschuf – doch die Tatsachen der Natur sagten etwas anderes: Alles entwickelt sich weiter; das Leben bleibt nie stehen.

Wenn jemand an Gott glaubt, kann er nicht glauben, dass der Mensch lebendiges Sein ist. Nur Dinge können erschaffen werden; sie haben einen Anfang und ein Ende. Lebewesen sind ewig.

Aufgrund dieser Tatsache ließen die beiden indischen Religionen des Jainismus und des Buddhismus die ganze Vorstellung von Gott fallen. Die Gottesvorstellung beizubehalten hätte bedeutet, die Vorstellung des ewigen Seins zu opfern, die von viel größerer Bedeutung ist. Am liebsten hätten sie beide Vorstellungen beibehalten, aber das war logisch nicht möglich.

Sobald du akzeptierst, dass du erschaffen wurdest, akzeptierst du automatisch auch die Kehrseite davon: Derselbe schrullige Gott kann dich jederzeit wieder abschaffen. Welche Bedeutung hast du dann? Bist du nur ein Spielzeug in den Händen irgendeines launischen alten Zauberers? Wenn ihm danach ist, spielt er mit seinen Spielsachen, und wenn er eine Laune hat, macht er sie kaputt? Es war ein wahrhaft großer, mutiger Schritt von Mahavira und Buddha, sich für das Sein zu entscheiden und die Idee von Gott fallen zu lassen – und das, wohlgemerkt, vor 25 Jahrhunderten! Sie hatten einfach erkannt, dass beides sich nicht unter einen Hut bringen lässt; es widerspricht sich. Aber sie wussten noch nichts von Evolution, das war eine spätere Entwicklung. Heute wissen wir, dass die Schöpfung auch mit dem Gedanken der Evolution unvereinbar ist.

Schöpfung und Evolution schließen sich gegenseitig aus. Schöpfung bedeutet Vollendung, Evolution bedeutet ständiges Wachstum. Wachstum ist aber nur möglich, wenn etwas unvollkommen ist und unvollkommen bleibt. Egal, wie es sich entwickelt, es besteht immer die Möglichkeit, sich noch weiterzuentwickeln.

Es gibt noch einige weitere Dinge zu beachten: Wenn du erschaffen wirst, kannst du keine Freiheit haben. Hast du je eine Maschine gesehen, die Freiheit besitzt, irgendein Ding, das Freiheit besitzt? Alles, was erschaffen wird, liegt in den Händen des Schöpfers wie eine Marionette. Er hält alle Fäden in der Hand. Er zieht an einem Faden ... Sicher hast du schon einmal ein Marionettentheater gesehen. Hinter den Kulissen zieht jemand die Fäden. Man kann ihn nicht sehen, man sieht nur die Marionetten. Die Marionetten tanzen und streiten sich – aber das ist alles nur Show. In Wirklichkeit macht alles der Marionettenspieler.

Marionetten haben keine Freiheit, zu kämpfen, zu lieben, zu heiraten – all die Dinge, die in einem Marionettentheater passieren ... Keine Freiheit, zu tanzen oder nicht zu tanzen. Oder zu sagen: »Nein, ich will nicht tanzen!«, wenn sie nicht tanzen wollen. Eine Marionette kann nicht Nein sagen.

Alle Religionen haben euch gelehrt, nicht Nein zu sagen. Man darf nicht Nein sagen zu Gott, seinem Messias, seinem heiligen Buch, niemals! Nein zu sagen – daran ist überhaupt nicht zu denken!

Wieso? – Was bedeutet denn dein Ja, wenn du nicht Nein sagen kannst? Hängt das nicht zusammen? Dein Ja ist nur von Bedeutung, wenn du auch Nein sagen kannst. Wenn du immer Ja sagen musst, gibt es keine andere Alternative außer Ja.

Ich habe gehört: Als Henry Ford seine ersten Autos produzierte, pflegte er noch selbst in den Verkaufsraum zu gehen und sich für seine Kunden zu interessieren und mit ihnen zu reden. Er sagte zu ihnen: »Sie können jede Farbe wählen, solange es Schwarz ist.« – Denn damals gab es nur schwarze Autos. Aber er pflegte zu sagen: »Sie können jede Farbe wählen, solange es Schwarz ist.«

Du bist frei – solange deine Antwort Ja ist. Was ist das für eine Freiheit? Marionetten können keine Freiheit haben. Und wenn Gott dich erschaffen hat, bist du nur eine Marionette. Es ist besser, gegen Gott zu revoltieren und ein Lebewesen zu sein, als sich zu unterwerfen und bei diesem ganzen Marionettentheater mitzuspielen. Denn sobald du akzeptiert hast, dass du eine Marionette bist, hast du Selbstmord begangen.

Überall auf der ganzen Welt seht ihr Marionetten – mit unterschiedlicher Hautfarbe, unterschiedlichen Namen, unterschiedlichen Ritualen. Die Hindus sagen, ohne Gottes Willen könne sich nicht einmal ein Blatt am Baum bewegen. Wie steht es dann mit dir, wenn alles nach Gottes Willen geschieht? Tatsächlich hätte er in dem Augenblick, als er die Schöpfung gestaltete, alles schon festgelegt. Es sei alles vorherbestimmt, sagen sie. Nun, es ist schon seltsam, dass selbst intelligente Leute immer noch an einen solchen Schwachsinn glauben.

Kannst du sehen, was für ein Schwachsinn das ist? Einerseits hat Gott dich erschaffen, andererseits wirst du bestraft, wenn du etwas Falsches tust. Wenn Gott dich erschaffen und dein Wesen vorherbestimmt hat und du nicht dagegen angehen kannst, besitzt du überhaupt keine Freiheit. Mit Gott gibt es keine Möglichkeit, Freiheit zu besitzen. Aber wie kannst du dann ein Verbrechen begehen? Wie kannst du ein Sünder sein? Oder ein Heiliger?

Wenn Gott alles vorherbestimmt hat, dann ist *er* verantwortlich, nicht du! Aber die Leute glauben beides zugleich: Gott erschuf die Welt, Gott erschuf den Mann und die Frau und alles andere – und dann schiebt er euch die ganze Verantwortung zu! Wenn aber mit euch etwas nicht stimmt, ist doch Gott dafür verantwortlich und sollte bestraft werden. Wenn jemand ein Mörder ist, dann hat Gott einen Mörder erschaffen. Dann sollte *er* die Verantwortung übernehmen für all die Adolf Hitlers und Josef Stalins und Mao Zedongs! Schließlich hat er diese Leute erschaffen.

Doch der fromme Verstand büßt seine Intelligenz ein; er wird rostig und übersieht völlig, dass diese Dinge unvereinbar sind. Gott und Freiheit sind nicht miteinander vereinbar. Wenn du frei bist, gibt es keinen Gott.

Ich erinnere mich an Friedrich Nietzsches Aussage. Dieser Mann war zweifellos verrückt, aber die sogenannten Normalen sind manchmal so dumm, einfallslos und stumpfsinnig, während die Verrückten großartige Einsichten haben – und Nietzsche war zweifellos genial. Hier und da trifft man bei ihm auf so großartige Erkenntnisse, dass man sich wundert, warum das noch niemand vor ihm sehen konnte. Und Nietzsche hat erst vor hundert Jahren gelebt!

Er sagte (sinngemäß): »Gott ist tot, deshalb erkläre ich, dass der Mensch von nun an frei ist.« Dieser Satz hat zum ersten Mal in der Menschheitsgeschichte Freiheit und Gott miteinander in Beziehung gesetzt. Dieser Satz musste warten, bis der verrückte Friedrich Nietzsche diese Verbindung herstellte: Gott ist tot, deshalb seid ihr frei; ansonsten seid ihr nicht frei.

Vielleicht hast du noch nie darüber nachgedacht. Wie kannst du frei sein, wenn es einen Schöpfer gibt, der dich ununterbrochen beobachtet, der dich ständig überwacht und gängelt? Von vornherein hat er alles in dir als festgelegtes Programm eingerichtet, und diesem Programm musst du folgen. Du kannst nicht anders. Ein Computer kann nur mit dem antworten, was man ihm vorher eingegeben hat. Verlangt man von einem Computer etwas, was man ihm vorher nicht eingegeben hat, kann er darauf nicht antworten. Der Computer ist eine Maschine. Zuerst muss man ihm sämtliche Informationen eingeben, dann kann der Computer bei Bedarf diese Informationen jederzeit zur Verfügung stellen.

Wenn es einen Schöpfer gibt, bist du nur ein Computer.

Der Schöpfer hat dir bestimmte Informationen eingegeben. Er hat dich programmiert, und dementsprechend führst du alles aus. Wenn du also ein Heiliger bist, ist es nicht dein Verdienst – es liegt an deinem Programm. Wenn du ein Sünder bist, musst du dich nicht schlecht und wertlos fühlen – es liegt an deinem Programm.

In Indien gibt es eine uralte Tradition, das Leben von Rama alljährlich als Drama aufzuführen. Fast überall im Land, selbst im kleinsten Dorf, gibt es dafür eine Theatergruppe. Einmal im Jahr beginnt die Theatergruppe einen Monat vorher mit den Proben, und die großen Städte, die es sich leisten können, engagieren sogar professionelle Ensembles. Profigruppen gibt es insbesondere in Ayodhya, der einstigen Hauptstadt Ramas, aber auch an anderen religiösen Orten. Große Städte, die es sich leisten können, engagieren also Profis. Doch kleinere Dörfer und Städte, die es sich nicht leisten können, stellen ihre eigene Theatertruppe auf.

Es geschah in einem der Dörfer: Das Drama nimmt mit Sitas Vermählung seinen Anfang. In alter Zeit gab es für Prinzessinnen eine spezielle Zeremonie, die *Swayamvara* genannt wurde. Alle heiratsfähigen jungen Männer aus dem ganzen Land – natürlich alles junge Prinzen, denn andere durften nicht in den Palast – kamen zusammen, und das Mädchen, die Prinzessin, musste mit einer Blumengirlande in der Hand unter den Bewerbern umhergehen. Sie konnte jeden wählen, den sie wollte. Oder, falls sie Schwierigkeiten hatte, nach welchen Kriterien sie wählen sollte ... Denn es war eine schwierige Aufgabe: Da standen hundert Prinzen, alle schön und jung und stark, von königlichem

Blut. Es war nicht einfach, eine Wahl zu treffen, und man konnte es schließlich nicht am nächsten Tag wieder rückgängig machen.

In Indien wird solch eine Ehe nicht nur für ein Leben, sondern für viele Leben geschlossen. Es liegt also eine schwere Last auf dem Herzen des Mädchens: Wie sollte sie sich entscheiden? Sie konnte aber sozusagen Gottes Hilfe in Anspruch nehmen. Eine Art Prüfung konnte arrangiert werden: Eine Aufgabe oder ein Rätsel musste gelöst werden, und wem das gelang, den würde sie zum Mann wählen. Somit überließ sie die Entscheidung Gott – das war leichter und lag in weiseren Händen.

Bei Sitas *Swayamvara* wurde für die Prüfung ein Bogen von Lord Shiva verwendet, den Sitas Vater einst erhalten hatte, weil er ein Verehrer von Shiva war. Der Bogen war so schwer – natürlich, es war ja der Bogen eines Gottes –, und allein um ihn hochzuheben, musste man ein Superman sein. Ein gewöhnlicher Mann konnte ihn nicht einmal von der Stelle bewegen, geschweige denn spannen; das erschien geradezu unmöglich.

Dann gab es da einen Fisch, einen künstlichen Fisch, der an der Decke angebracht wurde. Und unten am Boden war ein kleiner Teich, der diesen Fisch reflektierte. Während man auf die Reflexion im Teich schaute, musste man mit Shivas Bogen einen Pfeil abschießen, um den Fisch an der Decke zu treffen. Das erforderte wahrlich einen großen Krieger! Die erste Schwierigkeit war, den Bogen überhaupt hochzuheben. Wenn einem das gelang, stellte sich das Problem, ihn zu spannen, denn es war kein gewöhnlicher Bogen. Und dann musste man die Aufgabe lösen, auf den sich bewegenden Fisch zu zielen, der an einem Rad montiert war, während man auf die Spiegelung im Wasser schaute, die sich mitbewegte.

Das ganze Land war in gespannter Erwartung. Alle großen Krieger und Könige waren versammelt. Einer der größten Krieger jener Tage war Ravana. Er war König von Sri Lanka und hatte beste Chancen, den Wettbewerb zu gewinnen, denn er war ebenfalls ein Verehrer von Shiva, vielleicht ein noch größerer als Sitas Vater. Seine Hingabe an Shiva war sehr groß. So wird erzählt, dass Ravana einmal zu Shiva sagte: »Wenn du mir nicht zuhörst, werde ich mir den Kopf abschneiden und ihn dir zu Füßen legen. Welch größeres Opfer willst du?« Und tatsächlich soll er sich den Kopf abgeschnitten und ihn Shiva zu Füßen gelegt haben. Natürlich kann man kein größeres Opfer bringen.

Was für eine bizarre Geschichte! Wie kann man sich den eigenen Kopf abschneiden und ihn Shiva zu Füßen legen? Wie soll das gehen – mit abgeschnittenem Kopf, ohne Augen, Shivas Füße zu finden? Aber so erzählt es die Geschichte – er war dazu imstande.

Shiva war sehr zufrieden mit ihm und sagte: »Weil du etwas vollbracht hast, was noch nie jemand vollbrachte, will ich dir etwas geben, was noch niemandem gegeben wurde: Du bekommst von mir zehn Köpfe. Weil du den einen geopfert hast, gebe ich dir dafür zehn. Und kein Feind, der dir einen dieser Köpfe abschneidet, könnte dich je töten, denn es würde dir sofort ein neuer Kopf nachwachsen. Die zehn Köpfe sollen immer zehn bleiben.«

Dieser Mann mit den zehn Köpfen war also auch zum *Swayamvara* gekommen. Und man befürchtete allenthalben ... Er muss ein äußerst hässlicher Mann gewesen sein; ein Kopf allein reichte schon, aber zehn! Alle befürchteten, da er auch dort war, dass es ihm mit großer Wahrscheinlichkeit gelingen würde, den Bogen hochzuheben. Nichts schien ihn davon abhalten zu können. Auch Rama nahm teil, als Prinz von Ayodhya. Er war ein junger Mann, sehr jung, und keiner hatte je gehört, dass er ein großer Krieger sei oder so etwas. Es war unmöglich, dass er den Wettbewerb gewinnen könnte.

Nun hatten aber die Weisen, deren Wunsch es war, dass Rama den Wettbewerb gewinnen und Sita heiraten solle, eine geheime Absprache getroffen: Wenn es Ravana gelänge, den Bogen aufzuheben, würde ein Mann angerannt kommen und ihm sagen: »Deine Hauptstadt« – die ganz aus Gold war – »steht in Flammen! Du musst sofort kommen! Ohne dich wird alles zerstört!« Dann musste Ravana den Bogen liegen lassen und nach Sri Lanka eilen. Inzwischen würde Rama den Wettbewerb gewinnen, und die Hochzeit würde stattfinden.

So weit die Geschichte, ihr Anfang. Nun begab es sich in diesem kleinen Dorf, dass den Schauspielern alle Anweisungen und Stichworte aus dem Hintergrund souffliert wurden. Als aber der Mann angelaufen kam, der rief: »Sri Lanka steht in Flammen!«, da sagte derjenige, der die Rolle des Ravana spielte: »Sei's drum! Ich will Sita heiraten! Jetzt reicht's mir! Diesmal werde ich nicht abhauen!«

Der Souffleur bemühte sich redlich: »Sag deinen Text, wie ich ihn dir vorsage!«

Da sagte der Schauspieler: »Hör auf, mir irgendwas vorzusagen – ich weiß genau, was ich tue!« – Er war nämlich in das Mädchen verliebt, das die Rolle der Sita spielte, doch der Vater dieses Mädchens wollte nicht, dass die beiden heirateten. Dies war nun die einzige Chance, ihr vor der ganzen Stadt einen Heiratsantrag zu machen … Und bevor irgendjemand dazwischentreten konnte, hatte Sita ihm die Girlande umgehängt.

Nun war die ganze Stadt im Schock. Die Geschichte war zu Ende, noch ehe sie richtig begonnen hatte. Es war ja erst der Anfang gewesen, nur die Einleitung. All die großen Ereignisse sollten bald kommen. Die Schauspieler gerieten in eine solche Panik, dass sie völlig vergaßen, den Vorhang zuzuziehen. Die ganze Menge johlte und schrie und klatschte vor Begeisterung: »Wir haben schon viel gesehen, aber so etwas gab es noch nie! Das ist die beste Aufführung aller Zeiten!«

In einem Theaterstück kannst du das Textbuch über den Haufen werfen, denn es ist nur ein Spiel. Es ist nicht dein wirkliches Sein. Dein Sein behält seine Freiheit. Du kannst die Rolle von Ravana oder von Rama spielen, aber es sind nur Figuren, verschiedene Rollen; dein Sein behält seine Freiheit. Du kannst dich dafür oder dagegen entscheiden. Wenn aber dein Sein von Gott erschaffen wurde, hast du keine Möglichkeit, irgendwo anders hinzugehen, als das Programm vorsieht, oder irgendetwas anderes zu tun, als das Textbuch vorschreibt.

Wenn es einen Gott gibt, der die Welt erschaffen hat, dann ist er allein für alles verantwortlich. Aber wem gegenüber ist er verantwortlich? Über ihm ist keiner! Du bist nicht verantwortlich, weil er dich erschaffen hat, und er ist nicht verantwortlich, weil keiner da ist, dem gegenüber er verantwortlich sein könnte.

Die Existenz Gottes bedeutet, dass die Welt ihre ganze Verantwortung verliert. Verantwortung ist aber der zentrale Kern deines Lebens.

Dann wirst du nur deine Rolle spielen, aber du selbst bist nicht vorhanden. Nur Vorgaben, von außen – dem Souffleur hinter dem Vorhang – oder von innen – den Hormonen, deiner Biologie, Physiologie, Psychologie. Dann bist du nichts als ein Katalog von Vorgaben, denen du gehorchst. Das nimmt dem Menschen seine ganze Würde. Es degradiert dich zur Marionette.

Die Existenz Gottes zu akzeptieren bedeutet, nicht religiös zu sein, denn wie kannst du religiös sein ohne Verantwortung? Wie kannst du religiös sein ohne Freiheit? Wie kannst du religiös sein ohne ein unabhängiges, eigenständiges Sein? Gott ist die antireligiöseste Idee überhaupt.

Von all diesen Blickwinkeln aus betrachtet, sind diejenigen, die an Gott glauben, nicht religiös – sie können überhaupt nicht religiös sein. Wenn ich sage, dass es keinen Gott gibt, versuche ich, die Religiosität zu retten.

Vom Teufel droht keine Gefahr; die wahre Gefahr kommt von Gott. Der Teufel ist nur Gottes Schatten. Wenn Gott verschwindet, verschwindet automatisch auch sein Schatten.

Das wahre Problem ist Gott.

Und du kannst nachvollziehen, was ich sage, wenn du dir die Geschichte betrachtest. Jeden Schritt in Richtung Evolution haben die Kirchen aufgehalten – aus Angst, sie könnte den Beweis erbringen, dass die Schöpfung unvollkommen ist. Die Menschen haben den Mond erreicht, doch in Indien traf ich Hindu-Shankaracharyas und Jaina-Acharyas – und das sind Gegenstücke zum Papst –, die das nicht glauben wollen, weil in ihren Schriften steht, dass der Mond eine Göttin ist. Die Sonne ist ein Gott und der Mond nicht bloß ein Himmelskörper. Erstaunlicherweise hat ein Jaina-Mönch Spenden in Millionenhöhe für ein Forschungsinstitut gesammelt, um zu beweisen, dass die Menschen nicht auf dem Mond, sondern irgendwo anders auf einem

Planeten gelandet sind! Nun, diese Schwachköpfe haben sämtliche Zitate aus den Schriften zusammengetragen, all die Aussprüche der allwissenden, allmächtigen, allgegenwärtigen Avatare, Tirthankaras und Sonderbotschafter Gottes – und die Leute glauben ihnen, weil sie sich auf die Schriften stützen. Und wenn sie so sagen – was können die armen Wissenschaftler dagegen ausrichten?

Diese Leute gaukeln euch etwas vor; sie betrügen euch und sie betrügen sich selbst. Eine unleugbare Tatsache, die von den Wissenschaftlern auf der ganzen Welt, auch in Indien, akzeptiert wird, ist für den religiösen Verstand nicht akzeptabel, weil sie den Glauben an die Schriften zerstören würde. Sie sind mehr um ihren Glauben besorgt als um die Wirklichkeit.

Wenn ich sage, dass Gott der größte Feind der Religiosität ist, schockiert das die sogenannten religiösen Leute. Sie meinen, Religion bestünde darin, Gebete an Gott zu richten, Gott zu verehren, sich Gott hinzugeben. Sie haben sich noch nie Gedanken gemacht über Verantwortung, Freiheit, Wachstum, Bewusstsein, Sein. Um diese Dinge haben sie sich noch nie gekümmert – aber das sind die wahren religiösen Fragen.

Eure Gebete sind kindisch. Ihr preist Gott genauso, wie ihr eure Könige und Königinnen gepriesen habt, im gleichen Tonfall, mit den gleichen Worten. Ihr preist Gott und meint, ihr könntet ihn durch euer Beten genauso überreden, wie ihr eure Königinnen und Könige beeinflusst und überredet habt, euch Dinge zu Gefallen zu tun.

Der Bibelsatz, Gott habe den Menschen nach seinem Abbild geschaffen, ist absolut falsch. Vielmehr ist das Gegenteil wahr: Der Mensch hat Gott nach seinem Abbild geschaffen. Gott ist eine Schöpfung des Menschen. Infolgedessen sieht der Gott der Hindus anders aus als der Gott der Muslime oder der Gott der Juden, weil es sehr unterschiedliche Menschen waren, die sich vorzustellen versuchten, wie Gott aussieht und welche Sprache er spricht. Zum Beispiel können die Juden nicht glauben, dass Gott irgendeine andere Sprache spricht als Hebräisch. Aber das können natürlich die Hindus nicht glauben: »Wie, Gott soll Hebräisch sprechen? Seid ihr verrückt? Denkt ihr etwa, Gott sei ein Jude? Er spricht reinstes Sanskrit!«

Ich habe gehört: Nach dem Zweiten Weltkrieg kamen ein deutscher und ein britischer General miteinander ins Gespräch, während sie ganz entspannt am Strand ein Sonnenbad nahmen. Der deutsche General sagte: »Eines ist mir absolut rätselhaft: Wir haben zum christlichen Gott gebetet, und ihr habt zu demselben christlichen Gott gebetet, aber wir wurden besiegt, und ihr habt gewonnen. Warum hat Gott euch bevorzugt?«

Da lachte der englische General und sagte: »Bevorzugt? In welcher Sprache habt ihr denn gebetet? Auf Deutsch? Das war der Fehler! Gott versteht nur Englisch. Er kann keine andere Sprache, und wir haben auf Englisch gebetet. Was ist daran rätselhaft? – Ist doch logisch!«

Der Mensch in seiner Überheblichkeit, Gott nach dem Abbild des Menschen zu erschaffen, ist sich gar nicht bewusst, was er dadurch verliert. Er verliert alles Wertvolle und alles Schöne – alles, was sich für ihn als segensreich erweisen könnte.

Die sogenannten religiösen Leute konzentrieren sich auf ein Trugbild und vergessen darüber ihre eigene Wirklichkeit. Sie vergessen sich selbst und denken an jemanden dort oben im Himmel, der überhaupt nicht existiert. Man kann sich auf alle möglichen nicht existierenden Dinge konzentrieren und sich selbst dabei vergessen.

Aber genau da findet wahre Religion statt: in dir selbst.

Darum hat Beten nichts mit wahrer Religion zu tun. In meiner Vision von Religiosität ist kein Platz für Beten. In einer wahren Religion kann es so etwas wie Beten nicht geben – es ist absoluter Hokuspokus.

Was tust du beim Beten? Zuerst erschaffst du dir ein Bild nach deiner eigenen Vorstellung, dann gibst du dich deinem Fantasiebild hin und redest mit ihm. Du verhältst dich, als wärst du geisteskrank. In allen Kirchen, in allen Synagogen, in allen Tempeln und in allen Moscheen dieser Welt vollziehen die Menschen solche geisteskranken Handlungen – aber die ganze Erde ist voll von diesen Geisteskranken.

Und weil sie das schon seit vielen Jahrhunderten tun und ihr das als »religiös« akzeptiert habt, schockiert es euch, wenn ich sage, dass es überhaupt nichts mit Religion zu tun hat. Diese Leute sind nicht normal, geschweige denn religiös. Sie sind abnorm. Was sie tun, ist so dumm – wenn sie so weitermachen, wird ihnen das Fünkchen Intelligenz, das noch in ihnen steckt, mit der Zeit völlig abhandenkommen. Vielleicht ist es schon weg.

Für mich ist wahre Religiosität ein Ehrfurcht gebietendes Phänomen. Sie ist kein Hirngespinst. Sie dringt direkt ins Herz der Wirklichkeit. Durch sie erkennen wir, was die Existenz im Innersten zusammenhält. Aber dafür musst du deine Hirngespinste aufgeben. Deine Fiktionen werden dir niemals erlauben, nach innen zu gehen, denn diese Fiktionen sind Projektionen nach außen, mit denen du dich vollkommen identifizierst.

Du kennst das: Wenn du dir einen Film oder eine Fernsehsendung anschaust, weißt du genau, dass du dabei schon oft Tränen geweint hast, obwohl dir klar ist, dass du nur vor einem Bildschirm sitzt und niemand da ist. Aber du vergisst dabei völlig, dass du nur ein Zuschauer bist. Du identifizierst dich so sehr mit einer Figur, dass dir Tränen kommen, wenn diese Person im Film leidet.

In Kolkatta gab es einen sehr berühmten Gelehrten der indischen Literatur, Theologie, Geschichte und auf allen möglichen anderen Gebieten. Er war ein sehr seltener Geist und hieß Ishwar Chandra Vidyasagar. *Vidyasagar* bedeutet »Ozean der Weisheit«. Diesen Titel verlieh ihm die Gesamtindische Konferenz der Hindu-Gelehrten. Diesen Titel hat nie irgendjemand anderer erhalten, weder vor noch nach ihm. Er war wirklich ein Ozean von dem, was diese Leute »Weisheit« nennen. Aber ich würde das nicht Weisheit nennen.

Ich werde euch zeigen, wie »weise« er war; denn er war solch ein berühmter Gelehrter und hatte alle möglichen Doktorgrade verschiedener Institutionen. Eine Sanskrit-Universität verlieh ihm statt eines Doktortitels den Titel *Vidya Varidhi*, was ebenfalls »Ozean der Weisheit« bedeutet. Eine andere gab ihm den Titel *Vidya Vachaspati*, »Meister der Weisheit«, und die Hindu-

Universität von Benares ernannte ihn zum *Mahamahopadhyaya*, zum »größten Lehrer von allen«.

Er hatte alle diese Titel und genoss im ganzen Land, insbesondere in Bengalen, hohes Ansehen. Es gab niemanden, der ihm das Wasser reichen konnte. Einmal wurde er zu einem Theaterstück eingeladen, um es mit einer Eröffnungsrede einzuleiten, und dies wurde von so bedeutenden Leuten arrangiert, dass er nicht Nein sagen konnte. Sogar der Vizekönig von Indien würde anwesend sein, denn damals war Kalkutta die Hauptstadt Indiens. Also ging er hin, um eine Eröffnungsrede zu halten.

Er hielt die Rede und saß dann in der ersten Reihe neben dem Vizekönig. In dem Stück kommt ein sehr korrupter, gerissener Typ vor, ein Bösewicht, der ständig hinter einer ganz unschuldigen Frau her ist. Die Geschichte wird total dramatisch, als dieser Kerl die Frau ganz alleine fern vom Dorf, antrifft. Sie ist zum Fluss gegangen, um Wasser zu holen. Weit und breit ist sonst niemand, das Dorf ist meilenweit entfernt, und der Mann macht sich an die Frau heran …

Im Saal wurde es so still, dass man eine Stecknadel hätte fallen hören, denn der Mann war drauf und dran, die Frau zu vergewaltigen. Aber plötzlich – das Publikum traute seinen Augen nicht – ist dieser Ishwar Vidyasagar auf die Bühne gesprungen und fing an, den Mann mit einem seiner Schuhe zu verdreschen!

Eine Sekunde lang wusste keiner, was man mit diesem Vidyasagar anstellen sollte. Aber dann packte der Schauspieler den Schuh und sagte zu Vidyasagar: »Ich werde Ihnen das nicht heimzahlen, denn dies ist die größte Auszeichnung meines Lebens. Ich spiele diese Rolle schon mein Leben lang, aber wenn jemand wie Ishwar Chandra Vidyasagar sich so sehr identifiziert und sich so sehr hineinversetzt, dass er sich völlig vergisst und nicht mehr weiß, dass es nur Theater ist und ich diese Frau nicht vergewaltigen werde … Und überhaupt ist es ja gar keine Frau! Sie wissen es, und jeder hier weiß es: Dieser Kollege ist ein junger Mann aus Ihrer eigenen Stadt.«

Ishwar Chandra war sehr beschämt und sagte: »Ich bitte um Verzeihung, dass ich das ganze Stück gestört habe. Aber es ist wahr; ich habe völlig vergessen, dass es nur Theater ist. Ich habe völlig vergessen, wer ich bin. Ich habe völlig vergessen, dass diese Frau gar keine Frau ist und dass Sie nur Ihre Rollen spielen und hier niemand vergewaltigt wird. Vor Tausenden von Zuschauern und dem Vizekönig von Indien werden Sie niemanden vergewaltigen. Ich habe mich völlig vergessen.«

Genauso vergisst du dich, wenn du dich emotional in einen Film oder einen Roman verwickelst. Und genau das Gleiche passiert auch euren sogenannten religiösen Leuten! Sie stellen sich alle möglichen Götter und Göttinnen vor und steigern sich so sehr hinein, dass sie ganz vergessen, wer sie sind. Sie beten etwas an, was gar nicht existiert. Aber sie beten es mit einer solchen Inbrunst an, dass sie sogar Halluzinationen haben können.

Es kann vorkommen, dass ein Christ mit offenen Augen Jesus sieht. Es kann vorkommen, dass ein Hindu mit offenen Augen Krishna sieht. Aber dass Jesus einem Hindu erscheint, ist ziemlich ausgeschlossen. Jesus wird nie einem Hindu erscheinen, nicht einmal irrtümlich, und Krishna wird nie einem Christen erscheinen. Falls es hier und da einmal passieren sollte, wäre es kein großer Schaden, aber ein solcher Fehler passiert nie. Ein Christ würde diesen Fehler nie zulassen. Seine Halluzinationen betreffen Jesus, aber er kann nicht Krishna halluzinieren. Nur das, was du projizierst, erscheint auf der Leinwand.

Wenn du einen bestimmten Film projizierst, erscheint nur dieser Film auf der Leinwand. Wenn du einen anderen Film projizierst, erscheint der andere Film auf der Leinwand. Es ist nicht möglich, einen bestimmten Film zu projizieren, aber auf der Leinwand erscheint ein anderer Film. Deshalb ist es unmöglich, dass Krishna einem Christen, Muslim oder Juden erscheint. Jesus kann nur einem Christen erscheinen.

Dennoch haben wir nie aufgehört, unsere Trugbilder und Halluzinationen zu hegen und zu pflegen. Und was habt ihr davon? Nach jahrtausendelangem Lug und Trug, was ist das Ergebnis? – Diese Menschheit, die ihr überall auf der Welt seht, dieser ganze Schlamassel? Das ist das Ergebnis von jahrtausendelangen religiösen Praktiken, Disziplinen, Ritualen und Gebeten. Es gibt Millionen von Kirchen, Synagogen, Tempeln rund um den Erdball – und was ist das Ergebnis? – Dieser Mensch, den ihr seht, diese heutige Menschheit ... sie ist das Ergebnis all dieser Bemühungen.

Aber es kann gar nicht anders sein, denn wir haben all diese Jahre in absoluter Dummheit verschwendet und nannten es »Religion«.

Wir haben viel Zeit verschwendet, in der die Menschen zu bisher unbekannten Höhen und unermesslichen Tiefen hätten gelangen können – zu Freiheit des Geistes, Mitgefühl der Seele, Integrität, Individualität. Wenn wir nicht all die Jahrtausende verschwendet hätten mit einem Pseudogott, der schierer Hokuspokus ist – völlig wertlos, keinen Cent wert ...!

Und da fragst du mich: »Glaubst du wirklich nicht an Gott?«

Es ist keine Frage von Glauben oder Nichtglauben. – Da ist einfach keiner, an den man glauben oder nicht glauben könnte. Es gibt keinen Gott!

Aber bitte sage jetzt nicht, ich sei ein Ungläubiger. Ich bin weder ein Gläubiger noch ein Ungläubiger. Ich sage nur, dass die ganze Sache eine reine Projektion des menschlichen Geistes ist. Und es ist Zeit, dass wir mit diesem ganzen Spiel, das uns so sehr geschadet hat, aufhören.

Es ist Zeit, uns von Gott für immer zu verabschieden.

9

Ich lehre die religionslose Religion

? *Ich war schockiert, als ich dich sagen hörte, dass Gott nicht existiert. Dann tauchte die Frage in mir auf: Wie kann es ohne Gott überhaupt eine Religion geben? Ist nicht Gott der Mittelpunkt und Religion der Umkreis?*

Was für ein Glück, dass du schockiert warst! Um schockiert zu sein, braucht man Intelligenz.

Millionen Menschen auf dieser Erde haben die Fähigkeit, schockiert zu sein, verloren. Sie sind jahrhundertelang hypnotisiert und dermaßen konditioniert worden, dass kein Schock sie jemals erreichen kann. Das ist das Werk sämtlicher Religionen, all dieser sogenannten Religionen, dieser Pseudoreligionen – ihre ganze Arbeit besteht darin, »*Shock-Absorber*«, Stoßdämpfer, in euch zu erzeugen.

Meine Aufgabe ist es, alle diese Stoßdämpfer in euch außer Kraft zu setzen und euch so empfindsam, so verletzlich zu machen, dass ihr wieder zweifeln könnt, dass ihr infrage stellen könnt, dass ihr selbst forschen könnt.

Wer seinen Zweifel bis zur letzten Konsequenz aufrecht erhält, findet unweigerlich die Antwort. Wer bis zuletzt alles hinterfragt, gelangt zur Erkenntnis.

Jene, die stets glauben, ohne zu zweifeln, ohne zu hinterfragen, ohne nachzuforschen, bleiben stumpf, unintelligent und unlebendig. Also kann ich dir nur gratulieren, dass du schockiert bist. Das ist schon mal ein guter Anfang! Ein dummer Mensch wird wütend, aber er ist nicht schockiert. Er wird sofort zum Feind, aber schockieren kann man ihn nicht. Schockiert zu sein bedeutet, dass in dir noch etwas lebendig ist und dass die Priester, Politiker und Pädagogen bei dir nicht ganz erfolgreich gewesen sind. Irgendwo ist noch ein Fenster offen geblieben; darum bist du schockiert. Kannst du verstehen, was für ein Wunder dieser Schock ist?

Sofort taucht eine Frage von ungeheurer Bedeutung in dir auf. Deine Frage kommt nicht aus der Wut, sie kommt nicht aus einer Irritation. Es ist eine gültige, intelligente, ungeheuer bedeutsame Frage: Wie kann es eine Religion ohne Gott geben? Man hat dir jahrhundertelang erzählt, Gott sei der Mittelpunkt und die Religion der Umkreis. Das ist eine absolute Lüge. Religion hat überhaupt nichts mit Gott zu tun.

Ja, sie hat mit *dir* sehr viel zu tun, mit deinem Bewusstsein, deinem Sein.

Du fragst: Wie kann es eine Religion ohne Gott geben? Eines Tages, wenn du der Frage immer tiefer nachgehst, wirst du mich fragen: Wie kann es eine Religion *mit* Gott geben? Und ich möchte dich einladen, darüber nachzudenken, wie es eine Religion mit Gott geben kann.

Gott ist nichts anderes als unsere eigene Vorstellung vom Größten Diktator, einem ultimativen Adolf Hitler.

Gott erschuf diese Welt aus einer verrückten Laune heraus; es bestand gar kein Anlass, sie zu erschaffen. Keine Religion konnte bisher die Frage beantworten, warum Gott die Welt überhaupt erschaffen hat. Und dann *diese* Welt: hässlich, abstoßend, widerwärtig – diese Menschheit, von der die Religionen immer behaupten, sie sei der höchste Gipfel, die Krone der Schöpfung Gottes; diesen Menschen, von dem es heißt, Gott habe ihn nach seinem Abbild erschaffen. Was könnte höher und trefflicher sein als dieses Abbild? Und was haben die Menschen daraus gemacht? In dreitausend Jahren fünftausend Kriege! Die ganze Menschheitsgeschichte ist eine Geschichte von Mord, Vergewaltigung und Verbrechen – und ganz besonders von Mord, Vergewaltigung und Verbrechen im Namen Gottes! Millionen von Menschen wurden getötet und lebendig verbrannt im Namen Gottes.

Und Gott erschuf den Menschen nach seinem Abbild? Also kannst du dir daraus auch eine Vorstellung von Gott ableiten, als kleine Schlussfolgerung. Wenn der Mensch nur sein Ebenbild ist, wie sollst du dir Gott selbst vorstellen? Wenn Adolf Hitler und Josef Stalin und Benito Mussolini und Mao Zedong nur Kopien sind, wie wird dann erst das Original aussehen? Eine schreckliche Vorstellung!

Wenn Gott diese Welt, den Menschen und alles andere erschaffen hat, dann sollten doch Spuren seiner Göttlichkeit darin erkennbar sein, Gottes Unterschrift – doch davon fehlt jede Spur. Und falls er nicht lesen und schreiben konnte, hätte er doch zumindest seinen Daumenabdruck daraufsetzen können. Er scheint aber nirgendwo seine Signatur hinterlassen zu haben. Es ist daher wahrscheinlicher, dass die Welt vom Teufel erschaffen wurde und nicht von Gott. Die Beweise sprechen jedenfalls zu 99 Prozent für den Teufel, nicht für Gott.

Mit Gott könnt ihr euch keine Religion erschaffen, denn Gott hat bereits die Bibel für die Christen, die Tora für die Juden, die Veden für die Hindus geschaffen ... Er hat bereits alles vollendet und euch eure Religionen fix und fertig überreicht. Er erlaubt euch nicht, selbst zu suchen und zu forschen und fündig zu werden.

Was die Wahrheit angeht, ist eine Sache ungeheuer wichtig: Solange du die Wahrheit nicht selbst findest, kann es für dich niemals die Wahrheit sein. Wenn du die Wahrheit eines anderen übernimmst, kann diese geborgte Wahrheit nicht mehr wahr sein. Indem du sie dir borgst, wird sie bereits zu einer Lüge.

Das ist einer der Gründe, warum die großen Mystiker der Welt immer und immer wieder sagen: Die Wahrheit lässt sich nicht ausdrücken. Sobald sie ausgedrückt wird, wird sie im Verlauf des Ausdrückens zu einer Lüge. Alle eure heiligen Schriften sind voller Lügen.

Gott gibt dir keine Gelegenheit, Religion für dich zu entdecken. Er gibt dir eine vorgefertigte Religion und erlaubt dir nicht einmal, darüber Fragen oder Zweifel zu äußern – das wäre eine große Sünde. In den religiösen Schriften findet sich jeder erdenkliche Schwachsinn, aber du musst daran glauben – absolut.

Einen Menschen wie Bertrand Russell hat das ziemlich stutzig gemacht, einfach deshalb, weil es da Dinge gibt, die jeder, der ein bisschen Intelligenz hat, nicht vertrauenswürdig finden kann. Wer jedoch zweifelt, wird zum Sünder und fängt an, sich schuldig zu fühlen. Schließlich schrieb Russell darüber ein Buch: *Warum ich kein Christ bin,* und er trug sämtliche Gründe zusammen, die ihn daran gehindert haben, Christ zu werden. Zum Beispiel die jungfräuliche Geburt von Jesus Christus. Das ist so unwissenschaftlich, dass es jegliche Intelligenz über den Haufen wirft, wenn man daran glaubt. Eine solche Idealvorstellung zu glauben ist selbstmörderisch. Damit tötest du dich selbst. Und was gewinnst du daraus? Diesen törichten Gedanken der jungfräulichen Geburt!

Wenn Bertrand Russell daran nicht glauben konnte, können wir es ihm nicht verübeln. Die Bibel selbst hat verhindert, dass dieser Mann religiös werden konnte ... Russell fragt: »Warum kommt in der Heiligen Dreifaltigkeit keine Frau vor?« Gott der Vater, Gott der Sohn und der Heilige Geist – was ist das für eine Familie? Eine solche Heilige Familie ist doch ziemlich bescheuert. Warum konnten sie nicht auch eine Frau darin aufnehmen? Weil sämtliche Religionen immer gegen die Frauen waren. Eine Frau in die Dreifaltigkeit aufzunehmen, in die höchste Machtposition, war ein Ding der Unmöglichkeit. Also hat man diesen Heiligen Geist hergenommen.

Nun, über diesen Heiligen Geist weiß eigentlich niemand so recht Bescheid – ob er ein Mann ist oder eine Frau oder ein Neutrum. Dabei war doch der Heilige Geist dafür verantwortlich, dass Maria schwanger wurde – und trotzdem gilt er als heilig! Er ist ein Vergewaltiger, denn Maria wusste wohl nicht, wie ihr geschah. Sie war bestimmt nicht freiwillig bereit, als seine Partnerin mitzumachen – wo sie doch schon verheiratet war! Aber diese Sache geht auf das Konto des Heiligen Geistes. Möglicherweise treibt er sich immer noch in der Gegend herum – und er ist ein Drittel von Gott!

So wurde ein Mann wie Bertrand Russell daran gehindert, religiös zu werden – nur wegen dieser Vorstellung von Gott. Aber jede Vorstellung von Gott kann bloß Probleme erzeugen. Nehmen wir den Hindu-Gott ... Statt der Dreifaltigkeit gibt es bei den Hindus eine Parallele: *Trimurti* – das ist ein Gott mit drei Gesichtern; drei Personen, die in einer Person vereint sind. Diese drei liegen sich ständig in den Haaren – so kindisch verhalten sie sich!

Gut, dass Sigmund Freud nur die christliche und die jüdische Tradition kannte. Wäre ihm auch die hinduistische Tradition bekannt gewesen, hätte er darin eine enorme Bestätigung für seine Hypothese gefunden. Im Hinduismus erschafft Gott die Welt, und als erstes Wesen erschafft er eine Frau. Natürlich, denn ohne Frau kann nichts anderes wachsen, die Frau muss also zuerst kommen. Aber nachdem er eine schöne Frau geschaffen hat, verknallt er sich in sie. – Nun, ein Vater, der in seine eigene Tochter verknallt ist – das war genau das, wonach Freud gesucht hatte, aber keiner gab ihm einen Tipp, dass es hier schon existierte. Sein Leben lang versuchte Freud zu beweisen, dass jeder Vater in seine Tochter verknallt ist und jede Mutter in ihren Sohn. Und darin steckt natürlich eine gewisse Wahrheit – aber ein Gott, der verknallt ist in seine eigene Tochter …?

Da bekommt die Frau Angst und versucht, sich ihm zu entziehen, aber die einzige Möglichkeit, sich ihm zu entziehen, besteht darin, ihre Gestalt, ihre Form, ihre Erscheinung, zu verändern. Sie wird zu einer Kuh – aber wie willst du Gott täuschen? Er wird zum Stier. Sie verwandelt sich also in alle möglichen Tiere und Gott immer hinter ihr her. Und auf diese Weise kommt die ganze Schöpfung zustande – indem die Frau ständig davonläuft und der Vater ihr nachstellt und versucht, sie zu vergewaltigen. Und so macht er es bis heute.

Was meinst du, was für eine Art von Religion mit einem solchen Gott möglich ist? Dieser Gott ist ein Sexualverbrecher; er müsste in psychotherapeutische Behandlung! Er kann nicht der Mittelpunkt von Religion, ja nicht einmal der Umkreis von Religion sein! Er gehört mitten ins Irrenhaus. Würdest du die Hindu-Schriften lesen, dann wärst du ziemlich schockiert über das, was Millionen Menschen, die der ältesten Religion der Welt angehören, in ihrem Kopf herumtragen.

Da sind einmal die drei Phasen des Hindu-Gottes: Brahma ist die schöpferische Phase, er ist der Erschaffer der Welt; Vishnu, die zweite Phase, ist der Erhalter der Welt, und Shiva ist der Zerstörer der Welt, wenn einmal die Zeit für die Zerstörung gekommen ist. In gewisser Weise ist alles in vollkommenem Gleichgewicht; alle drei Funktionen, die in der Existenz nötig sind: die Schöpfung, die Erhaltung und – irgendwann – die Auflösung der Schöpfung. Sobald du aber einen Blick auf das Innenleben dieser drei Gestalten wirfst, wird es unglaublich:

Eines Tages zanken sich Vishnu und Brahma wegen irgendetwas. Schon allein die Vorstellung, dass zwei Teile von Gott miteinander im Streit liegen, macht ihn schizophren. Das ist so, als würden deine beiden Hände anfangen, gegeneinander zu kämpfen … Aber genauso machst du es mit deinem Verstand: Ein Teil streitet mit dem anderen Teil. Und manchmal bist du so gespalten, als wärst du zwei Personen und manchmal sogar mehrere. Dieser Gott besteht von vornherein aus drei Personen – er ist kein einheitliches Ganzes, nicht aus einem Guss – und diese drei Teile liegen ständig im Konflikt miteinander.

Die zwei zankten sich also und konnten keinen Weg finden, den Streit beizulegen. Deshalb dachten beide, es wäre besser, nach Shiva zu suchen – vielleicht konnte er helfen. Also machten sie sich auf, um Shiva zu suchen. Es war früh am Morgen, und Shiva machte gerade Liebe mit seiner Frau Parvati – er muss Amerikaner gewesen sein! Inder tun so etwas nicht; es ist absolut unüblich. Darum glaube ich, dass Shiva der erste Amerikaner war: Er hat Sex mit seiner Frau am Morgen und das bei offenen Türen. Vielleicht wäre es besser, ihn als Kalifornier zu bezeichnen – wegen der offenen Türen! Amerikaner allein ist nicht genug.

Brahma und Vishnu traten gemeinsam ein, ohne zu wissen, was sie drinnen erwartete, und Shiva war so beschäftigt mit seinem Liebesakt, dass er sich nicht einmal nach ihnen umsah. Da wurden die beiden sehr böse. Erstens einmal geziemte es sich nicht für einen Gott, frühmorgens schon Liebe zu machen. Und zweitens bei offenen Türen, sodass jeder hereinkommen konnte.

Drittens forderte er sie nicht einmal auf, sich zu setzen; er hatte sie überhaupt nicht beachtet. Die beiden Götter waren sehr wütend, so wütend, dass sie Shiva mit einem Fluch belegten: »Du sollst in der Welt als phallisches Symbol bekannt sein!« Darum findet man in Indien keine einzige Statue von Shiva, nur das phallische Symbol. Das war der Fluch dieser zwei Götter: »Man soll dich kennen und erkennen als phallisches Symbol!«

Du wirst vielleicht nicht wissen, dass dieser *Shivalinga,* das phallische Symbol für Shiva, nie allein verwendet wird; er wird immer symbolisch in der Vagina dargestellt, beides aus Marmor. Seit Jahrtausenden verehren die Hindus diese Symbole. Aber bis heute repräsentiert dieser Shiva ein Drittel von Gott!

Du kannst eine beliebige andere Vorstellung von Gott hernehmen und wirst finden, dass sich unmöglich eine Religion darum herum fabrizieren lässt. Aber genau das war bisher der Fall. Die Fiktion eines Gottes steht im Mittelpunkt, und um diese Fiktion herum wurden alle anderen Fiktionen fabriziert: Himmel und Hölle, Sünde und Bestrafung, Reue und Vergebung. Und dieser ganze Zirkus läuft nur auf eines hinaus: die Ausbeutung der Menschen durch die schlitzohrigen Priester sämtlicher Religionen.

Es ist klar: Ohne Gott kann es keinen Priester geben. Ohne Gott kann es keinen Begriff von Sünde geben. Ohne Gott kann es keinen Himmel und keine Hölle geben. Ohne Gott kann es keinen Tempel, keine Synagoge, keine Kirche geben.

Wenn du glaubst, dass diese Dinge eine Religion ausmachen, wirst du es natürlich schwierig finden: Wie kann es eine Religion geben ohne Gott? Aber all diese Dinge haben überhaupt nichts mit Religion zu tun. In der Tat sehe ich darin die größten Hindernisse, um zu wahrer Religiosität zu finden.

Und jetzt kommt noch ein Schock für dich: Die authentische Religion wird gottlos sein und auch religionslos. Ich lehre dich eine religionslose Religion.

Du wirst hier ein wenig tiefer eindringen müssen, denn diese Worte erscheinen widersprüchlich: religionslose Religion. Wenn ich von einer religionslosen Religion spreche, meine ich damit, dass der Priester, die Synagoge, der Rabbi, der Pandit, der

Papst, die Kirche, das Gebet, die heiligen Schriften, der Heilige oder Unheilige Geist, das alles über Bord geworfen werden muss, denn das ist alles, was du bisher unter Religion verstanden hast.

Die heiligen Schriften sind nichts als religiöse Fiktion – ähnlich wie es Science-Fiction gibt. Es ist schön, Science-Fiction zu schreiben, es ist eine Kunst. Aber diese religiösen Fiktionen sind noch nicht einmal kunstvoll; es ist zu 99 Prozent Müll, reiner Schrott. Keiner liest das, außer ein paar Leuten, die ein geschäftliches Interesse daran haben, so etwas zu lesen.

Ich habe gehört:

Ein Mann, der Lexika von Tür zu Tür verkaufte, klingelte an einer Haustür. Die Hausfrau kam heraus und fragte: »Was wollen Sie?«

Er sagte: »Ich habe hier wunderschöne Lexika. Sie haben bestimmt Kinder. Die brauchen vielleicht ein Lexikon, und ich habe für jede Altersstufe das Richtige.«

Die Frau wollte ihn loswerden, darum sagte sie: »Aber wir haben schon ein Lexikon.« In der hintersten Ecke lag auf einem Tisch ein dickes Buch, das wie ein Lexikon aussah.

Der Vertreter lachte und sagte: »Das ist eine Bibel.«

Die Frau konnte nicht glauben, dass er aus dieser Entfernung erkannt hatte, dass es eine Bibel war. Sie sagte: »Sie überraschen mich. Ja, es ist eine Bibel. Ich wollte Sie nur loswerden und deshalb habe ich gesagt, dass wir schon ein Lexikon haben. Aber wie konnten Sie das wissen? Sagen Sie es mir. Ich kaufe Ihnen ein Lexikon ab, wenn Sie mir den Trick verraten.«

Er sagte: »Das ist kein Trick. Ich sah nur, wie viel Staub daraufliegt.«

Nur die Bibel und andere heilige Bücher sammeln Staub an. Ein Playboy-Heft sammelt keinen Staub an. Wer wird denn in ein solches Buch hineinschauen? Vielleicht ist es schon jahrelang nicht mehr geöffnet worden, oder vielleicht noch nie.

Diese religiöse Fiktion gilt es aufzugeben, denn sie verstellt dir den Weg und hindert dich daran, zur Wirklichkeit zu gelangen. Du musst all diesen Unsinn loswerden, der dir von deinen Eltern, von der Gesellschaft, von deinen Lehrern, von deinen religiösen Autoritäten erzählt wurde.

Solange du dich nicht vollkommen davon befreist, kannst du nicht den ersten Schritt zu einem religiösen Sein machen. Religiosität ist eine Eigenschaft deines Seins; sie hat nichts mit irgendwelchen äußeren Ritualen zu tun. Sie ist deine eigene, innere Seinsqualität.

Es gibt ein paar angeborene Qualitäten deines Seins, die in dir brachliegen, weil du nie daran gedacht hast, sie zu entwickeln. Oder hast du dich etwa bemüht, dein Bewusstsein zu entwickeln? Hast du dich bemüht, dein Mitgefühl zu entwickeln? Hast du dich bemüht, deine Intelligenz zu entwickeln?

Die Wissenschaft sagt, dass selbst Genies nur 15 Prozent ihrer Intelligenz nutzen; die übrigen 85 Prozent bleiben ungenutzt. Und das gilt für Leute wie Albert Einstein oder Karl Marx oder Rutherford, für die Nobelpreisträger. Wie ist es aber bei einem ganz normalen Menschen? Wie viel nutzt er? – Nicht mehr als fünf Prozent! Und diese fünf Prozent nutzt er, weil er sie für seine tagtägliche Arbeit braucht: für seine Arbeit, seine Familie, seine sogenannte Religion, seine politische Partei, seinen Verein oder Klub. Fünf Prozent reichen dafür völlig aus. Man muss kein Genie sein, um einem Verein beizutreten. Ich kann mir nicht vorstellen, dass ein Genie unbedingt Mitglied im Lions Club werden möchte. Jemand, der sich darum bemüht, ein Löwe zu werden, fällt in seiner Entwicklung eher zurück, als dass er aufsteigt.

Wenn selbst Genies nur 15 Prozent ihrer Gehirnkapazität nutzen, lässt das darauf schließen, dass keiner sich bemüht, seine Intelligenz zu schärfen. Ihr nutzt ständig nur so viel, wie das Leben mit seinen alltäglichen Situationen und Umständen euch abverlangt. Gäbe es keine anderen Menschen und Situationen, die es euch abverlangen, würdet ihr noch nicht einmal diese fünf Prozent nutzen.

Deshalb wird man kaum sehen, dass die Söhne und Töchter reicher Leute an der Universität brillieren und akademische Ehren einheimsen. Sie haben es nicht nötig, ihre Intelligenz zu benutzen; ihr Personal kann es für sie tun. Und jetzt, wo es Computer gibt, werden die Leute nicht einmal fünf Prozent ihrer Intelligenz nutzen. Sie werden immer einen kleinen Computer bei sich haben – und das tun sie bereits; habt ihr es nicht schon gesehen? (Osho sagte dies 1984. Anm. d. Übers.)

In meiner Kindheit, in meiner Familie, nahm mein Vater es mit der Handschrift besonders genau. Ihm kam keine Füllfeder ins Haus, weil man damit nicht die Schriftqualität einer gewöhnlichen alten Feder erreichen konnte. Er meinte, die Füllfeder würde die Handschrift verderben.

Und das lässt sich nachvollziehen. Wenn ihr zurückschaut: Ehe die Druckerpresse erfunden wurde, waren sämtliche Bücher mit der Hand geschrieben worden. Was für schöne, künstlerische Handschriften! Der Inhalt des Buches steht auf einem anderen Blatt, aber die Handschrift selbst ist ein Kunstwerk. Mit dem Aufkommen der Füllfeder ist diese Kunst jedoch fast verschwunden. Und als die Schreibmaschinentastatur verfügbar wurde, ging auch noch das kleine bisschen Schönschrift, das mit der Füllfeder möglich war, verloren – heute tippen die Leute nur noch. Wenn sie etwas mit der Hand schreiben sollen, sieht ihre Handschrift aus, als wären sie völlig ungebildet. Und zum Rechnen hat heute jeder einen kleinen Computer, einen Taschenrechner, bei sich. Bald werden die Leute das Kopfrechnen völlig verlernt haben.

In Indien lebt eine Frau namens Shakuntala (Devi), die die ganze Welt bereist hat und mit den größten Mathematikern zusammentraf. Sie war ein mathematisches Wunderkind und wusste noch nichts von höherer Mathematik, aber selbst Albert Einstein war von ihr äußerst beeindruckt. Man konnte ihr irgendeine Zahl, egal wie groß, aufschreiben und sie bitten, diese mit irgendeiner anderen beliebig großen Zahl zu multiplizieren – und bevor man die zweite Zahl fertig geschrieben hatte, hatte sie bereits die Lösung. Einstein sagte: »Ich hätte dafür mindestens drei Stunden gebraucht.«

Aber wie ist es möglich, dass diese Frau das kann? Sie hat keine Ahnung. Sie sagt: »Ich schaue einfach auf die Zahlen, die miteinander multipliziert werden sollen …« Und dann fällt sie in eine Art von Stille; aus dieser Stille tauchen Zahlen auf, und sie fängt an zu sprechen: »Schreiben Sie diese Zahl auf – aber ich weiß nicht, wie sie zustande kommt.« Sie hatte von Geburt an eine so überragende Intelligenz, dass ihr Gehirn im Bruchteil einer Sekunde die Lösung liefern konnte. Und sie ist nicht das einzige Beispiel; es hat noch andere gegeben.

Ein junger Knabe namens Shankaran war so arm, dass er eine Rikscha zog, um Geld zu verdienen. Etwas so Hässliches sollte es nirgends geben: dass ein Mensch ein Fahrzeug zieht, in dem ein anderer sitzt. Und er war noch ein Knabe, aber sein Vater war schon alt, und so zog er in Chennai eine Rikscha. Zufällig geschah es, dass sich das Mathematikinstitut der Universität für ihn zu interessieren begann. Eines Tages beförderte er einen Professor, den Leiter des Instituts, in seiner Rikscha, und dieser fing ein Gespräch mit ihm an. Der Professor sagte: »Du bist noch so jung; du solltest lesen und studieren.«

Der Junge erzählte ihm von seiner Familie. »Aber auch ohne zu lesen und zu studieren«, sagte der Junge, »kann ich Mathematik – und ich weiß, dass Sie Mathematik unterrichten. Irgendwie kann ich das.« Der Professor testete ihn und war sehr erstaunt: Dieser Junge war ein Wunder! Er schickte den Jungen auf eigene Kosten nach Oxford, damit er dort seine Fähigkeiten unter Beweis stellen konnte, und überall, wo er hinkam, erstaunte der Junge selbst die größten Mathematiker. Rutherford berichtet, dass eine bestimmte Frage, mit der er sich selbst seit Jahren abgeplagt hatte, von dem Jungen innerhalb von Sekunden gelöst wurde. Und als die Lösung vorlag, konnte Rutherford sehen, wie einfach sie war – wie hatte sie ihm nur entgehen können? Irgendwie war er immer im Kreis gegangen und hatte den wesentlichen Punkt übersehen, aber der Junge traf genau diesen Punkt. Und er hatte keine Schulbildung.

Der Intellekt lässt sich schärfen, und es gibt Methoden, ihn zu schärfen. Die moderne Psychologie versucht, ihn zu messen. Ich meine, sie sollten nicht so töricht sein, ihre Zeit mit Messungen zu verschwenden. Was gibt es da zu messen? Der Durchschnittsmensch bleibt im mentalen Alter von 13 Jahren stehen. Er mag schon 70 Jahre alt sein, aber sein mentales Alter ist immer noch 13 und er benutzt fünf bis sieben Prozent seiner Intelligenz. Wozu Zeit verschwenden, um dafür noch genauere Messmethoden zu finden? Warum verwenden sie keine Methoden, die den Intellekt schärfen können? Aber genau das ist es, was ich euch lehre.

Wenn du zweifelst, wird dein Intellekt geschärft.

Wenn du glaubst, wird dein Intellekt einrosten. Er sammelt mit der Zeit Staub an, wenn du ihn nicht benutzt. Der Zweifel schärft unweigerlich den Intellekt, aus einem wichtigen Grund: Mit dem Zweifel kannst du dich nicht arrangieren. Du musst dir etwas einfallen lassen, du musst die Antwort finden. Solange du nicht die Antwort gefunden hast, wird dich der Zweifel nicht mehr loslassen und an dir nagen. Darum ist der Zweifel eine gute Methode, um deinen Intellekt zu schärfen.

Aber alle Religionen lehren, dass es eine Sünde ist, zu zweifeln und dass Glauben bedeutet, religiös zu sein. Ich aber sage euch: Zu zweifeln bedeutet, religiös zu sein, und zu glauben bedeutet, unreligiös zu sein.

Aber diese Pseudoreligionen waren wirklich raffiniert und schlau. Was die Psychologen bis heute nicht herausgefunden haben, das wussten die Religionen schon vor 5000 Jahren: Der Zweifel ist gefährlich; er schärft den Intellekt. Der Glaube ist bequem und angenehm; er lullt die Menschen ein. Er ist eine Art Droge; er macht dich zu einem Zombie. Ein Zombie kann Christ sein, Hindu, Muslim ... das sind alles Zombies mit verschiedenen Markennamen. Und manchmal hat jemand genug von seiner Marke und wechselt sie. Dann wird ein Hindu zum Christ, ein Christ zum Hindu – eine neue Marke, ein frisches Etikett. Aber hinter dem Etikett das gleiche Glaubenssystem.

Demontiere deinen Glauben, deine religiösen Überzeugungen. Natürlich wird dir das unangenehm und unbequem sein – aber nichts Wertvolles wird je gewonnen, ohne dass du Unannehmlichkeiten in Kauf nimmst.

Seit 300 Jahren wendet die Wissenschaft den Zweifel als ihre Methode an – und wie viel hat sie der Welt in diesen 300 Jahren gegeben! In 10 000 Jahren haben die Religionen noch nicht einmal ein Tausendstel dessen geben können, was uns die Wissenschaft zu geben vermochte. Die Religionen haben überhaupt nichts gegeben. Im Gegenteil, sie haben alles verhindert, was sie nur verhindern konnten. Ja, sie versuchten sogar, die Wissenschaft zu verhindern, mit großen Anstrengungen – und das tun sie immer noch.

Nach wie vor predigt der Papst ständig seinen Katholiken, dass sie keine Methoden der Geburtenkontrolle anwenden dürfen – denn das ist gegen Gott. Komisch, wo doch sogar der Heilige Geist die Geburtenkontrolle anzuwenden scheint, denn Jesus sagt: »Ich bin der eingeborene Sohn Gottes.« Was ist mit Gott los? Hat er aufgehört, Söhne und Töchter hervorzubringen? Entweder ist er ein *Brahmacharya* geworden und lebt im Zölibat, was nicht sehr wahrscheinlich ist – oder er benutzt empfängnisverhütende Mittel. Aber der Papst redet fortwährend gegen die Geburtenkontrolle, weil sie nicht dem Willen Gottes entspricht – nur: Gott schickt immer mehr Menschen!

Diese Erde ist schon längst überbevölkert. Die Situation ist bereits so schlimm, dass die Menschheit sterben wird, wenn nicht die Bevölkerungszahlen auf die Hälfte sinken. Man benötigt dazu keinen Dritten Weltkrieg. Allein die Bevölkerungsexplosion reicht schon aus, um alle zu töten, am Hunger sterben zu lassen.

Aber Gott schickt uns ständig noch mehr Leute. Entweder fällt ihm nichts Neues mehr ein – er könnte doch zum Beispiel mit jedem Baby ein Stückchen Land mitschicken – oder er könnte sich etwas ausdenken, dass keiner mehr hungern muss. Statt echter Babys könnte er uns Plastikbabys schicken, die auf Akku laufen; das wäre einfacher. Dann muss man sich nur gelegentlich seine Batterie aufladen lassen! Für Gott ist alles möglich! Er hat schon alle möglichen Wunder vollbracht, und auch sein Sohn hat alle möglichen Wunder vollbracht. Dies wäre gar kein so großes Wunder: ein Baby zu erschaffen, das auf Batterie läuft.

Stattdessen liefert er uns fortwährend neue hungrige Mägen und kein neues Land – und der vorhandene Boden wird immer unfruchtbarer. Aber der Papst predigt weiter: »Keine Geburtenkontrolle, keine Abtreibung!« Warum denn keine Abtreibung? – weil damit Leben getötet wird! Und das aus dem Munde eines Papstes, wo doch die Päpste in der Vergangenheit unzählige Kreuzzüge geführt und Tausende von Menschen niedergemetzelt haben! Darin bestand ihr ganzes Gotteswerk: Menschen zu töten, Frauen zu verbrennen, alles wegen so einer fiktiven Gottesvorstellung ...

Jeder konnte an den Papst, an die Kirche schreiben: »In unserem Dorf gibt es eine Frau, die eine Hexe ist.« Dies genügte, um die Inquisition in Gang zu setzen, und es gab ein eigenes Gericht, das untersuchte, ob eine Frau eine Hexe war oder nicht. Die Frau wurde so sehr gefoltert, dass sie zugab, eine Hexe zu sein, denn das war immer noch leichter zu akzeptieren, als weitergefoltert zu werden. Und sobald sie zugab, dass sie eine Hexe war, musste sie lebendigen Leibes verbrannt werden. So wurden Tausende von Frauen lebendig verbrannt.

Aber jetzt plötzlich dieses Interesse an Gewaltlosigkeit, weil Abtreibung Gewalt sei. Und die Vorgänger dieses Papstes gaben Benito Mussolini im Zweiten Weltkrieg ihren Segen. War das etwa keine Gewalt? Der Erzbischof von Canterbury in England gab den britischen Streitkräften seinen Segen – war das keine Gewalt? War das völlig im Sinne Gottes? Man muss sich fragen, ab welchem Zeitpunkt Abtreibung zu einer gewaltsamen Handlung wird.

Genau ab welchem Zeitpunkt ... In diesem Augenblick wird ein Kind empfangen – ist es lebendig oder tot? Es ist lebendig, aber woher kam das Leben? Es war schon lebendig in den Samenzellen, noch ehe die Gebärmutter es aufgenommen hat. Alle Samenzellen sind lebendig. Sie haben eine kurze Lebensspanne, nur zwei Stunden, und wenn sie innerhalb dieser zwei Stunden auf eine weibliche Eizelle treffen und in die Eizelle eindringen, wird das Kind empfangen. Auch die Eizelle ist lebendig. Die Hälfte deines Seins, der weibliche Anteil, ist in der Eizelle, und die andere Hälfte deines Seins kommt von den Samenzellen deines Vaters. Und in einem einzigen Geschlechtsakt veranstalten Millionen von Zellen ein großes Wettrennen ...

Vielleicht überrascht es dich zu hören: Genau an diesem Punkt fängt die ganze Politik an. Alle stürzen sich, so schnell sie können, in Richtung Eizelle, denn wer als Erster ankommt, wird Präsident Ronald Reagan. Und alle, die danach kommen – und sei der Abstand noch so gering –, für sie heißt es: Ende! Nur ein Sperma kann eindringen; dann verschließt sich die Eizelle, und nichts kann mehr hinein. Das ist der natürliche Vorgang. Die Eizelle ist nur für eine Samenzelle zu haben. Manchmal passiert es aber, dass zwei männliche Zellen gleichzeitig ankommen und beide eindringen. Dann haben wir Zwillinge – aber auch drei oder vier oder fünf oder sechs, sogar neun Babys auf einmal sind schon vorgekommen! Aber das ist ein sehr seltenes Ereignis.

Millionen von Sperma ... und sie sind wirklich schnell. Es ist wie bei einem Autorennen. Alle flitzen davon und müssen sich wirklich beeilen. Wenn sie in zwei Stunden nicht ans Ziel gelangen, ist das ihr Ende. Bei einem einzigen Geschlechtsakt seid ihr für die Tötung von Millionen von Lebewesen verantwortlich! Und bei einer Abtreibung? – Nur von einem! Was ist der Unterschied, ob eine Million oder eine Million plus eins?

Aber der Papst ist durchaus einverstanden – genauso wie der oberste Imam der Muslime und der Shankaracharya der Hindus –, dass die Bevölkerung immer noch weiter wächst, weil die Zahlen eine politische Rolle spielen. Es ist die reinste Zahlenpolitik – wie viele Katholiken gibt es? Der Papst ist nicht an der Menschheit interessiert, nicht an der Zukunft interessiert, er stört sich überhaupt nicht an einem globalen Selbstmord, o nein! Sein ganzes Interesse gilt der Anzahl von Katholiken. Je mehr Katholiken es gibt, desto mehr Macht kann er ausüben. Und ebenso der Shankaracharya: Je mehr Hindus, umso mehr Macht!

Sie sind alle nur an der Macht interessiert. Im Namen Gottes wollen sie immer mächtiger und mächtiger werden. Gott erweist sich als überaus praktisches Werkzeug in den Händen des Priesters. Was auch immer der Priester erreichen will, das lässt er Gott sagen. Er verfasst die Schriften und er ist es auch, der allen möglichen Blödsinn hineinschreibt. Aber es ist eine seltsame Tatsache, die man verstehen muss, was die Menschen betrifft: Die Leute sind äußerst leicht mit diesem Blödsinn zu beeindrucken, weil er mystisch erscheint.

Zum Beispiel sagt die Bibel: »Im Anfang war das Wort.« Also, wie kann denn das Wort am Anfang sein? Machen sie denn keinen Unterschied zwischen Klang (oder Ton) und Wort? Ein Wort ist sinnhaltiger Klang. Vielleicht könnte man ja sagen, dass im Anfang der Klang war – aber nicht das Wort.

Ein Wort setzt voraus, dass jemand da war, der dem Klang einen Sinn verlieh, indem er ein Wort gebrauchte. »Im Anfang war das Wort.« Ich sage nur hypothetisch, dass Klang besser und logischer wäre, aber tatsächlich ist auch Klang nicht möglich. Wissenschaftlich gesehen, ist Klang nur möglich, wenn jemand da ist, der ihn hören kann, sonst gibt es keinen Klang.

Jetzt rede ich gerade hier. Wenn keiner da wäre, gäbe es auch keinen Klang, denn dafür sind zwei Dinge vonnöten: ich, der ein Geräusch macht, und eure Ohren, die es empfangen. Zwischen diesen beiden ereignet sich der Klang. Wenn sich in der Nähe eines Wasserfalls niemand befindet, könnte man glauben, dass sich in der Nähe des Wasserfalls trotzdem viel Klang ereignet. Das stimmt aber nicht. Klang ist nur, wo ein Ohr ist.

Es kann also nicht einmal »Klang« heißen, geschweige denn »Wort«. Trotzdem heißt es: »Im Anfang war das Wort« – Da könnt ihr sehen, wie etwas Unsinniges mystisch wird. »Im Anfang war das Wort, und das Wort war bei Gott.« Damit habt ihr die erste Aussage bereits wieder aufgehoben. »Im Anfang war das Wort, und das Wort war bei Gott.« – Also waren schon zwei vorhanden! Das hebt den ersten Satz sofort wieder auf. Und dann der dritte Satz: »Und Gott war das Wort.«

Aber solch ein Quatsch macht Eindruck auf die Menschen: »Darin muss etwas ungeheuer Tiefes enthalten sein, deshalb verstehen wir es nicht!« Darin ist überhaupt nichts Tiefes enthalten – nur irgendein Schwachkopf hat es geschrieben. Aber die christlichen Theologen schreiben seit Jahrhunderten ihre Kommentare darüber und rätseln darüber, was es wohl bedeutet. Was ist »das Wort«? Was bedeutet »Das Wort war bei Gott« und »Gott war das Wort«? – Nur drei kurze Sätze, und alle heben sich gegenseitig auf.

Wenn man irgendeine heilige Schrift analysiert, findet man immer solche Aussagen. Und dann heißt es: »Zweifle nicht, sondern glaube, hab Vertrauen, dann wirst du großen Lohn ernten! Wenn du zweifelst, gehst du in die Irre.« Doch in dieser Dunkelheit gibt es kein Licht – außer man zweifelt.

Zweifle! Und sei dabei nicht halbherzig; zweifle mit all deiner Intensität. Dann wird der Zweifel wie ein Schwert in deiner Hand und trennt dich von dem ganzen Müll, der sich um dein Sein gelegt hat. Der Zweifel trennt dich von dem Müll, und die Meditation erweckt dich. Beides gehört zusammen, denn du kannst nicht aufwachen, solange du mit all dem Müll beladen bist. Dieser Müll schläfert dich ein, und dazu ist er auch da. Er soll dir deinen Schlummer bewahren. Hab Vertrauen und leg dich schlafen, damit du nicht die Politiker und die Priester störst, damit du nicht das Establishment behelligst, damit du niemanden belästigst. Am besten wirst du zu einem Menschen ohne Seele, zu einer Maschine, zu einem Sklaven.

Darum sage ich: Zweifle und meditiere! Und mit Meditation meine ich eine ganz einfache Sache: Bleib einfach still und fang an, in deiner Stille zu ertrinken.

Am Anfang macht es Angst, denn die Stille ist wie ein Abgrund. Vielleicht ist er bodenlos ... man möchte sich an irgendetwas festklammern. Stille erfordert Mut, genauso wie Zweifel Mut erfordert.

Zu zweifeln bedeutet, alles über Bord zu werfen, was andere dir eingetrichtert haben. Und Meditation bedeutet, nachdem alles über Bord geworfen wurde, in dein Selbst einzutreten – das weder ein Gott noch sonst irgendjemand in dich gelegt hat. Es war schon immer dein innerstes Sein, von Ewigkeit an, und wird es immer sein, in alle Ewigkeit.

Ertrinke in der Stille. Genieße sie, trinke sie, schmecke sie!

Die Angst ist nur am Anfang. Wenn du erst einmal einen kleinen Geschmack davon bekommen hast, einen kleinen Vorgeschmack auf der Zungenspitze, dann verschwindet alle Angst, denn die Stille ist so süß, so nährend, so unendlich zentrierend und erdend. Sie gibt dir zum ersten Mal das Gefühl, allein zu genügen, das Gefühl, dass du keinen Gott und kein Gebet brauchst, weil der Tempel nicht außen, sondern in dir drinnen ist. Und wenn du weitergehst und dieses Gefühl zunimmt und du tiefer hineinsinkst, wirst du dich wundern:

Im Anfang war Stille, nicht Klang. In der Mitte ist Stille. Am Ende ist Stille.

Es ist eine ewige, immerwährende Stille – und sie ist dein wahres Sein: so erfüllend, so unendlich erfüllend, dass du eine tiefe Zufriedenheit fühlst und zum ersten Mal erkennst, dass dir nichts fehlt. Alles, was du brauchst, hast du bereits in dir. Die Existenz ist sehr großzügig.

Aber Gott ist sehr knauserig – selbstverständlich, weil knauserige Menschen die Fiktion Gottes nach ihrer eigenen Vorstellung geschaffen haben. Gott ist sehr geizig, sehr grausam, sehr eifersüchtig und sehr rachsüchtig. Und wegen kleiner Dinge … Da raucht jemand Zigaretten – was für eine Sünde kann er damit schon begehen? Ich kann mir nicht vorstellen, dass er damit sündigt. Es mag ein Fehler sein, aber das ist eher eine medizinische Frage; es hat nichts mit Religion zu tun. Vielleicht geht er nicht sorgfältig genug mit seinem Körper um, aber das ist seine Angelegenheit. Vielleicht stirbt er zwei bis drei Jahre früher, aber wenn er sich überlegt, was er in diesen zwei, drei Jahren tun würde … mehr rauchen! Also was soll's?

Nun gibt es Religionen wie den Buddhismus und den Jainismus, die sagen: »Wer raucht, kommt in die Hölle.« Seltsam, hier auf Erden raucht der Mann, und drüben werft ihr ihn ins Höllenfeuer? Hier hat er sich das Feuer reingezogen, und drüben kommt er gleich als Ganzer hinein? Was für eine Rache soll da geübt werden? Dabei hat er euch überhaupt nichts getan; was auch immer er tat, hat er sich selbst angetan. Und wer weiß, ob er nicht schon dafür gelitten hat: vielleicht an Tuberkulose, vielleicht an Krebs, vielleicht auf andere Weise. Er hat schon gelitten – wozu dann noch die Hölle? Wegen so kleiner Dinge, so natürlicher Dinge haben die Religionen ein solches Theater gemacht. Nur weil ihr Gott einen so engen, kleinkarierten Verstand hat!

Die Existenz ist unendlich großzügig, immer verzeihend, niemals strafend. Aber der einzige Weg zur Existenz führt durch deine eigene innerste Stille. Es ist die Stille zwischen den Sternen – dieselbe Stille, ohne Unterschied.

Es gibt nicht verschiedene Arten von Stille, wohlgemerkt. Es kann nicht zweierlei Stillen geben. Die Stille ist immer nur eine. Eine Kostprobe davon, und du hast die Stille gekostet, die auch dort draußen herrscht, Millionen Lichtjahre entfernt, und in die das ganze Universum eingebettet ist.

Hast du deine innere Stille gefühlt, dann hast du den Pulsschlag des Universums gefühlt.

Ich sage dir: Mit Gott besteht keine Möglichkeit für echte Religion. Und ich sage dir auch: Mit den sogenannten Religionen, die bisher existierten, besteht ebenfalls keine Möglichkeit für Religion. Ich lehre euch eine gottlose, eine religionslose Religion.

Natürlich wird meine Bedeutung von Religion dann »Religiosität« sein. Dann bist du kein Christ, kein Hindu, kein Muslim. Du bist einfach ein Mensch der Stille, ein Mensch der Wahrheit, ein Mensch des Mitgefühls, ein Mensch, der nicht mehr sucht – einer, der angekommen ist. Und in diesem Gefühl des Angekommenseins gibt es keine Fragen mehr, keine Zweifel, keine Glaubensinhalte, aber auch keine Antworten.

Kurz bevor Bodhidharma starb, fragten ihn seine Schüler: »Meister, deine letzte Botschaft?«

Er öffnete die Augen und sagte: »Ich weiß gar nichts – ich bin angekommen. Das Wissen habe ich weit hinter mir gelassen; wen kümmert es zu wissen? Da ist niemand, der fragt, da ist niemand, der irgendetwas infrage stellt, da ist niemand, der antwortet. Alles ist still geworden. Deshalb kann ich nur sagen, dass ich nichts weiß.«

Das war letztlich auch die Aussage des Sokrates vor seinem Ende. Er sagte: »Als ich jung war, dachte ich: ›Ich weiß viel und bald werde ich alles wissen.‹ Doch als ich fortfuhr zu suchen, zu zweifeln, zu forschen« – und er war kein Mann des Glaubens, sondern ein Mann des Zweifelns ... Er war all euren religiösen Propheten, Messiassen, Avataren, Tirthankaras überlegen, war ihnen weit überlegen. Am Ende sagte er: »Je mehr ich anfing zu wissen, desto mehr fing ich an zu begreifen, dass ich gar nichts weiß.«

Seine Aussagen sind von ungeheurer Schönheit, wenn auch widersprüchlich an der Oberfläche. Er sagt: »Je mehr ich wusste, desto weniger wusste ich. Als ich das Ganze erkannte, verlor ich alles Wissen; nur Unwissenheit blieb.« Darum sagte er: »Es gibt ein Wissen, das unwissend ist, und es gibt eine Unwissenheit, die weiß.«

Durch den Glauben kommst du zum Wissen, das unwissend ist. Durch Zweifel, Erforschung, Meditation kommst du in einen Zustand der Unwissenheit, die weiß.

Es ist nicht nötig, ein religiöses Etikett zu tragen. Es ist nicht nötig, einer Glaubensgemeinschaft zugehörig zu sein. Meine Kommune ist seltsam, in gewisser Weise ein Widerspruch. Meine Aufgabe besteht darin, dich frei zu machen von allen Zugehörigkeiten, dir völlige Freiheit zu lassen, du selbst zu sein.

Aber weil du vielleicht allein nicht gegen die ganze Welt bestehen kannst, brauchst du Reisegefährten. Du brauchst Menschen, die den gleichen Weg gehen, die dir Mut machen und dich inspirieren, denn da draußen ist die breite Masse – diese Leute, die Sokrates vergifteten; diese Leute, die Jesus kreuzigten; diese Leute, die Mansur al-Halladsch töteten und so viele andere. Ich würde nicht wollen, dass irgendeinem von euch so etwas widerfährt. Darum musste ich mich auf einen Widerspruch einlassen und eine Kommune ins Leben rufen. Aber vergesst nicht, dass es nur aus reiner Freude am Spiel geschieht – ihr dürft es nicht wirklich ernst nehmen.

Es macht euch nicht zu meinen Anhängern. Es bedeutet einfach nur, dass ihr für mich offen und erreichbar seid, dass ihr mir zuhören und dabei all eure Vorurteile beiseitelegen könnt. Ich gebe euch keine Lehre. Ich habe keine. Ich werde euch sämtliche Lehren rauben. Ich will, dass ihr reine Leere werdet. Das ist die höchste Qualität eines religiösen Menschen: die innere Leere zu kennen. Sie ist grenzenlos. Sie ist so unermesslich wie das Universum. Sie birgt in sich das ganze Universum.

Wenn du absolut leer bist, beginnen die Sterne in dir zu kreisen. Das ganze Universum und du ... da ist keine Trennung mehr. Du hast eine stille, geheime Tür gefunden, die von dir ins Ganze führt.

Gott wird nicht gebraucht. Er ist eine absolut nutzlose Hypothese. Auch Religionen werden nicht gebraucht. Nur ein religiöses Bewusstsein – das wird absolut gebraucht, heute mehr als je zuvor.

Wenn es uns nicht gelingt, eine große Bewegung für authentisches religiöses Bewusstsein hervorzubringen, hat die Menschheit keine Zukunft – dann ist der Mensch zum Sterben verurteilt. Die Priester, die Politiker und andere Machtinteressen – sie alle zusammen haben euch euer Grab bereitet; jeden Augenblick können sie euch hineinstoßen. Und viele von euch sitzen aus eigenem Antrieb bereits in diesem Grab. Die Welt war noch nie zuvor an einem so kritischen Punkt. Wenn nicht eine große Welle von meditativem Bewusstsein freigesetzt wird, ist das Schicksal des Menschen besiegelt.

Aber ich hoffe sehr, dass das meditative Bewusstsein überwiegt, dass die Menschheit diesen gefährlichen Moment übersteht und daraus ein Mensch hervorgehen wird, der um vieles besser, viel höher entwickelt, viel humaner sein wird.

10

Gott – der Niemand, den jeder kennt

? *Gott hat Leute wie Adolf Hitler nicht nach seinem Abbild geschaffen. Er schuf Leute wie Jesus Christus, Krishna und Buddha.*

Dies ist keine Frage. Es ist eine Feststellung, eine Antwort – dabei habe ich gar keine Frage gestellt! Die Person scheint sogar zu wissen, wen Gott nach seinem Abbild schuf und wen nicht. Es scheint sich hier also um einen Augenzeugen zu handeln. Wie kam er bloß in diese Situation? Hat Gott ihn nach seinem Abbild geschaffen? Was macht er dann hier? – Aber es macht mir sogar Spaß, auf eine Antwort zu antworten.

Er sagt, Gott habe Leute wie Adolf Hitler nicht nach seinem Abbild geschaffen. Was stimmt denn nicht mit Adolf Hitler? Die Anhänger von Adolf Hitler glauben, er sei die Reinkarnation des großen jüdischen Propheten Elija. Das ist mindestens ebenso wahr wie der Glaube der Christen, Jesus sei der eingeborene Sohn Gottes, oder der Glaube der Muslime, Mohammed sei der einzige Prophet Gottes. Niemand sonst glaubt daran, aber das tut nichts zur Sache. Die Christen glauben, was sie glauben – und die Anhänger Hitlers glauben, was sie glauben.

Und Adolf Hitler war ein sehr religiöser Mann. Lasst mich euch einen kleinen Einblick in Adolf Hitlers Leben geben: Er lebte wie ein Mönch in einer unterirdischen Zelle. Er interessierte sich nicht für sogenannte weltliche Dinge, für die alle anderen sich interessieren. Er war Vegetarier und vermied es sein Leben lang, Fleisch zu essen. Er blieb fast sein ganzes Leben lang unverheiratet – außer drei Stunden, die letzten drei Stunden. Aber das ist praktisch sein ganzes Leben; was zählen schon diese drei Stunden? Und was kann in drei Stunden Ehe schon groß passieren? Die Heirat wurde arrangiert, nachdem er beschlossen hatte, Selbstmord zu begehen, denn diese Frau hatte ihn ständig bedrängt: »Warum heiratest du mich nicht?« Aber er lehnte immer ab. Er lebte wie ein Mönch, absolut allein in seiner Zelle, und seine Sorge war, wenn er verheiratet wäre, würde es schwierig sein, allein zu leben. Diese Frau würde sich ihren Weg in sein Zimmer erzwingen. Also schob er es immer wieder auf.

Als er sich schließlich dazu entschloss, war Berlin am Fallen, und ringsum fielen die Bomben. Er konnte das Explodieren der Bomben von seiner Zelle aus hören. Er ließ sofort einen Priester kommen, um die Eheschließung zu arrangieren. Wozu eine Eheschließung? – Um gemeinsam Selbstmord zu begehen. Vielleicht ist es das Gleiche, was die meisten Leute unwissentlich tun. Aber ihre drei Stunden können sich noch lange hinziehen, und je länger sie sich hinziehen, umso qualvoller wird es.

Irgendwie gelang es, einen Priester herbeizuholen. Er vollzog rasch die Ehezeremonie, und kaum war die Zeremonie beendet, nahmen die beiden Gift und töteten sich. Und auf Hitlers Geheiß sollten ihre Körper mit Benzin übergossen und vollständig verbrannt werden, damit nicht eine Spur davon zu finden sei. Und genau so wurde es gemacht.

Dieser Mann pflegte jeden Morgen vor Sonnenaufgang aufzuwachen. Nicht alle Mönche sind so religiös! Soviel ich weiß, sollen Mönche vor Sonnenaufgang aufstehen, aber Menschen sind eben Menschen. Adolf Hitler war aus einem anderen Holz geschnitzt. Selbst im Winter stand er vor Sonnenaufgang auf, und während des ganzen Jahres nahm er nach dem Aufstehen eine kalte Dusche. Zuallererst eine kalte Dusche – ein äußerst disziplinierter Mönch! Und er legte sich immer pünktlich um neun Uhr abends schlafen. Er interessierte sich für nichts, was man verwerflich nennen könnte. Er spielte weder Karten noch rauchte er Zigaretten. Sein Essen war einfach und spartanisch, und er trank nie Wein – keinen Alkohol.

Nachdem Deutschland Frankreich besetzt hatte, wollten alle seine Generäle, dass Hitler nach Paris, in die schönste Stadt der Welt, kommen solle, aber er hatte kein Interesse. Schönheit bedeutete ihm nichts, aber weil alle ihn so bedrängten – nachdem sie Frankreich erfolgeich erobert hatten –, kam er doch, blieb aber nur 24 Stunden und verließ sein Hotelzimmer nicht einmal, um sich Paris anzusehen.

Du sagst, Gott habe Adolf Hitler nicht nach seinem Abbild geschaffen. Wieso denn nicht? – Weil er so viele Menschen getötet hat? Aber Gott tötet doch tagtäglich Millionen von Menschen – wer sonst? Adolf Hitler hat ihm einfach ein bisschen Arbeit abgenommen. Es müssen ja immer einige Leute getötet werden; jeder muss schließlich einmal sterben. Was ist denn daran verkehrt, wenn Adolf Hitler ein bisschen mithilft und den lieben Gott ein wenig entlastet?

Und er hat es doch perfekt hingekriegt, viel besser als Gott selbst! Manchmal kommt die Kopie deutlicher heraus als das Original. Hitler erfand die Gaskammern, die gewaltloseste Methode, Menschen zu töten. Eigentlich sollte man es gar nicht »töten« nennen, »töten« klingt viel zu brutal. In der Gaskammer merkst du gar nicht, ob du noch da bist oder schon weg – so schnell geht das. Man drückt einfach auf einen Schalter, und schon ist alles nur Schall und Rauch. Er hat seinen Job perfekt erledigt.

Tatsächlich hegte Hitler die feste Überzeugung, die fanatische Vorstellung, Gott habe ihn auserkoren, mit allem aufzuräumen, was bisher falsch gelaufen war und die Entwicklung des »Übermenschen« auf Erden verhindert hatte. Er handelte demnach in bestem Glauben. Sein starker Glaube und seine besten Absichten sind nicht zu bezweifeln, denn wenn er auch nur ein bisschen im Zweifel gewesen wäre, hätte er unmöglich tun können, was er tat: Millionen von Menschen zu Tode zu bringen. Dazu bedarf es eines wahrhaft messianischen Glaubens, einer fanatischen, blinden Überzeugung, dass man das einzig Richtige tut. In ihm gab es keinen Zweifel, nicht einen Funken Zweifel, dass er Gottes Auftrag zu erledigen hatte: die Welt von allem zu säubern, was nicht im Einklang stand mit der Evolution des Übermenschen!

Du sagst, Gott hätte Adolf Hitler nicht nach seinem Abbild geschaffen. Das bringt die Frage auf: Wer hat dann also Adolf

Hitler geschaffen? Gibt es noch irgendwelche anderen Götter? Das würde bedeuten, dass man eine Auswahl hat. Dann kannst du einkaufen gehen und dir aussuchen, nach wessen Bild du geschaffen werden möchtest. Du gehst einfach in ein Shoppingcenter und suchst dir deinen eigenen Gott: »Ich möchte nach dem Abbild dieses Gottes geschaffen werden!«

Dies ist eine uralte Strategie der pseudoreligiösen Leute: Alles, was sie gut finden, schreiben sie Gott zu, und alles, was sie übel finden, schreiben sie dem Teufel zu. Aber wer erschuf den Teufel?

An irgendeiner Stelle muss Gott die Verantwortung übernehmen. Ich kann ihn einfach nicht aus dem Spiel lassen. Würde Gott sagen, Adolf Hitler sei von seinem Feind, dem Teufel, erschaffen worden – in Ordnung! Aber wer hat den Teufel erschaffen? Gott kann sich nicht vor dieser Verantwortung drücken und mit den Achseln zucken. Er selbst muss es gewesen sein, der den Teufel erschuf, denn woher hätte der Teufel sonst kommen sollen? Und wenn der Teufel von irgendwo anders herkäme, dann könnte ja jeder von irgendwo anders herkommen. Wozu brauchen wir dann überhaupt noch einen Gott als Schöpfer? Offenbar findet die Schöpfung auch noch irgendwo anders statt.

Man sollte Gott mitteilen: »Du hast kein Monopol, es gibt auch noch andere Töpfer – und vielleicht sogar bessere Töpfer als du –, denn die Welt, die du geschaffen hast, erscheint uns alles andere als vollkommen. Und du scheinst absolut unfähig zu sein. Wenn es dem Teufel gelingt, ständig seine Leute in deine Welt einzuschmuggeln, was machst du dann überhaupt? Du könntest wenigstens dieses Schmuggelgeschäft unterbinden. Und es findet andauernd statt, in einem ungeheuren, riesenhaften Maßstab. In der Tat scheinen deine Leute so wenige zu sein, dass man sie an den Fingern abzählen kann, während die Leute des Teufels in die Millionen gehen.«

Es ist seltsam, dass Gott immer noch auf seinem Thron sitzt, mit dem Heiligen Geist ein Schwätzchen hält und mit seinem eingeborenen Sohn Jesus spielt, während der Teufel unterdessen die ganze Welt am Laufen hält – und einen Adolf Hitler, Josef Stalin, Benito Mussolini, Mao Zedong nach dem anderen erschafft ... Die ganze Geschichte scheint zu 99,9 Prozent eine Schöpfung des Teufels zu sein!

Warum sollten wir dann Gott weiterhin die ganze Ehre als Schöpfer zuschreiben? Er mag ja ein passabler Amateurtöpfer sein, dem hier und da einmal ein Topf gelingt. Aber der Teufel ist offenbar Vollprofi: Dschingis Khan, Tamerlan, Nadir Schah, Alexander der Große, Napoleon Bonaparte, Iwan der Schreckliche ... du brauchst nur die Geschichte durchzugehen. Wurden alle diese Leute nicht von Gott geschaffen? Aber ja doch – nur hast du Angst, dir diese Tatsache einzugestehen, denn dann wird dein Gott beinahe zum Teufel.

Du sagst, Gott habe Leute wie Jesus Christus, Hazrat Mohammed, Krishna und Gautama Buddha erschaffen. Lass uns mal diese Leute betrachten, von denen du glaubst, Gott habe sie erschaffen. Jesus war Jude – er wurde geboren als Jude, lebte als Jude, starb als Jude. Er hat nie das Wort »Christus« gehört, und ich glaube nicht, dass er auch nur die geringste Absicht hatte, eine Religion namens »Christentum« zu gründen. Es gibt nirgendwo den geringsten Hinweis, der auch nur den Verdacht aufkommen ließe, dass er eine neue Religion zu gründen beabsichtigte. Nein, sein ganzes Leben lang trachtete er bloß nach einem: von den Juden als ihr Messias akzeptiert zu werden.

Also, der Gott der Juden ist ein Jude, Jesus ist ein Jude, der Hohepriester der Juden ist ein Jude. Die Rabbiner, die im großen Tempel der Juden an höchster Stelle sitzen, sind alles fromme Leute, äußerst gelehrt und schriftkundig. Man kann kaum gelehrtere Leute als die Rabbiner finden; ihr ganzes Leben widmen sie dem Studium, der Gelehrtheit. Und der Hohepriester muss ebenfalls ein großer Rabbiner gewesen sein, sonst wäre er nicht gewählt worden.

Sie beschließen also, Jesus zu kreuzigen. Ein jüdischer Gott erschafft Jesus nach seinem Abbild. Aber unter all diesen jüdischen Rabbinern, ihrem Hohepriester und der ganzen jüdischen Gemeinde erkennt kein Einziger, dass dieser Mann ein Abbild

Gottes ist. Sie sehen in ihm nur einen Unruhestifter, Schwindler und Betrüger.

Nun schickt Gott also seinen eigenen Sohn, aber er kommt nicht auf die Idee, dem Hohepriester eine Zeile zukommen zu lassen: »Bitte nimm dich meines Sohnes an, meines eingeborenen Sohnes«, obwohl sie alle Juden sind und dieselbe Sprache verstehen. Das wäre überhaupt keine Schwierigkeit gewesen – doch er schweigt. Jesus wird gekreuzigt, und Gott schweigt. Sein Ebenbild wird vernichtet, aber er bleibt absolut ungerührt.

In der Tat war Jesus kein so disziplinierter Mann wie Adolf Hitler. Jesus trank Wein und er verwandelte sogar Wasser in Wein, was eigentlich eine Straftat ist. – Soll mal einer probieren, irgendetwas in LSD zu verwandeln! Wer ein solches Wunder vollbringt, landet sofort im Knast. Oder verwandelt mal gewöhnliches Gras in »echtes Gras«, und euch wird dämmern, was es heißt, ein Wunder zu vollbringen!

Nun, dieser Jesus verwandelte Wasser in Wein, und er becherte den Wein ohne jedes Schuldgefühl. Kein einziger Hindu, kein Muslim, kein Jaina, kein Buddhist würde einen solchen Menschen als Ebenbild Gottes akzeptieren. Ein Ebenbild Gottes, das Alkohol trinkt? Das Ebenbild Gottes muss ein Gipfel an Bewusstheit sein, und Alkohol zu trinken bewirkt genau das Gegenteil: Man ertränkt sich in Unbewusstheit. Für sie ist es eine der verwerflichsten Handlungen überhaupt!

Dieser Mann Jesus, der zwar Sanftheit und Bescheidenheit predigte, war selbst ziemlich arrogant. Buddha hätte ihn nicht als Ebenbild Gottes akzeptieren können. Seine Erklärung: »Ich bin der einzige Sohn Gottes« ist die egoistischste Selbstproklamation, die jemals ein Mensch von sich gab. Adolf Hitler erhob keinen so großartigen Anspruch: Elija ... Wer kennt schon diesen Elija? Er muss im Alten Testament geblättert und einen Namen gefunden haben, der ihm aus irgendeinem Grund gefiel – denn bei Adolf Hitler konnte man nie sicher sein, was seine Gründe waren. Vielleicht hat er die Zahlen, die in der Numerologie jedem Buchstaben des Alphabets zugeordnet werden, zusammengezählt und fand, dass Elija numerologisch ein guter

Name sei – denn das waren die Dinge, an die Adolf Hitler glaubte: Numerologie, Astrologie, Handlesen.

Das Erstaunliche ist, dass sogar seine Angriffe auf andere Länder nicht von Generälen beschlossen wurden, sondern von Astrologen. Tatsächlich war das der Grund für seinen fortdauernden Siegeszug während der ersten vier Jahre. Nicht dass die Astrologie recht gehabt hätte, aber die Feinde konnten nicht dahinterkommen, wo er als Nächstes angreifen würde. Hätte er auf seine Generäle gehört, wären natürlich auch die anderen Länder in der Lage gewesen, seine Pläne vorauszusehen, weil die Generäle alle ähnlich denken. Die militärische Wissenschaft beruht auf einer einfachen Rechnung: Man greift den Feind nicht dort an, wo er am stärksten ist, sondern natürlich dort, wo er am schwächsten ist.

Doch Adolf Hitler attackierte den Feind, wo er am stärksten war. Und der Feind dachte: »Hier sind wir am stärksten, hier wird Adolf Hitler uns bestimmt nicht angreifen«, und sie verschoben ihre Truppen an den schwächsten Punkt. Aber er griff dort nicht an, weil er sich an die Astrologie hielt. Die Sterne sprachen für eine andere Position, also ließ er dort angreifen. Wenn also beide Seiten nach den Generälen entschieden hätten, dann wäre es absolut klar gewesen, wo der Angriff stattfinden musste, weil beide nach derselben Logik gehandelt hätten; aber hier ging es nicht um Logik. Und Hitlers Wort war Gesetz. Die Frage »Warum?« gab es nicht – so etwas konnte man einen Adolf Hitler unmöglich fragen. Man konnte ihn nicht fragen: »Warum haben Sie sich für dieses Vorgehen entschieden?«

Keiner durfte irgendetwas fragen – nicht einmal die Leute seines engeren Kreises standen ihm so nah. Nicht ein Einziger stand Hitler so nah, dass er ihm hätte die Hand auf die Schulter legen können. Keiner war sein Freund. Adolf Hitler ließ niemals eine Freundschaft zu. Die Reinkarnation des Propheten Elija war erhaben über euch gewöhnliche Menschenwesen, die ihr auf der Erde herumkriecht ... und ihr fragt ihn, warum!

Hitler siegte also ununterbrochen, vier Jahre lang, bis Winston Churchill sich gegen seinen Willen schließlich den gleichen

Regeln unterwarf: »Es ist Schwachsinn, aber was kann ich tun? Wenn man gegen einen Schwachkopf kämpft, muss man selbst wie ein Schwachkopf werden, sonst wird man besiegt.« Er musste Astrologen aus Indien holen, denn dort sind die besten Astrologen zu finden. Und die indischen Astrologen waren äußerst geschmeichelt, dass es endlich sogar ein Winston Churchill kapiert hatte: »Die Astrologie ist eine Wissenschaft, und wir Inder sind darin viel besser als ihr!«

Sobald die Astrologie ins Spiel kam, fing Winston Churchill an zu gewinnen, denn jetzt tat auch er verrückte Dinge. Er war ein großer Feldherr, aber jetzt tat er Dinge gegen seine Natur, gegen seine ganze Vernunft und Erfahrung – aber was sollte er machen? Der Typ da drüben hörte auf seine Astrologen, also musste man auf die Astrologen hören. Und es ging um den Sieg, darum war jetzt nicht die Zeit, über Astrologie zu diskutieren. Solche Diskussionen konnten später stattfinden. Zuerst musste man diesen Mann erledigen und diese irrsinnige Situation beenden.

Als Winston Churchill anfing, auf Astrologen zu hören, fing er an zu gewinnen, weil er ebenfalls verrückte Angriffe befahl, die gegen alle Logik waren. Und natürlich hatte er noch seltsamere Astrologen als Adolf Hitler, denn dieser hatte westliche Astrologen. Man konnte in London dieselbe Art von Astrologen finden, die wussten, welche Empfehlungen Hitler von den deutschen Astrologen bekam – aber diese indischen Astrologen verwendeten eine ganz andere Astrologie. Adolf Hitler hatte keine Möglichkeit, herauszufinden, was diese indischen Astrologen sagten, denn ihre Vorgehensweise war ganz anders. Selbst die Handlesekunst ... im Westen bedeutet eine Linie etwas ganz Bestimmtes, aber in der indischen Handlesekunst kann dieselbe Linie etwas ganz anderes bedeuten – auf der Linie steht ja nichts geschrieben. Es hängt ganz davon ab, wie man es deutet.

Jesus ist am Kreuz gestorben – für Gottes Sohn nicht gerade der richtige Platz! Aber wenn man Jainas, Buddhisten oder Hindus fragt, ergibt das, was sie darüber sagen, einen gewissen Sinn. Du würdest dich über ihre Antwort sehr wundern, aber sie hat eine rationale Basis. Sie sagen: »Er muss eine große Sünde in einem früheren Leben begangen haben, und das ist die Folge davon – es entspricht dem Gesetz des Karmas. Warum sollte man ihn sonst kreuzigen?«

Kein Hindu-Avatar wurde je gekreuzigt, kein Jaina-Tirthankara wurde gekreuzigt, kein Buddha wurde gekreuzigt – es wäre unmöglich! Es wird erzählt, dass Mahavira, der Jaina-Tirthankara, auf den Straßen wanderte – und damals gab es keine Asphalt- oder Betonstraßen, nur lehmige Fahrwege –, und wenn auf seinem Weg ein Dorn war, so kehrte der Dorn seine Spitze nach unten, um Mahaviras Füße nicht zu verletzen und ihm wehzutun.

Weil Mahavira mit seinem Karma im Reinen war, sagt man, konnte nicht einmal ein Dorn ihm wehtun – geschweige denn ein Kreuz! Selbst ein Dorn musste sich überlegen: »Da kommt ein Mann, der sein Karma aufgelöst hat. Den kannst du nicht plagen; da legst du dich besser um, damit du ihm nicht wehtust!« Also, diese Jainas ... wie hätten sie Christus als Gottes Sohn, als Messias akzeptieren können?

In den buddhistischen Schriften sind viele solcher Ereignisse beschrieben: Ein rasender Elefant wurde auf Buddha losgelassen, um ihn zu töten. Der rasende Elefant hatte schon viele Menschen getötet – er erledigte jeden, der ihm über den Weg lief. Der König ließ diesen Elefanten in Ketten halten, speziell zu dem Zweck, Verbrecher zu töten.

Die ganze königliche Familie, alle Ratgeber und Minister saßen auf den Balkonen des Palastes, um dieses Spiel zu genießen: Unten auf der Erde stand der Verbrecher; dann wurde der Elefant hereingeführt und von seinen Ketten befreit. Er raste sofort auf den Mann los, dieser rannte davon und schrie, und alle hatten ihren Spaß – genauso wie ihr euren Spaß habt bei einem Stierkampf oder wenn Muhammad Ali boxt. Das fällt alles in die gleiche Kategorie, da ist kein großer Unterschied. Die Menschen genießen die Gewalt, die Aussicht, dass der Elefant diesen Mann töten würde – wohin würde er sich retten können?

Dieser Elefant wurde also auf Buddha losgelassen. Aber als der rasende Elefant Buddha sah, soll er erkannt haben, dass dieser Mann sein Karma aufgelöst hatte. Man konnte ihm nicht wehtun. Aber man konnte die Gelegenheit nutzen und Buddhas Füße berühren, um sich gutes Karma für das nächste Leben zu verdienen! Also berührte er Buddhas Füße und setzte sich bei ihm nieder. Der König traute seinen Augen nicht. Alle hatten das Geschehen beobachtet. Sie sagten zu Buddha: »Nur du kannst sagen, was da geschah.«

Er sagte: »Nichts Besonderes. Dieser Elefant ist weiser als ihr: Er sah, dass alle meine Karmas abgeschlossen sind und ich nicht mehr leiden muss. Meine Konten sind geschlossen, die Bilanz ist fertig – was auch immer ich getan habe, dafür habe ich gelitten, und jetzt bin ich völlig rein. Als er das sah, dachte der Elefant: ›Warum soll ich mir diese Chance entgehen lassen? Wo finde ich noch einmal einen solchen Mann?‹ Also berührte er meine Füße, um den Segen zu erhalten. Nun ist er in der Tat gesegnet. Er hat genug Tugend erlangt; er wird im zukünftigen Leben als großer Buddha geboren werden. Er wird selbst erleuchtet werden, denn wenn er sogar in seiner Verrücktheit einen Buddha erkennen kann, dann ist er nicht mit seiner Verrücktheit identifiziert. Er ist sich bewusst, dass er davon getrennt ist.«

Glaubst du, die Buddhisten könnten es akzeptieren, dass Jesus, das Ebenbild Gottes, gekreuzigt wurde? Wenn sogar ein Elefant sehen konnte, dass er es mit einem Buddha zu tun hatte! Doch bei Jesus waren Tausende von Juden anwesend, und keiner, nicht ein Einziger, konnte sehen, dass dieser Mann das Ebenbild Gottes war und man ihm kein Leid zufügen durfte. Nur deine Konditionierung lässt dich das glauben. Ansonsten würde keine andere Religion Jesus in irgendeiner Weise akzeptieren.

Jesus traf sich mit Leuten, deren Umgang Mahavira seinen Mönchen verboten hätte, ganz zu schweigen von Mahavira selbst: Jesus umgab sich mit Spielern, Prostituierten, Dieben – der untersten Schicht der Bevölkerung. Mahavira würde das nicht erlauben, Buddha würde es nicht erlauben. Und warum gab Jesus sich mit diesen Leuten ab? – Weil sonst niemand sich mit ihm abgeben wollte. Die oberen Klassen, die wohlhabenden Schichten, die gebildeten, kultivierten, distinguierten Leute waren nicht bereit, sich mit dem Sohn eines Zimmermanns abzugeben – einem ungebildeten Dorftrottel, der sich selbst als Sohn Gottes bezeichnete.

Nur einmal kam ein Professor zu ihm und bezeichnenderweise mitten in der Nacht: Nikodemus. Er war Rabbi und ein bekannter Professor. Er kam in der Nacht, als sonst niemand in der Nähe war und die Apostel alle eingeschlafen waren. Jesus sagte gerade sein letztes Gebet vor dem Schlafengehen. Da kam in der Dunkelheit dieser sehr geschätzte, reiche Rabbi, der an der Akademie unterrichtete, und stellte sich vor. Jesus sagte: »Warum bist du nicht bei Tag gekommen? Jetzt ist es mitten in der Nacht, ich wollte gerade schlafen gehen. Ich habe soeben mein letztes Gebet gesprochen.«

Nikodemus sagte: »Bei Tag kann ich nicht kommen, weil die Leute sehen würden, dass ich mich mit einem Mann wie dir abgebe. Ich habe so viel über dich gehört, dass die Neugier mich hergeführt hat, aber bei Tag werde ich nicht zugeben, dass ich hier war, um dich zu sehen.« Die Leute aus der oberen Schicht suchten nicht seine Gesellschaft – was heißt Gesellschaft, sie waren nicht einmal bereit, mit diesem Mann zu reden.

Hier war der Sohn Gottes, erschaffen nach seinem Ebenbild – und niemand in ganz Judäa konnte ihn erkennen, außer ein paar Narren, die keine religiöse Bildung hatten, kein Verständnis. Es waren Fischer, Holzfäller, Bauern. Sie waren glücklich über die Vorstellung, mit dem einzigen Sohn Gottes in Verbindung zu sein, denn das gab ihnen Hoffnung: »Wenn wir das Königreich Gottes erlangen, werden wir bei dem Sohn sein, in der Nähe Gottes. Dann werden all diese reichen Leute, die Könige, die Vizekönige und die Rabbiner sehen, wer wir sind! Jetzt im Moment sind wir nur Fischer, Holzfäller, Bauern.« Das war also ihre Hoffnung. Darum war es so günstig, mit Jesus in das Königreich Gottes zu kommen. Diese Gelegenheit durfte man sich nicht entgehen lassen. Aber er konnte in ganz Judäa nur diese zwölf Menschen finden.

Keine der großen Religionen des Ostens würde Jesus akzeptieren, denn: »Man erkennt einen Menschen an der Gesellschaft, die er pflegt.« – Und Jesus bewegte sich zweifellos in schlechter Gesellschaft. Und diese Kumpanen wurden seine Apostel, diese Kumpanen begründeten die christliche Religion. Wenn die christliche Religion eine drittklassige Religion ist, braucht man sich demnach nicht darüber zu wundern – sie entstammte einer drittklassigen Quelle. Sie hat nicht die philosophische Tiefe des Jainismus oder des Buddhismus oder des Hinduismus. Sie ist kein Vergleich dazu.

In deiner Frage erwähnst du Krishna. Du hast wohl gedacht, ich würde wenigstens Krishna und Buddha als Ebenbilder Gottes akzeptieren – o nein. Es gibt von vornherein gar keinen Gott. Wie kann es da sein Ebenbild geben? Und egal, wen du mir als Ebenbild präsentierst – ich werde ihn mit dem Vorschlaghammer bearbeiten. Mein Kampf gilt der Fiktion Gottes. Es ist kein Kampf gegen Jesus, Mohammed, Krishna oder Buddha. Sobald dieser fiktive Gott erledigt ist, wird von der Glorie dieser Leute nicht mehr viel übrig sein.

Wenn es keinen Gott gibt, kann auch niemand sagen: »Ich bin der eingeborene Sohn.« Dann kann niemand sagen: »Ich bringe die Botschaft Gottes, und nur meine Botschaft ist die wahre, denn sie kommt von Gott.« Mein ganzes Anliegen ist also, die Fiktion Gottes zunichtezumachen. Natürlich muss ich auch auf die Ebenbilder einhämmern, denn allein schon dadurch, dass sie als Gottes Ebenbilder gelten, halten sie die Fiktion weiterhin am Leben.

Krishna war einer der gerissensten Politiker, den die Welt je gesehen hat. Einen so gerissenen Politiker wie ihn wird es in Zukunft vielleicht nie wieder geben. Er stand überhaupt nie zu seinem Wort – deshalb nenne ich ihn einen Politiker. Er sagte das eine und tat dann genau das Gegenteil. Er gab ein Versprechen und konnte es jederzeit wieder brechen, wenn er fand, dass es ihm besser dienlich war. Auf ihn war überhaupt kein Verlass. Sein ganzes Leben lang missbrauchte er das Vertrauen der Menschen, er übervorteilte, täuschte und betrog sie. Und trotzdem sagen die Hindus: »Das ist *Leela* – Gottes Spiel!« Man kann für alles schöne Worte finden. –

Dereinst badeten die jungen Mädchen der Stadt im Fluss, und Krishna sammelte alle ihre Kleider ein und setzte sich auf einen Baum. Da flehten sie ihn nackt im Wasser stehend an, ihnen ihre Kleider zurückzugeben. Jeder andere, der so etwas tut, würde sofort von der Polizei verhaftet werden. In vielen Hindu-Familien hängt dieses Bild an der Wand – aber natürlich nicht in den Häusern, wo ich wohnte!

Einmal sagte ich zu einem meiner Gastgeber: »Du solltest dich schämen, dieses Bild hier aufzuhängen, in deinem Wohnzimmer! Willst du damit zeigen, dass du besonders religiös bist? Soll das etwa Religiosität sein? Was wäre, wenn ich das mit deiner Frau und deiner Tochter machen würde ...?«

Der Mann sagte: »Wie meinst du das?«

Ich sagte: »Ja, wenn ich genauso handeln würde, wie Krishna es tat – das wäre doch Gottes Spiel! Oder hat er eine Ausnahmegenehmigung?« Er hat immerhin 16000 Ehefrauen gestohlen, gewaltsam entführt und ihren Familien weggenommen, ihren Ehemännern und Kindern ... Er muss ein großes Konzentrationslager für all diese Frauen geschaffen haben. Und ich glaube nicht, dass er noch wusste, wer zu seinen Frauen gehörte und wer nicht. Und ich halte das nicht einmal für eine Übertreibung.

In Indien war es so Brauch: Die Herrscher pflegten Hunderte von Frauen zu haben. Sogar heute noch – der Nizam von Hyderabad starb vor nicht allzu langer Zeit und hinterließ 500 Frauen, 500 Witwen – von einem einzigen Mann! Darum erscheint 16000 gar nicht so viel – nur 32 Mal mehr als beim Nizam von Hyderabad. Der Reichtum eines Mannes wurde gemessen an der Zahl der Frauen, die er hatte, und Krishna war mit Sicherheit 32 Mal reicher als der Nizam von Hyderabad.

Ein armer Mann konnte sich nicht einmal *eine* Frau leisten. Es war schwierig für einen armen Mann, eine Frau zu haben, nur eine einzige, denn er konnte noch nicht einmal zwei Mahlzeiten pro Tag für sich selbst besorgen. Im alten Indien war es also ein Zeichen, wie reich man war, wenn man viele Frauen hatte – und Krishna übertraf alle. Nur, um sie alle zu übertreffen, ruinierte er 16000 Frauen und 16000 Familien. Die Kinder mussten wahrscheinlich als Waisen oder Bettler ihr Leben fristen – keiner weiß, was mit ihnen geschah. – Und ein solcher Mann gilt als Ebenbild Gottes! Seht ihr nicht, wie grausam er ist? Es geschah nicht um der Liebe willen. Er konnte diese Frauen nicht einmal kennen. Wie kann man 16 000 Frauen kennen? Was für eine Liebe kann man 16 000 Frauen geben? Was für eine Beziehung ist möglich mit all diesen Frauen? Sie werden in einen Käfig gesperrt, nur um die eigene Größe zur Schau zu stellen!

Mit der gleichen egoistischen Haltung, vielleicht sogar noch anmaßender, sagte Krishna zu seinem Schüler Arjuna: »Gib dich zu meinen Füßen hin, überlasse alles mir – deine Zweifel, dein Denken – lass das alles los und gib dich einfach zu meinen Füßen hin. Ich bin deine Erlösung, ich bin deine Zuflucht.«

Wie hässlich, dass irgendjemand so etwas sagen kann! Wenn es wahr wäre, würde Arjuna selbst es erkennen können. Dann müsste er es ihm nicht vorschreiben, müsste ihm nicht ständig sagen: »Gib dich zu meinen Füßen hin.« Offensichtlich widerstrebte Arjuna, sonst hätte Krishna nicht darauf beharrt. Arjuna kam mit immer neuen Argumenten, Zweifeln und Fragen; er war nicht überzeugt. Ich glaube nicht, dass er je überzeugt war.

Ich habe mich sehr bemüht und mir den ganzen Dialog von Arjuna und Krishna genau angeschaut – die *Shrimad Bhagavadgita*, das ist dieser ganze Dialog. So wie Arjuna argumentierte, hatte er völlig recht, und die Zweifel, die er erhob, waren absolut gültig, aber Krishnas Antworten waren nicht gerechtfertigt. Sie zerstreuten weder Arjunas Zweifel noch zerstreuten sie Arjunas Verwirrung. Schließlich sagte Krishna, des Argumentierens mit Arjuna müde: »Lass alles los und gib dich einfach zu meinen Füßen hin, denn ich bin die volkommene Inkarnation Gottes.«

Aber wenn er es nötig hatte, das zu sagen, dann meine ich, dass er es nicht ist! Würde der andere ihn erkennen, obwohl er es abstreitet, dann mag vielleicht etwas daran sein. Wenn er es abstreitet, der andere aber dennoch etwas wahrnimmt, was über das mit dem Verstand Erfassbare, mit dem Intellekt Begreifbare, hinausgeht … Wenn der andere dennoch etwas fühlt, eine Präsenz, ein Aroma, und wenn er trotz des Abstreitens sagt: »Du kannst es abstreiten, so viel du willst, das kümmert mich nicht. Ich höre auf mein Herz, und mein Herz spricht zu mir«, dann ist das etwas völlig anderes. Aber so etwas findet sich an keiner Stelle im ganzen Dialog der *Gita*.

Krishna hat ihn schlichtweg gezwungen. Arjuna erkannte die Situation und die ganze schwierige Peinlichkeit der Situation – denn sie standen auf dem Schlachtfeld, Arjuna in seinem Streitwagen mit Krishna als Lenker, die beiden Heere einander gegenüber in Schlachtaufstellung, bereit, den Krieg zu beginnen, für den sie jahrelang gerüstet hatten und der für ganz Indien entscheidend sein würde ... Und er erwies sich tatsächlich als entscheidend, denn er zerstörte das Rückgrat Indiens.

Ich finde, dass drei Männer für Indiens Niedergang verantwortlich waren: Der Erste war Krishna, denn er beseitigte Indiens Lebenswillen, seine Bereitschaft zum Kämpfen. Er trieb Indien in eine Art Dritten Weltkrieg, in dessen Verlauf fast das ganze Land verwüstet und zerstört wurde. Alle, die den Krieg überlebten, waren so traumatisiert und bis ins Mark getroffen, dass sie zu allem bereit waren, nur nicht, je wieder in den Krieg zu ziehen.

Dann kamen Buddha und Mahavira, und sie fingen an, von Gewaltlosigkeit zu reden. Das sprach die Menschen, die des Krieges so müde waren, sehr an. Sie hatten einen so gewaltigen Krieg erlebt, dass sie nie wieder etwas damit zu tun haben wollten. Sie waren bereit, sich lieber versklaven zu lassen, als noch einmal einen solchen Krieg und solche Verwüstung erleben zu müssen.

Der Name dieses Krieges war *Mahabharata* – der Große Indische Krieg. Seither hat es nur noch einzelne Schlachten gegeben, aber nichts, was mit diesem Krieg vergleichbar wäre. Er hatte eine nahezu globale Größenordnung: Die ganze damals bekannte Welt, alle Teile dieser Welt, waren Teilnehmer an diesem Krieg, entweder auf der einen oder auf der anderen Seite. Die beiden Kriegsparteien waren miteinander verwandt, sie waren Cousins, und es ging darum, wer das Königreich erben sollte.

Auf der einen Seite waren die hundert *Kauravas*, hundert Brüder. Da könnt ihr es sehen … Ihr Vater war blind, aber trotzdem muss er Tausende von Frauen gehabt haben. Selbst als Blinder schaffte er es, hundert Söhne zu produzieren. Sein Bruder hatte fünf Söhne, die *Pandavas*. Der Konflikt ging um die Frage: Wer erbt das Königreich? Sie vermochten es nicht auszuhandeln, also ließ es sich nur durch einen Krieg entscheiden. Und weil alle zu einer Familie gehörten, war die ganze Verwandtschaft gespalten: Der eine kämpfte auf dieser, der andere auf der anderen Seite; ein Bruder war auf dieser, ein anderer Bruder auf der anderen Seite, und alle ihre Freunde aus der ganzen Welt waren auch mit dabei.

Es mag euch überraschen, zu erfahren, dass Arjuna auch eine Frau aus Mexiko hatte. Mexikanische Könige waren mit ihren Truppen gekommen, um auf Seiten Arjunas zu kämpfen. Der Sanskrit-Name für Mexiko ist *Makshika*. »Mexiko« ist also eine verfremdete Form von *Makshika*. Heute gibt es zahlreiche historische Belege dafür, dass *Makshika* mit Mexiko identisch ist. In Mexiko hat man Hindu-Tempel entdeckt, in denen Statuen von hinduistischen Göttern und Göttinnen gefunden wurden. Und eine neuere Entdeckung ist, dass es einmal eine Zeit gab, als das Wasser zwischen Asien und Amerika, das Wasser des Ozeans, so seicht war, dass man zu Fuß von Amerika nach Asien gelangen konnte. Man konnte über das Meer laufen, so seicht war es, höchstens einen Fuß tief.

Die ganze damalige Welt hatte sich zu dieser Entscheidungsschlacht versammelt, und alle warteten darauf, dass das Signal gegeben wurde. Aber sie mussten warten, weil Krishna immer noch versuchte, Arjuna zu überzeugen. Arjuna wollte zurückweichen; er sagte: »Ich will diesen Krieg nicht. Ich sehe keinen Sinn darin. Alle diese Leute sind meine Leute: Auf dieser Seite sind meine Leute – und auf der anderen Seite sind ebenfalls meine Leute. Ich sehe meine Freunde auf der anderen Seite, die ich werde töten müssen – und ich sehe meine Freunde auf dieser Seite. Diese Leute, diese hundert Kauravas, sind alles meine Brüder, und ich soll diese Leute töten, nur wegen des Königreichs?

Millionen von Menschen werden in diesem Krieg getötet werden. Und selbst wenn wir gewinnen: Wer wird dann noch übrig sein, um sich des Sieges zu erfreuen?«

Und er hatte absolut recht: »Wer wird noch übrig sein, um sich des Sieges zu erfreuen, über den Leichen von Millionen von Verwandten und Freunden? Dies sind die Menschen, für die wir kämpfen würden, für die wir den Sieg erringen würden, damit sie sich mit uns freuen und mit uns feiern können – aber all diese Leute werden tot sein! Es gibt keine Gewissheit, dass wir gewinnen werden; und es gibt auch keine Gewissheit, dass die andere Seite gewinnen wird, denn beide sind gleich stark. Aber eines ist sicher: Wer auch immer gewinnt – fast alle werden tot sein.« Und genau so geschah es dann auch.

Schließlich war Krishnas letztes Argument: »Du bist ein Feigling. Du bist ein impotenter Mann, der vom Schlachtfeld flüchtet. Aber du bist doch ein Krieger, und die Religion des Kriegers ist es, zu kämpfen! Hast du Angst vor dem Töten, Angst vor dem Morden? Alle diese Menschen werden ohnehin einmal sterben.« Seht, welches Argument er vorbringt: »Diese Menschen werden ohnehin irgendwann sterben.« – Keiner ist unsterblich. Wenn du diese Leute ermordest, brauchst du dir also darüber keine Gedanken zu machen. Du hast diesem Mann hier das Leben höchstens um ein paar Jahre verkürzt. Aber selbst dann hast du unrecht, wenn du denkst, dass *du* es machst. Gott ist derjenige, der es macht, und was auch immer geschieht, geschieht nach seinem Willen. Wir sind nur seine Werkzeuge!

Und genau das ist hier mein Sagen: Diese Religionen haben die Menschheit zu Marionetten degradiert. Krishnas gesamte *Gita* kann in diesem einen Satz zusammengefasst werden: »Der Mensch ist eine Marionette, und der Marionettenspieler ist Gott.« Was auch immer der Marionettenspieler will, das tut ihr. Wenn er euch tanzen lässt, dann tanzt ihr. Wenn er euch joggen lässt, dann joggt ihr – was auch immer er euch tun lässt, ihr könnt alles Gott überlassen. Handelt einfach und denkt nicht über die Folgen und Ergebnisse eures Tuns nach. Darin besteht die ganze Botschaft der *Gita*, und darauf ist der ganze Hinduismus aufgebaut: »Gebt alles hin, überlasst alles Gott und macht euch keine Gedanken über das Ergebnis – das Ergebnis liegt in Gottes Hand.«

Was für ein tückisches Argument! Wäre ich an Arjunas Stelle gewesen, ich hätte Krishna auf der Stelle einen mächtigen Hieb versetzt und ihm befohlen, von dem Streitwagen herunterzusteigen. Ich hätte gesagt: »Ich gehe! – Denn *das* ist der Wille Gottes. Wer bin ich, dass ich es mir noch überlege? Mein ganzes Wesen sagt mir, mich von diesem Krieg zu distanzieren – ich gehe! Dies ist Gottes Stimme. Wer bist du überhaupt? Und ich werde keinen Gedanken an die Folgen verschwenden und daran, ob die Leute mich für einen Feigling halten. Sollen sie das ruhig denken; das ist ihre Sache!«

In der Tat war das Argument, das Krishna dem Arjuna gab, so dürftig, dass Arjuna, wenn er ein wenig Ahnung von Streitgesprächen gehabt hätte, die ganze Sache im Nu hätte umdrehen können. Krishna sagte: »Mach einfach und denke nicht an das Ergebnis.«

Arjuna hätte sagen sollen: »Großartig! Also werde ich es so machen und ich werde mir keine Gedanken über das Ergebnis machen.« – Und er hätte seinen Wagen in den Dschungel lenken sollen. Aber er ließ sich irreführen, vielleicht aufgrund der Situation oder des Drucks. Er hatte alle diese Leute hinter sich versammelt, hatte sie alle eingeladen, und sich jetzt im letzten Augenblick davonzumachen ... »Was wird die Welt dazu sagen? Und Krishna ist die Inkarnation Gottes – so sagen die Leute – und wenn er sagt: ›Kämpfe und lege die Folgen in Gottes Hände‹, dann sollte ich kämpfen.« Also kämpfte er, und sie gewannen. Aber alles, was er befürchtet hatte, trat ein. Das ganze Land ist danach nie wieder so lebendig geworden, wie es einmal gewesen war. Es hat sein Rückgrat verloren; es hat seine Männlichkeit verloren.

Ich kann also nicht sagen, dass Krishna das Abbild Gottes sei. Er kommt Adolf Hitler, Josef Stalin oder Mao Zedong viel näher als Gott. Das ist doch genau das, was Adolf Hitler tat, was der arme Adolf Hitler auf sich genommen hat – weshalb sollte er dafür verdammt werden? Er führte nur Gottes Willen aus und machte sich keine Gedanken um die Folgen. Genauso wie bei Krishna: Er zwang Arjuna, zu tun, was *er* wollte und wofür er ihm die Argumente lieferte – und er zerstörte das Land für mindestens 5 000 Jahre. Indien ist bis heute noch nicht frei vom Schatten des *Mahabharata*; dieser Große Krieg überschattet immer noch ganz Indien.

Und der Letzte, den der Fragende erwähnt, ist Gautama Buddha. Er muss gedacht haben, dass ich ihm wenigstens in Bezug auf Gautama Buddha beipflichten werde – aber auch da hat er sich getäuscht. Erstens einmal glaubt Gautama Buddha nicht an Gott, an eine Existenz Gottes. Er wird also nicht zustimmen, dass er ein Abbild Gottes sei. Er selbst würde dieser Behauptung, er sei ein Abbild Gottes, nicht zustimmen. Er glaubt an keinen Gott. Er selbst könnte niemals sagen, er sei ein Abbild Gottes, und er hat das auch nie gesagt.

Der bloße Gedanke, ein »Abbild von Gott« zu sein, ist auf Gautama Buddha absolut nicht anwendbar. Krishna wurde geboren als Inkarnation Gottes, Jesus wurde geboren als eingeborener Sohn Gottes, Mohammed wurde geboren als einziger Prophet Gottes, aber all diese Dinge treffen auf Buddha nicht zu. Er wurde als Mensch geboren und machte sich auf die Suche nach der Wahrheit. Wäre er als Abbild Gottes erschaffen worden, so hätte er die Wahrheit bereits gekannt, aber er musste sie suchen, und es war eine lange Suche.

Buddha nahm ungeheure Mühen auf sich, in jeder Hinsicht, um die Wahrheit herauszufinden. Er tat alles, was man ihm sagte. Er ging zu jedem Lehrer, der im Lande einen Namen hatte, bis der Lehrer sagte: »Jetzt kann ich dir nichts mehr beibringen, denn alles, was ich weiß, habe ich dich gelehrt. Gehe weiter, geh woandershin. Du weißt jetzt mehr als ich.« Aber dieses Wissen befriedigte ihn nicht. Er tat alles, was man ihm sagte, und das war sein Hauptfehler: Die Lehrer bekamen alle genug von ihm.

Von einem Schüler, der ständig Fehler macht, bekommt der Lehrer nie genug. Dann ist der Lehrer immer glücklich: »Du hast diesen Fehler gemacht, darum bist du noch nicht am Ziel;

du hast jenen Fehler gemacht, darum hast du es verfehlt.« Aber dieser Mann war so speziell, dass er alles, was der Lehrer ihm sagte, perfekt erfüllte. Kein Lehrer – und er war bei Dutzenden gewesen – konnte sagen, dass er das Ziel verfehlt habe, weil er etwas nicht getan oder übersehen hatte. Nein, jeder Lehrer verstand, dass er alles getan hatte – und trotzdem war gar nichts passiert.

Er stand vor ihnen und sagte: »Du hast mir gesagt, was alles zu tun sei. Ich denke, ich habe alles vollkommen ausgeführt. Wenn nicht, dann sag mir, wo der Fehler liegt, und ich werde ihn korrigieren.« Aber nichts war passiert. Die Lehrer erkannten bald, dass sie diesen Mann nicht täuschen und ausbeuten konnten; er war bereit, alles Erdenkliche zu tun.

Es kommt aber ein Punkt, an dem der Lehrer Angst bekommt, weil er selbst nichts weiß. Er ist nur ein Gelehrter, vielleicht ein großer Gelehrter; er kann dich alle Methoden lehren, aber er selbst hat sie nie praktiziert. Er weiß nichts von der Wahrheit; er hat sie nicht selbst verwirklicht. Darum wird ein solcher Schüler für ihn zu einem großen Fragezeichen, weil er alles genau befolgt, was man ihm sagt, und trotzdem passiert nichts.

Schließlich sagte der letzte Lehrer, den er aufsuchte, zu ihm: »Verschwende deine Zeit nicht mit Lehrern. Ich bin der größte von allen, und viele von ihnen waren meine Schüler. In deinen Augen kann ich deine Aufrichtigkeit, deine Echtheit sehen, und darum möchte ich dir sagen, dass du den Weg allein gehen musst. Niemand kann dich dorthin mitnehmen, niemand kann dich hinführen. Du musst den Weg allein gehen. Vergiss alle Lehrer, vergiss alle Lehren und geh allein weiter. Du hast genug getan von all diesen Übungen, Yogas, Mantras, Tantras, von allem, was es so gibt.« Und Indien ist ein großer Basar; es wimmelt nur so von allen möglichen Praktiken, die man befolgen kann. Man kann sich viele Leben lang damit beschäftigt halten. Und diese Methoden hören nie auf; sie sind immer vorhanden, und ständig kommen noch mehr hinzu.

Das verstand Buddha, denn er hatte zwölf Jahre damit vertan und war nirgendwo angelangt. In Wirklichkeit hatte er aber etwas erlangt, ohne sich dessen bewusst zu sein: Er war fertig mit dem Nachahmen. Und das ist eine große Leistung. Auf dem Weg zur Religiosität ist das ein wichtiger Schritt: mit allem Nachahmen fertig zu sein.

Er ging allein weiter. Er selbst hatte in diesen Jahren fünf Leute um sich geschart, die ihm folgten. Er sagte auch ihnen: »Verzeiht mir, all diese Lehrer haben meine Zeit verschwendet, und ich will nicht eure Zeit verschwenden – geht allein weiter. Lasst mich in Ruhe, und ich werde euch in Ruhe lassen. Ich bin nicht euer Führer, und ihr seid nicht meine Anhänger. Von jetzt an bin ich allein. Ich werde alles riskieren, und wenn es irgendeine Wahrheit gibt, werde ich sie finden. Wenn es nichts gibt, werde ich das finden.«

Dieser Gautama hat nie von sich behauptet, ein geborener Gott zu sein, eine Gottheit oder ein Bote, Prophet oder die Inkarnation von irgendwem, nein. Und was er fand, war nicht Gott. Er fand absolute Stille – kein Wort, kein Gedanke, kein Bild. Er fand ungeheure Zufriedenheit, aber keinen Gott, niemanden, dem er hätte danken können. Das ganze Universum war da, und er war dem ganzen Universum dankbar, aber es war nicht von ihm getrennt, darum war es kein Thema, dem Universum zu danken, denn er war ein Teil davon geworden.

Buddha erhob keinerlei Anspruch, Gott oder dessen Ebenbild zu sein. Dafür habe ich ihn am meisten geliebt, denn er ist der Menschlichste von allen. Natürlich haben die Buddhisten seine Lehren verfälscht, sie haben Statuen von ihm gemacht, haben angefangen, ihn anzubeten, und einen Gott aus ihm gemacht. Aber dafür kann er nicht verantwortlich gemacht werden.

Du hast mir keine Frage gestellt, sondern eine Feststellung getroffen. Dennoch habe ich dir geantwortet, weil jeder, der in meiner Nähe ist und solche Überzeugungen im Kopf trägt, mich nicht begreifen wird, mich garantiert verpassen wird.

Du solltest deine Antworten über Bord werfen. Es genügt, wenn ich mit deinen Fragen ringe; mit deinen eigenen Antworten wirst du selbst am wenigsten klarkommen.

Wirf sie über Bord, dann werde ich deine Fragen abschießen.

An dem Tag, da keine Frage und keine Antwort mehr in deinem Kopf ist und du einfach nur leer hier sitzt, hast du den Weg nach Hause gefunden – von der Unwissenheit zur Unschuld.

11

Die Wahrheit – kein Dogma, sondern ein Tanz

? *Bist du gegen alle Religionen? Worin besteht ihr grundlegendster Fehler?*

Ja, ich bin gegen alle sogenannten Religionen, denn sie sind überhaupt nicht religiös. Ich bin für eine authentische Religiosität, aber nicht für die Religionen.

Wahre Religion kann nur *eins* sein, genau wie die Wissenschaft. Ihr habt keine islamische Physik, hinduistische Physik, christliche Physik – das wäre unsinnig. Aber die Religionen haben es so gemacht – sie haben aus der ganzen Erde ein Irrenhaus gemacht.

Wenn die Wissenschaft eins ist, warum sollte die Religion, die Wissenschaft des Inneren, nicht auch eins sein? Die Wissenschaft erforscht die objektive Welt, und die Religion erforscht die subjektive Welt. Die objektive Wissenschaft beschäftigt sich mit Dingen, die subjektive Wissenschaft beschäftigt sich mit dem Sein.

Darum sage ich, dass ich gegen die Religionen, aber nicht gegen Religiosität bin. Aber diese authentische Religiosität liegt noch in den Wehen. Alle alten Religionen werden alles in ihrer Macht Stehende tun, um sie zu töten, sie auszumerzen – denn die Geburt einer Wissenschaft des Bewusstseins wird der Tod all dieser sogenannten Religionen sein, die seit Jahrtausenden die Menschheit ausbeuten.

Was wird dann aus ihren Kirchen, Synagogen, Tempeln? Was wird dann aus ihrer Priesterschaft, ihren Päpsten, Imamen, Shankaracharyas, Rabbinern? Es ist ein Riesengeschäft. Und diese Leute werden es nicht einfach geschehen lassen, dass wahre Religiosität geboren wird.

Es ist aber die Zeit gekommen in der menschlichen Geschichte, dass die Umklammerung der alten Religionen sich löst. Die Menschen zollen dem Christentum, dem Judaismus, dem Hinduismus, dem Islam nur noch formalen Respekt. Im Grunde ist jeder, der nur ein bisschen Intelligenz hat, nicht länger interessiert an all diesem Blödsinn. Man geht vielleicht noch zur Synagoge oder zur Kirche oder zur Moschee, aber aus anderen als religiösen Gründen – aus gesellschaftlichen, sozialen Gründen. Es lohnt sich, in der Synagoge gesehen zu werden; dann ist man gesellschaftsfähig, und es kann nicht schaden. Es ist das Gleiche, wie wenn man dem Rotary Club oder dem Lions Club beitritt. Die Religionen sind uralte Klubs mit religiösem Blabla, aber wenn du ein wenig tiefer schaust, entdeckst du, dass sie alle nur Hokuspokus ohne innere Substanz sind.

Ich bin für Religiosität, aber diese Religiosität wird kein Update irgendeiner Religion sein, die du kennst. Es wird eine Rebellion gegen all diese Religionen sein. Sie wird deren Arbeit nicht fortsetzen; sie wird deren Arbeit völlig stilllegen und eine neue Arbeit beginnen: die wirkliche Transformation der Menschheit.

Du fragst mich: »Worin besteht der grundlegendste Irrtum all dieser Religionen?« Da gibt es viele Irrtümer, und alle sind grundlegend, aber zuerst will ich über den grundlegendsten sprechen. Der grundlegendste Irrtum aller Religionen besteht darin, dass sie alle nicht den Mut hatten, einzugestehen, dass es Dinge gibt, die wir nicht wissen. Alle taten so, als wüssten sie alles; alle gaben vor, alles zu wissen – sie gaben vor, allwissend zu sein.

Wieso geschah das? Weil sie, wenn sie zugegeben hätten, dass sie etwas nicht wussten, bei ihren Anhängern Zweifel gesät hätten. Wenn sie unwissend in einer Sache waren, wer weiß – vielleicht waren sie auch in anderen Dingen unwissend? Was für eine Garantie gab es? Um ganz sicherzugehen, haben alle ohne Ausnahme so getan, als seien sie allwissend.

Das Beste an der Wissenschaft ist, dass sie nicht so tut, als wäre sie allwissend. Die Wissenschaft gibt nicht vor, alles zu wissen; sie akzeptiert ihre menschlichen Grenzen. Sie weiß, wie viel sie weiß, und sie weiß, dass es noch viel mehr zu wissen gibt. Und die größten Wissenschaftler wissen noch etwas viel Tieferes. Das bereits Bekannte wissen sie, die Grenzen des Wissbaren werden sie früher oder später kennen – sie sind auf dem Weg dorthin. Und das Unwissbare ... Nur die größten Wissenschaftler wie Albert Einstein wissen um diese dritte Kategorie: das Unwissbare, das niemals gewusst werden kann. Daran lässt sich nichts ändern, denn das höchste Mysterium kann nicht zu Wissen reduziert werden.

Wir sind Teil der Existenz – wie können wir also das letztendliche Mysterium der Existenz kennen?

Wir sind Spätankömmlinge; es waren keine Augenzeugen anwesend. Und wir haben keine Möglichkeit, uns von der Existenz abzutrennen und außenstehende Beobachter zu sein. Wir leben, wir atmen, wir existieren innerhalb der Existenz – wir können uns nicht von ihr abtrennen. Sobald wir von ihr getrennt sind, sind wir tot. Aber ohne getrennt zu sein, als reine Beobachter ohne Verwicklung und ohne Anhaftung, können wir das letztendliche Mysterium nicht kennen; es ist unmöglich. Es wird immer etwas Unwissbares bleiben. Ja, es kann gespürt werden, aber es kann nicht gewusst werden. Vielleicht kann es auf verschiedene andere Weise erfahren werden, aber nicht als Wissen.

Du verliebst dich – kannst du deshalb sagen, dass du weißt, was Liebe ist? Wissen ist etwas völlig anderes. Du fühlst es. Wenn du versuchst, es zu einem Wissen zu machen, entzieht es sich dir. Du kannst es nicht zu einem Wissen reduzieren. Du kannst es nicht zu einem Objekt des Wissens machen, denn es ist keine intellektuelle Angelegenheit. Es hat etwas mit dem Herzen zu tun. Ja, dein Herzschlag kennt es, aber das ist eine völlig andere Art von Wissen. Der Intellekt kann niemals an den Herzschlag herankommen.

Es gibt aber noch etwas in dir, das mehr ist als das Herz: dein Sein, deine Lebensquelle. So wie du mit dem Intellekt wissen kannst, der oberflächlichsten Ebene deiner Individualität, und wie du mit dem Herzen wissen kannst, das tiefer reicht als der Intellekt ... Der Verstand kann dem Herzen nicht in diese Tiefe folgen. Aber hinter dem Herzen, noch tiefer, ist das Sein, die wahre Quelle deines Lebens. Diese Lebensquelle weiß ebenfalls, auf ihre Art.

Wenn der Verstand weiß, nennen wir es Wissen. Wenn das Herz weiß, nennen wir es Liebe. Und wenn das Sein weiß, nennen wir es Meditation.

Doch alle drei sprechen verschiedene Sprachen, die sich nicht gegenseitig übersetzen lassen. Und je tiefer du gehst, umso schwieriger wird es, sie zu übersetzen, denn im innersten Zentrum deines Seins gibt es nur noch Stille. Aber wie willst du Stille in Klang übersetzen? Sobald du Stille in Klang übersetzt, hast du sie beseitigt. Nicht einmal Musik kann die Stille übersetzen. Vielleicht kommt die Musik ihr noch am nächsten, aber sie ist dennoch Klang.

Poesie kommt ihr nicht ganz so nahe wie Musik, denn so schön die Worte auch sein mögen, sind es dennoch Worte. Sie haben kein Leben in sich; sie sind tot. Wie willst du Leben in etwas Totes übersetzen? Ja, vielleicht zwischen den Worten könntest du hier und da einen Schimmer bekommen – aber nur zwischen den Worten, zwischen den Zeilen, nicht in den Worten selbst, nicht in den Zeilen selbst.

Darin besteht der grundlegendste Irrtum aller Religionen: dass sie die Menschheit betrogen haben, indem sie sich unverfroren als allwissend ausgaben. Doch sie werden tagtäglich überführt, und ihr »Wissen« wird bloßgestellt. Deshalb haben sie auch jeglichen Fortschritt des Wissens bekämpft und behindert.

Wenn ein Galileo entdeckt, dass die Erde sich um die Sonne bewegt, ist der Papst erzürnt. Der Papst ist schließlich unfehlbar! Er ist nur ein Vertreter von Jesus, aber unfehlbar. Was soll man erst von Jesus sagen? Er ist der eingeborene Sohn Gottes, und was soll man erst von Gott sagen … Aber in der Bibel, dem vom Himmel heruntergekommenen Buch, das Gott geschrieben hat, bewegt sich die Sonne um die Erde.

Damit stellte Galileo die Kirche vor ein Problem: Wenn Galileo recht hat, dann hätte Gott unrecht, und damit hätte auch Gottes eingeborener Sohn unrecht und ebenso dessen sämtliche Stellvertreter seit 2000 Jahren – all diese unfehlbaren Päpste – sie alle hätten unrecht! Ein einziger Mann, Galileo Galilei, entlarvte diese ganze selbstherrliche Anmaßung. Er deckte die ganze

Heuchelei auf. Man musste ihn zum Schweigen bringen! Er war schon alt, dem Sterben nahe, und fast vom Sterbebett wurde er vor die päpstliche Kurie beordert, um Abbitte zu leisten.

Und der Papst verlangte: »Ändere die Stelle in deinem Buch, denn die Heilige Schrift kann sich nicht irren. Du bist nur ein Mensch, du kannst dich irren, aber Jesus Christus kann sich nicht irren, Gott selbst kann sich nicht irren, Hunderte von unfehlbaren Päpsten können sich nicht irren. Du stellst dich gegen Gott, gegen seinen Sohn, gegen seine Stellvertreter auf Erden. Also musst du es ändern!«

Galileo muss einen unerhörten Sinn für Humor gehabt haben – was ich mit zu den besten Qualitäten eines religiösen Menschen rechne. Nur Schwachköpfe sind ernsthaft, sie müssen ernsthaft sein. Um lachen zu können, braucht man ein bisschen Intelligenz.

Man sagt, dass ein Engländer zweimal lacht, wenn er einen Witz hört: das erste Mal aus Höflichkeit und Taktgefühl, um dem Erzähler des Witzes einen Gefallen zu tun, und das zweite Mal mitten in der Nacht, wenn er die Pointe des Witzes kapiert. Der Deutsche lacht nur einmal: um zu zeigen, dass er ihn kapiert hat. Der Jude lacht überhaupt nicht, er sagt nur: »Dieser Witz geht aber ganz anders, nämlich ...«

Man braucht also ein bisschen Intelligenz, und Galileo muss ein Mann von Intelligenz gewesen sein. Er war einer der größten Wissenschaftler, aber auch einer der religiösesten Menschen, denn er soll gesagt haben: »Selbstverständlich kann Gott sich nicht irren, kann Jesus sich nicht irren, können all die unfehlbaren Päpste sich nicht irren, aber der arme Galileo kann sich immer irren. Das ist kein Problem – ich werde es in meinem Buch ändern. Aber eines solltet Ihr bedenken: Die Erde wird sich dennoch um die Sonne bewegen. Daran kann ich gar nichts ändern – sie folgt nicht meinem Geheiß. Was mein Buch betrifft, so werde ich es ändern, aber in einer Fußnote werde ich schreiben müssen: ›Die Erde folgt nicht meinem Geheiß, sie bewegt sich dennoch um die Sonne.‹«

Die Religion war gegen jeden neuen Schritt der Wissenschaft.

Gemäß der Bibel ist die Erde flach, nicht rund. Als Kolumbus anfing, eine Seefahrt zu planen mit dem Gedanken, dass die Erde rund sei, da rechnete er sich aus: »Wenn ich immer geradeaus segle, werde ich eines Tages genau an der Stelle ankommen, wo ich gestartet bin – ein ganzer Kreis!« Aber alle waren dagegen.

Der Papst ließ Kolumbus rufen und sagte ihm: »Sei kein Narr! Die Bibel sagt eindeutig: Die Erde ist flach. Du würdest bald den Rand dieser flachen Erde erreichen und von ihm herunterfallen. Und weißt du, wohin du fallen würdest? Der Himmel ist über dir, und du kannst nicht nach oben fallen, oder? Du würdest nach unten fallen, in die Hölle. Also geh nicht auf diese Reise und überrede keinen anderen zu dieser Reise.«

Kolumbus war fest entschlossen zu fahren. Er unternahm die Reise und öffnete damit die Tore zur Neuen Welt. Wir verdanken Kolumbus viel mehr, als uns bewusst ist: Die Welt, die wir kennen, gelangte durch Kolumbus ins Licht der Wahrnehmung. Hätte er auf den Papst, diesen unfehlbaren Papst, gehört, der bloß Unsinn daherredete ... aber natürlich war dieser Unsinn sehr religiös und sehr heilig.

Sämtliche Weltreligionen müssen so tun, als wüssten sie über alles Bescheid, was existiert. Und sie behaupten immer, genau zu wissen, wie es wirklich ist, und anders könne es gar nicht sein. Die Jainas behaupten, ihr *Tirthankara* – das ist ihr Prophet, ihr Messias – sei allwissend. Er wisse alles: Vergangenheit, Gegenwart und Zukunft, und alles, was er sage, sei die absolute Wahrheit. Buddha hat über Mahavira, den Messias der Jainas, öfter Witze gemacht. Vor 25 Jahrhunderten waren die beiden Zeitgenossen. Mahavira wurde schon alt, aber Buddha war noch jung und er konnte witzeln und lachen. Er war jung und voller Leben; er hatte sich noch nicht etabliert.

Sobald eine Religion sich etabliert, hat sie eigennützige Interessen. Mahavira hatte eine seit Langem etablierte Religion, bereits jahrtausendealt, vielleicht die älteste Religion der Welt. Die Hindus sagen – und das zu Recht –, dass ihr *Rig Veda* das älteste Buch der Welt sei. Es ist heute wissenschaftlich gesichert, dass der Rig Veda die älteste erhaltene Schrift ist, und darin wird der erste Messias der Jainas erwähnt. Das ist ein ausreichender Beweis, dass der erste Messias der Jainas dem Rig Veda vorausging. Er ist darin erwähnt; sein Name ist Rishabhdeva.

Er wird mit solcher Hochachtung erwähnt, wie sie unmöglich einem Zeitgenossen gegolten haben konnte. Es ist eine menschliche Schwäche, dass es uns schwerfällt, für jemanden Hochachtung zu empfinden, der unser Zeitgenosse und noch am Leben ist wie wir selbst. Es ist leichter, für jemanden Hochachtung zu empfinden, der schon vor langer Zeit gestorben ist. Die Art, wie der Rig Veda die Erinnerung an Rishabhdeva wachruft, ist so respektvoll, dass er schon mindestens tausend Jahre tot gewesen sein musste, nicht weniger. Daraus lässt sich folgern, dass der Jainismus eine schon sehr lange etablierte Religion ist.

Der Buddhismus hatte gerade erst mit Buddha seinen Anfang genommen. Er konnte es sich leisten, Witze zu machen und zu lachen, also witzelte er über Mahavira und dessen Allmächtigkeit, Allwissenheit und Allgegenwärtigkeit. Er sagte: »Ich habe Mahavira vor einem Haus stehen und betteln sehen.« – Denn Mahavira lebte nackt und bettelte nur mit den Händen. Buddha sagte: »Ich sah ihn vor einem Haus betteln, das leer stand. Es war niemand in dem Haus – und dennoch sagen die Jainas, dieser Mann sei ein Wissender, nicht nur der Gegenwart, sondern auch der Vergangenheit und der Zukunft.«

Buddha sagte: »Ich sah Mahavira direkt vor mir hergehen, als er einem Hund auf den Schwanz trat. Es war frühmorgens und noch dunkel. Erst als der Hund hochsprang und bellte, erkannte Mahavira, dass er ihm auf den Schwanz getreten war. Dieser Mann ist allwissend, aber er hat keine Ahnung, dass ein schlafender Hund auf seinem Weg liegt und er ihm auf den Schwanz treten wird.«

Aber mit Buddha geschah genau das Gleiche, als er etabliert war. Nach 300 Jahren, als seine Sprüche und Lehrsätze zum ersten Mal zusammengetragen wurden, machten die Schüler es absolut klar: »Alles, was hier geschrieben steht, ist absolut wahr, und es wird auf ewig wahr bleiben.«

Aber in diesen Lehrsätzen steht so viel idiotisches Zeug, was vielleicht vor 25 Jahrhunderten sinnvoll gewesen sein mag, aber heute nicht mehr sinnvoll ist, weil in 25 Jahrhunderten sehr viel passiert ist. Buddha hatte keine Ahnung von Karl Marx, er hatte keine Ahnung von Sigmund Freud, darum muss das, was von ihm an Schriften und Zitaten vorliegt, auf dem Wissen beruhen, das zu jener Zeit verfügbar war.

»Ein Mensch ist arm, weil er in seinem früheren Leben schlechte Taten begangen hat.« Heute, nach Marx, ist es nicht mehr möglich, zu sagen: »Ein Mann ist reich, weil er in seinem früheren Leben gute Taten vollbracht hat.« Nach Marx kann man das heute nicht mehr sagen. Und ich glaube nicht, dass Buddha ahnen konnte, dass es einmal einen Karl Marx geben würde. Auch wenn seine Schüler behaupteten, dass alles, was er gesagt habe, für immer und ewig wahr bleiben würde. Damit sagten sie im Grunde, dass er allwissend war.

Das war ein guter Trost für die Armen: Wenn sie gute Taten vollbrachten, würden sie in künftigen Leben ebenfalls reich sein. Und es war auch eine Freude für die Reichen: »Wir sind reich, weil wir gute Werke in unserem früheren Leben getan haben.« Und sie wussten genau, welche Werke gut waren, um jetzt ihre Reichtümer von Tag zu Tag wachsen zu lassen ... Das frühere Leben ist schon längst vorbei, aber ihr Reichtum nimmt täglich weiter zu. Die Armen werden immer ärmer und die Reichen immer reicher.

Aber in Indien stand eine Revolution nie zur Debatte; es steht außer Frage, dass hier so etwas jemals geschehen kann. Dabei hat Indien in einer solchen Armut gelebt wie kein anderes Land; Indien hat länger in Sklaverei gelebt als jedes andere Land der Welt. Doch Sklaverei, Armut, Elend – das alles muss hingenommen werden, weil die Menschen glauben, sie hätten es selbst verursacht. Dagegen kann niemand revoltieren. Gegen wen will man denn revoltieren? Das Einzige, was man tun kann, ist, seine schlechten Taten durch gute Taten auszugleichen. Die ganze Idee einer Revolution ist der indischen Denkweise völlig fremd. Wenn Sklaverei kommt, muss man sie hinnehmen.

Die Hindus wissen die Antwort auf alles. Sie sagen: »Nichts geschieht ohne den Willen Gottes.« – Wenn du also ein Sklave bist ... Und seit 2000 Jahren lebt Indien in Sklaverei. Es ist ein Wunder, dass sich ein so riesiges Land 2000 Jahre lang hat versklaven lassen. Dabei waren die Invasoren zumeist kleine barbarische Völker – nichts im Vergleich mit Indien. Die schiere Menge an Indern hätte sie einfach zerquetschen können; man brauchte nicht einmal ein Schwert in die Hand zu nehmen.

Aber jeder, der ein Auge auf Indien geworfen hatte – die Huna, Moguln, Türken, Muslime, Engländer – jeder, der ehrgeizig genug war, Indien besetzen zu wollen, war immer willkommen. Indien war bereit, die Invasoren zu empfangen: »Wir sind geehrt, dass ihr von so weit hergekommen seid und so viel Ungemach auf euch genommen habt!« – Und der Grund dafür war, dass die Hindus einfach schon von vornherein alle Antworten wissen: »Es ist Gottes Wille, nichts geschieht ohne Gottes Willen, also muss diese Sklaverei Gottes Wille sein.« Und ein Mann wie Mahatma Gandhi – man würde denken, dass ein Mann wie Gandhi ein wenig mehr Intelligenz zeigen würde, aber nein. Wenn man Hindu ist, kann man nicht mehr Intelligenz zeigen, als zulässig ist.

In Bihar, einer der indischen Provinzen, der ärmsten überhaupt, gab es ein großes Erdbeben. Bihar war schon arm genug; jedes Jahr gab es Überschwemmungen. Und dann noch dieses Erdbeben! Tausende starben. Und wisst ihr, was Mahatma Gandhi sagte? Er sagte: »Bihar muss leiden wegen seiner schlechten Taten.« Und das im 20. Jahrhundert, wegen eines Erdbebens, und die ganze Bevölkerung von Bihar ...!

Es wäre noch verstehbar, wenn man einem Einzelnen erklären würde, dass er wegen seines schlechten Karmas leidet. Aber ein ganzer Bundesstaat? Als ob die ganze Bevölkerung in einem früheren Leben im selben Staat gelebt und gemeinsam so schlechte Taten begangen hätte, dass dieses Erdbeben passieren musste. Und das ganze übrige Indien litt nicht unter dem Erdbeben, weil es in früheren Leben gute Karmas angesammelt hatte? Seltsame Logik!

Noch seltsamer deswegen, weil Bihar der Geburtsort von Mahavira, Gautama Buddha, Makhkhali Gosal, Ajit Keshkambal ist – lauter große Lehrer und große Propheten. Und ausgerechnet Bihar musste leiden, weil es schlechtes Karma angehäuft hatte! Kein anderer Staat in Indien hat so viele Propheten, Philosophen und Denker hervorgebracht. Und was für schlechte Taten konnte Bihar schon begangen haben? – Aber der Hinduismus weiß alles.

Ich will dir also bewusst machen, dass der grundlegende Fehler, den sämtliche Religionen begangen haben, darin besteht, dass sie nicht den Mut aufbrachten, die Grenzen ihres Wissens einzugestehen. Sie waren in keiner Frage imstande, zuzugeben: »Wir wissen es nicht.« Sie sind so arrogant, dass sie immer noch ständig so tun, als wüssten sie alles, und sie bringen immer neue Fiktionen hervor.

In diesem Punkt wird sich die wahre Religion unterscheiden, grundlegend davon unterscheiden. Und ja, es hat hier und da Einzelne gegeben, die eine Qualität von wahrer Religiosität aufwiesen.

Zum Beispiel Bodhidharma, eines der schätzenswertesten Menschenwesen. Er zog vor 1400 Jahren von Indien nach China, blieb neun Jahre in China und versammelte eine Gefolgschaft von Schülern um sich. Er war aber keiner, der den Schwachsinn der sogenannten Religionen mitmachte.

Formell war er ein buddhistischer Mönch, und China war schon zum Buddhismus konvertiert. Tausende von buddhistischen Mönchen hatten bereits vor Bodhidharma China erreicht, und als sie hörten, dass Bodhidharma kommen würde, waren sie sehr beglückt, denn Bodhidharma hatte einen nahezu gleichen Status wie Buddha. Sein Name hatte sich schon lange vor seiner Ankunft herumgesprochen. Sogar der Herrscher von China, der große Kaiser Wu, kam persönlich, um Bodhidharma an der Grenze zwischen China und Indien zu empfangen.

Kaiser Wu war der Mittler, der ganz China zum Buddhismus transformiert hatte; er schwenkte das ganze Land von Konfuzius auf Gautama Buddha um. Er hatte all seine Kräfte und seine Schätze in die Hände von buddhistischen Mönchen gegeben – und er war ein großer Kaiser. Als er Bodhidharma traf, fragte er ihn: »Ich habe so darauf gewartet, dich zu sehen. Ich bin schon alt und schätze mich sehr glücklich, dass du endlich gekommen bist; all diese Jahre haben wir gewartet. Ich möchte dir ein paar Fragen stellen.«

Die erste Frage, die er stellte, war: »Ich habe all meine Schätze, meine Heere, meinen Beamtenapparat – alles, was ich besitze, dafür gegeben, um dieses riesige Land zum Buddhismus zu konvertieren, und ich habe Tausende von Tempeln für Buddha errichtet.« Er hatte einen Tempel für Buddha erbauen lassen, in dem 10 000 Buddhas in Stein gemeißelt wurden. Ein ganzer Berg wurde dazu verwendet, 10 000 Buddhastatuen aus dem Stein zu hauen, und so wurde der ganze Berg zum Tempel. Er fragte: »Was wird mein Verdienst dafür sein in der anderen Welt?«

Das hatten ihm die anderen Mönche erzählt: »Du hast so viel getan, um Gautama Buddha zu dienen, dass möglicherweise Buddha selbst dich in der anderen Welt begrüßen wird. Und du hast dir solche Verdienste erworben, dass ewige Freuden auf dich warten.«

Bodhidharma sagte: »Alles, was du getan hast, ist absolut bedeutungslos. Deine Reise hat noch nicht einmal angefangen; du hast nicht einmal den ersten Schritt getan. Du wirst zur siebenten Hölle fahren – darauf kannst du dich verlassen.«

Kaiser Wu konnte es nicht glauben: »Ich habe so viel getan, und dieser Mann sagt: ›Du wirst zur siebenten Hölle fahren!‹«

Bodhidharma lachte und sagte: »Was auch immer du getan haben magst, geschah aus Habgier, und nichts, was aus Habgier getan wird, kann dich religiös machen. Du hast auf so viele Reichtümer verzichtet, aber nicht bedingungslos. Du willst etwas dafür haben; es ist ein Kuhhandel. Du willst dir die andere Welt erkaufen. Du verlegst nur dein Bankkonto von dieser in die andere Welt – ein Transfer. Du bist schlau, denn diese Welt ist vergänglich, und du kannst morgen sterben. Und die anderen Mönche haben dir erzählt, die andere Welt sei ewig. Was machst du also? Willst du vergängliche Schätze gegen ewige Schätze tauschen? Wirklich ein gutes Geschäft! Wen versuchst du zu täuschen?«

Als Bodhidharma zu Wu auf diese Weise sprach, vor all den Mönchen und Generälen und kleineren Fürsten, die mit Wu und seinem ganzen Hofstaat gekommen waren, da wurde Wu zornig. Niemand hatte je so zu ihm gesprochen. Er sagte zu Bodhidharma: »Ist das die Art, wie ein religiöser Mensch spricht?«

Bodhidharma sagte: »Ja, das ist die einzige Art, wie ein religiöser Mensch spricht. Jede andere Art ist die der Leute, die dich betrügen wollen. Diese Mönche hier haben dich betrogen; sie haben dir leere Versprechungen gemacht. Du weißt gar nichts darüber, was nach dem Tod geschieht, und sie auch nicht, aber sie haben vorgegeben, es zu wissen.«

Wu fragte: »Und wer bist du, dass du mit solcher Autorität sprichst?«

Und weißt du, was Bodhidharma antwortete? Er sagte: »Ich weiß es nicht. Das ist etwas, was ich nicht weiß. Ich bin nach innen gegangen, bis ins innerste Zentrum meines Seins, und kam wieder heraus, so unwissend wie je zuvor. Ich weiß es nicht.«

Das nenne ich Mut. Keine Religion hat je den Mut aufgebracht, zu sagen: »Wir wissen nur so und so viel, aber mehr wissen wir nicht; vielleicht werden wir es in Zukunft wissen. Und darüber hinaus gibt es eine Sphäre, die sich für immer dem Wissen entzieht.«

Wären die Religionen so demütig gewesen, dann würde die Welt völlig anders aussehen. Die Menschheit befände sich nicht in einem solchen Chaos; es gäbe nicht so viel Angst und Verzweiflung. Überall auf der Welt sind die Menschen voller Angst und Schmerz. Und was die Hölle angeht – wir leben bereits hier in der Hölle. Welche größeren Qualen könnte es in der Hölle geben?

Und die Verantwortung dafür tragen eure sogenannten frommen Leute. Nach wie vor belügen sie euch, nach wie vor spielen sie dasselbe Spiel. Nachdem 300 Jahre Wissenschaft ihr Territorium sukzessive abgebaut und ihr sogenanntes Wissen über den Haufen geworfen haben, nachdem sie unaufhörlich neue

Fakten und neue Realitäten zutage gebracht haben, ist der Papst immer noch unfehlbar, ist der Shankaracharya immer noch unfehlbar!

In Jaipur fand eine Hindu-Konferenz statt, und einer der Shankaracharyas ... es gibt in ganz Indien vier davon; sie sind so etwas wie Päpste. Jeder regiert eine Himmelsrichtung, darum gibt es vier Shankaracharyas, für alle vier Himmelsrichtungen. Einer von ihnen gehörte zu Jaipur, er war in Jaipur geboren. Er war in erster Linie Astrologe, ein großer Gelehrter, und als einer der Shankaracharyas starb, wählte man ihn zum Shankaracharya von Jagannath Puri.

Ich kannte ihn noch aus der Zeit, bevor er Shankaracharya wurde, und auf der Konferenz sah ich ihn zum ersten Mal nach seiner Wahl wieder. Ich fragte ihn: »Jetzt bist du wohl unfehlbar geworden? Und ich kenne dich sehr gut – vorher warst du es nicht. Kannst du mir sagen, an welchem Tag, zu welcher Stunde du unfehlbar geworden bist?«

Er sagte: »Stell mir keine unbequemen Fragen vor anderen Leuten! Jetzt bin ich Shankaracharya und als solcher gelte ich eben als unfehlbar.«

Ich sagte: »Du giltst ...?«

Er sagte: »Das sage ich dir nur privat. Wenn du mich öffentlich fragst, bin ich natürlich unfehlbar.«

Jetzt (1984) haben wir einen Polenpapst. Habt ihr je von einem unfehlbaren Polacken gehört? Aber nun ist endlich einmal ein Pole, als Papst, unfehlbar geworden. Wie tief muss die Welt noch fallen? Tiefer geht es nicht mehr. Wenn der Polenpapst stirbt – denn Päpste sterben sehr schnell, einfach deshalb, weil sie, bis sie endlich Papst werden, schon fast tot sind. Es dauert so ewig lange, bis man im Vatikan landet, und wenn man noch ein paar Jährchen überlebt, ist es dann genug. Wen werden sie nach diesem Papst wählen? Ob sie wohl noch jemand anders finden können?

Wahre Religiosität wird die Demut besitzen, zu akzeptieren, dass sie einiges weiß, vieles aber nicht weiß, und dass es etwas gibt, das immer unwissbar bleibt. Dieses Etwas ist das Ziel aller religiösen Suche. Du kannst es nicht zu einem Objekt des Wissens machen, aber du kannst es erfahren, du kannst davon trinken, du kannst es schmecken – es ist existenziell.

Der Wissenschaftler bleibt getrennt vom Objekt, das er untersucht. Er ist immer getrennt vom Objekt, darum ist Wissen möglich, weil der Wissende von dem Gewussten getrennt ist. Der religiöse Mensch hingegen geht tiefer hinein in seine eigene Subjektivität, wo Wissender und Gewusstes eins sind.

Wenn Wissender und Gewusstes eins sind, ist kein Wissen möglich. Ja, du kannst es tanzen, aber du kannst es nicht sagen.

Es kann in deinem Gang sein, in der Art, wie du gehst. Es kann in deinen Augen sein, in der Art, wie du schaust. Es kann in deiner Berührung sein, in der Art, wie du berührst. Aber es kann nicht in Worte gefasst werden. Worte sind absolut untauglich, was Religion angeht. Aber alle diese sogenannten Religionen sind voller Worte. Ich nenne das alles Kokolores!

Darin besteht der grundlegende Fehler. Aber es gibt auch noch andere Fehler, die es sich zu betrachten lohnt, zum Beispiel: Jede Religion ist egoistisch. Obwohl alle Religionen ihre Anhänger lehren, das Ego aufzugeben und egolos zu sein, bescheiden zu sein, sind diese Religionen selbst nicht bescheiden; sie sind überaus arrogant.

Jesus sagt: »Seid bescheiden, seid sanftmütig«, aber hast du schon einmal darüber nachgedacht: Jesus selbst ist nicht bescheiden, nicht sanftmütig, überhaupt nicht. Kann es noch mehr Arroganz und noch mehr Egoismus geben? Er erklärt sich selbst zum einzigen Sohn Gottes! Somit kann sich kein Zweiter zu einem weiteren Sohn Gottes erklären – nicht einmal zu einem Neffen, weil Gott keine Brüder hat. Du kannst mit Gott kein verwandtschaftliches Verhältnis haben; dieses Verhältnis ist schon besetzt; Jesus hat diese Tür geschlossen.

Er ist der Messias, der gekommen ist, um die Welt zu erlösen – aber erlöst scheint niemand zu sein, obwohl schon 2000 Jahre vergangen sind. Er selbst starb leidend am Kreuz – wen will er da erlösen? Aber dieser Gedanke: »Ich werde euch erlösen, kommt und folgt mir.« ... Das hat sich als einer der wichtigsten Faktoren bei der Zerstörung der Menschheit erwiesen – denn alle Religionen erheben den Anspruch, die einzig wahre Religion zu sein, und haben immer behauptet, die anderen Religionen hätten alle unrecht. Mit diesem Anspruch haben sie sich immerzu bekämpft, gegenseitig umgebracht, gegenseitig vernichtet.

Erst kürzlich sah ich im Fernsehen eine Diskussionsrunde. Ein Rabbi, ein protestantischer Pastor und ein katholischer Mönch diskutierten über mich. Und sie kamen zu folgender Schlussfolgerung: Der Rabbi schlug vor: »Es wäre an der Zeit, dass wir uns um einen Dialog mit diesem Mann bemühen.« Ich konnte es nicht fassen! Ein Rabbi sagt zu einem Katholiken, dass ein Dialog nötig wäre. Wofür? Es gab so viele Rabbiner zu Zeiten von Jesus, warum fanden sie damals einen Dialog mit Jesus nicht nötig? Oder war die Kreuzigung der Dialog?

Und dieser idiotische Katholik stimmt ihm zu! Er sagt nicht einmal: »Sie, als Rabbi, glauben an den Dialog? Was geschah denn mit Jesus? War etwa die Kreuzigung ein Dialog?« Nein, er stellt nicht diese Frage. Und der Rabbi wundert sich selbst nicht einmal, was er da gesagt hat. Jesus war ein Jude, es wäre also absolut richtig gewesen, wenn die Rabbiner den Dialog mit diesem Juden gesucht hätten. Wenn er in die Irre gegangen ist, hättet ihr ihn auf den rechten Weg zurückbringen können! Oder, falls er vielleicht recht hatte, hättet ihr seinen Weg übernehmen können. Aber war die Kreuzigung ein Dialog? Es ist nicht einmal ein Monolog!

Aber heute sind sie alle etabliert. Der Katholik, der Protestant und der Rabbi haben keine Schwierigkeiten, denn heute gehören sie alle zum gleichen Business. Alle wissen, dass sie die gleichen Dinge tun, denn sie gehören zur selben Branche. Jesus brachte Schwierigkeiten. Vielleicht war ein Dialog mit ihm nicht möglich. Er ist auch mit mir nicht möglich, aber aus anderen Gründen.

Mit Jesus war der Dialog nicht möglich, denn er war ja der Messias – und wer seid ihr? Ein Dialog ist nur möglich unter Gleichen. Er ist der Sohn Gottes – und du, bist du der Schwiegersohn? Du musst auch jemand sein. Wie kann sonst ein Dialog stattfinden? Nein, es war nicht möglich, weil Jesus so egoistisch war, dass die Rabbiner sehr wohl wussten, dass kein Dialog möglich war. Sie hatten sich ihm bereits ein- oder zweimal genähert.

Einmal fragte ihn ein Rabbiner: »Auf welche Autorität berufst du dich?«

Jesus antwortete: »Auf meine eigene Autorität – und vergiss nicht: Ehe Abraham ward, bin ich.« Abraham war der Urahn, der Älteste, und Jesus sagte: »Ehe Abraham ward, bin ich. Genügt dir das als Autorität?« Und das von dem Mann, der sagt: »Selig sind die Sanftmütigen«, aber er selbst ist alles andere als sanftmütig. »Selig sind die Armen, selig sind die geistig Armen.« Aber weshalb? Aus welchem Grund sind sie selig? Sie sind selig, weil sie das Himmelreich erben werden.

Ein sonderbares Argument! Hier auf Erden bist du ein Verlierer und dort im Himmel bist du ein tausendfacher Gewinner. Aber was gewinnst du eigentlich? – Die gleichen Dinge. Hier bist du arm und dort wirst du reich sein. Hier bist du ein Bettler und dort wirst du ein König sein. Aber was ist der qualitative Unterschied? – Nur hier und dort, zwei verschiedene Orte. Und diese Leute trachten danach, sanftmütig und demutsvoll und arm zu sein aus einem einfachen Beweggrund: um das Reich Gottes zu erben! Dieser Jesus provoziert damit eure Habgier und nutzt sie aus. Aber genau das haben alle Religionen immer getan.

Mit mir ist ein Dialog ebenfalls unmöglich, aber aus anderen Gründen. Erstens: Ich weiß nicht, wer ich bin. Darüber ist keine Diskussion möglich. Aber das ist die allererste Sache, die man diskutieren müsste. Was für ein Dialog? Entweder kennst du dein Innerstes oder du kennst es nicht. Wenn du dein Innerstes kennst, dann genügt es, dir in die Augen zu schauen – darin bestünde der Dialog. Wenn du dein Innerstes nicht kennst, dann genügt es ebenfalls, dir in die Augen zu schauen. Dann wäre der Dialog beendet, ehe er überhaupt begonnen hat.

Mit mir ist ein Dialog nicht möglich, weil ich kein Gelehrter bin. Ich kann keine Schriften zitieren; ich zitiere sie immer falsch. Aber was macht das schon? Ich habe keinen Respekt vor diesen Schriften. Ich glaube nicht, dass sie heilig sind. Sie sind nur religiöse Fiktionen, deshalb ist es gar kein Problem, sie falsch zu zitieren. Tatsächlich habe ich sie nicht einmal sorgfältig gelesen. Ich habe sie nur durchgeblättert, habe hier und dort ein bisschen geschmökert. Aber allein dabei habe ich so viel Schrott darin gefunden!

Was für ein Dialog wäre also mit mir möglich, über welche Punkte? Für einen Dialog ist eine gemeinsame Basis, eine gewisse Übereinstimmung nötig, doch es kann keine Übereinstimmung geben, weil ich sage, dass es keinen Gott gibt. Wie soll man darüber einen Dialog führen? Die andere Seite müsste einen Beweis für die Existenz Gottes erbringen – dann könnte ein Dialog beginnen. Oder sie müsste Gott in den Zeugenstand holen, dann könnten wir darüber diskutieren, ob er wirklich Gott ist oder nur ein scheinheiliger Amerikaner.

Ich glaube nicht daran, dass Himmel und Hölle irgendwo existieren. Was für ein Dialog sollte da möglich sein? Ja, die verschiedenen Religionen können darüber einen Dialog führen, weil es Punkte gibt, in denen sie übereinstimmen. Ein Muslim, ein Christ, ein Hindu, ein Jude – sie können über Gott diskutieren. In einem Punkt stimmen sie überein: dass Gott existiert. Nun dreht sich die Frage nur noch um seine Form, seine Attribute, seine Qualitäten – aber grundsätzlich sind sie sich einig. Auch über Himmel und Hölle sind sie sich einig. Mag sein, dass der eine an sieben Höllen glaubt, der andere an fünf oder an drei. Es ist nur eine Frage der Zahlen, nicht so wichtig. Aber welche Art von Dialog wäre mit mir möglich?

Als ich dieser Diskussionsrunde zuhörte, begann ich mich zu fragen: Wenn es einen Dialog geben sollte, wie könnte er beginnen – von welchem Ausgangspunkt? Zwischen ihnen und mir gibt es keine gemeinsame Basis, nicht einen einzigen Punkt der Übereinstimmung, denn alle diese Religionen sind pseudo. Es sind keine wahren Religionen, sonst hätte bereits ein Dialog stattgefunden.

Mit Bodhidharma kann ich einen Dialog haben. Er sagt: »Ich weiß nicht, wer ich bin.« Das genügt als Übereinstimmung. Dann können wir uns bei der Hand nehmen und zusammen einen Morgenspaziergang machen. Dann braucht keiner mehr irgendetwas zu sagen; alles ist bereits gesagt.

Nach neun Jahren, ehe Bodhidharma nach Indien zurückkehrte, scharte er vier seiner wichtigsten Schüler um sich und fragte sie: »Fasst in einem Satz zusammen, was Religion bedeutet, damit ich sehen kann, ob ihr mich verstanden habt oder nicht.«

Der Erste sagte: »Mitgefühl ist Religion. Das ist Buddhas Grundbotschaft: Mitgefühl.«

Bodhidharma sagte: »Du hast meine Knochen, jedoch nicht mehr.«

Der zweite Schüler sagte: »Meditation. Still zu sein, so vollkommen still, dass nicht ein einziger Gedanke sich in dir regt: Das ist die Essenz von Religion.«

Bodhidharma: »Du hast mein Fleisch, aber nicht mehr, denn mit dem, was du sagst, wiederholst du nur meine Worte. In deinen Augen sehe ich nicht diese Stille; in deinem Gesicht sehe ich nicht die Tiefe, die diese Stille bringt.«

Der Dritte sagte: »Es lässt sich nicht sagen. Es ist nicht auszudrücken.«

Bodhidharma sagte: »Du hast mein Mark. Aber wenn es sich nicht sagen lässt, warum hast du dann überhaupt Worte verwendet? Du hast es bereits gesagt. Selbst wenn du sagst: ›Es lässt sich nicht sagen, es ist nicht auszudrücken‹, machst du bereits eine Aussage darüber. Deshalb sage ich: Du hast nur mein Mark.«

Er wandte sich an den Vierten. Dieser Schüler hatte Tränen in den Augen und fiel Bodhidharma zu Füßen. Bodhidharma schüttelte ihn und fragte ihn wieder und wieder: »Was ist Religion?« Doch da waren nur Tränen der Freude, und seine Hände berührten dankbar Bodhidharmas Füße … Er sagte kein einziges Wort, nicht einmal: »Es lässt sich nicht sagen, es ist nicht auszudrücken.«

Bodhidharma schloss ihn in seine Arme und sagte: »Du hast mich. Jetzt kann ich in Frieden gehen, denn ich lasse etwas von mir zurück.«

Aber ein Dialog mit diesen Rabbinern, katholischen Priestern, protestantischen Priestern – welcher Dialog denn? 2000 Jahre sind vergangen, und die Rabbiner haben sich bis heute nicht dafür entschuldigt, dass sie Jesus kreuzigten. Auch wenn er ein Egoist gewesen sein mag, auch wenn er unrecht gehabt haben mag, auch wenn er etwas Falsches gepredigt haben mag, so hatte doch keiner das Recht, diesen Menschen zu kreuzigen! Er hatte niemandem etwas Böses getan. Alles, was nötig gewesen wäre, war ein respektvolles Streitgespräch; aber sie waren nicht kompetent genug, um mit ihm zu argumentieren.

Eine Kreuzigung ist kein Argument. Ihr könnt mir den Kopf abschlagen – aber das ist doch kein Argument! Es beweist nicht, dass ich unrecht habe und ihr recht habt. Wenn ihr mir den Kopf abschlagt, bedeutet es im Grunde nur, dass ihr unfähig seid, euren Standpunkt zu argumentieren. Es ist immer der Schwächere, der wütend reagiert. Immer sie sind es, die die anderen mit gezücktem Schwert bekehren wollen. Nach 2000 Jahren kann ich mich nur wundern, dass nicht ein einziger Rabbiner sich entschuldigt hat. Warum sollten sie auch? Sie sind fest davon überzeugt, dass sie damals recht hatten und immer noch recht haben.

Ich frage mich, was für ein Katholik dieser Priester ist und was für ein Protestant dieser Priester ist, die da mit dem Rabbi zusammensitzen, um über mich zu diskutieren. Sie sollten zuerst einmal über sich selbst reden und darüber, warum sie überhaupt dort zusammensitzen.

Alle diese Leute sind Egoisten. Die Rabbiner predigen den Leuten ständig, bescheiden zu sein, aber sie selbst können sich nicht einmal entschuldigen. Es ist ihnen unmöglich. Sie erwähnen noch nicht einmal den Namen von Jesus in ihren Schriften, in ihren Büchern. Ihr findet keinerlei Erwähnung von Jesus, seiner Kreuzigung oder der Geburt des Christentums in den jüdischen Quellen – nein. Es ist ihnen noch nicht einmal eine Erwähnung wert! Aber genauso ist es mit den anderen Religionen. Mohammed sagt: »Ich bin der einzige Prophet Gottes. Ein Gott, ein Prophet und ein heiliges Buch, der Koran – wenn ihr an diese drei Dinge glaubt, genügt das – dann seid ihr gerettet.«

Das bringt mich zum zweiten Punkt: Alle diese Religionen waren immer gegen den Zweifel. Sie haben wirklich große Angst vor dem Zweifel. Nur ein schwacher Intellekt kann Angst vor dem Zweifel haben; ansonsten ist Zweifel eine Herausforderung und eine gute Gelegenheit, die Dinge zu hinterfragen.

Sie alle haben den Zweifel abgetötet und sie haben dem Denken jedes Menschen die Vorstellung aufgezwungen, dass der, der zweifelt, in die Hölle kommt und ewig leiden wird. Zweifelt niemals! Aber zu glauben ist »in«. Glaube, blinder Glaube – nicht einmal teilweiser Glaube reicht aus, nur totaler Glaube. Was verlangt ihr da von den Menschen? – Etwas absolut Unmenschliches? Wie kann jemand total glauben? Und selbst wenn er sich bemüht, total zu glauben, dann zeigt dies doch, dass Zweifel vorhanden sind. Wogegen würde er sonst kämpfen? Was hindert ihn daran, total zu glauben? – Da sind Zweifel, und Zweifel werden nicht durch Glauben beseitigt. Zweifel werden nur durch Erfahrung beseitigt.

Sie sagen: »Glaube!« Ich sage: »Finde es selbst heraus!«

Sie sagen: »Zweifle nicht!« Ich sage: »Zweifle bis zuletzt, bis du angekommen bist, und erkenne und fühle und erfahre selbst!«

Dann löst sich der Zweifel von allein auf, dann brauchst du ihn nicht zu unterdrücken. Dann brauchst du nicht zu glauben. Du glaubst nicht an die Sonne, du glaubst nicht an den Mond – warum glaubst du an Gott? Du glaubst nicht an ganz gewöhnliche Tatsachen, denn sie sind eine Gegebenheit – aber sie sind nicht die höchste Wahrheit.

Eine Rosenblüte ist am Morgen aufgeblüht; bis zum Abend ist sie verblüht. Dennoch »glaubst« du an sie; sie ist über jeden Zweifel erhaben. Dein Glaube an eine Rosenblüte ist ein einfacher Glaube, der keine Zweifel überwinden muss. Damit du also nicht den einfachen Glauben mit dem komplizierten Glauben verwechselst, habe ich dafür ein anderes Wort: Vertrauen.

Du vertraust der Rosenblüte. Sie blüht auf, verströmt ihren Duft und verblüht wieder. Schon am Abend ist sie vielleicht nicht mehr vorhanden. Ihre Blütenblätter sind herabgefallen, der Wind hat sie fortgeweht. Aber das ist keine ewige Wahrheit;

du weißt es als ein Faktum. Und du weißt auch, dass es neue Rosen geben wird, die ihren Duft wieder verströmen werden. Du musst nicht daran glauben; du weißt es einfach aus Erfahrung, denn gestern gab es Rosen, und auch sie sind verschwunden. Heute sind wieder neue da – und morgen wird die Natur ihren Lauf nehmen.

Wozu an Gott glauben? Weder gestern noch heute hattest du eine Erfahrung von Gott – und welche Gewissheit kannst du für morgen haben? Woher kannst du Gewissheit für morgen erlangen? Gestern war leer, heute ist leer, und morgen ist nur eine leere Hoffnung, ein Hoffen gegen alle Hoffnung. Aber genau das haben all diese Religionen gelehrt: Beseitige den Zweifel!

In dem Moment, da sie den Zweifel beseitigen, haben sie etwas unendlich Wertvolles im Menschen beseitigt. Denn der Zweifel ist es, der dem Menschen hilft, zu forschen und zu finden. Damit schneiden sie jede Erforschung an der Wurzel ab; ohne Zweifel kann es keine Erforschung geben.

Darum ist es auf der ganzen Welt so selten, einen Menschen zu finden, der die Aura der Ewigkeit hat, der den Atem der Ewigkeit kennt, der den Pulsschlag der Ewigkeit gefunden hat – nur ganz selten. Und wer ist dafür verantwortlich? All eure Rabbiner und Päpste und Shankaracharyas und Imame – sie alle sind verantwortlich, denn sie haben die Erforschung an der Wurzel abgeschnitten.

In Japan wird eine seltsame Art von Bäumen gezüchtet. Es gibt dort 300 oder 400 Jahre alte Bäume, die nur etwa 20 Zentimeter groß sind. 400 Jahre alte Bäume! Wenn man einen solchen Baum näher betrachtet, sieht man, dass er uralt ist, aber ein Zwerg von einem Baum – 20 Zentimeter hoch! Und das gilt als eine Kunst. Man erreicht es, indem man ständig die Wurzeln stutzt. Der irdene Topf, in dem der Baum wächst, hat keinen Boden, und von Zeit zu Zeit wird der Topf hochgehoben, und seine Wurzeln werden von unten beschnitten. Wenn man die Wurzeln stutzt, kann der Baum nicht größer werden. Er wird alt, aber er wächst nicht in die Höhe. Der Baum wird immer älter und älter, aber im Grunde hat man ihn zerstört. Es hätte ein riesiger Baum aus ihm werden können, denn oft sind diese Bäume Bo-Bäume.

Japan ist ein buddhistisches Land, und Gautama Buddha wurde unter einem Bo-Baum erleuchtet. Der Bo-Baum heißt auch in anderen Sprachen so, weil Gautama Siddhartha unter einem solchen Baum zum Buddha wurde, indem er *Bodhi*, die Erleuchtung, erlangte. Der vollständige Name lautet Bodhi-Baum, aber normalerweise nennt man ihn Bo-Baum. Die meisten dieser Bäume sind also Bo-Bäume. Aber unter diesen Bo-Bäumen kann heute kein Buddha erleuchtet werden. Wer weiß, wie viele Buddhas man durch das Stutzen dieser Bo-Bäume an der Erleuchtung gehindert hat!

Der Baum, unter dem Buddha erleuchtet wurde, ist so groß, dass tausend Ochsenkarren darunter Platz fanden, so ausladend war er. Dieser Baum lebt noch – nicht derselbe Baum, aber ein Ableger davon. Muslime hatten den Baum zerstört. Sie konnten es nicht dulden, dass ein Baum existierte, unter dem jemand ihren Propheten Mohammed an Größe übertraf. Sie verbrannten den Baum, zerstörten ihn völlig.

Doch der indische Kaiser Ashoka hatte einen Ast dieses Baumes seiner Tochter Sanghamitra, die Sannyasin geworden war, als Geschenk nach Ceylon mitgegeben. Sanghamitra brachte diesen Ast nach Ceylon, wo aus ihm ein neuer Baum wurde, und von diesem Bo-Baum brachte man dann einen Ast wieder zurück nach Indien und pflanzte ihn genau an der Stelle, wo Buddha erleuchtet wurde. Er stammt also von dem ursprünglichen Baum, aber in der dritten Generation.

Was die Leute in Japan mit diesen Bäumen machen, zeigt aber etwas sehr Wichtiges: Es ist genau das, was die Religionen mit den Menschen gemacht haben. Sie haben euch eure Wurzeln gestutzt, damit ihr nicht groß und stark und erwachsen werdet – ihr werdet nur alt.

Und die erste Wurzel, die sie stutzen, ist der Zweifel – damit hört das eigene Forschen auf.

Die zweite Wurzel, die sie stutzen, macht euch zu Feinden eurer eigenen Natur. Das Natürliche in euch wird verurteilt. Und wenn eure Natur verurteilt wird, wie könnt ihr sie darin unterstützen, zu fließen und zu wachsen und sich ihren eigenen Weg zu suchen wie ein Fluss? Nein, sie erlauben euch nicht, euren Weg durchs Leben zu finden wie ein Fluss, der sich dahinschlängelt.

Die Religionen haben Eisenbahnzüge aus euch gemacht, die sich auf starren Gleisen von einer Station zur nächsten bewegen – oder zumeist nur auf Rangiergleisen hin und her geschoben werden, ohne irgendwo hinzugelangen, immer auf denselben Gleisen. Diese Gleise nennen sie Disziplin, Kontrolle, Selbstbeherrschung.

Die Religionen haben unermesslich viel Schaden angerichtet. Ihr Sündentopf ist so voll, dass er überfließt. Man sollte ihn einfach in den Pazifik werfen, 9000 Meter tief, so tief, dass keiner ihn jemals wiederfinden und diesen ganzen idiotischen Prozess von Neuem beginnen kann.

Die wenigen Menschen auf der Welt, die intelligent sind, sollten sich all dessen, was die Religionen ihnen ohne ihr Wissen angetan haben, entledigen. Sie sollten sich vollständig reinigen von allem Judentum, Hinduismus, Christentum, Jainismus, Buddhismus – bis sie völlig frei davon geworden sind. Einfach menschlich zu sein ist genug.

Nimm dich selbst an. Achte dich selbst. Erlaube deinem natürlichen Wesen, seinen eigenen Lauf zu nehmen. Erzwinge nichts, unterdrücke nichts.

Und zweifle! – Denn der Zweifel ist keine Sünde, sondern ein Zeichen deiner Intelligenz. Zweifle und stelle alles infrage – so lange, bis du gefunden hast, was du gesucht hast. Eines kann ich sagen: Wer forschet, der findet. Das ist absolut sicher, es war noch nie anders. Keiner, der zu einer authentischen Erforschung aufgebrochen ist, kam je mit leeren Händen wieder.

12

Glaube ist Selbstmord der Intelligenz

? *Was ist der größte Schaden, den die sogenannten Religionen der Menschheit zugefügt haben?*

Der größte Schaden, den die sogenannten Religionen der Menschheit zugefügt haben, besteht darin, dass sie die Menschen daran gehindert haben, das wahre religiöse Bewusstsein zu entdecken. Sie gaben vor, die wahre Religion zu sein. Alle Religionen dieser Welt haben den menschlichen Verstand von frühester Kindheit an so konditioniert, dass er ihre Religion für die einzig wahre hält – die Religion, in die man als Kind hineingeboren wird.

Ein Hindu glaubt, dass seine Religion die einzig wahre Religion auf der Welt sei; alle anderen Religionen hält er für falsch. Das Gleiche gilt für die Juden, die Christen, die Buddhisten, die Muslime. In einem Punkt sind sich alle einig: Ihr braucht nicht nach der wahren Religion zu suchen, denn die wahre Religion steht euch bereits zur Verfügung – ihr seid in sie hineingeboren.

Ich nenne dies den größten Schaden, den sie angerichtet haben, denn ohne authentische Religiosität kann der Mensch nur vegetieren; er kann nicht wirklich leben. Er bleibt ein oberflächliches Wesen; er kann keine Tiefe, keine Authentizität erlangen. Er weiß nichts von seinen eigenen Tiefen. Sein Wissen über sich selbst hat er von anderen, von dem, was sie ihm erzählt haben. So, wie du dein Gesicht durch den Spiegel kennst, hast du dich selbst nur durch die Meinungen anderer kennengelernt. Du kennst dich selbst nicht unmittelbar. Und die Meinungen, auf die du dich verlassen hast, stammen von Menschen, die alle in der gleichen Situation sind: Keiner kennt sich selbst.

Diese Religionen haben eine Gesellschaft von Blinden geschaffen, denen sie ständig einreden: »Ihr braucht keine Augen.« Jesus hatte Augen – wozu also hätten die Christen Augen nötig?

Ihr müsst nur an Jesus glauben. Er wird euch den Weg ins Paradies weisen, ihr müsst ihm nur folgen. Ihr dürft aber nicht nachdenken, denn das Denken könnte euch in die Irre führen. Es würde euch unweigerlich von dem Weg abbringen, den sie für euch vorgesehen haben, denn Denken bedeutet, euren Zweifel, euren Intellekt zu schärfen. Und das ist den sogenannten Religionen viel zu gefährlich. Diese Religionen wollen, dass ihr euch abgestumpft, tot und lustlos durchs Leben schleppt; sie wollen nicht, dass ihr intelligent seid. Sie sind aber sehr schlau im Gebrauch von griffigen Vokabeln: Sie nennen es »Glaube«. Das bedeutet nichts anderes als den Selbstmord eurer Intelligenz.

Wahre Religion wird von dir keinen Glauben verlangen. Wahre Religion wird Erfahrung verlangen. Sie wird dich nicht auffordern, deinen Zweifel aufzugeben, sie wird dir vielmehr helfen, deinen Zweifel zu schärfen, sodass du bis zuletzt forschen kannst.

Wahre Religion wird dir helfen, deine Wahrheit zu finden.

Und vergiss nicht: Meine Wahrheit kann niemals deine Wahrheit sein. Es gibt keine Möglichkeit, die Wahrheit von einem Menschen auf den anderen zu übertragen. Mohammeds Wahrheit ist Mohammeds Wahrheit; sie kann nicht zu deiner Wahrheit werden, einfach indem du Muslim wirst. Für dich bleibt es nur ein Glaube. Und wer weiß denn, ob Mohammed überhaupt die Wahrheit kannte? Wer weiß, ob Jesus nicht bloß ein neurotischer Fanatiker war? Viele Psychiater, Psychologen und Psychoanalytiker sind sich heute einig, dass Jesus ein Fall für die Psychiatrie war.

Sich selbst zum einzigen Sohn Gottes zu erklären und zu behaupten: »Ich bin der Messias, der gekommen ist, die ganze Welt von Leiden und Sünde zu erlösen!« – Hältst du so jemanden für normal? Und wie viele Menschen hat er tatsächlich erlöst? Ich glaube nicht, dass er in der Lage war, auch nur einen Einzigen von Leiden und Sünde zu erlösen. Er litt zweifellos unter Größenwahn.

Wie kannst du Glauben in jemanden haben? Selbst wenn ein Gautama Buddha die Wahrheit kennt, hättest du keine Möglichkeit, zu wissen, ob er sie kennt oder nicht. Ja, du kannst erkennen, ob jemand die Wahrheit kennt, wenn du sie selbst kennst; dann kannst du es riechen. Ansonsten wirst du einfach der öffentlichen Meinung glauben, wirst du der Massenpsychologie glauben, und das ist die niedrigste Stufe.

Die Wahrheit kommt zur höchsten Intelligenz.

Wenn man den Menschen von Anfang an beibringt, zu glauben, dann wird ihre Intelligenz verkümmern, und sie werden verkrüppelt. Wenn man euch von Anfang an dazu konditioniert, einen Glauben zu haben, werdet ihr eure Seele verlieren. Dann werdet ihr nur vegetieren, aber nicht leben. Und genau das tun Millionen von Menschen auf der ganzen Welt: Sie vegetieren.

Was könnt ihr dann für ein Leben haben? Ihr kennt nicht einmal euch selbst. Ihr wisst nicht, woher ihr kommt, wohin ihr geht und welchen Sinn das alles hat. Wer hat euch daran gehindert? Nicht der Teufel, sondern die Päpste, die Priester, die Rabbiner, die Shankaracharyas – sie sind die wahren Teufel.

So, wie ich die Sache sehe, sind alle diese Synagogen, Tempel, Moscheen, Kirchen – sie sind dem Teufel gewidmet, nicht Gott. Was sie getan haben, ist nicht göttlich; es ist schierer Mord: die Abschlachtung des gesamten menschlichen Geistes.

Aber sie haben außerdem noch viele andere Dinge verbrochen. Ein so grundlegender Schaden geschieht nicht isoliert; es bedarf dazu der Unterstützung durch zahlreiche andere Schäden. Zum Beispiel haben die Religionen das Universum entmystifiziert. Ich sehe darin eines ihrer größten Verbrechen.

Lasst es mich wiederholen: Sie haben das Universum entmystifiziert, und ich sehe das als eines der größten Verbrechen. Sie sind dabei so gerissen, so raffiniert vorgegangen, dass euch noch nicht einmal bewusst ist, was da geschah.

Was meine ich mit der Entmystifizierung des Universums? Ich meine damit, dass sie euch lauter fertige Antworten geliefert haben. Alle Religionen haben einen bestimmten Katechismus. Ich wurde von Christen gefragt: »Warum veröffentlichst du nicht ein kleines Büchlein, das deinen Katechismus enthält? Denn es gibt von dir so viele Bücher, dass es mühsam ist, sie alle zu lesen, um herauszufinden, was deine Botschaft ist. Es wäre einfacher – so wie die Christen es gemacht haben –, wenn du deinen Katechismus auf eine Postkarte drucken lässt.«

Ich musste ihnen sagen: »Das ist mir nicht möglich, weil ich keinen Katechismus habe. Ihr werdet also in meine Bücher schauen müssen. Ihr werdet in diesen Dschungel eindringen und die Botschaft finden müssen. Ich weiß aber nicht, ob es euch gelingen wird, eine Botschaft zu finden oder ob ihr euch selbst dabei verlieren werdet – eher das Letztere.«

Alle Religionen haben jedoch einen Katechismus geliefert. Was ist ein Katechismus? Auf Fragen, die nicht zu beantworten sind, Antworten zu geben, noch ehe überhaupt die Fragen gestellt worden sind. Das Kind hat die Frage noch gar nicht gestellt, wer die Welt erschaffen hat. Das Kind ist noch nicht reif, eine solche Frage zu stellen, aber die Religionen bemächtigen sich des Kindes, bevor es reif wird und diese Frage auftauchen kann. Ist die Frage erst einmal aufgetaucht, wird ihre Antwort dem Kind nichts bringen.

Sobald das Kind fragt, wer die Welt erschaffen hat, wird ihm die Antwort, Gott habe die Welt erschaffen, nicht helfen, denn es wird weiterfragen: »Und wer hat Gott erschaffen?« Die Antwort beantwortet gar nichts, weil die Frage bestehen bleibt; sie wird nur ein wenig verschoben – einen Schritt zurückversetzt. Und letztendlich sagen die Religionen: »Gott wurde von niemandem erschaffen.« Sehr seltsam – denn die Gott zugrunde liegende Logik besagt, dass alles, was existiert, einen Schöpfer braucht.

Einen meiner Religionslehrer – zu dem ich jede Woche hingehen musste, um mir seinen Schwachsinn anzuhören – habe ich gefragt: »Du hast mir diese logische Begründung gegeben: Alles, was existiert, braucht einen Schöpfer.«

Er sagte: »Natürlich.«

Ich fragte ihn: »Existiert Gott oder nicht?«

Das ließ ihn aufhorchen: Wenn er zugab, dass Gott existierte, dann musste dieser einen Schöpfer haben – nach seiner eigenen Logik. Und wo das letztlich hinführt, ist ein unendlicher Regress. Das heißt, man kann ewig so weitermachen: A erschuf B,

B erschuf C, C erschuf D – so kann man weitermachen, bis das ganze Alphabet aufgebraucht ist und man bei Z mit dem gleichen Fragezeichen dasteht. Nichts hat sich geändert. Es war eine Scheinfrage; sie ist nicht zu beantworten.

Aber keine Religion hat den Mut, zu sagen: »Es gibt Dinge, über die ihr zwar Fragen stellen könnt, doch solltet ihr keine Antworten erwarten. Das Leben ist ein Mysterium.« Und nur wenn es Fragen gibt, die nicht zu beantworten sind, kann das Leben ein Mysterium bleiben.

Aber dann ist es der Religion nicht mehr möglich, euch am Gängelband zu führen. Wenn es Fragen gibt, die nicht zu beantworten sind, was ist dann mit euren Messiassen, Propheten, Inkarnationen Gottes? Was haben all diese Knallköpfe getan? Sie haben Fragen beantwortet, die grundsätzlich nicht beantwortbar sind und unbeantwortet bleiben sollten. Ein aufrichtiger Mensch von ehrlicher Gesinnung wird die Tatsache akzeptieren, dass es diese Fragen gibt, aber keine Antwort darauf gegeben werden kann.

Darum sage ich, dass die Poesie viel religiöser ist als eure sogenannten heiligen Bücher. Musik ist religiöser als eure sogenannten Predigten der großen Apostel. Die Malerei ist religiöser, denn Gemälde sind keine Antworten, sondern Reflexionen des Mysteriums, das diese Existenz ausmacht. Die Poesie beantwortet euch gar nichts, sie spiegelt nur: den Sonnenaufgang, den Sonnenuntergang, eine am Himmel ziehende Wolke, einen Vogel im Flug, einen Regenbogen. Sie gibt euch keine Antworten.

Ein Zen-Haiku lautet:

Die Wildgänse fliegen über einen See.
Natürlich spiegelt der See sie wider.

Die Wildgänse sagen nicht: »Bitte spiegle uns wider«, noch sagt der See: »Danke, dass ihr kommt, um von mir widergespiegelt zu werden.« Der See ist still, die Wildgänse sind still; die Spiegelung geschieht, aber keine Seite äußert irgendein Wort. Nicht nur das: Die Wildgänse erwarten nicht, widergespiegelt zu werden; sie sind nicht gekränkt, wenn sie nicht gespiegelt werden. Wenn die Wildgänse niemals zu dem See kommen, wird der See sich nicht gekränkt oder abgelehnt oder gedemütigt fühlen. Er hat sie nie hergebeten, hat sie nie eingeladen.

Die Dinge geschehen, aber ohne ein Warum. In Dichtung, Malerei, Musik ... Hast du bei großartiger Musik je gefragt: »Was soll das bedeuten?« Beim Hören von Beethoven oder Mozart, fragst du da: »Was soll das bedeuten?« Oder beim Betrachten von Picassos Gemälden ...?

Einmal geschah es, dass ein superreicher amerikanischer Millionär zu Picasso sagte: »Ich möchte ein paar von Ihren Bildern haben.«

Picasso sagte: »Meine Bilder sind aber sehr teuer.«

Der Mann sagte: »Geld spielt überhaupt keine Rolle. Geben Sie mir zwei Bilder, egal, was sie kosten – ich frage nicht nach dem Preis. Ich gebe Ihnen das Geld gleich in bar.«

Jetzt war Picasso in Schwierigkeiten, denn er hatte gerade nur ein Bild fertig. Er ging in sein Studio, schnitt das Bild in zwei Teile, brachte die beiden Bilder und verkaufte sie.

Später sagte einer seiner Freunde, der die ganze Szene beobachtet hatte, zu ihm: »Dieses Bild machte ohnehin keinen Sinn; ich habe es nicht verstanden. Allein schon herauszufinden, wo bei diesem Bild oben und unten ist und wie man es aufhängen soll, ist schwierig. Ich habe es auf jede mögliche Art probiert, aber egal, wie man es hängt, es ist immer schön. Das bedeutet wohl, dass es keinen Sinn ergibt. Und jetzt hast du ein großes Wunder vollbracht: Du hast das Bild in zwei Teile geschnitten, und der Mann ist mit zwei Bildern weggegangen, die schon deshalb keinen Sinn ergeben können, weil jedes Bild nur halb ist und die andere Hälfte fehlt.«

»Aber niemand«, sagte Picasso, »wird je erfahren, dass es nicht zwei Bilder sind. Ich hätte genauso gut vier daraus machen können. Ich weiß ja selbst nicht, was es bedeutet, aber es hat mir solche Freude gemacht, es zu malen.« Und er hatte Tränen in den Augen, dass er es hergeben musste.

Diese Maler, Dichter, Musiker haben dem menschlichen Geist einen großen Reichtum beschert, weil sie die Existenz nicht entmystifizieren. Am Anfang schlug die Naturwissenschaft den gleichen Pfad ein wie die sogenannten Religionen. Im 18. Jahrhundert beging sie denselben dummen Fehler wie die Religionen. Die Wissenschaft versuchte, die Schöpfung zu entmystifizieren, aber schon bald erkannte sie: Je tiefer sie in die Existenz vordrang, umso tiefer wurde das Mysterium.

Bald erkannte die Wissenschaft die Bedeutung einer Aussage von Sokrates: »Wer weniger weiß, dünkt sich mehr zu wissen, und wer mehr weiß, ist sich bewusst, dass er weniger weiß. Wer einfach nur dumm ist, dünkt sich alles zu wissen, und wer wirklich weise ist, der weiß nur eines: dass er gar nichts weiß.«

In dem Maße, wie deine Intelligenz mehr und mehr heranreift und du aus verschiedenen Richtungen in die Existenz eintrittst und sie zu fühlen und zu lieben und zu leben beginnst, wird sie mehr wie Poesie, Malerei, Musik, Tanz: eine Liebesaffäre – aber keine Theologie. Sie wird allmählich so viel geheimnisvoller, als du es dir je hättest träumen lassen: Du sitzt auf unermesslichen Schätzen des Mysteriums. Doch die Religionen liefern nur vorgefertigte Antworten.

Die Existenz ist da, und das wirft natürlich die Frage auf: »Wer hat sie geschaffen?« Bleib bei der Frage. Weise sämtliche Antworten zurück, die man dir anbietet – denn Hausierer gibt es überall: Christen, Muslime, Hindus, Buddhisten, Jainas, Juden – alle Arten von Straßenverkäufern auf der Suche nach Kundschaft, die dir etwas verkaufen wollen, was einfach nur Gift ist und sonst nichts.

Sie werden sagen: »Gott hat sie erschaffen.« Oder: »Allah hat sie erschaffen.« Ja, sie haben dir eine Antwort geliefert, aber ist dir klar, welchen Schaden sie damit angerichtet haben? Wenn du diese Antwort akzeptierst, stirbt deine Frage. Und mit dem Tod der Frage stirbt auch dein Forschen; nun wirst du nie selbst versuchen, die Wahrheit herauszufinden. Wenn du weitergeforscht hättest, kann ich dir sagen – aus meiner eigenen Autorität, und meine Autorität beruht nicht auf den Veden oder der Bibel oder dem Koran, sie beruht auf meiner Erfahrung, meiner Forschung … Ich sage dir aus eigener Autorität: Wenn du weiter bei der Frage bleibst, ohne die Antworten von irgendwem, mich eingeschlossen, zu akzeptieren, wirst du nach und nach entdecken, dass die Antwort nicht gefunden wird, aber die Frage sich auflöst.

Und das ist der Moment, in dem das Mysterium erlebt wird.

Seht ihr den Unterschied? Die sogenannten Religionen unterdrücken eure Frage; sie setzen eine Antwort darüber, um die Frage zu überdecken – eine Antwort, die sie als Gottes Antwort ausgeben. Die Hindus sagen, die Veden seien von Gott geschrieben worden. Reiner Unsinn, denn in den Veden stehen so viele Dinge, die sich als absolut absurd erwiesen haben. Wenn Gott solche Absurditäten schrieb, dann sollte man ihn von seinem Thron stürzen.

Sie lassen ihre Antwort als wichtig, bedeutsam, ja unfehlbar erscheinen – als würde sie von Gott selbst stammen oder von Gottes Sohn oder seinem Boten. Alle diese Strategien wurden benutzt, damit ihre Antwort euer ganzes Wesen durchdringt und euch so stark konditioniert, dass eure Frage ins Unterbewusstsein verdrängt wird.

Die Aufgabe wahrer Religion ist es, alle diese Antworten zu verwerfen, alle diese Autoritäten zu verwerfen und eure authentische Frage, euren Zweifel, euer eigenes Forschen hervorzulocken, damit ihr euch aufmacht, mit ihrer Unterstützung nach dem Unbekannten, dem Unerforschten zu suchen. Es ist eine gefährliche Reise.

Die Religionen haben euch ein angenehmes Leben, eine bequeme Lebensweise beschert. Es gibt aber kein wirkliches Leben, außer ihr entscheidet euch, gefährlich zu leben, außer ihr seid bereit, in die Dunkelheit zu gehen und euch auf die Suche nach eurem Selbst zu begeben. Doch ich sage euch, ihr werdet keine Antwort finden. Niemand hat je die Antwort gefunden. Alle Antworten sind Lügen.

Ja, ihr werdet die Wirklichkeit finden, aber die Wirklichkeit ist nicht die Antwort auf eure Frage. Die Wirklichkeit ist der Tod eurer Frage. Wenn eure Frage verschwindet und keine Antwort zu bekommen ist, öffnet sich der Raum des Mysteriums.

Wahre Religion ist Mystik.

Am Anfang versuchte die Wissenschaft, dem ausgetretenen Pfad der alten Religionen zu folgen. Sie konnte aber nicht lange diese Linie verfolgen, denn sie musste sich mit den Fakten auseinandersetzen, und die Religion – die sogenannte Religion – ist reine Fiktion. Die Religion konnte weiterhin in ihrer fiktiven Welt leben, aber die Wissenschaft musste sich früher oder später der Wirklichkeit stellen. Nicht einmal ein Jahrhundert lang konnte sie die Vorstellung aufrechterhalten: »Bald werden wir das ganze Universum enträtselt haben. Bald werden wir dahin kommen, dass wir alles wissen.«

Fragt einen Albert Einstein, einen Lord Rutherford ... Fragt jene Leute, die in die tiefsten Geheimnisse der Materie eingedrungen sind, und ihr werdet bei ihnen ähnliche Aussagen finden wie bei den Mystikern. Sie sind jetzt ganz bescheiden geworden. Der alte Egoismus der Wissenschaftler des 18. und 19. Jahrhunderts ist aus der Welt verschwunden. Heute ist der Wissenschaftler die Demut in Person, denn er hat erkannt, dass es unmöglich ist, das Mysterium zu enträtseln.

Wir können es erreichen, besser zu leben, wir können es erreichen, angenehmer zu leben, aber wir können nicht wissen, was das Leben ist. Diese Frage wird bis zum Schluss eine offene Frage bleiben.

Meine ganze Bemühung geht dahin, euch zu helfen, wieder unwissend zu werden.

Die Religionen haben euch scheinwissend gemacht, und das ist der große Schaden, den sie angerichtet haben. Man hat euch den gesamten christlichen Katechismus ausgehändigt, den ihr in einer Stunde auswendig lernen und wie ein Papagei heruntersagen könnt, so einfach und problemlos. So gelangt ihr aber niemals zur Erkenntnis der Wahrheit, des Wirklichen, des Einen, das euch innen und außen umgibt. Kein Katechismus kann euch das geben.

Das Wissen aufzugeben ist jedoch eines der größten Probleme, weil das Wissen dem Ego so viel Nahrung gibt. Das Ego will alles Wissen in seiner Macht haben. Und wenn ich euch sage, dass ihr euer Scheinwissen aufgeben und wieder wie ein Kind werden sollt, will ich damit sagen, dass ihr an dem Punkt neu anfangen müsst, wo der Rabbi, der Priester euch von euch selbst abgelenkt hat. An diesen Punkt müsst ihr wieder zurückkehren.

Ihr müsst unschuldig, unwissend und uninformiert werden, damit die Fragen wieder auftauchen können, damit euer Forschen wieder lebendig wird. Und wenn euer Fragen und Forschen lebendig wird, könnt ihr nicht mehr dahinvegetieren.

Dann wird das Leben zu einer Forschungsreise, zu einem Abenteuer. Alles fängt an, von einem geheimnisvollen Duft umgeben zu sein.

Dann kannst du nicht vorbeigehen, wenn eine Rose dich ruft. Was ist denn ihr Duft anderes als ein Ruf? In ihrer Sprache sagt sie: »Bitte sei einen Augenblick mit mir zusammen. Es ist so kalt hier, so einsam.« Du kannst nicht vorbeigehen; kein Kind kann daran vorbeigehen.

Aber der Rabbi, der Pandit, der Maulvi, der Gelehrte ... sie sind so befrachtet mit Bücherwissen, ihr Kopf ist so vollgestopft mit Trödel – denn diese Leute sammeln nichts als Antiquitäten und Totengebeine –, dass sie den Ruf der Rose nicht vernehmen können. Und außerdem wissen sie schon alles. Sie wissen sogar, wer Gott erschaffen hat, sie wissen, wer die Welt erschaffen hat, sie wissen, wer die Seele erschaffen hat – was sollen sie mit so einer armen Rose?

Aber wenn ihr einen Dichter fragt, kann der Dichter sagen: »Eine Rose ist eine Rose ist eine Rose.« Ist das eine Antwort? Ist es eine Frage? Es ist weder eine Frage noch eine Antwort. Es ist eine Beschreibung, eine Spiegelung. Er spricht einfach aus, was er sieht. Er zitiert keine Schriften. Es gibt aber Leute, die nicht stehen bleiben ...

Als ich vor Jahren einmal in Kolkatta war, kam ein Mann zu mir – ein berühmter Gelehrter, Professor der Philosophie, Doktor Bhattacharya, ein sehr bekannter Name in philosophischen Kreisen dieser Welt. Er fragte mich: »Können Sie mir etwas sagen zu einer Frage, die mich schon viel beschäftigt hat: Gibt es so etwas wie eine heilige Sprache, die sich von der gewöhnlichen Sprache unterscheidet?«

Ich antwortete ihm: »Eine seltsame Frage – sie hat sich mir noch nie gestellt. Sprache ist Sprache. Was hätte die Sprache mit heilig oder unheilig zu tun? Aber ich kann Ihre Frage verstehen, denn die Hindus sagen, das Sanskrit sei eine heilige Sprache, eine göttliche Sprache.« – Deshalb haben die Brahmanen, die Priester, ein Monopol darauf behalten.

Dem Großteil der indischen Gesellschaft wurde die Kenntnis des Sanskrits vorenthalten. Keine Frau darf Sanskrit studieren. Für Frauen hat man andere Schriften verfasst, die nur aus Geschichten, aus frommen Geschichten, bestehen, völlig bedeutungslos. Aber irgendetwas musste man den Frauen geben, damit sie nicht anfingen, die Priester wegen der echten Schriften zu behelligen.

Sie waren nicht willens, die echten Schriften zu veröffentlichen und zu drucken, denn wenn sie erst einmal gedruckt waren, würde es sehr schwierig sein, das Monopol aufrechtzuerhalten. Die Druckerpresse existierte schon jahrhundertelang, aber die Veden wurden nicht veröffentlicht. Nur mit großen Schwierigkeiten wurden die Veden endlich veröffentlicht. Dann stellten sie die Behauptung auf, die Veden dürften in keine andere Sprache übersetzt werden, weil damit ihre ganze Heiligkeit verloren ginge. Und so wurde jahrhundertelang um die Übersetzung gekämpft, doch die Brahmanen glauben nach wie vor, dass die Übersetzungen die Qualität der Heiligkeit verloren haben. Wie kann man bloß die Veden auf Englisch oder Deutsch oder Französisch schreiben? Diese Sprachen sind für die Hindus nicht göttlich.

Aber genauso halten es auch die anderen Narren; da ist kein Unterschied, was ihre Torheit angeht. Für die Juden ist Hebräisch die Sprache Gottes. Als er zu Moses sprach, tat er das auf Hebräisch. Eine der Sünden, die Jesus beging, war die, dass er Aramäisch verwendete und nicht Hebräisch. Aramäisch war die Sprache der untersten Bevölkerungsschicht, und er war der Sohn eines Zimmermanns. Er konnte unmöglich Gottes eingeborener Sohn sein, sonst hätte er hebräisch gesprochen! Selbst mit Gott unterhielt er sich auf Aramäisch, und das war eine unheilige Handlung – die Sprache des gewöhnlichen Volkes zu benutzen!

Ich sagte also zu Doktor Bhattacharya: »Ich kann Ihre Frage verstehen, obwohl sie dumm ist, aber sie ist gelehrt.«

Er sagte: »Dumm und gelehrt zugleich?«

Ich sagte: »Das ist kein Widerspruch. Es sind dieselben Leute. Manche nennen sie dumm, andere nennen sie gelehrt – denn wer wird denn schon Gelehrter, außer ein dummer Mensch? Wozu denn? Wenn die Existenz verfügbar ist, wenn das Leben selbst in allem pulsiert, grübeln Sie über einem Buch!«

Dazu fällt mir noch etwas anderes ein – aber davon ein wenig später. Zuerst will ich die Geschichte von Professor Bhattacharya fertig erzählen. Ich sagte also: »Ja, man kann eine Unterscheidung treffen zwischen heiliger und unheiliger Sprache.«

Man sollte sich über den Namen von Professor Bhattacharya nicht täuschen. Bhattacharya ist in Bengalen der Name einer Brahmanen-Familie hohen Ranges, aber sein Vater war ein Bettler; daher wurde er zum Christentum bekehrt. Durch seine christliche Religion erhielt dieser Mann eine Erziehung in Klosterschulen, wurde auf die besten Colleges geschickt, sogar in den Westen. Er war also Christ, darum sagte ich zu ihm: »Es ist ganz einfach: Gewöhnliche Leute würden sagen: ›Du Hurensohn!‹«

Er sagte: »Das sagen Sie zu mir!«

Ich sagte: »Nein, das sage ich nicht zu Ihnen, das ist nur ein Beispiel. Die Leute sagen: ›Du Hurensohn!‹ In heilige Sprache übersetzt heißt das: ›Du Sohn des Heiligen Geistes!‹ – Das ist der einzige Unterschied. Aber ich meine, die erste Version ist zumindest menschlich, aufrichtig, realistisch. Die zweite Version ist unmenschlich, unaufrichtig, unrealistisch.«

Jetzt zu dem, woran ich mich gerade erinnert habe: Einer der größten Dichter Indiens war Rabindranath Tagore. Er ist der einzige indische Dichter, der den Nobelpreis erhielt. Das liegt nicht daran, dass es keine anderen guten Dichter gäbe, im Gegenteil: Es gibt viele, die noch viel großartigere Dinge schreiben als Rabindranath Tagore – aber sie schreiben in ihren eigenen Sprachen.

Indien hat 30 Hauptsprachen mit solch wunderbaren Qualitäten, dass sie nicht ins Englische übersetzbar sind. Rabindranath erhielt einfach deshalb den Nobelpreis, weil er auf Englisch schreiben konnte. Zuerst schrieb er seine Gedichte in Bengali und übesetzte sie dann ins Englische – aus diesem naheliegenden Grund. Sonst könnte man in Indien heute hundert Dichter finden, die eines Nobelpreises würdig wären, aber keiner wird ihre Namen je erfahren, weil der Nobelpreis nicht für die Sprachen verliehen wird, in denen sie schreiben.

Doch Rabindranath, der Sohn eines sehr reichen Mannes, wuchs in England auf und ging dort zur Schule, darum fiel es ihm leicht. Obwohl er selbst nie das Gefühl hatte, dass das, was er auf Bengali geschrieben hatte, sich in Englisch wirklich ausdrücken ließ, erhielt er dennoch den Nobelpreis für eines seiner Bücher, *Gitanjali* (»Sangesopfer«).

Während er an *Gitanjali* schrieb, hatte er die Gepflogenheit, sich ein kleines Hausboot zu nehmen und auf dem Fluss zu leben, ganz allein, und das Boot überall dort zu ankern, wo es ihm gefiel. An solchen Tagen verfasste er seine Gedichte.

In einer Vollmondnacht schrieb er vom Vollmond und dessen Schönheit, während er in der kleinen Hütte auf dem Hausboot saß, ohne zu merken, dass draußen der Vollmond schien. Er war an einer der wunderbarsten Stellen des Flusses, meilenweit nichts als Stille. Hier und da wurde sie von einem Wasservogel gestört, aber danach war die Stille noch tiefer.

Er hatte keine Ahnung … bei Kerzenlicht schrieb er über den Vollmond, wie schön er sei. Mitten in der Nacht, als er müde geworden war, blies er die Kerze aus, und während er sie ausblies – so schreibt er in seinem Tagebuch: »Ein Wunder geschah. Es war wie ein Schock, denn als die Kerze verlöscht war, kam aus jeder Ritze und Ecke …« – Die Hütte auf dem Hausboot war, wie in Bengalen üblich, aus Bambus gemacht. Und nun begann durch jede Spalte zwischen den Bambusstäben der Mond hereinzuströmen.

Einen Moment war er sprachlos. Eine solche Stille hatte er noch nie erlebt. Er trat ins Freie, erblickte den Mond und weinte.

Dann ging er zurück in die Hütte und zerriss das Gedicht, das er über den Mond und die Schönheit des Mondlichtes geschrieben hatte. In sein Tagebuch schrieb er: »Ich war sehr unfair gewesen zum Mond, zur Stille dieser Nacht. Mein Gedicht war Makulatur; es vermochte nicht einmal ein Tausendstel davon wiederzugeben. Der Mond war draußen und klopfte an meine Tür, aber ich war so vertieft darin, mein eigenes Buch zu schreiben, dass ich sein Klopfen nicht vernahm. In meinem Gedicht redete ich von der Stille – und da draußen herrschte eine so tiefe Stille, wie ich sie noch nie zuvor und nie mehr danach erlebt habe. Das wäre mir entgangen, wenn ich schlafen gegangen wäre, ohne die Kerze auszulöschen. Das bisschen Kerzenlicht hatte genügt, um zu verhindern, dass der Mond hereinscheinen konnte.«

Diese Leute sind voll von Büchern und Worten, die nicht ihre eigenen Erfahrungen sind. Solange etwas nicht deine eigene Erfahrung ist, hör auf, dich selbst zu betrügen. Scheinwissen kann sehr trügerisch sein. Und die Religionen sind dafür verantwortlich, denn sie haben die Menschen mit Scheinwissen und Gelehrsamkeit abgespeist.

Sie sollten den Menschen helfen, unschuldig zu werden, sie sollten ihnen helfen, unwissend zu werden; sie sollten ihnen helfen, zu fragen, zu forschen, zu suchen. Doch stattdessen haben sie euch alles fix und fertig geliefert, haben euch auf dem Silbertablett sämtliche Antworten präsentiert, die ihr selbst finden müsstet. Und es ist euch nicht einmal bewusst, was ihr verloren habt, als ihr dieses Geschenk angenommen habt.

Ihr habt alles verloren. Ihr lebt ein geborgtes Leben, denn sie haben euch gesagt, wie ihr leben sollt. Sie haben euch gesagt, wie ihr euer Leben disziplinieren sollt. Sie haben euch gesagt, wie ihr euer Verhalten, eure Natur kontrollieren sollt, und ihr seid ihnen blind gefolgt, ohne ein einfaches Prinzip zu verstehen: Ein Gautama Buddha wird nur einmal geboren. Seit 25 Jahrhunderten bemühen sich Millionen von Menschen, wie Gautama Buddha zu werden – nicht einem Einzigen ist es gelungen.

Eine schlichte Tatsache. Und ich sage, es ist ein Glück, dass es niemandem gelungen ist! Es wäre ein Unglück, wenn es irgendjemandem gelungen wäre. Es kann aber niemandem gelingen, weil jedes menschliche Wesen auf irgendeine Weise einzigartig ist. Gautama Buddha hat seine Einzigartigkeit, ihr habt eure Einzigartigkeit. Weder hat er euch zu folgen noch habt ihr ihm zu folgen. Folgen schafft Nachahmer. Sobald ihr zu Nachahmern werdet, verliert ihr die Verbindung zu eurem Leben. Das bedeutet es, wenn ich sage, dass ihr anfangt zu vegetieren. Dann spielt ihr die Rolle von jemand anderem; ihr habt euer wirkliches Leben völlig vergessen.

In meinem Heimatdorf wird jedes Jahr das Drama von Ramas Leben aufgeführt. Einmal geschah etwas, als ich dabei war ... Das war so köstlich, so bedeutungsvoll! In der Geschichte wird Sita, Ramas Ehefrau, von Ravana geraubt. Rama und sein Bruder Lakshmana versammeln beide ihre Truppen und ziehen in den Kampf. Nachdem Sita drei Jahre in Sri Lanka gefangen gehalten wurde, beginnen sie zu kämpfen.

Ravana war ein großer Krieger; Rama und Lakshmana waren ebenfalls große Krieger, aber sie waren noch jung. Ravana war sehr erfahren. Sein erster Pfeil traf Lakshmana, und es war bekannt, dass man nicht überleben konnte, wenn man von seinem Pfeil getroffen wurde.

Der beste Arzt wurde sofort gerufen, um alles zu tun. Er sagte: »Es gibt nur eine Möglichkeit: In Südindien gibt es einen Berg, den Arunachal – auf dem Arunachal wächst eine kleine Pflanze namens *Sanjivani*, eine Leben spendende Pflanze. Wenn diese Pflanze innerhalb von 24 Stunden hierhergebracht werden kann, haben wir eine Chance. Ansonsten kann man nach 24 Stunden nichts mehr machen; das Gift wird sich überall ausgebreitet haben.« – Er lag bereits im Koma.

Einer der Schüler von Rama, Hanuman, selbst ein großer Krieger, sagte: »Ich werde sofort losziehen und ich werde sie finden. Aber gib mir einen Hinweis – denn bis ich dort angelangt bin, ist es Nacht –, wie kann ich diese *Sanjivani*, diese Leben spendende Pflanze, finden?«

Der Arzt sagte: »Das ist ganz einfach, vor allem nachts. Bei Tag ist sie schwer zu finden, in der Nacht jedoch strahlt diese

Pflanze ein Licht aus, sodass sie leicht zu finden ist, wo auch immer sie steht. Du wirst sie finden, denn sie hat einen Strahlenkranz, als würde sie in Flammen stehen.«

In der Geschichte ist Hanuman der König der Affen, und er ist selbst ein Affe. Alle Hindus behaupten, dies sei eine Tatsache. Hanuman flog – denn Affen können das, vielleicht indem sie von Baum zu Baum springen –, ich weiß nicht, wie er das machte, aber jedenfalls flog er. Ich weiß nur, wie es in dem Drama gemacht wird: Er wird an einem Seil festgebunden, und das Seil bewegt sich, sodass es für das Publikum aussieht, als würde er fliegen.

Als er den Berg erreichte, gab es ein Problem. Das Problem war, dass der Berg, der ganze Berg, in hellem Licht erstrahlte. Nun wusste Hanuman nicht, was er tun sollte. Welche Pflanze war denn *Sanjivani?* – Denn es gab viele Pflanzen, die wie Flammen aussahen. Waren das alles *Sanjivani?* Er versuchte, es zu erkennen, aber diese Pflanzen waren verschieden ... Was sollte er tun? Aber er war ein verrückter Schüler – er nahm einfach den ganzen Berg mit! In religiösen Geschichten ist alles möglich: Jesus geht übers Wasser, er verwandelt Wasser in Wein, verwandelt Steine in Brot – alles ist möglich. Hanuman kam also mit dem ganzen Berg wieder. Aber was geschah in der Aufführung?

Er kam mit dem Berg herein – der Berg war aus Pappe – und er trug den Berg, während er an dem Seil hereinschwang. Irgendwie verklemmte sich das Seil, und er blieb mitten in der Luft hängen! Die Leute – und es waren mindestens 50 000, denn sie kamen von nah und fern, um das Drama zu sehen – begannen zu johlen und zu schreien. Da stand Rama, Lakshmana lag am Boden im Koma, der Arzt saß neben ihm. Der Souffleur wiederholte immer wieder Ramas Part, also sagte Rama immer wieder: »Oh Hanuman, wo bist du?« – Dabei hing er genau über seinem Kopf! – »Wohin bist du entschwunden? Komm bald zurück! Denn sonst, wenn du nicht vor Sonnenaufgang zurück bist, wird mein Bruder tot sein!«

Der Regisseur des Dramas war in großer Verlegenheit, was zu tun sei. Er kam auf die Bühne gerannt, versuchte, das Seil irgendwie frei zu bekommen, aber es klappte nicht. Er war so fertig mit den Nerven, dass er das Seil durchschnitt. Hanuman fiel mitsamt dem Berg herunter, direkt auf Lakshmana. Lakshmana stand auf, aber Rama wiederholte immer noch, was ihm der Souffleur vorsagte: »Oh, Hanuman, du kamst zur rechten Zeit …«

Da sagte Hanuman: »Halt's Maul! Du und dein Bruder, fahrt zur Hölle! Aber sagt mir erst, wer das Seil abgeschnitten hat! Den knöpfe ich mir zuerst vor, dann kann die Geschichte weitergehen.« Und er war ein stadtbekannter Ringer. Der Regisseur machte sich aus dem Staub, weil er befürchten musste, dass Hanuman ihm ein paar Knochen brechen würde.

Ich aber beobachtete dies alles und bemerkte eines: Obwohl dieser Mann den Hanuman spielte, hatte er in dem Augenblick, als er mit dem Seil herunterfiel, das ganze Stück vergessen. Er sagte: »Zur Hölle mit dir!« – Und das sagte er zu Rama, seinem Gott! – »Und zur Hölle mit deinem Bruder! Sagt mir zuerst, wo dieser Regisseur ist! Wer hat das Seil abgeschnitten? Alles schön der Reihe nach – das Stück kann ein wenig warten!« Natürlich hörten ihn alle, und die ganze Menge von 50 000 Leuten lachte über ihn.

Der Berg lag in Trümmern, aber Lakshmana hatte sich schon wieder erholt, also war es nicht mehr nötig … Der Arzt schlüpfte durch die Hintertür hinaus. Man brauchte keine *Sanjivani*-Pflanze mehr, denn Lakshmana stand bereits da und besah sich die ganze Szene. Sie mussten schnell die Vorhänge herunterlassen und die ganzen Leute von der Bühne holen. Hanuman wurde ausgetauscht, und als der Vorhang wieder hochging, war ein anderer in seine Rolle geschlüpft, denn der alte Hanuman war so wütend, dass er sagte: »Wenn ihr mir nicht den Regisseur herbeiholt, spiele ich nicht weiter. Diesen Kerl finde ich, egal wo er ist.«

Ein einziger Schlag und wer du auch bist – ob du die Rolle eines Buddha, eines Christus oder eines Krishna spielst –, es wird verschwinden, durch einen bloßen Schlag auf den Kopf. Nachahmung geht nicht bis in dein Wesen; sie bleibt nur an der

Oberfläche. Du kannst es 30, 40 Jahre lang praktiziert haben ... Es gibt Mönche, die es seit 50 Jahren praktizieren. Es gibt Klöster, katholische Klöster, wo einer, der als Mönch eintritt, nie wieder herauskommt; und Tausende leben in solchen Klöstern. Was machen sie dort? Sie bemühen sich ständig, strengen sich an, ein bisschen wie Christus zu werden; wenn schon nicht wie der ganze Christus, so zumindest wie ein Teil von Christus. Aber eine solche Imitation bringt gar nichts. Sie gibt dir allerhöchstens eine falsche Fassade, eine geheuchelte Maske, aber wenn man nur ein wenig daran kratzt, kann man die wirkliche Person immer noch dahinter finden. Du kannst die Existenz nicht durch Nachahmung betrügen; du kannst nur dich selbst betrügen.

Diese Religionen geben euch Ideale – wie ihr handeln sollt, wie ihr denken, wie ihr sein sollt –, und damit haben sie alles bereitgestellt. Sie haben euch nichts zu tun übrig gelassen; ihr müsst alles nur blind befolgen. Dann braucht man sich nicht zu wundern, weshalb die ganze Menschheit auf eine so blinde Weise funktioniert!

Aber wer ist dafür verantwortlich? Alle diese Religionen sind dafür verantwortlich, dass sie euch zu Heuchlern gemacht haben, so unecht, wie aus Plastik. Sie haben euch bis ins kleinste Detail gesagt, was ihr essen sollt und was nicht, wann ihr schlafen gehen und wann ihr aufstehen sollt – ihr seid total ferngesteuert. Man hat euch in Roboter verwandelt, und je mehr ihr wie Roboter seid, umso größere Heilige seid ihr. Dann betet man euch an und erweist euch alle Ehrerbietung eurer Religion. Je unechter ihr seid, umso angesehener werdet ihr sein. Aber wehe, wenn ihr auch nur für eine Sekunde eure Realität enthüllt, dann wird euch die ganze Ehrerbietung entzogen.

Es geschah einmal, als ich in Hyderabad war, dass ein Jaina-Mönch, der mich gehört hatte, so beeindruckt war, dass er sein Mönchsgewand ablegte. Er kam in das Haus, wo ich wohnte, und ich sagte zu meinem Gastgeber: »Er hat einen großen Schritt getan, darum gib acht! Die Jainas werden jetzt in Mörderstimmung gegen diesen Mann sein. Derselbe Mann, dessen Füße sie seit Jahren berühren – aber jetzt würden sie ihn am liebsten umbringen. Darum gib acht und schütze dich. Ich werde in drei Tagen abreisen, dann nehme ich ihn mit und schicke ihn irgendwohin, wo er ein paar Monate sein kann, ohne von den Jainas behelligt zu werden.«

Doch am selben Tag sollte ich in der Stadthalle von Hyderabad sprechen, und der Jaina-Mönch insistierte: »Ich möchte mit dir kommen.«

Ich sah darin kein Problem, also sagte ich: »Gut, dann komm mit.«

Als ich beim Rathaus ankam, wurde mir klar, dass die ganze Jaina-Gemeinde gekommen war. Als sie hörten, dass ich eine Ansprache im Rathaus halten würde, rechneten sie sich aus, dass auch der Mönch da sein würde. – »Und das ist unsere Chance!«

Ich erkannte die Lage und sagte zu dem Mönch: »Komm mit mir auf das Podium und setz dich auf dem Podium hinter mich. Jetzt müssen wir sehen, was passiert.«

Der Bürgermeister kündigte mich an, doch er war noch nicht einmal fertig, als Hunderte Leute aufstanden und sagten: »Wir wollen, dass dieser Jaina-Mönch vom Podium entfernt wird.«

Der Bürgermeister war in Schwierigkeiten. Ich war sein Gast, und der Mönch war mit mir gekommen, er war mein Gast. Also sagte ich zum Bürgermeister: »Nehmen Sie Platz, lassen Sie mich dieses Problem angehen.«

Ich fragte die Leute: »Seid ihr gekommen, seine Füße zu berühren?«

Sie sagten: »Füße! Wir werden ihm den Kopf abschneiden!«

Ich sagte: »Seht einfach, was Sache ist: Wie viele Jahre ist er schon Mönch – 20 Jahre? Er wurde Mönch, als er erst 20 war, jetzt ist er 40. Zwanzig Jahre lang habt ihr seine Füße berührt, habt euch seinen Rat geholt – und nun, innerhalb weniger Stunden, seid ihr bereit, ihm den Kopf abzuschneiden! Was ist geschehen? Er ist derselbe Mensch. Ihr hättet euch niemals erlaubt, mit ihm zusammen auf dem Fußboden zu sitzen. Und jetzt verlangt ihr, dass er von der Bühne geworfen wird und auf dem Boden sitzt, wo alle anderen sitzen. Was seht ihr für eine Veränderung? Könnt ihr mir sagen, was sich verändert hat?«

Sie sagten: »Alles hat sich verändert – er ist kein Jaina-Mönch mehr!«

Ich sagte: »Das ist wahr. Er trägt nicht das Gewand eines Jaina-Mönchs. Aber habt ihr nur sein Gewand verehrt? Ich habe es mitgebracht!«

Ich hatte sein Gewand in einer Tasche mitgebracht, ohne dass er davon wusste. Ich holte das Gewand hervor, legte es auf das Podium und sagte: »Ihr könnt die Füße dieses Gewandes berühren – das ist euer Mönch. Dieser Mann hier hat nichts mit euch zu tun, denn ihr habt seine Füße nie berührt. Es ist unnötig, so wütend zu werden, dass ihr ihm den Kopf abschneiden wollt. Ihr habt weder seine Füße berührt noch müsst ihr ihm den Kopf abschneiden. Dieser Mann ist euch absolut fremd, aber das ist sein Gewand und seine Bettelschale – hier sind sie! Ihr könnt mit dem Gewand machen, was ihr wollt. Wenn ihr die Füße berühren wollt, tut es. Wenn ihr den Kopf abschneiden wollt, dann schneidet ihn ab.«

Ich sagte ihnen: »Wenn ihr eine so einfache Sache nicht sehen könnt: Er hat 20 Jahre lang die Disziplin befolgt …« Und man kann die Jainas nicht betrügen, denn es müssen immer fünf Mönche zusammenleben. Kein Mönch darf allein leben, denn einem einzelnen Mönch traut man nicht; er könnte Wege finden, etwas zu tun, was gegen die Regeln verstößt. So spionieren immer vier Mönche hinter dem fünften her – das heißt, jeder bespitzelt jeden.

Sie dürfen nicht im Haus von irgendjemandem wohnen; sie können nur in einem Tempel wohnen, denn in einem Haus wäre ja alles möglich! Frauen sind dort, Essen ist dort – und diese Leute hungern nach Essen, nach Frauen, nach allem. Sie sind völlig ausgehungert.

Sie dürfen nur einmal am Tag essen und sie dürfen niemals eine Frau berühren. Was heißt berühren – sie dürfen sie noch nicht einmal ansehen! Um ihren Anblick zu vermeiden, haben sie die Anweisung, beim Gehen etwa eineinhalb Meter vor sich auf den Boden zu schauen, genau vier Fuß voraus, sodass ihre Augen mit der Zeit immer auf diesen Abstand eingestellt sind. Sie müssen immer so gehen, damit sie, selbst wenn ihnen eine Frau begegnet, nur ihre Füße und nichts anderes sehen können.

Sie dürfen nicht in einem Haus bei einer Familie wohnen, denn wer weiß? – Sie könnten ja in der Nacht den Kühlschrank plündern! Hungrige Leute sind hungrige Leute. Im Tempel gibt es keinen Kühlschrank, kein Essen, kein Wasser. Sie dürfen in der Nacht noch nicht einmal Wasser trinken.

Ich sagte: »Diesen Mann habt ihr angebetet wie einen Gott, 20 Jahre lang. Nur weil er heute sein Gewand abgelegt hat und andere Kleidung trägt, seid ihr bereit, ihn umzubringen. Ihr nennt euch gewaltlose Menschen, aber ihr wollt ihm den Kopf abschneiden!«

Und zu dem Mönch sagte ich: »Sieh dir diese Leute an; sie alle haben deine Füße berührt. Es war ein gegenseitiges Einverständnis: Sie erwiesen dir ihre Ehrerbietung; du warst ihr ständiger Sklave. Je mehr du ihr Sklave bist, desto mehr werden sie dir ihre Ehrerbietung erweisen. Wenn du deine Individualität völlig aufgibst, unecht und scheinheilig wirst, werden sie dich auf Schultern tragen. Aber ein einziger Moment der Wahrheit – und sie sind deine Feinde!«

Nein, niemand kann dir eine Disziplin auferlegen. Du musst sie durch deine eigene Bewusstheit finden. Wenn die Leute mich fragen, wie sie leben sollen, was sie tun sollen, was sie nicht tun sollen, sage ich ihnen einfach: »Ihr versteht mich nicht. Meine einzige Botschaft ist: Seid mehr und mehr ihr selbst.«

Das Erste ist, du selbst zu sein.

Und das Zweite ist, zu erkennen, wer du bist.

Also bleibe du selbst, bleibe natürlich. Versuche, dir mehr und mehr bewusst zu werden, was dieser Lebensstrom ist, der dich durchströmt. Wer schlägt in deinem Herzen? Wer ist hinter deinem Atmen?

Werde einfach mehr und mehr aufmerksam – über alles, was du tust, alles, was du denkst, alles, was du fühlst – bleibe einfach aufmerksam, ein Beobachter auf dem Hügel. Und dieses Beobachten wird dir helfen, die Disziplin zu finden, die *deine* Disziplin ist.

Das Beobachten wird dir helfen, herauszufinden, was du essen und was du nicht essen willst, was du tun und was du nicht tun willst. Ständiges Beobachten wird dir bewusst machen, viele Dinge, die du unnötig mit dir herumträgst und die eine Bürde geworden sind, loszulassen und nur das zu wählen, was mit dir in Harmonie ist – nicht als Bürde, sondern als Erleichterung.

Wenn du mit Achtsamkeit lebst, lebst du richtig. Wenn du durch Nachahmung lebst, lebst du falsch.

Für mich gibt es nur eine Sünde, und sie besteht darin, nicht du selbst zu sein. Und für mich gibt es nur eine Tugend, und sie besteht darin, dich selbst zu erkennen.

Die Religionen haben alle zusammen verhindert, dass dies geschehen kann. Es ist an der Zeit, dass wir uns von all dem Unsinn befreien, der noch aus der Vergangenheit unsere Köpfe vernebelt.

Wenn ihr wieder Adam und Eva werden könntet – ohne Moses, ohne Mahavira, ohne Mohammed, ohne Jesus, ohne Konfuzius, ohne Laotse ... Wenn ihr Adam und Eva wärt, neugeboren, frisch aus dem Paradies entlassen – und da wäre keiner, den ihr fragen könnt, was ihr tun sollt, keiner, den ihr fragen könnt, was der richtige Weg ist, kein Priester, kein Rabbi, kein Papst weit und breit – was würdet ihr tun?

Tut es!

13

Ekstase ist zu wissen, dass niemand deine Hand hält

? *Was ist wichtiger in deiner Vision von Religiosität: »Sei du selbst« oder »Erkenne dich selbst«?*

Meinst du, das seien zwei verschiedene Dinge? Wie kannst du dich selbst erkennen, wenn du nicht du selbst bist? Und umgekehrt: Wie kannst du du selbst sein, wenn du nicht weißt, wer du bist? Du selbst zu sein und dich selbst zu erkennen sind nicht zwei getrennte Dinge, darum ist es keine Wahl, kein Entweder-oder. Es sind zwei Aspekte in ein und demselben Prozess.

Du solltest an beiden zusammen arbeiten, gleichzeitig; nichts von beidem darf vernachlässigt werden. Es ist allerdings leichter, damit zu beginnen, du selbst zu sein. Leichter deshalb, weil andere dich von dir selbst abgelenkt haben. Die Masken, die du trägst, hast du dir nicht freiwillig aufgesetzt. Unwissentlich und widerstrebend warst du gezwungen, jemand anderes zu sein, als du bist. Deshalb ist es leichter, dich als Erstes davon zu befreien.

Sklaverei jeglicher Art loszuwerden ist leichter, denn wer will schon seinem Wesen nach ein Sklave sein? Es liegt nicht in der Natur eines Lebewesens, ob Mensch oder nicht Mensch. Sklaverei geht gegen die Existenz, darum ist es leichter, sie abzuwerfen. Sie bedeutet immer eine Bürde, die der Mensch zutiefst bekämpft, solange sie besteht. Selbst wenn du an der Oberfläche mitmachst, kann niemand dich dazu bringen, sie in der Tiefe zu akzeptieren. Im innersten Kern deines Wesens wirst du sie immer ablehnen; darum ist es leichter, sie abzuwerfen.

Der Vorgang ist einfach. Bei allem, was du tust, bei allem, was du denkst, bei allem, was du entscheidest, frage dich eines: Kommt es von dir selbst oder spricht jemand anderes aus dir? Und du wirst überrascht sein, wenn du die echte Stimme herausfindest. Vielleicht ist es die Stimme deiner Mutter – du wirst sie wieder sprechen hören. Vielleicht ist es dein Vater; es ist gar nicht schwer herauszubekommen. Es ist alles noch vorhanden, in dir genau so gespeichert, wie es dir beim ersten Mal gegeben wurde: der Ratschlag, der Befehl, die Regel, das Gebot.

Und du wirst verschiedene Personen finden können: den Priester, die Lehrer, die Freunde, die Nachbarn, die Verwandten. Du brauchst nicht zu kämpfen. Es genügt, einfach zu erkennen, dass es nicht deine eigene Stimme ist, sondern die von jemand anderem – wer auch immer es sein mag. Jetzt weißt du, dass du nicht auf sie hören wirst. Welche Folgen es auch immer haben mag, ob gute oder schlechte, jetzt entscheidest du dich, deinen eigenen Weg zu gehen; du entscheidest dich, reif zu sein. Du warst lange genug ein Kind, du bist lange genug abhängig geblieben. Du hast lange genug auf all diese Stimmen gehört und bist ihnen gefolgt. Und wo hat es dich hingebracht? – In ein heilloses Chaos!

Sobald du herausfindest, wessen Stimme es ist, sag ihr Lebewohl. Denn der Mensch, der dir diese Stimme gegeben hat, war nicht dein Feind; er tat es nicht in böser Absicht. Es geht aber nicht um die Absicht, es geht darum, dass dir etwas aufgezwungen wurde, was nicht aus deiner eigenen inneren Quelle kommt. Und alles, was von außen kommt, macht dich psychologisch zu einem Sklaven.

Nur deine eigene Stimme wird dich zum Erblühen führen, in die Freiheit.

Ja, am Anfang wird der Pfad gefahrvoll aussehen, weil dir immer jemand die Hand gehalten hat: dein Vater, der Priester, der Rabbi, deine Mutter. Und wenn ein Kind die Hand des Vaters hält, gibt es keine Angst, keine Gefahr. Das Kind kann sich auf seinen Vater verlassen. Aber jetzt hältst du seine Hand nur in der Vorstellung – da ist kein Vater; es ist reine Fantasie. Und es ist besser, wenn du weißt, dass du allein bist und keine Hand da ist, die dich hält, denn dann wirst du versuchen, deinen eigenen Weg zu finden, um dich vor Gefahren zu schützen.

Es ist gefährlich, weiter zu glauben, dass du immer noch beschützt wirst, wenn du nicht wirklich beschützt bist. Das ist mit Millionen Menschen auf der Welt passiert. Sie haben das Gefühl, beschützt zu sein, beschützt von Gott, beschützt von allen möglichen Dingen.

Es gibt keinen Gott. Es gibt niemanden, der dich beschützt. Du bist allein und du solltest dein Alleinsein freudig annehmen. In der Tat ist es eine ungeheure Ekstase, dass niemand deine Hand hält.

Mein Großvater liebte mich sehr, allein schon wegen meiner Streiche. Noch in seinen alten Tagen war er immer zu Streichen aufgelegt. Er konnte meinen Vater und meine Onkel nicht leiden, weil sie alle etwas gegen den Schalk des alten Mannes hatten. Sie sagten alle zu ihm: »Du bist jetzt 70 und solltest dich benehmen. Deine Söhne sind jetzt 50, 55, deine Töchter sind 50, ihre Kinder sind verheiratet, und die Enkelkinder sind da – und du machst immer noch solchen Unfug, dass wir uns deiner schämen müssen.«

Ich war der Einzige, mit dem er eine Vertrautheit hatte, denn ich liebte den alten Mann über alles, weil er auch mit 70 seine Kindheit noch nicht vergessen hatte. Er war so spitzbübisch wie ein Kind. Und er spielte seine Schelmenstreiche auch mit seinen eigenen Söhnen und Töchtern und Schwiegersöhnen, und sie waren geradezu schockiert darüber.

Ich war sein einziger Vertrauter, weil wir vieles gemeinsam ausheckten. Natürlich konnte er vieles nicht selbst tun, und das musste ich dann übernehmen.

Zum Beispiel schlief sein Schwiegersohn im selben Zimmer wie er, und mein Großvater konnte nicht aufs Dach hinaufsteigen, aber ich konnte das. Also taten wir uns zusammen: Er half mir und machte mir die Leiter, damit ich aufs Dach klettern und einen Dachziegel entfernen konnte. Und dann berührte ich – einfach mit einem Pinsel, der an einem Bambusrohr befestigt war – mitten in der Nacht das Gesicht des Schwiegersohnes … Er fing an zu schreien, und das ganze Haus lief zusammen: »Was ist passiert?« Aber bis dahin waren wir längst wieder im Bett, und er sagte: »Da war ein Geist oder irgendjemand, der mein Gesicht berührte. Ich habe versucht, ihn zu erwischen, aber im Dunkeln konnte ich es nicht.«

Mein Großvater bewahrte sich völlig diese Unschuld, und ich konnte die große Freiheit sehen, die er hatte. In meiner ganzen Familie war er der Älteste. Er hätte der Ernsthafteste sein sollen, am meisten beladen mit all den Problemen und Ängsten – aber nichts machte ihm etwas aus. Alle waren so ernst und besorgt, wenn es Probleme gab; nur er machte sich keine Sorgen. Nur eines konnte ich nie leiden – deswegen ist er mir gerade eingefallen –, und das war, bei ihm zu schlafen. Er hatte die Gewohnheit, beim Schlafen die Decke übers Gesicht zu ziehen, und ich musste dann ebenfalls mit zugedecktem Gesicht schlafen, und das erstickte mich fast.

Ich musste ihm klarmachen: »Mit allem anderen bin ich einverstanden, nur eines kann ich nicht ertragen: Du kannst nur schlafen, wenn du dein Gesicht zudeckst, aber ich kann nicht schlafen, wenn ich mein Gesicht zudecke – es erstickt mich. Du machst es zwar ganz liebevoll« – und dabei drückte er mich an sein Herz und ließ mir kaum Luft zum Atmen – »und das ist schön, aber am nächsten Morgen wird mein Herz nicht mehr schlagen. Du tust es mit guter Absicht, aber wenn du am Morgen aufwachst, werde ich tot sein. Unsere Freundschaft funktioniert nur außerhalb des Bettes.«

Er mochte mich gerne bei sich haben, weil er mich liebte, und so fragte er: »Warum kommst du nicht und schläfst bei mir?«

Ich sagte: »Du weißt ganz genau, dass ich von niemandem erstickt werden will, auch wenn er die besten Absichten hat. Du liebst mich und willst mich auch in der Nacht an dein Herz drücken.« Wir machten lange Spaziergänge am Morgen und manchmal auch in der Nacht beim Mondschein. Aber ich erlaubte ihm nie, meine Hand zu halten. Er sagte dann: »Aber warum? Du könntest hinfallen, könntest über einen Stein stolpern oder irgend so was.«

Ich sagte: »Es ist besser so. Lass mich stolpern; es wird mich nicht umbringen. Es wird mich lehren, nicht zu stolpern, sondern wach zu sein und mir zu merken, wo die Steine liegen. Wenn du aber meine Hand hältst ... Wie lange kannst du meine Hand halten? Wie lange wirst du mit mir zusammen sein? Wenn du garantieren kannst, dass du immer bei mir sein wirst, dann meinetwegen.«

Er war ein sehr aufrichtiger Mann, er sagte: »Das kann ich nicht garantieren; ich kann es noch nicht einmal für morgen sagen. Und eines ist sicher: Du wirst viel länger leben, und ich werde dann tot sein. Ich werde also nicht für immer hier sein, um deine Hand zu halten.«

»Dann«, sagte ich, »ist es besser für mich, von jetzt an zu lernen, allein zu gehen, denn eines Tages wirst du mich mittendrin verlassen, hilflos. Und wenn du mich daran gewöhnt hast, deine Hand zu halten, gibt es nur zwei Möglichkeiten: Entweder ich fange an, in einer Fantasie zu leben, mit Gottvater ...«

Wieso nennt ihr Gott eigentlich »Vater«? Es gibt ja zwei Arten von Religionen auf dieser Welt; manche nennen Gott »Mutter«, manche nennen Gott »Vater«. Die Mehrzahl der Religionen nennt Gott »Vater«, einfach deshalb, weil die patriarchalen Gesellschaften überwiegen, die männlichen Chauvinisten. Es gibt aber rund um die Welt auch heute noch ein paar kleine matriarchale Stämme, in denen die Frau höher gestellt ist als der Mann. In diesen Gesellschaften kann Gott natürlich kein Mann sein; dort ist Gott die Mutter.

Aber keine einzige Gesellschaft nennt Gott »Onkel«. Das ist sonderbar, sehr sonderbar, denn das Wort »Onkel« ist älter als »Vater«. Der Vater ist nicht so alt; er ist erst viel später in der Sprache hinzugekommen. Je weiter man zurückgeht, desto häufiger findet man, dass es überall auf der Welt Gesellschaften gab, wo die Mutter alles in der Hand hatte – wie es auch bei den Tieren und den Vögeln der Fall ist. Die Aufgabe des Vaters war erledigt, sobald die Frau schwanger war.

Tatsächlich war es in früherer Zeit schwierig, zu wissen, wer der Vater war. Deshalb nannte man alle Männer im Alter des möglichen Vaters – und irgendeiner musste ja der Vater sein – alle potenziellen Väter hießen »Onkel«. Der Onkel ist daher der ältere Begriff, viel respektabler. Der Vater kam erst später, als die Männer die Frauen ihrem Besitz einverleibten.

Der Vater kam mit dem Privateigentum. Das Wort »Vater« ist

mit Privatbesitz verknüpft. Als die Menschen anfingen, privaten Besitz zu haben – ihr Land, ihr Haus –, wollten sie Gewissheit darüber haben, welches ihr Sohn war, denn er würde es erben. Damals wurde die Monogamie zur Norm: Man musste eine Frau heiraten, und die Frau musste dem Mann absolut hingegeben und verpflichtet bleiben, um jede Möglichkeit auszuschließen, dass sie den Sohn eines anderen empfing und der Besitz auf ihn überging. Diese ganze Sache mit der Monogamie ist eine ökonomische und keine psychologische Frage.

Und der Mann behielt sich die Freiheit. Er besorgte sich Prostituierte und verschaffte sich alle möglichen Auswege aus der Monogamie, ohne die Frau in Aufregung zu versetzen. Aber die Frau musste dem Mann absolut ergeben bleiben – nicht nur im Leben, sondern sogar im Tode.

In Indien musste die Frau mit dem Ehemann sterben; sie musste lebendigen Leibes auf den Scheiterhaufen springen, auf dem ihr Ehemann verbrannt wurde, denn so groß war die Eifersucht der Männer: »Welche Garantie habe ich, dass meine Frau nach meinem Tod nicht mit einem anderen eine Beziehung eingeht?« Und im Grunde ging es nur darum, dass das von ihm angehäufte Eigentum – das er verdient hatte, für das er andere ausgebeutet hatte, für das er geraubt hatte – nicht in die Hände von irgendjemand anders gelangen sollte. Es sollte nur an sein eigenes Blut vererbt werden.

Wer eines Tages die Hand seines Vaters vermisst, könnte dazu neigen, sich eine Fiktion zu kreieren: Gottvater – natürlich unsichtbar – hält deine Hand und geleitet dich.

Ich sagte meinem Großvater: »Ich will nie in die Situation kommen, dass ich mir eine Fiktion kreieren muss, um darin zu leben. Ich will ein wirkliches Leben führen und kein fiktives. Ich bin keine Romanfigur. Darum lass mich ruhig hinfallen, dann werde ich mich bemühen, wieder aufzustehen. Warte und schau einfach zu, damit zeigst du mir viel mehr Mitgefühl, als wenn du meine Hand hältst.«

Und er verstand das. Er sagte: »Du hast recht – eines Tages bin ich nicht mehr da.«

Es ist gut, etliche Male hinzufallen, sich wehzutun, wieder aufzustehen und etliche Male vom Weg abzukommen. Das schadet überhaupt nichts. Sobald du siehst, dass du vom Weg abgekommen bist, kehrst du zurück. Das Leben lernt man durch Ausprobieren und Fehlermachen.

Wenn du beginnst, auf die verschiedenen Stimmen zu achten – und sie sind in dir noch genau so gespeichert, wie du sie empfangen hast –, wirst du überrascht sein, wer da alles zu dir spricht. Du wirst lachen: »Oh ja, das ist meine Mutter! Ich habe sie seit 20 Jahren nicht mehr gesehen, aber sie versucht immer noch, mich zu manipulieren.« Sie kann schon längst tot sein, aber noch aus dem Grab hat sie dich im Griff. Es geschieht nicht in böser Absicht, aber es verkrüppelt dich.

Ich sagte oftmals zu meinem Vater: »Gib mir keine Ratschläge, selbst wenn ich dich darum bitte. Sag es mir direkt und gerade heraus: ›Finde deinen eigenen Weg.‹ Gib mir keine Ratschläge!« – Denn wenn ein Rat billig zu haben ist, wer bemüht sich dann noch, seinen eigenen Weg zu finden?

Ich habe meine Lehrer ständig darauf hingewiesen: »Bitte merkt euch eines: Ich will eure Weisheit nicht! Unterrichtet einfach euren Gegenstand. Sie sind Geografielehrer und wollen mir Moral beibringen? Was hat Moral mit Geografie zu tun?«

Ich erinnere mich noch an diesen armen Mann, der mein Geografielehrer war: Er hatte ein Problem, weil ich etwas aus der Rocktasche des Schülers, der neben mir saß, genommen hatte. Ich hatte ihm Geld aus der Tasche genommen, und dieser Lehrer sagte mir: »Das darfst du nicht tun.«

Ich sagte: »Das ist nicht Ihre Angelegenheit. Sie sind mein Geografielehrer, und dies ist eine moralische Frage. Wenn Sie wollen, bin ich bereit, zum Direktor zu gehen – kommen Sie mit mir. Im Lehrplan für Geografie steht nirgends ... und ich habe ihn gelesen: Es steht nirgendwo, dass man nicht das Geld von jemand anderem nehmen darf. Und Geld ist einfach Geld. Derjenige, der es hat, dem gehört es. Jetzt im Moment gehört es mir. Vor ein paar Minuten mag es noch meinem Nachbarn gehört haben, aber er hat es verloren. Er sollte besser darauf achtgeben.

Wenn Sie Ratschläge geben wollen, dann geben Sie ihm diesen Rat.

Erstens einmal: Wofür ist es nötig, so viel Geld in die Geografiestunde mitzubringen? Hier gibt es nichts zu kaufen, nichts zu erstehen. Hier finden keine Geschäfte statt. Wozu bringt er sein Geld mit? Und wenn er schon das Geld mitbringt, dann soll er besser darauf achtgeben. Es ist nicht mein Fehler, es ist sein Fehler. Ich habe das bloß ausgenutzt, und das ist mein Recht. Jeder hat das Recht, eine Gelegenheit auszunutzen.«

Ich erinnere mich noch an diesen armen Lehrer. Er war immer in Schwierigkeiten, immer meinetwegen. Manchmal wollte er außerhalb der Klasse mit mir reden, und dann sagte er: »Du kannst tun, was immer du tun willst, aber bringe nicht so viel Philosophie in die arme Geografie. Ich kenne mich in der Philosophie nicht aus, ich kenne mich nur in der Geografie aus. Und du kannst eine Frage so umdrehen, dass ich sogar noch in der Nacht darüber nachgrüble, ob es nun eine geografische oder religiöse oder philosophische Frage ist.«

Direkt vor meiner Schule gab es zwei wunderschöne *Kadamb*-Bäume. Der *Kadamb* ist ein Baum mit sehr stark duftenden Blüten, und sooft es mir gelang, aus der Klasse zu entwischen, saß ich oben in diesen Bäumen. Das war der beste Platz überhaupt, denn die Lehrer gingen unten vorbei, der Direktor ging vorbei, aber keiner kam auf die Idee, ich könnte mich in einem Baum verstecken – und die Bäume waren dicht belaubt. Aber jedes Mal, wenn dieser Geografielehrer vorbeikam, konnte ich nicht widerstehen, ihm wenigstens ein oder zwei Steinchen auf den Kopf fallen zu lassen. Dann sah er hoch und sagte: »Was machst du da oben?«

Eines Tages sagte ich: »Jetzt ist keine Geografiestunde. Sie haben meine Meditation gestört.«

Und er sagte: »Was ist mit den zwei Steinen, die mir auf den Kopf gefallen sind?«

Ich sagte: »Das ist reiner Zufall. Mir sind die Steine runtergefallen, und komisch: Genau in diesem Augenblick kamen Sie vorbei! Jetzt muss ich mir darüber den Kopf zerbrechen. Sie können sich auch darüber den Kopf zerbrechen, wie das so genau passieren konnte.«

Er kam öfter, um ein Wort mit meinem Vater zu reden: »Das geht nun wirklich zu weit!« Er hatte eine Glatze, und das Wort in Hindi für Glatzkopf lautet *Munde.* Sein Name war Chotelal, aber alle nannten ihn Chotelal Munde. Chotelal sagte kaum einer; schon Munde genügte, denn er war der einzige völlig kahlköpfige Mann an der Schule. Wenn ich an seinem Haus vorbeiging, klopfte ich an die Tür, und seine Frau oder jemand anders öffnete und fragte: »Warum quälst du ihn so? Du quälst ihn in der Schule, du quälst ihn auf dem Markt, du quälst ihn am Fluss, wenn er sein Bad nimmt.«

Eines Tages öffnete seine Frau die Tür und sagte: »Wann wirst du endlich aufhören, Munde zu quälen?«, und er stand ebenfalls da, genau hinter ihr.

Da packte er seine Frau und sagte: »Jetzt nennst du mich auch schon Munde! Dieser Bengel hat in der ganzen Stadt verbreitet, dass ich Chotelal Munde heiße – und jetzt ist sogar meine eigene Frau von ihm angesteckt worden! Ich erwürg dich, wenn du mich Munde nennst! Jedem anderen kann ich das verzeihen, aber nicht meiner eigenen Frau, im eigenen Haus!«

Aber bei meinen Lehrern bestand ich absolut darauf: »Bitte bleiben Sie bei Ihrem Thema und geben Sie mir keine Ratschläge, die nicht zu Ihrem Fach gehören. Ich will mein Leben auf meine Weise erforschen. Ja, ich werde viele Fehler machen, oft in die Irre gehen. Aber ich bin bereit, Fehler zu machen und mich zu irren, denn das ist die einzige Art zu lernen.«

Nur so lernt man. Wenn du das Lernen absolut idiotensicher machen willst, damit dir ja kein Fehler und kein Irrtum passiert, dann wirst du zu einem Papagei. Dann fängst du an, Wörter und Sätze einfach nachzusprechen, ohne die genaue Bedeutung dessen zu kennen, was du da sagst.

Als Erstes finde also heraus, zu wem die Stimmen in dir gehören – und das ist einfach. Immer wenn du eine Entscheidung triffst, etwas zu tun, setz dich still hin und lausche der Stimme, die dir sagt, dass du dieses oder jenes tun oder nicht tun sollst.

Und finde heraus, wessen Stimme es ist. Und sobald du herausgefunden hast, dass es dein Vater ist oder deine Mutter, dein Onkel, dein Lehrer, deine Tante, dein Bruder ... dann bedanke dich bei der Person und sage: »Das ist sehr nett von dir. Obwohl du schon tot bist, machst du dir immer noch Gedanken um mich. Aber bitte, lass mich jetzt in Ruhe.«

Sobald du einer bestimmten Stimme klar und deutlich gesagt hast: »Lass mich in Ruhe!«, wird deine Verbindung, deine Identifikation mit ihr gekappt sein. Sie konnte dich nur steuern, weil du sie für deine eigene Stimme gehalten hast. Die ganze Strategie beruhte auf deiner Identifizierung. Du hast gedacht: »Das ist meine Stimme, das sind meine Gedanken«, darum hast du getan, was sie sagte. Jetzt weißt du, es ist gar nicht dein Gedanke, nicht deine eigene Stimme – es ist etwas, was deinem Wesen fremd ist. Allein dies zu erkennen genügt schon. Sei deinem Vater einfach dankbar: »Du kümmerst dich immer noch um mich, aber heute brauche ich das nicht mehr. Du hast mir geholfen, so reif zu werden, dass ich mich gut um mich selbst kümmern kann.«

Werde die Stimmen los, die in dir sind, und bald wirst du dich wundern, eine stille, kleine Stimme zu vernehmen, die du noch nie vernommen hast. Du kannst nicht sagen, wessen Stimme das ist. Nein, es ist nicht die deiner Mutter, nicht die deines Vaters, nicht die deines Priesters, nicht die deines Lehrers. Dann kommt dir die plötzliche Erkenntnis, dass es deine Stimme ist. Deshalb konntest du nicht herausfinden, zu wem sie gehört.

Sie war schon immer da, aber es ist eine ganz stille, kleine Stimme, denn sie wurde unterdrückt, als du noch ein ganz kleines Kind warst und die Stimme noch ganz zart war – ein zarter Spross, und er wurde zugedeckt mit allem möglichen Zeug. Und jetzt schleppst du weiter dieses Zeug mit dir herum und hast das Pflänzchen vergessen, das dein Leben ist, die Pflanze, die noch in dir lebendig ist und nur darauf wartet, dass du sie entdeckst.

Entdecke deine Stimme! Und dann folge ihr ohne Furcht.

Wo auch immer sie dich hinführt, dort liegt das Ziel deines Lebens; dort ist deine Bestimmung. Nur dort wirst du Erfüllung und Zufriedenheit erlangen. Nur dort wirst du aufblühen – und in diesem Aufblühen wirst du erkennen.

Wie kannst du dich selbst erkennen? – Du bist noch nicht einmal gewachsen. Vielleicht bist du noch Same, vielleicht hat sich noch nicht einmal der Spross hervorgewagt. Alle Religionen sorgen rechtzeitig vor: Bringt das Kind sofort zur Taufe, bringt das Kind zur Beschneidung, bringt das Kind zu einer Hindu-Zeremonie! Und das Kind hat keine Ahnung, was ihr mit ihm anstellt.

Wartet noch! Selbst auf das Wahlrecht muss man 18 Jahre warten – selbst für die drittklassige Politik muss man ein bestimmtes Alter haben. Ist denn für die Religion gar keine Reife erforderlich? Vielleicht wäre 42 die richtige Zeit, um sich für seine Religion zu entscheiden. Aber mit Sicherheit ist es nicht die richtige Zeit, wenn das Kind gerade erst geboren wurde und andere diese Entscheidung treffen.

Ja, natürlich könntet ihr das Kind zur Wahl mitnehmen. Ihr könntet ihm den Stimmzettel geben und seine Hand halten, während es den Stimmzettel in die Urne wirft, und so könntet ihr das Kind den Präsidenten, den Premierminister wählen lassen – aber das Kind hat keinen blassen Schimmer, worum es geht. Wofür ist dieser Kasten und was ist das für ein Zettel?

Das macht ihr aber nicht, weil ihr versteht, dass für die Politik ein bestimmtes Alter, mindestens 18 Jahre, nötig ist, um zu verstehen, worum es dabei geht. Aber was die Religion betrifft, lässt man keine Zeit verstreichen. Es gibt einen Grund, warum hier keine Zeit verloren wird: Ihr habt Angst – denn wenn ihr dem Kind Zeit lasst und sein Denken nicht manipuliert, bevor es selbst zu denken anfängt und seine eigene Stimme zu hören beginnt, dann habt ihr keine Chance mehr. Dann werdet ihr aus dem Kind niemals einen Juden oder Christen oder Hindu oder Muslim machen können!

Vielleicht wird das Kind eines Tages religiös werden, aber dann rührt das von seiner eigenen Suche her. Eines Tages wird es vielleicht Wege zur Stille entdecken, Wege zum innersten Kern der Existenz – aber rührt das von seinem eigenen Forschen her.

Eine wichtige Sache muss man sich merken: Alles, was du aus eigenen Stücken findest, schenkt dir Ekstase. Selbst wenn man dir Gott mundgerecht serviert, wird es dich nicht ekstatisch machen. Aber sieh, wie ekstatisch ein Kind ist, wenn es am Strand entlangläuft und wertlose Muscheln aufsammelt!

Wenn ich, als ich noch ganz klein war, vom Fluss zurückkam, hatte ich immer alle Taschen voll. Darum wollte ich unbedingt viele Taschen in meinen Kleidern haben. Mein Vater sagte: »Das sieht verrückt aus. Die Leute fragen mich ... Ständig machst du Probleme und völlig grundlos. Wofür willst du vier Taschen vorne und zwei Taschen an der Seite haben?«

Ich sagte: »Ich brauche sie. Ich brauche eben andere Dinge als du. Ich sage dir nie, wie viele Taschen du an deinen Kleidern haben sollst oder nicht haben sollst! Das ist deine Angelegenheit.« Ich brauchte die Taschen für die Schätze, die ich am Fluss immer fand – so viele wunderschöne bunte Steine! Stundenlang lief ich die Schotterbänke entlang, um Steine zu sammeln. Und dann kam ich voll beladen heim – fast doppelt so schwer als mein normales Gewicht.

Als mein Vater mich das Haus betreten sah, sagte er: »Das ist also der Zweck deiner Taschen? Bist du verrückt oder was? Wozu schleppst du denn dauernd all diese Steine nach Hause? Und wir müssen sie jeden Tag wieder rauswerfen.«

Ich sagte: »Du verstehst das nicht. Du kannst sie rauswerfen, aber wenn du eine einfache Sache begreifen würdest ... Ich bin so ekstatisch, so glücklich, wenn ich diese Steine sehe. Ich habe kein Interesse an deinem Geld und ich habe kein Interesse an irgendetwas anderem. Ich sammle einfach diese Steine.« Es war meine ganze Freude, nach ihnen zu suchen, weit unten am Flussufer, nur um irgendeinen wunderbaren Stein zu entdecken.

Eines Tages hatte mein Vater es so satt, dass er vier Arbeiter mitbrachte und zu ihnen sagte: »Geht an den Fluss und bringt so viele Steine, wie ihr könnt, denn mein Sohn vergeudet damit jeden Tag viele Stunden.« Sie schleppten eimerweise Steine an, und sie wussten genau, wo man sie bekommen konnte – ich hatte keine Ahnung, dass es da eine Schottergrube gab. Und sie schütteten alles in meinem kleinen Zimmer aus, wo ich meine eigene Welt hatte, in die niemand eindringen durfte. Mein Vater sagte: »Die kannst du alle behalten. Jetzt brauchst du nicht mehr an den Fluss zu gehen, denn mehr findest du dort auch nicht. Alle Farben und alle Arten von Steinen haben wir für dich gesammelt ... Du verschwendest so viel Zeit damit.«

Ich sagte: »Du hast mir meine ganze Freude kaputt gemacht. Es geht nicht um die Steine, es geht ums Finden! Jetzt, wo ich das hier sehe: Tausende von Steinen, fühle ich überhaupt keine Freude. Schaff sie wieder fort! Du hast mir etwas kaputt gemacht.«

»Aber«, sagte er, »ich dachte, du liebst Steine.«

Ich sagte: »Nein, es geht doch nicht darum, ob ich Steine liebe! Es geht darum, sie zu finden. Die Steine sind nur der Anlass. Manchmal findet man Steine, manchmal findet man Schmetterlinge, manchmal findet man Blumen, und manchmal findet man die Wahrheit – aber denk daran: Das Schöne ist immer das Finden, nicht das, was du findest. Das ist nur ein Anlass.«

Er sagte: »Man kann anstellen, was man will – es ist schwer, dich glücklich zu machen.«

Ich sagte: »Das ist wahr. Versuche nie, jemand anders glücklich zu machen. Niemand kann das. Du kannst mich unglücklich machen, das ist möglich, aber glücklich? Das ist mein absolutes Privileg – glücklich zu sein oder nicht. Du kannst mich nicht zwingen, glücklich zu sein; das wäre eine erzwungene Sache. Wenn du all diese Steine vor mir auskippst – meinst du wirklich, das macht mich glücklich?«

Aber solche Dinge passierten ständig, mit allem und jedem. Nach und nach fingen sie an zu kapieren: »Dieser Junge ist exzentrisch, also lasst ihn in Ruhe!«

Als ich noch ganz klein war, trug ich die Haare lang wie ein Mädchen. In Indien haben die Knaben keine langen Haare – zumindest damals war das nicht erlaubt. Ich trug mein Haar sehr lang, und jedes Mal, wenn ich ins Haus kam – und der Eingang war durch unser Geschäft, das Wohnhaus war hinter dem Laden, also musste ich immer durch den Laden gehen ...

Mein Vater war da, seine Kunden waren da, und sie fragten: »Wem gehört dieses Mädchen?«

Dann warf mir mein Vater einen Blick zu und sagte: »Was soll ich machen? Er hört nicht auf mich.« Und er war beleidigt.

Ich sagte: »Du brauchst nicht beleidigt zu sein. Ich sehe darin kein Problem. Ob jemand mich für ein Mädchen oder einen Jungen hält, ist seine Angelegenheit. Was ändert das für mich?«

Aber er war beleidigt, wenn man seinen Jungen für ein Mädchen hielt. Die ganze Idee von Jungen und Mädchen ... Wenn in Indien ein Junge geboren wird, gibt es ein Riesentrara mit Gongs und Kapelle und Singen. Und in der ganzen Nachbarschaft werden Süßigkeiten verteilt. Wenn ein Mädchen geboren wird, passiert gar nichts, rein gar nichts! Man weiß sofort, dass es ein Mädchen ist – keine Gongs, keine Glocken, keine Kapelle, kein Singen, keine Süßigkeiten, rein gar nichts! Dann weiß man, dass ein Mädchen geboren wurde. Niemand kommt, um nachzufragen, denn das wäre peinlich. Man müsste antworten, dass ein Mädchen geboren wurde. Der Vater sitzt da, mit hängendem Kopf ... Ein Mädchen wurde geboren!

Also sagte mein Vater: »Das ist seltsam. Ich habe einen Jungen und ich leide darunter, dass ich ein Mädchen habe.« Eines Tages wurde er richtig wütend, denn der Mann, der ihn gefragt hatte, war ein sehr wichtiger Mann; er war der Steuereinnehmer des Bezirks. Er saß im Laden und fragte: »Wem gehört das Mädchen? Sonderbar, die Kleider scheinen von einem Jungen zu sein – so viele Taschen und alles voller Steine!«

Mein Vater sagte: »Was soll ich machen? Es ist ein Junge, kein Mädchen. Aber heute werde ich ihm die Haare abschneiden – es reicht!« Und er kam mit der Schere und schnitt mir die Haare ab. Ich sagte kein Wort. Ich ging zum Barbier, der seinen Laden direkt vor unserem Hause hatte, und erzählte es ihm ... Er war ein Opiumsüchtiger, ein wunderbarer Mensch, aber manchmal rasierte er einem Kunden nur den halben Schnurrbart und vergaß die andere Hälfte. Während man auf seinem Stuhl saß, mit seinem Tuch um den Hals, war er plötzlich verschwunden. Also ging man ihn suchen, aber wo war er nur hin? Es war schwierig;

keiner wusste, wo er hingegangen war. Und mit einem halben Schnurrbart, wo konnte man da groß nach ihm suchen gehen? – Aber zu ihm ging ich am liebsten, denn es dauerte Stunden.

Er erzählte einem tausendundeine Geschichte ohne jeden Zusammenhang. Ich genoss es sehr. Von diesem Mann – sein Name war Nathur – lernte ich viel über den menschlichen Verstand. Meine erste Bekanntschaft mit dem menschlichen Verstand machte ich durch ihn, denn er war kein Heuchler. Er sagte alles genau so, wie es ihm in den Sinn kam. Zwischen seinem Gehirn und seinem Mund war keine Barriere. Er sprach alles aus, was in seinem Kopf vor sich ging. Wenn er in Gedanken gerade Streit mit jemandem hatte, fing er an, laut zu streiten – aber es war keiner da. Ich war der Einzige, der ihn nicht fragte: »Mit wem streitest du denn?« Also war er sehr zufrieden mit mir, so zufrieden, dass er nie etwas verlangte, wenn er mir meine Nägel oder sonst irgendwas schnitt.

An jenem Tag ging ich zu ihm und sagte – wir nannten ihn *Kaka*, das bedeutet Onkel: »Kaka, wenn du klar im Kopf bist, dann rasiere mir meinen ganzen Kopf.«

Er sagte: »Großartig.« Er war nicht klar im Kopf. Wäre er es gewesen, dann hätte er es abgelehnt, denn in Indien rasiert man den Kopf nur dann kahl, wenn der eigene Vater gestorben ist; ansonsten wird der Kopf nicht rasiert. Er hatte also schon eine gute Dosis Opium intus und so rasierte er mir den Kopf völlig kahl.

Ich sagte: »So ist es gut.«

Ich ging zurück nach Hause. Mein Vater sah mich an und fragte: »Was ist los?«

Ich sagte: »Was soll los sein? Du hast mir die Haare mit der Schere abgeschnitten. Es wächst wieder nach. Ich hab's losgelassen. Und Kaka war bereit. Ich habe ihn gefragt, und er war dazu bereit. ›Wenn ich keine Kundschaft habe, kannst du jederzeit kommen und ich rasiere dir den Kopf völlig kahl, und es kostet dich gar nichts.‹ Also mach dir keine Sorgen. Ich bin sein Gratiskunde, weil ihm sonst keiner zuhört. Ich bin der Einzige, der ihm zuhört.«

Mein Vater sagte: »Du weißt ganz genau, dass das noch mehr Probleme erzeugen wird.«

Und gleich darauf kam ein Mann herein und fragte: »Was ist passiert? Ist der Vater dieses Jungen gestorben?« Sonst wäre er nicht auf diese Idee gekommen.

Dann sagte mein Vater: »Da, siehst du! Es war besser, als man dich für ein Mädchen hielt. Jetzt bin ich gestorben! Sieh zu, dass du so schnell wie möglich wieder Haare bekommst. Geh zu deinem opiumsüchtigen Kaka und frag ihn, ob er da irgendwas machen kann. Sonst kriege ich noch mehr Schwierigkeiten. Die ganze Stadt wird herkommen. Du läufst überall in der Stadt herum, und alle werden denken, dein Vater ist tot. Wart's nur ab, sie werden kommen.« Und sie fingen tatsächlich an zu kommen.

Das war das letzte Mal, dass mein Vater irgendetwas mit mir anstellte. Danach sagte er: »Ich werde überhaupt nichts mehr machen. Das schafft nur noch mehr Probleme.«

Ich sagte: »Ich hatte dich nichts gefragt. Ich mache einfach nur mein Ding. Es war unnötig, dass du dich eingemischt hast.«

Aber ich habe ihm nie gestattet, mir Ratschläge zu geben. Und bald verstand jeder in meiner Familie, dass ich auf Ratschläge allergisch reagierte, denn egal, was man mir sagte: Ich tat immer genau das Gegenteil, um ihnen ihre Ratschläge abzugewöhnen. Ich sagte ihnen: »Wenn ihr mir Ratschläge gebt, tue ich genau das Gegenteil, also behaltet eure Ratschläge besser für euch. Ich will nicht mein ganzes Leben all diese Stimmen in mir herumtragen. Bitte lasst mir den Kopf frei. Ich möchte auf meine eigene Stimme hören, wenn sie da ist. Wenn sie nicht da ist, bin ich es auch zufrieden. Ich bin glücklich, wenn ich einfach ich selbst sein kann.«

Mit der Zeit haben sie allmählich begriffen, dass man sich bei mir nicht einmischen sollte, denn es war sinnlos und erzeugte nur Probleme, weil ich immer einen Weg fand, der ihnen mehr Probleme bereitete. Es kam eine Zeit, in der ich im Zimmer saß und meine Mutter sich suchend umblickte und sagte: »Es ist keiner da. Ich hätte gerne jemand zum Markt geschickt, um Gemüse zu holen.«

Ich sagte: »Ich sehe auch niemand. Da ist keiner. Nur ich sitze hier, es ist keiner da.«

Ich wurde nicht mitgezählt – ich war niemand. Selbst wenn ich vor ihren Augen saß, sagte ich: »Ich sehe niemand.« Und sie bestätigte es: »Kein Mensch ist da«, und ging wieder hinaus, um jemand zu finden, den sie zum Markt schicken konnte.

Sobald ich als Niemand akzeptiert war … seit diesem Zeitpunkt – das kann ich sehen –, habe ich keine Stimme in mir. Ich muss etwa neun oder zehn gewesen sein, als das geschah. Sie mussten mich als einen Niemand akzeptieren. Sie konnten mit mir überhaupt nicht rechnen, konnten mich für keine Arbeit, nicht einmal für kleine Dinge, einspannen.

Einmal sagte meine Mutter: »Geh und hole mir ein Dutzend Bananen«, also ging ich. Der Markt war nicht weit weg, etwa einen halben Kilometer; es war ein kleiner Ort. Aber auf diesem halben Kilometer traf ich so viele Leute, und es gab so viele Diskussionen, dass ich, endlich beim Markt angekommen, nicht mehr wusste, was ich holen sollte. Außerdem machte der Markt gerade Schluss. Wenn ich noch etwas haben wollte, musste ich mich beeilen, denn die Sonne ging gerade unter oder war schon längst weg.

Ich lief nach Hause und fragte: »Was war das, was du haben wolltest?«

Und meine Mutter sagte: »Du bist zu gar nichts zu gebrauchen! Ich habe dir etwas so Einfaches aufgetragen, ein Dutzend Bananen, und du bleibst fünf Stunden weg und kommst mit leeren Händen und fragst dann noch, was ich haben wollte!«

Ich sagte: »Was kann ich machen? Unterwegs gab es so viele Leute, so viele Probleme, Fragen, Argumente. Als ich beim Markt ankam, hatte ich es vergessen, darum bin ich zurückgekommen, um dich zu fragen.« So gaben sie den Gedanken auf, ich könnte für irgendetwas nützlich sein. Aber das hat mir enorm geholfen. Nach und nach wurde ich im eigenen Haus zu einer Abwesenheit. Die Leute gingen an mir vorbei, als wäre keiner da. Es war unnötig, mich zu grüßen. Es war unnötig, mich irgendetwas zu fragen.

Ich erinnere mich, dass ich ab dieser Zeit keine Stimmen in mir finde. Aber bis ich zehn war, hatten sie sich alle Mühe gegeben, und als ich später an mir zu arbeiten begann, musste ich mich durch all die Stimmen hindurcharbeiten und sie bewusst rauswerfen.

Es ist kein schwieriger Prozess, du brauchst nur zu erkennen, dass es nicht deine eigene Stimme ist, sondern die deines Vaters, deiner Mutter, deines Rabbis ... Und dann gibst du ihnen ein herzliches Dankeschön: »Schön, dass du mich bis hierhin begleitet hast, aber jetzt ist es genug. Nicht weiter! Hier trennen sich unsere Wege.«

Und erst wenn du ganz leer geworden bist von all diesen Stimmen ... denn in dieser Menge, auf deinem inneren Marktplatz, ist es nahezu unmöglich, deine eigene Stimme zu hören. Erst dann wirst du anfangen, du selbst zu sein. Und dann wird noch viel mehr geschehen, aber auf ganz natürliche Weise, ohne deine Mitwirkung.

Das Einzige, was du tun musst, ist, die Stimmen zu bereinigen, die deine eigene Stimme überdeckt haben. Sobald das geschehen ist, fängst du an, deine eigene Intuition zu entwickeln. Nach und nach werden dir Probleme bewusst, von deren Existenz du vorher keine Ahnung hattest, weil du schon so viele Antworten in dir trugst. Dann fängst du zum ersten Mal an, Fragen von enormer Bedeutung in dir zu vernehmen, von denen du nicht einmal ahntest, dass sie da waren.

Und deine Frage, gerade wenn es deine eigene Frage ist, ist deshalb so bedeutsam, weil sich in der Frage selbst schon die Antwort verbirgt.

Es muss deine eigene Frage sein, nur dann enthält sie ihre eigene Antwort.

Aber all diese Gutmenschen und rechtschaffenen Weltverbesserer geben dir ständig ihre Fragen und ihre Antworten. Keiner schert sich darum, ob es deine Frage oder deine Antwort ist. Im Grunde haben sie Angst, du könntest eines Tages deine eigene Frage finden. An dem Tag, an dem du deine eigene Frage findest, werden alle ihre Antworten ungültig, werden alle ihre Schriften zu Makulatur. Sie haben Angst, dass du, wenn du dein Sein entdeckst, zu einem Individuum wirst.

Die Gesellschaft will nicht, dass ihr Individuen seid. Sie will, dass du ein Christ bist, ein guter Christ, ein guter Jude, ein guter Hindu, ein ehrbarer Bürger. Aber sie wollen nicht, dass ihr Individuen seid, denn Individuen bewegen sich und handeln und leben in Freiheit. Individuen würden lieber sterben, als sich psychisch versklaven zu lassen.

Doch wenn du erst einmal ein Individuum geworden bist, ist es ganz einfach, dich selbst zu erkennen, weil du dann du selbst bist. Dann brauchst du nur die Augen zu schließen und zu sehen, wer du bist.

Teile also die Frage nicht in zwei Teile. Frage mich nicht, was wichtiger sei: du selbst zu sein oder dich selbst zu erkennen. Ich kann nachvollziehen, woher diese Frage kommt: Da ist einerseits die berühmte Maxime des Sokrates: »Erkenne dich selbst«, und andererseits diese wichtige Erkenntnis der modernen Psychologie: »Sei du selbst.« Das legt nahe, sich zu fragen, welches wichtiger sei.

Sokrates ist nicht jemand, der nur zur Vergangenheit gehört. Es hat einige Menschen gegeben, die immer Zeitgenossen sein werden, und Sokrates ist einer von ihnen. Er ist immer aktuell. Wenn er sagt: »Erkenne dich selbst«, impliziert er damit die Notwendigkeit, du selbst zu sein, denn wie könntest du dich sonst selbst erkennen? Um dich selbst zu erkennen, musst du du selbst sein – diese beiden Aspekte gehören zusammen.

Aber für den Anfang sei du selbst, denn so vieles in dir wurde durcheinandergebracht, so vieles wurde von dir abgelenkt, so vieles wurde dir weggenommen. Dein Sein ist von so vielen Schichten von Persönlichkeit überdeckt worden, dass du wie mit einer Zwiebel verfahren musst: Du fängst an zu schälen. Sobald du eine Schicht der Zwiebel entfernt hast, liegt darunter eine neue Schicht. Du entfernst sie, und darunter ist eine weitere Schicht, noch frischer und lebendiger. Und so bist du – umhüllt von vielen Schichten der Persönlichkeit.

Es lohnt sich, das Wort »Persönlichkeit« einmal näher zu betrachten: Es stammt aus der Wurzel *persona*. Im griechischen Drama verwendeten die Schauspieler Masken und sie sprachen durch diese Masken. *Sona* bedeutet Ton, Klang; *persona* bedeutet Ton, der durch eine Maske kommt. Du weißt nicht, wer die Person ist, du hörst nur den Ton, und er kommt durch eine Maske. Aus diesem Wort *persona* leitet sich das Wort Persönlichkeit ab. Es ist buchstäblich wahr: Deine Persönlichkeit ist nichts anderes als viele, viele Masken. Und was auch immer du sagst und tust, kommt durch diese Masken; es ist niemals wirklich dein Eigenes. Es trägt nicht deine Signatur.

Lass also zuerst alle deine Persönlichkeiten fallen.

Und wohlgemerkt, es ist nicht nur eine! Normalerweise denken die Leute, sie hätten nur *eine* Persönlichkeit – absolut falsch. Du hast viele Persönlichkeiten. In dir sind viele Persönlichkeiten gespeichert, und immer wenn du eine andere Persönlichkeit brauchst, wechselst du sofort deine Maske. Du wirst schlagartig zu einer anderen Person, von einer Sekunde zur nächsten. Es läuft fast automatisch ab, dieser Wechsel von einer Persönlichkeit zur anderen. Und du hast so viele, dass du gar nicht zählen kannst, wie viele Persönlichkeiten es sind.

Je mehr Persönlichkeiten du hast, umso kultivierter und angesehener wirst du als Bürger dieser Gesellschaft sein. Zweifellos geben deine Persönlichkeiten dir mehr Möglichkeiten. Sie versetzen dich in die Lage, in vielen verschiedenen Modi zu funktionieren, die anderen nicht verfügbar sind.

Gurdjieff pflegte mit seinen Schülern ein Spiel zu spielen. Er saß in der Mitte, ein Schüler auf der einen, ein anderer auf der anderen Seite. Er hatte sich ungeheuer viel mit dem Thema der Persönlichkeiten beschäftigt. Er hatte so bewusst daran gearbeitet, dass er die Fähigkeit erworben hatte – wie auch viele Schauspieler –, sie gleichzeitig zu zeigen ... Von einer Seite konnte der Schüler von seinem Mund ablesen, dass er gut gelaunt war, aber auf den Schüler zur anderen Seite wirkte er so wütend, dass man ihn besser nicht ansprach, sonst würde man noch Prügel beziehen oder so was. Gurdjieff konnte mit einer Hälfte des Mundes lächeln, und von der anderen Seite wirkte sein Mund sehr ernsthaft und finster. Das ist schwer zu lernen, aber man kann es trainieren; es ist kein allzu großes Problem – Schauspieler, große Schauspieler tun es ständig.

Wenn du dir einen Film anschaust, siehst du ihn als Ganzes. Du bekommst nicht mit, dass der Schauspieler in einem Moment lachen und im nächsten Moment weinen muss. Während der Film gedreht wird, muss er ständig die Persönlichkeiten wechseln. Du siehst nur die Story, die im Film gezeigt wird, aber was passiert mit dem Schauspieler? Er muss sich in eine Frau verlieben, die er in Wirklichkeit nicht ausstehen kann, und er zeigt eine Palette von Gefühlen, die nicht einmal ein echter Liebhaber würde zeigen können: in den Augen, im Gesicht, in seinen Worten, seiner Umarmung, in allem. In diesem Augenblick wird er zum Geliebten. Er schlüpft in die Persönlichkeit des Geliebten der Frau, die vor ihm steht.

In der nächsten Szene soll er dann weinen – und Schauspieler lernen, richtig zu weinen und Tränen zu produzieren. Am Anfang brauchen sie vielleicht Hilfsmittel, um Tränen hervorzubringen, aber das ist nur für Amateure. Wenn ein Schauspieler wirklich gut wird, braucht er das nicht mehr. Er kann einfach die Persönlichkeit wechseln. Er setzt eine Miene von Traurigkeit und Kummer auf, und schon beginnen die Tränen zu fließen. Er täuscht nicht nur die Zuschauer, er kann damit sogar seine eigene Körperchemie täuschen.

Alle diese Persönlichkeiten begleiten dich ständig. Du bist ein ganzer Schwarm, viele Leute zusammen, von ganz unterschiedlicher Art – viele Feinde, die miteinander ständig im Konflikt stehen, die sich streiten und gegenseitig bekämpfen. Darum sieht man so viel Seelenpein in den Menschen. Es gäbe keinen Grund für diese Seelenqual, wenn nicht so viele widersprüchliche Stimmen da wären, die sich gegenseitig bekriegen und um die Vorherrschaft kämpfen, weil eine bestimmte Stimme das Monopol über alle haben will.

Gurdjieff spricht von verschiedenen Selbsten, aber es ist das Gleiche. Du kannst es Persönlichkeiten, Selbste oder auch Egos nennen. Es ist gut, ihnen auf die Schliche zu kommen. Sie zu beobachten ist ein ungeheuer faszinierendes Spiel. Abends beschließt du zum Beispiel, am nächsten Morgen um fünf Uhr aufzustehen. Das hast du schon oft beschlossen, seit Jahren, und du weißt es. Du beschließt es jeden Abend – aber heute Nacht wird es anders sein! Auch das kennst du, denn jede Nacht sagst du dasselbe: »Heute Nacht wird es anders – morgen früh werde ich aufstehen. Alles hat seine Grenzen!«

Alle diese Dinge sagst du dir jeden Abend. Nichts von dem, was du sagst, ist neu, aber das ist dir nicht bewusst. Und um fünf Uhr, wenn der Wecker geht, drückst du einfach auf den Knopf und bist wütend auf die Uhr. Vielleicht wirfst du sie runter, drehst dich auf die andere Seite und sagst: »Dieser blöde Wecker! Was für ein kalter Morgen!«, und schläfst weiter: »Nur noch ein paar Minuten.« Und so machst du das seit Jahren.

Jeden Morgen schläfst du wieder ein: »Nur noch ein paar Minuten.« Wenn du wieder aufwachst, ist es dann neun Uhr, und du bereust es, bist traurig darüber und denkst: »Wie ist das möglich? Ich hatte doch beschlossen, heute früh aufzustehen!« Aber das nächste Mal wirst du es wieder genauso machen. Du erkennst nie, dass die Persönlichkeit, die am Abend beschlossen hatte, aufzustehen, nicht dieselbe ist wie die Persönlichkeit, die den Wecker abgestellt hat. Diese beiden sind nicht ein und dieselbe Persönlichkeit, können es nicht sein.

Die Persönlichkeit, die sagte: »Morgen werde ich früh aufstehen«, hat am Morgen nichts mehr zu sagen; sie ist nicht mehr im Dienst. Eine andere hat jetzt die Oberhand und bestimmt: »Vergiss diesen ganzen Quatsch«, und sie wirft den Wecker raus und sagt: »Schlaf ruhig weiter. Es ist so kalt draußen – du bist doch nicht blöd, oder?« Und es fühlt sich so herrlich warm und kuschelig an, sich auf die andere Seite zu drehen. Und nach der Störung durch den Wecker kannst du noch mal so richtig tief schlafen. Und um neun Uhr, wenn du aufwachst, bist du traurig. Das ist dann wieder eine andere Persönlichkeit als die, die den Wecker rauswarf und zu dir sagte: »Ach, nur noch ein paar Minuten …« Und diese andere Persönlichkeit beschließt dann: »Also, egal was passiert: Morgen werde ich früh aufstehen!«

So machst du es dein ganzes Leben lang, und du schnallst nie die einfache Tatsache, dass du viele Persönlichkeiten hast. Und jede Stimme gehört einer anderen Persönlichkeit, und sie sagt andere Dinge und hat andere Vorstellungen.

Beobachte es einfach. Es macht großen Spaß, es zu beobachten – es ist ein solches Drama, dass du dir das Kino ersparen kannst! Du kannst einfach die Augen schließen und dir den Film angucken, der in dir abläuft, mit so vielen tollen Schauspielern und Schauspielerinnen. Alles Nötige ist vorhanden – rohes Filmmaterial, völlig unzensiert!

Aber ehe du dich selbst erkennen kannst, musst du erst du selbst sein. Du musst alle diese Persönlichkeiten wie Kleidungsstücke fallen lassen, bis du zu deiner völligen Nacktheit gelangst.

Das ist der Anfang, und der zweite Schritt ist dann ziemlich einfach. Das Hauptproblem ist der erste Schritt; der zweite Schritt wird leichter sein. Wenn all diese Persönlichkeiten fort sind, wenn die ganze Horde dich verlassen hat und du allein bist, dann schließe die Augen: Dann wirst du sehen, wer du bist, weil niemand anders mehr da ist. Da ist nur noch das Gewahrsein einer ungeheuren Stille, ohne Objekt.

Dort begegnet dir kein Gott, auch keine Seele und kein Engel – das sind alles Fiktionen. Wenn dir dort jemand begegnet, dann wisse, dass du schon wieder halluzinierst. Wenn dir Jesus begegnet, wirf ihn hinaus! Wenn dir Krishna begegnet, sag ihm: »Verschwinde! Hier ist kein Platz für Leute wie dich. Lass mich in Ruhe!« Buddha hatte als Einziger den Mut, zu sagen: »Triffst du mich unterwegs, dann schneide mir sofort den Kopf ab!«

Du musst dem Buddha den Kopf abschneiden, sonst bist du nicht allein. Wie willst du dich selbst erkennen, wenn du nicht allein bist? Im Alleinsein, plötzlich aus dem Nirgendwo, stellt sich der Duft namens Erleuchtung ein. Dann wirst du erhellt sein, zum ersten Mal voller Licht, und alle Dunkelheit hat sich aufgelöst.

Die Nacht ist vorbei, die Sonne ist aufgegangen – eine Sonne, die niemals untergeht.

14

Meditation macht dich zum Individuum

? *Wieso wurden die Menschen überhaupt von ihrem ursprünglichen Selbst abgelenkt?*

Der Mensch wird mit einem unbekannten, unwissbaren Potenzial geboren. Wenn er auf die Welt kommt, ist sein ursprüngliches Gesicht noch nicht vorhanden. Er muss es erst finden. Es wird eine Entdeckung sein, und das ist das Schöne daran. Und das ist der Unterschied zwischen einem Lebewesen und einem Ding.

Ein Ding hat kein Potenzial. Es ist, was es ist. Ein Tisch ist ein Tisch, ein Stuhl ist ein Stuhl. Der Stuhl kann nicht zu etwas anderem werden, er besitzt keine Potenzialität; er besitzt nur Aktualität. Er ist nicht der Same, aus dem etwas hervorgehen wird. Der Mensch ist kein Ding. Das beinhaltet alle Probleme und alle Freuden, alle Herausforderungen und alle Störungen.

Das Kind kommt ganz leer, ohne Prägungen, ohne Hinweise, was aus ihm einmal werden wird – alle Dimensionen stehen offen. Dies ist die erste grundlegende Sache, die man verstehen muss: Das Kind ist kein Ding, das Kind ist ein lebendiges Sein.

Es ist noch nicht; es ist erst im Werden. Es ist ein Prozess, und es gibt keine Möglichkeit, vorauszusagen, wo er diesen Menschen hinführen wird, was das letztendliche Ergebnis seiner Lebenserfahrungen, Notlagen, Ängste, Ekstasen sein wird. Worauf wird sein Leben letztlich hinauslaufen? Die abschließende Gesamtsumme seines Lebens ist zu Beginn nicht verfügbar.

Das Kind bringt kein Horoskop mit auf die Welt. Die Astrologen halten euch alle zum Narren, die Handleser halten euch zum Narren, und sie können es, weil ihr ihnen die Gelegenheit dazu bietet. Die Eltern sind besorgt, was aus dem Kind einmal werden wird. Und ihre Sorge kommt aus ihrer Liebe; daher können sie von allen möglichen Taschenspielern ausgenutzt werden. Diese Schwindler können voraussagen: »Aus eurem Kind wird dieses oder jenes«, aber sie richten damit keinen großen Schaden an; sie nutzen euch nur ein bisschen aus. Ihre Prognosen werden nie wahr.

Das größere Problem kommt von den Priestern, von den Politikern, von den Pädagogen. Der Politiker ist nicht am wahren Potenzial des Kindes interessiert. Er ist nur daran interessiert, das Kind in seinen Machttrip einzubeziehen. Und er investiert in jedes Kind, weil es ein potenzieller Freund oder Feind ist. Es empfiehlt sich, so früh wie möglich mit der Wahlpropaganda zu beginnen. Bevor das Kind selbstständig wird, muss es auf einen Weg gebracht werden, dass es die Wünsche des Politikers erfüllt – doch der Same, der in dem Kind schlummert, wird abgetötet.

Auch der Priester hat ein Interesse; auch er hat investiert. Der Papst ist ein umso größerer Papst, je mehr Katholiken auf der ganzen Welt er hat. Welchen Wert hätte der Papst, wenn die Katholiken aus der Welt verschwänden? Wer würde sich um ihn scheren? Jedes neugeborene Kind hat also eine gewisse Macht, die von Politikern und Priestern ausgenutzt werden kann.

Bald wird das Kind zu einem vollwertigen Bürger dieser Welt – man muss es sich schnappen. Es sollte Katholik werden, wenn es von katholischen Eltern stammt oder wenn es – welch ein Glück! – ein Waisenkind ist. Dann kann Mutter Teresa es unter ihre Fittiche nehmen und zum Katholiken bekehren. Darüber freuen sie sich sehr. Je mehr Waisenkinder es auf der Welt gibt, desto mehr Mutter Teresas können den Nobelpreis bekommen, und mehr Waisenkinder bedeuten mehr Katholiken! Je mehr arme Menschen es auf dieser Welt gibt … Sie sind sehr leicht zum Christentum zu bekehren.

Jesus sagt: »Der Mensch lebt nicht vom Brot allein.« Das stimmt für einen authentischen Menschen, aber nicht für die Masse. Was die Masse angeht, sage ich euch: »Der Mensch lebt vom Brot und ganz allein vom Brot.« Es gibt aber nur die Masse – doch wo ist der authentische Mensch?

Diese Politiker, diese Priester, diese Pädagogen lassen niemanden in Ruhe, sodass er authentisch werden könnte, sodass er sein ursprüngliches Gesicht erlangen könnte, sodass er sich selbst finden könnte.

Überall gibt es Leute mit Eigeninteressen an jedem einzelnen Kind. Und das Kind ist ein unbeschriebenes Blatt, eine *Tabula rasa*, auf der nichts geschrieben steht. Darum ist es eine große Versuchung für alle, etwas draufzuschreiben. Verständlicherweise wollen die Eltern ihre eigene Religion, ihre Gesellschaftsschicht, ihre Weltanschauung, ihre politische Gesinnung draufschreiben, denn das Kind sollte sie repräsentieren. Das Kind sollte ihr Erbe fortführen.

Wenn sie jahrhundertelang Hindus waren, sollte auch ihr Kind Hindu sein und das Erbe des Hinduismus in künftige Generationen weitertragen. Sie sind nicht interessiert am Eigenpotenzial des Kindes – keiner ist daran interessiert. Sie sind nur interessiert an ihrer eigenen Investition in das Kind. Und natürlich hat jeder etwas investiert.

Die Eltern investieren so viel in das Kind – indem sie es zur Welt bringen, es aufziehen, ihm eine Ausbildung ermöglichen. Und alles ist an Bedingungen geknüpft, ob ausgesprochen oder unausgesprochen. Eines Tages werden sie sagen: »Wir haben so viel für dich getan, und jetzt ist es Zeit, dass du etwas für uns tust!« Sie sind sich wahrscheinlich selbst überhaupt nicht bewusst, was sie da tun, weil sie von ihren Eltern genauso erzogen wurden, Generation für Generation, immer nach dem gleichen Muster.

Der Lehrer ist interessiert, dass sein Schüler ihn repräsentiert. Der religiöse Lehrer ist interessiert, dass sein Schüler ein Musterbeispiel für seinen religiösen Unterricht ist. Was ich euch klarmachen will: Alle haben irgendein Eigeninteresse an dem Kind – wegen Dingen, die dem Kind vollkommen egal sind.

Und das Kind ist völlig hilflos; gegen all diese Leute kann es nicht ankommen. Sie sind so mächtig, und es ist von ihnen abhängig. Wenn sie etwas aus dem Kind machen wollen, ist es gezwungen, das zu werden. Soviel ist dem Kind absolut klar: Wenn es sich gegen die Eltern auflehnt, ist es unfolgsam und verrät seine Eltern. Und weil ihm auch diese Gedanken von den

Eltern, den Priestern, den Lehrern eingebläut werden, fühlt das Kind sich schuldig. Jegliche Selbstbehauptung erzeugt im Kind Schuldgefühle, und jede Heuchelei im Sinne der Eltern, Priester, Erzieher, Politiker – die reine Verstellung ist – wird gut belohnt. So lernt das Kind von Anfang an, wie man politisch agiert. Es lernt zu heucheln und gemein zu sein. Es lernt: Wer aufrichtig ist, wird bestraft. Diese einfache Rechnung versteht das Kind – und wie könnten wir es ihm übelnehmen!

Das war ein tägliches Thema in meiner Kindheit – und darüber kann ich aus eigener Autorität reden, denn über eure Kindheit weiß ich nichts, nur über meine eigene Kindheit. Ich wurde ständig aufgefordert, ehrlich zu sein. Und ich sagte zu meinem Vater: »Jedes Mal, wenn du mir sagst, ich soll ehrlich sein, musst du eines beachten: Die Wahrheit sollte belohnt werden, denn sonst zwingst du mich, unehrlich zu sein. Ich bin bereit.«

Ich hatte sehr schnell herausgefunden, dass sich die Wahrheit nicht auszahlt – man wird dafür bestraft. Lügen zahlen sich aus – man wird dafür belohnt. Für mich war es nun eine Frage von ganz entscheidender, von ganz enormer Wichtigkeit. Ich musste also meinen Eltern klarmachen, dass sie eines richtig zu verstehen hatten: »Wenn ihr wollt, dass ich ehrlich bin, dann muss die Wahrheit belohnt werden. Und zwar nicht in einem zukünftigen Leben, sondern hier und jetzt, weil ich hier und jetzt ehrlich bin. Und wenn die Wahrheit nicht belohnt wird, wenn ich dafür bestraft werde, dann zwingt ihr mich zu lügen. Versteht das also ganz klar, dann ist es für mich kein Problem, immer ehrlich zu sein und die Wahrheit zu sagen.«

Ich denke nicht, dass jedes Kind bestrebt ist, diese Sache zu durchschauen, und darüber mit seinen Eltern eine klare Abmachung trifft. Doch dies wurde zu einer festen Abmachung mit meinem Vater. Es spielte keine Rolle, wie sehr die Wahrheit gegen ihn, seine Moral, seine Familie, seine Gesellschaft, sein Ansehen ging – es zählte nur, dass ich ehrlich war. Und dafür wollte ich unmittelbar belohnt werden: »Sonst rechnest du beim nächsten Mal damit, dass ich das sage, was du hören willst. Aber vergiss nicht – das wird eine Lüge sein!«

An dem Tag, als ich dies zum ersten Mal meinem Vater beibrachte, sagte er: »Lass mich darüber nachdenken, denn du erscheinst mir trickreich. Du spinnst mich in ein feines Netz ein. Du heckst irgendeinen Streich aus und bist ganz ehrlich, und dann soll ich dich für deinen Streich auch noch belohnen!«

Ich sagte: »Du kannst entscheiden, ob du willst, dass ich ehrlich bin oder nicht. In jedem Fall werde ich tun, was ich tun will. Dieser Streich wäre in jedem Fall geschehen. Er ist schon geschehen, darum taucht die Frage von Ehrlichkeit oder Lüge erst im Nachhinein auf. Warum also den Streich ins Spiel bringen? Wenn er schon geschehen ist, lässt sich daran nichts mehr ändern. Du kannst ihn nicht ungeschehen machen.

Was du aber sehr wohl tun kannst: Du kannst mich zum Lügen zwingen, und dann werde ich lügen! Ich kann lügen mit einem Gesicht, dass du glaubst, ich sei absolut ehrlich. Ich werde es lernen. Wenn es so gehen soll, dann machen wir es so. Aber vergiss nicht: Dann bist du dafür verantwortlich, dass du mich von der Wahrheit abbringst, weil du das Lügen belohnt und die Ehrlichkeit bestraft hast. Denke in Ruhe darüber nach. Ich habe keine Eile. Du warst es ja, der mich gefragt hat.«

Was war geschehen? Zwei oder drei Häuserblocks von meiner Familie entfernt lebte eine Brahmanen-Familie, äußerst orthodoxe Brahmanen. Sie schneiden sich sämtliche Haare ab und lassen nur am Kopf eine kleine Stelle über dem siebten Chakra stehen, wo das Haar weiterwachsen darf. Sie binden das Haar dort zusammen und verbergen es unter ihrer Kappe oder in ihrem Turban. Und was hatte ich getan? Ich hatte das Haupthaar des Familienoberhaupts abgeschnitten. Im Sommer schlafen die Leute in Indien außerhalb ihres Hauses, auf der Straße. Sie bringen ihre Betten, ihre Feldbetten, hinaus auf die Straße. Die ganze Stadt schläft des Nachts auf der Straße; drinnen ist es zu heiß.

Dieser Brahmane schlief, und ich konnte nichts dafür ... Er hatte ein so langes Choti – so heißt dieses Haarbüschel –, ich hatte sein Choti noch nie zu Gesicht bekommen, weil es immer in seinem Turban versteckt war. Während er schlief, hing es herunter und reichte bis auf die Straße. Es hing von seinem Bett so lang bis auf den Boden hinunter, dass ich in Versuchung geführt wurde und nicht widerstehen konnte: Ich lief nach Hause, holte die Schere und schnitt es komplett ab. Und dann nahm ich es mit und bewahrte es in meinem Zimmer auf.

Am Morgen muss er entdeckt haben, dass sein Choti nicht mehr da war. Er konnte es nicht fassen: Seine ganze Reinheit war in diesem Choti, seine ganze Religion war in diesem Choti. Damit war seine ganze Spiritualität dahin. Nun wusste jeder in der Nachbarschaft: Wenn irgendetwas schiefgelaufen war, kamen die Leute als Erstes zu mir gerannt. Und er kam unverzüglich. Ich saß draußen, wohlwissend, dass er morgens kommen würde. Er guckte mich an. Ich guckte ihn an. Er fragte mich: »Was guckst du?«

Ich sagte: »Was guckst du? Dasselbe.«

Er sagte: »Dasselbe?«

Ich sagte: »Ja, dasselbe. Gib du ihm einen Namen.«

Er fragte: »Wo ist dein Vater? Ich will überhaupt nicht mit dir reden.«

Er ging hinein. Er brachte meinen Vater mit nach draußen, und mein Vater sagte: »Hast du mit diesem Mann irgendetwas angestellt?«

Ich sagte: »Ich habe mit diesem Mann gar nichts angestellt. Aber ich habe ein Choti abgeschnitten, das bestimmt nicht diesem Mann gehörte. Denn was tat er, als ich es abschnitt? Er hätte es doch verhindern können!«

Der Mann sagte: »Ich habe geschlafen.«

Ich sagte: »Hätte ich dir einen Finger abgeschnitten, als du geschlafen hast, hättest du dann weitergeschlafen?«

Er sagte: »Wie kann ich weiterschlafen, wenn mir jemand meinen Finger abschneidet?«

Ich sagte: »Das beweist mit Sicherheit, dass Haare tot sind. Man kann sie abschneiden, aber der Mensch wird dabei nicht verletzt; es kommt kein Blut. Was soll also die ganze Aufregung? Da hing dieses tote Ding herunter, und ich dachte mir, dass du dieses tote Ding dein ganzes Leben lang unnötig in deinem Turban herumschleppst – wie wäre es, dich davon zu befreien? Es ist in meinem Zimmer. Und mit meinem Vater habe ich die Abmachung, dass ich die Wahrheit sage.«

Also holte ich sein Choti und sagte zu ihm: »Wenn dir so viel daran liegt, kannst du es zurückhaben. Wenn deine Spiritualität, dein Brahmanentum darin steckt, dann lass es zusammengebunden und stecke es dir in den Turban. Es ist ohnehin tot. Es war schon tot, als es an dir festgewachsen war, und es war tot, als ich es von dir abgetrennt habe. Du kannst es in deinem Turban aufbewahren.«

Und dann fragte ich meinen Vater vor diesem Mann: »Und meine Belohnung?«

Der Mann sagte: »Was meint er denn für eine Belohnung?«

Mein Vater sagte: »Das ist das Problem. Gestern schlug er mir eine Abmachung vor: Wenn er die Wahrheit sagt ... Und ehrlich gesagt, sagt er nicht nur die Wahrheit, sondern gibt sogar den Beweis. Er hat wirklich die ganze Geschichte erzählt. Und es ist sogar logisch, was er sagt: dass es ein totes Ding war, und weshalb sollte man sich über ein totes Ding aufregen? Und er hat nichts verschwiegen.«

Er belohnte mich mit fünf Rupien. In jenen Tagen, in unserem kleinen Dorf, waren fünf Rupien eine Riesenbelohnung. Der Mann war wütend auf meinen Vater. Er sagte: »Du wirst dieses Kind verderben. Du solltest ihn verprügeln, statt ihm fünf Rupien zu geben. Jetzt wird er auch anderen Leuten die Chotis abschneiden. Wenn er fünf Rupien pro Choti bekommt, sind alle Brahmanen in der Stadt erledigt, denn sie schlafen jetzt nachts alle draußen. Und wenn man schläft, kann man doch nicht sein Choti festhalten. – Ist dir klar, was du damit in Gang gesetzt hast? Das wird Schule machen!«

Mein Vater sagte: »Aber ich halte mich an meine Abmachung. Wenn du ihn bestrafen willst, ist das deine Sache. Da mische ich mich nicht ein. Ich belohne ihn nicht für seinen Streich, sondern für seine Wahrheit – und ich werde ihn mein ganzes Leben lang immer für seine Wahrheit belohnen. Was seinen Streich angeht, steht es dir frei, mit ihm anzustellen, was du willst.«

Da sagte dieser Mann zu meinem Vater: »Damit bereitest du

mir noch mehr Probleme. Wenn ich diesem Bengel etwas antue, glaubst du, dann ist Ruhe? Ich bin Familienvater, ich habe eine Frau und Kinder und ein Haus – morgen wird mein Haus in Flammen aufgehen!« Er war total wütend und sagte: »Gerade jetzt ist es ein Problem, denn ich soll morgen eine Zeremonie im Nachbardorf abhalten, und wenn die Leute mich ohne mein Choti sehen …!«

Ich sagte: »Keine Sorge – ich gebe dir dein Choti zurück. Aber du könntest mich auch irgendwie belohnen, dass ich dir dein Choti wiedergebe. Nimm auf keinen Fall in dem anderen Dorf deinen Turban ab; behalte den Turban auch in der Nacht auf. Das ist alles. Es ist kein großes Problem; es ist ja nur für eine Nacht. Und wer wird schon in der Nacht nach deinem Choti schauen? Da schlafen doch alle.«

Er sagte: »Gib mir keine Ratschläge! Ich würde dich am liebsten verprügeln. Aber ich weiß es besser, denn das würde nur eine ganze Kette von Ereignissen in Gang setzen.«

Ich sagte: »Die ist schon in Gang gesetzt. Du bist hergekommen, um dich zu beschweren. Du belohnst mich nicht dafür, dass ich absolut ehrlich und aufrichtig bin und dir erzähle, dass ich der Versuchung nicht widerstehen konnte. Und ich habe niemandem einen Schaden zugefügt. Keine Gewalt wurde angewendet – nicht ein Tropfen Blut ist aus deinem Choti geflossen. Schon allein dadurch, dass du dich bei meinem Vater beschwerst, hast du bereits eine Kettenreaktion in Gang gesetzt.«

Er sagte zu meinem Vater: »Hör dir das an!«

Mein Vater sagte: »Das geht mich nichts an.«

Und ich sagte zu meinem Vater: »Genau das lehrt doch der Brahmanismus: Alles beruht auf Kettenreaktionen.«

Mein Vater sagte: »Behalte deine Philosophie für dich. Und hör auf, zu diesen Vorträgen der Sadhus und Mönche und Mahatmas zu gehen. Was du von denen zu hören bekommst, bringt dich zu sonderbaren Schlussfolgerungen.«

Ich sagte: »Aber genau das sage ich ja, und es ist nicht sonderbar. Das besagt genau die Theorie des Karmas: Man begeht eine Handlung, und die Reaktion wird folgen. Er hat die Handlung einer Beschwerde gegen mich begangen, und nun wird die Reaktion folgen.«

Und die Reaktion folgte, da er mir erzählt hatte, dass er in das andere Dorf gehen würde. Er war sehr wütend auf mich, aber wütend ist gar kein Ausdruck – er war völlig außer sich. Er war auch wütend auf seine Frau und seine Kinder ... Ich konnte das alles beobachten, und irgendwie schaffte er es, seine Sachen zusammenzupacken und in einem Pferdegespann abzufahren.

Sobald er fort war, sagte ich zu seiner Frau: »Begreifst du, wohin er geht? Er geht für immer – und du hast keine Ahnung! Er war gekommen, um es meinem Vater zu sagen, dass er für immer geht und nicht wiederkommt.«

Die Frau fing unvermittelt an zu heulen und zu schreien: »Haltet ihn auf!« Andere liefen ihm hinterher und hielten den Einspänner an.

Er sagte: »Was haltet ihr mich an? Ich muss den Zug erreichen!«

Sie sagten: »Nicht heute. Deine Frau weint und schlägt sich auf die Brust – sie wird sterben!«

Er sagte: »Aber das ist merkwürdig. Was hätte sie für einen Grund, sich zu schlagen und zu weinen?« Doch die Leute ließen ihn nicht weiterfahren und versuchten, seine Tasche und seinen Koffer herunterzuholen.

Der Kutscher sagte: »Ich fahre dich nicht. Wenn die Situation so ist, dass du deine Frau und deine kleinen Kinder für immer verlässt, will ich das nicht unterstützen. So kleine Kinder!«

Der Brahmane sagte: »Ich verlasse doch keinen. Ich komme doch wieder, aber jetzt im Moment habe ich keine Zeit, dich davon zu überzeugen. Der Zug fährt mir davon, denn der Bahnhof ist zwei Meilen weg von meinem Haus.«

Aber keiner hörte auf ihn, und ich stachelte die Leute noch mehr an: »Haltet ihn auf! Was wird sonst aus seiner Frau, aus seinen Kindern ... Ihr werdet euch um sie kümmern müssen. Wer wird sie ernähren?«

Sie brachten ihn zurück mitsamt dem Gepäck, und natürlich war er total wütend und warf die Taschen nach seiner Frau.

Seine Frau fragte: »Was haben wir denn getan? Warum bist du so …?« Und ich stand auch dort draußen in der Menge.

Er sagte: »Niemand hat irgendetwas getan. Dieser Junge sagte mir, es würde eine Reaktion geben. Der Grund ist, dass ich vor drei Tagen im Tempel die Philosophie von Handlung und Reaktion gelehrt habe, und dieser Junge war auch dort. Und jetzt lehrt er mich.« Er sagte zu mir: »Verzeih mir, und ich werde nie wieder ein Wort über Handlung und Reaktion verlieren. Und du kannst so viele Chotis abschneiden, wie du willst, ich werde mich nicht beschweren. Du kannst mir den Kopf abschneiden, und ich werde mich nicht beschweren – ich will nur diese Kettenreaktion stoppen. Mein Zug ist abgefahren.«

Da fragten alle: »Was ist denn los? Jetzt verstehen wir gar nichts mehr. Wer hat dir dein Choti abgeschnitten?«

Ich sagte: »Siehst du? Die Kette lässt sich unmöglich stoppen. Die Leute fragen schon: ›Wessen Choti? Wer hat es abgeschnitten? Wo ist sein Choti?‹« Und dann sagte ich: »Schaut mal unter seinem Turban.« Und ein Mann, der ein stadtbekannter Ringer war, trat hervor und nahm ihm den Turban ab, und das Choti fiel heraus.

Mein Vater war auch dort und hatte es gesehen. Als wir nach Hause zurückkamen, sagte er zu mir: »Ich werde dich belohnen, aber du sollst keine Vorteile aus unserer Abmachung ziehen.«

Ich sagte: »Das tue ich nicht. Die Abmachung besteht nicht zwischen mir und dir. Meine Abmachung ist die, dass ich dir immer die Wahrheit sagen werde – und du wirst mich dafür belohnen.« Und er hielt sein Wort. Was auch immer ich getan hatte, wie falsch es in seinen Augen auch gewesen sein mochte: Er belohnte mich immer. Einen solchen Vater zu finden ist schwierig! Von einem Vater wird erwartet, dass er dem Kind seine Ideale mit Gewalt aufzwingt.

Mein Vater wurde von der ganzen Stadt verurteilt: »Du verziehst das Kind.«

Er sagte: »Wenn es sein Schicksal ist, verzogen zu werden, dann lasst ihn verzogen sein. Ich will nicht dafür verantwortlich sein, dass ich in sein Schicksal eingegriffen habe. Er wird nie sagen können: ›Mein Vater hat mich verzogen.‹ Und wenn es ihn glücklich macht, verzogen zu sein, was ist daran falsch? Was auch immer in seinem Leben geschieht: Ich will mich nicht einmischen. Mein Vater hat sich in mein Leben eingemischt, und ich weiß, dass aus mir ein anderer Mensch geworden wäre, wenn er es nicht getan hätte!

Und soviel ich weiß, hat er recht: Jeder Vater erzieht sein Kind zu einem Heuchler, so wie man mich zu einem Heuchler erzogen hat. Wenn ich lachen will, bin ich ernst. Wenn ich ernst sein will, muss ich lachen. Lasst zumindest einen Menschen dann lachen, wenn er lachen will. Und lasst ihn ernst sein, wenn er ernst sein will.« Er sagte: »Ich habe elf Kinder, aber in Gedanken habe ich nur zehn.« Und er dachte immer, er hätte nur zehn Kinder. Er zählte mich nie zu seinen Kindern, denn wie er sagte: »Ich lasse ihm völlige Freiheit, er selbst zu sein. Warum sollte er irgendein Bild von mir in sich tragen?«

In einer besseren Gesellschaft ... und wenn ich sage: »In einer besseren Gesellschaft«, dann meine ich eine Gesellschaft, die die Integrität jedes Einzelnen schätzt, die auch das Dasein eines kleinen Kindes respektiert und ihm nichts aufdrängt. Eine solche Gesellschaft scheint aber noch weit, noch sehr weit entfernt zu sein, weil alle Leute ihre persönlichen Machtinteressen verfolgen und nicht aufhören können, ihre Trips durchzuspielen. Sie müssen andere für sich benutzen und ausbeuten.

Jemand wird Präsident. Du kämst nie auf die Idee, dass er auf deine Kosten Präsident geworden ist. Etwas in dir wurde abgetötet, damit einer wie er Präsident werden konnte. Wenn jeder seine Einzigartigkeit und Ursprünglichkeit leben dürfte, wäre es unmöglich, dass solche Leute wie eure heutigen Präsidenten und Premierminister, die über die Welt herrschen, diese Leute, die seit Jahrtausenden die Welt zerstört haben und immer weiter zerstören, ewig so weitermachen können.

Wenn die Menschen sich zu Individuen entwickeln könnten, gäbe es eine völlig andere Art von Gesellschaft. Wir hätten Kommunen statt Gesellschaften. Dann hätten wir keine Nationen, denn sie sind überflüssig.

Wozu brauchen wir Nationen? Die ganze Erde ist eins. Nur auf den Landkarten sind überall Grenzlinien gezogen, und wegen dieser Linien streitet und bekriegt ihr euch und ermordet euch gegenseitig. Das ist solch ein idiotisches Spiel, dass man nicht begreifen kann, warum es immer weitergeht – außer die ganze Menschheit ist verrückt. Wozu brauchen wir Nationen? Wozu brauchen wir Reisepässe und Visas und Grenzen? Diese ganze Erde gehört uns, und jeder hat das Recht, überall zu sein, wo er will.

Die Sonne gehört niemandem, die Erde gehört niemandem, der Mond gehört niemandem. Der Wind, die Wolken, der Regen – nichts davon gehört irgendjemandem. Wozu zieht ihr diese Grenzlinien?

Das ist doch nicht schwer zu verstehen. Doch bald werden wir Grenzlinien auf dem Mond sehen. Noch gibt es keine, aber demnächst werdet ihr dort eine russische Zone, eine amerikanische Zone, eine chinesische Zone sehen. Dabei besteht offenbar gar keine Möglichkeit für Leben auf dem Mond. Der Mond ist ein toter Himmelskörper – kein einziger Tropfen Wasser! Ja, ihr könnt euch ein paar Stunden dort aufhalten, mit all euren Atemmasken und Sauerstoffapparaten und all dem Drum und Dran, aber das ist keine Art, wie die Menschen dort leben könnten. Sie haben aber schon ihre Flaggen aufgepflanzt …

Da ist keiner, der die Flagge zu Gesicht bekommt, keiner, der vor der Flagge salutiert – nicht einmal ein Vogel, der manchmal auf die Flagge scheißt! Das Erste, was die Amerikaner taten, war, eine Fahnenstange mit ihrer Fahne aufzustellen. Wie idiotisch! Und für wen? Aber bald werden es ihnen die anderen Narren nachmachen. Sie werden zum Mars fliegen, sie werden zu anderen Planeten fliegen, und überall werden sie es genauso machen.

Wir brauchen keine Nationen, nur die Politiker brauchen sie, denn ohne Nationen gäbe es keine Politik; nur die Generäle brauchen sie, denn ohne Nationen gäbe es keine Kriege; nur die Waffenfabriken brauchen sie, denn sonst müssten sie ihre Produktion stilllegen. Was würden die Nuklearwaffenproduzenten machen und die Energielieferanten für die Rüstung? Ohne Nationen gäbe es keinen Bedarf an Nuklearwaffen – für wen denn?

Die einfachste Lösung zur Rettung der Menschheit wäre es, sämtliche Grenzlinien von der Landkarte zu beseitigen. Nur von der Landkarte, denn auf der Erde gibt es diese Linien nicht. Entfernt einfach alle Linien von den Landkarten, und es wird keinen Dritten Weltkrieg geben. Dann werden nicht so viele Soldaten überall auf der Welt benötigt.

Millionen von Menschen tun nichts anderes als »Linksum! Rechtsum!« ... Wenn das jemand von oben beobachtet, muss er sich sehr wundern. Warum machen alle diese Leute ständig »Rechtsum! Linksum! Kehrtmachen! Achtung marsch! Zerstreuen!«? Tagtäglich tun das Millionen Menschen rund um den Globus ... Ein Beobachter würde meinen, hier läuft etwas nicht richtig. Da muss irgendwo eine Schraube oder ein Bolzen locker sein!

Die Nationen können nur existieren, solange ihr in eurer falschen Persönlichkeit lebt. Die Kirchen und Religionen können nur existieren, solange ihr euer ursprüngliches Gesicht nicht gefunden habt. Denn warum hätte jemand, der sein ursprüngliches Gesicht wiedergefunden hat, es nötig, den Papst zu besuchen? Wofür? Er hätte keinen Grund, zu irgendeinem religiösen Lehrer oder in einen Tempel oder eine Synagoge zu gehen. Und warum sollte er Muslim, Christ oder Hindu werden? Wozu?

Mit deinem ursprünglichen Gesicht fühlst du dich so zufrieden, so ungeheuer erfüllt und geborgen, dass du nichts mehr suchst – du hast alles gefunden!

Aber diese Leute werden nicht zulassen, dass ihr es findet. Sie werden euch davon ablenken, weil sie bestimmte Pläne, bestimmte Vorstellungen haben, für die sie euch opfern würden. Politiker sind bereit, die Menschen für ihre Politik zu opfern. Und die Religionen opfern euch für ihre Art von Politik. Niemand ist wirklich an den Kindern interessiert, und der Grund liegt auf der Hand: Die Kinder müssen in eine bestimmte Schablone gepresst werden, damit sie der Norm einer Gesellschaft, einer Nation, einer bestimmten Ideologie entsprechen.

In Russland wurde den Kindern der Kommunismus von frühester Kindheit an eingeimpft. Sie mussten die Namen von Marx, Engels und Lenin kennen – das sind die kommunistischen Götter. In nicht kommunistischen Ländern ist es nicht viel anders, nur die Namen ändern sich. Jeder wird für irgendeine dumme Ideologie, Theologie, Politik, Religion geopfert. Auf diese Weise lenkt man die Menschen von sich selbst ab.

Aber das Kind lässt es mit sich machen, weil es keine Ahnung hat, was aus ihm einmal werden wird. Natürlich ist es von den Eltern abhängig, den Älteren – von denen, die es besser wissen. Es hat keine Ahnung, dass sie gar nichts besser wissen. Sie sitzen im selben Boot wie das Kind; sie sind genauso unwissend wie das Kind. Der einzige Unterschied ist der, dass das Kind dabei unschuldig ist. Die Erwachsenen sind unwissend, aber schlau, und aufgrund ihrer Schlauheit verbergen sie ihre Unwissenheit hinter geborgtem Wissen.

Mein Großvater hat mich früher zu jedem Mahatma, jedem Heiligen, mitgenommen, und er pflegte zu mir zu sagen: »Wenn du nicht mitkommst, gehe ich nicht hin, denn dann ist es langweilig. Du bringst erst Leben hinein.« Dabei stellte ich nur ein paar einfache Fragen. Was kann ein Kind sonst schon tun?

Ein Hindu-Mönch, Swami Vidyananda, kam immer zur Regenzeit in unsere Stadt. Vier Monate lang hielt er dort Vorträge; er war ein weithin bekannter Lehrer. Als ich am ersten Tag mit meinem Großvater hinging, stand ich auf, um etwas zu fragen. Weil mein Großvater da war, konnte niemand mich hinauswerfen oder mir sagen, ich solle mich hinsetzen. Jeder wusste, dass mit ihm in dieser Hinsicht nicht zu spaßen war. Wenn irgendjemand sagte: »Junge, setz dich hin, du verstehst nichts von solchen großen Dingen«, dann sagte mein Großvater zu ihm: »Aber ich verstehe es auch nicht, und ich bin 70 Jahre alt. Sei also ruhig und verstehe!« Und zu mir sagte er: »Stelle deine Frage.«

Es war klar, dass sie mich weder hinauswerfen noch stoppen konnten, also fragte ich diesen Vidyananda: »Zu dem, was du sagst, möchte ich eines wissen: Ist es geborgtes Wissen oder deine eigene Erfahrung? Aber vergiss nicht, du sitzt im Tempel

Gottes.« Es war ein Rama Mandir, die beste Adresse in der Stadt, der wertvollste Tempel in der Stadt, mit einer sehr schönen Marmorhalle – die besten Vorträge fanden immer dort statt.

Ich sagte zu ihm: »Schau auf die Statue von Rama und sei dir bewusst, dass du dich an einem heiligen Ort befindest. Sei dir bewusst, dass du diese Mönchsrobe trägst, dass du ein Mönch bist. Du darfst deinem Gewand und deinem Gott keine Schande machen. Sag einfach die Wahrheit: Ist das, wovon du sprichst, deine eigene Erfahrung? Kennst du Gott? Hast du Gott gesehen, so wie du mich hier siehst? Hast du mit Gott geredet, so wie du jetzt mit mir redest? Oder hast du es nur aus den Büchern gelernt?« Es gab eine tiefe Stille. Der Mann zögerte.

Ich sagte: »Dein Zögern sagt alles. Du sagst besser die Wahrheit, denn warum solltest du zögern, wenn du Gott gesehen hast? Du hast ein bisschen Angst – ich sehe Schweiß auf deiner Stirn, und es ist kühl hier drinnen.«

Der Mann sagte: »Ich habe nie darüber nachgedacht. Aber ich bin ein Sannyasin und ich befinde mich im Tempel Gottes, darum kann ich nicht die Unwahrheit sprechen. Ich habe keine eigene Erfahrung. Alles, was ich sage, habe ich gehört und gelesen und studiert.«

Da sagte ich zu ihm: »Dann geh! Geh aus diesem Saal, sofort. Und finde einen Menschen, der selbst erkannt hat, und bringe ihn hierher. Du wirfst diesen armen Leuten all diesen geborgten Müll an den Kopf und bringst sie auf die Idee, sie wüssten ebenfalls etwas. Ich kenne diese Narren – sie kommen alle aus meiner Stadt, und sie reden, als wüssten sie etwas.«

Und zu den Leuten sagte ich: »Hört ihr, was euer Guru sagt?« Er war der Guru fast der ganzen Stadt, denn seit Jahren – inzwischen war er etwa 60 –, seit Jahren hatte er die Stadt jedes Jahr vier Monate lang besucht. Das war das letzte Mal. Danach habe ich nichts mehr von ihm gehört.

Als ich später viel in Indien herumreiste, versuchte ich herauszubekommen, was mit Vidyananda geschehen war, ob er inzwischen verstorben war oder, falls er noch lebte, wie es ihm wohl ging. Schließlich traf ich ihn an einem Ort, wo ich es nie erwartet hätte, in Adyar, in der Nähe von Madras. Adyar ist die Zentrale der Theosophischen Bewegung. Ich war nach Chennai gefahren, um dort einige Vorträge zu halten, und mein Gastgeber wollte gerne Adyar besichtigen. Adyar ist sehr schön – die Theosophen haben wirklich gute Arbeit geleistet. Sie haben einen wunderschönen Ort geschaffen, aber heute liegt er verlassen da; keiner geht mehr hin. Sie hatten schöne Häuser, Villen, einen großen Garten angelegt – eine ganze Kolonie.

Adyar besitzt den vielleicht größten Bodhi-Baum. Als die Theosophische Bewegung noch lebendig war, hielt sie ihre Tagungen immer unter diesem Bodhi-Baum ab. Tausende können unter seinem Schatten sitzen. Und Adyar besitzt auch eine der vermutlich wertvollsten Bibliotheken der Welt. Die Theosophen hatten Manuskripte aus China, Tibet, Ladakh, der Mongolei, Korea gesammelt – von fremden Orten, in fremden Sprachen – und es gibt eine riesige unterirdische Bibliothek von alten Schriften. Dort fand ich diesen Mann in der Bibliothek; er arbeitete als Bibliothekar, aber er war kein Mönch mehr.

Ich fragte ihn: »Was ist geschehen?«

Er sagte: »An jenem Tag hast du mein ganzes Leben verändert. Danach konnte ich nicht mehr mit derselben Autorität sprechen wie vorher. Ich verlor den Mut. Immer wenn ich es versuchte, tauchte die Frage in mir auf: Wie kann ich den Leuten etwas erzählen, was ich selbst nicht weiß? Vielleicht stimmt es, vielleicht stimmt es nicht – wer kann das wissen? Ich begehe eine Sünde, denn die Leute werden denken, sie wüssten etwas. Jener Tag damals in deiner Stadt …«

Er hatte mich erst gar nicht erkannt. Ich musste ihn darauf ansprechen, denn er hatte mich zuletzt als Kind gesehen. Aber ich erkannte ihn, obwohl er schon an die 90 war – von 60 bis 90 ändert man sich nicht mehr so viel … Ja, man wird älter, aber keine grundlegende Änderung passiert. Er war älter und gebrechlicher, aber auch irgendwie jugendlicher und lebendiger geworden.

Ich sagte zu ihm: »Du bist jetzt 30 Jahre älter, aber wie ich sehe, sind deine Augen heute jünger und lebendiger.«

Er sagte: »Ja, weil ich dieses Leben der Scheinheiligkeit aufgegeben habe. Jetzt bin ich einfach das, was ich bin. Ich weiß nichts – ich suche, aber ich weiß nicht, ob ich in diesem Leben noch zur Erkenntnis gelangen werde, denn so viel ist verloren.«

Ich sagte: »Sei niemals pessimistisch. Es kann jederzeit geschehen – es könnte heute geschehen. Wenn es nicht geschieht, heißt das nur, dass du immer noch irgendwo das Geborgte mit dir herumträgst. Darf ich dir noch eine Frage stellen, nach 30 Jahren?«

Er sagte: »Ich wäre dir sehr verbunden, denn deine erste Frage hat mir einen großen Dienst erwiesen. Sie hat mir alles geraubt: meine Mönchsrobe, meinen Guru-Status, meine Anhänger – einfach alles!«

Ich sagte: »Warum hast du hier als Bibliothekar zu arbeiten angefangen? – Denn das ist ja wieder eine ähnliche Betätigung. Jetzt suchst du in uralten Schriften, die man in Tibet, in Ladakh, in Nepal gefunden hat. Du schaust nach wie vor nicht in dein Inneres. Zuerst hast du die Wahrheit in gedruckten Büchern gesucht, jetzt suchst du sie in handgeschriebenen, uralten Schriften, weil du denkst, diese Leute hätten etwas gewusst. Aber du begehst wieder dieselbe Torheit. So wenig wie die Druckerpresse etwas weiß – obwohl sie Bibel um Bibel, Millionen von Bibeln druckt –, Druckerpresse bleibt Druckerpresse. Es wird kein Christ aus ihr.

Glaubst du wirklich, du könntest die Wahrheit in diesen alten Handschriften finden? Die das geschrieben haben, waren nur Schreiber, die es einfach kopiert haben und dafür bezahlt wurden. Das waren keine Wissenden. Das waren bloß Kopierer, die eine primitivere Art des Druckens durchgeführt haben. In jenen Tagen gab es noch keinen Druck, also hat man alles abgeschrieben. Sie haben von einem Manuskript ins andere kopiert und von dort in ein weiteres Manuskript, und die Kopien haben sie verkauft. Glaubst du wirklich, diese Leute haben etwas gewusst?«

Er sagte: »Du hast wieder recht. Seit 20 Jahren bin ich hier in dieser unterirdischen Bibliothek und vertiefe mich in alle möglichen seltsamen Methoden, Ideologien – sehr eindrucksvoll, sehr logisch ... Aber es stimmt, ich tue genau das Gleiche. Ich schaue nicht nach innen. Ab heute findest du mich nirgendwo mehr.«

Und er gab seine Stelle noch am selben Tag auf. Während ich mich noch in Adyar aufhielt, verließ er die Stadt. Als ich von einem Rundgang zurückkam ... Es ist ein großes Areal und war einmal eine sehr blühende Gemeinschaft. Zu Annie Besants Lebzeiten lebten dort Tausende von Menschen. Als ich ins Hauptbüro zurückkam und nach Vidyananda fragte, sagte man mir: »Er ist weg. Was haben Sie zu ihm gesagt? – Nachdem Sie ihn in der Bibliothek getroffen hatten, kam er in die Verwaltung und sagte: ›Ich gehe, und zwar für immer. Ich habe genug von den Büchern. Ich bin zwar schon viel zu alt ... aber vielleicht genügen die paar Tage, dass ich wenigstens den richtigen Anfang mache, bevor ich sterbe. Vielleicht kann ich im nächsten Leben meine Suche vollenden, aber zumindest anfangen will ich damit.‹«

Keiner fragt: »Was weißt du wirklich? Ist es dein eigenes Wissen?« Wenn es nicht dein eigenes Wissen ist, dann lege es beiseite; es ist wertlos. »Ist das, was du machst, deine Herzenssache? Fühlst du, dass es dein Herz zum Singen bringt?« Wenn nicht, dann vergeude keinen weiteren Augenblick damit.

Die Menschen machen immer weiter mit Dingen, die andere ihnen aufgedrängt haben – und die anderen werden es ihnen weiter aufdrängen. Es ist äußerst unwahrscheinlich, dass die Eltern aufhören werden, ihre Kinder in ihre eigenen Idealvorstellungen zu pressen, dass die Lehrer aufhören werden, den Kindern einzutrichtern, was sie selbst nur aus Büchern wissen, und sie werden weiter vorgeben, wirkliches Wissen zu haben.

Mein Direktor an der Oberschule war Mathematiker. Ich hatte mir Mathematik nicht als Fach gewählt, aber ich ging öfter in sein Büro, wenn ich sah, dass er allein war, und redete mit ihm über höhere Mathematik – denn die alte Mathematik ist für die neuere Physik, Biologie, Chemie, Biochemie nicht mehr anwendbar; sie gehen alle darüber hinaus. Also fragte er mich: »Warum fängst du nicht an, meine Klasse zu besuchen?«

Ich sagte: »Damit habe ich kein Problem. Ich habe zwar Mathematik nicht als Fach gewählt, aber immer wenn ich freihabe und Sie gerade unterrichten, würde ich gerne kommen, wenn Sie es erlauben. Aber Sie dürfen sich nicht von mir gestört fühlen, denn ich werde nicht einfach nur tot herumsitzen, ich werde lebendig sein.«

Er sagte: »Was meinst du mit ›lebendig sein‹?«

Ich sagte: »Genau das, was ich sage: lebendig sein. Geben Sie mir die Gelegenheit, und Sie werden es sehen.«

Ich war immer an vielen Dingen interessiert und wollte stets herausfinden, ob etwas wirklich auf Erfahrungswissen beruhte oder nur eine Hypothese war. Denn wenn etwas eine Hypothese war, dann konnte es nicht wirklich wahr sein; dann war es nur eine hilfreiche, nützliche Theorie, eine pragmatische Methode. Wie zum Beispiel die euklidische Geometrie – darin unterrichtete er die Klasse, an der ich am ersten Tag teilnehmen durfte. Diese euklidischen Definitionen – selbst ein Kind kann sehen, dass sie falsch sind. Euklid sagt: »Eine Linie hat eine Länge, aber keine Breite.« Aber wie kann es eine Linie ohne Breite geben? Das ist so einfach, dazu braucht man kein Mathematiker zu sein.

Ich bin kein Mathematiker, und zu jener Zeit war ich es schon gar nicht. Aber ich sagte zu ihm: »Das ist doch dumm, was Sie da sagen: dass eine Linie eine Länge hat, aber keine Breite. Natürlich hat sie eine Breite! Zeichnen Sie doch bitte mal eine Linie ohne Breite an die Tafel, nur mit einer Länge – dann werde ich Ihre Hypothese akzeptieren.«

Er sagte: »Jetzt verstehe ich, was du mit ›lebendig sein‹ gemeint hast. Ich habe nach meiner Graduierung höhere Mathematik weiterstudiert, aber diese Frage ist mir noch nie in den Sinn gekommen. Weil Euklid es so sagt und jede Schule, jedes College, jede Universität es so unterrichtet, habe ich es nie hinterfragt ... Aber vielleicht hast du recht. Ich kann sehen, dass da etwas dran ist ...«

Und ich sagte: »Es ist messbar. Sie zeichnen mit der Kreide eine Linie an der Tafel und behaupten, sie hätte keine Breite!

›Und der Punkt‹, sagt Euklid, ›hat weder Länge noch Breite.‹ Wie kann er dann überhaupt sein? Er mag eine sehr, sehr kurze Länge haben, eine sehr, sehr kurze Breite, aber das heißt doch nicht, dass er weder Länge noch Breite hat. Man braucht nur ein Vergrößerungsglas zu nehmen. Warten Sie, ich laufe schnell ins Chemielabor und bringe Ihnen das Vergrößerungsglas, um es Ihnen zu zeigen.«

Er sagte: »Es ist unnötig, dass du gehst. Ich verstehe es auch so. Aber was soll ich dann lehren? Damit hat sich Euklid erledigt, denn das sind seine grundlegenden Definitionen.«

Ich sagte: »Das sind Hypothesen. Man muss nur eines akzeptieren: dass diese Hypothesen praktische Hilfen sind, aber nicht die Wahrheit.«

Du solltest also bei allem, was du zu wissen glaubst, untersuchen, ob es nur hypothetisch ist, eine praktische Lebenshilfe, oder ob es wirklich eine Wahrheit ist, die du erkannt hast, die du gefühlt hast, die du selbst erfahren hast. Wenn es nur eine Hypothese ist, dann lege sie beiseite, und du wirst eine große Erleichterung fühlen. Alle Hypothesen, alles geborgte Wissen, das sich angesammelt hat und das du mit dir herumträgst ...

Es ist ein Riesenberg, den du mit dir herumschleppst; diese Last erdrückt dich fast. Lege sie einfach ab.

Sei unwissend und akzeptiere: »Ich weiß es nicht.« Von diesem Punkt aus kannst du mit der Suche beginnen.

Jedes Kind wird auf diese Weise überfrachtet. Ich hoffe, dass es einmal nicht mehr so sein wird. Tatsächlich ist es nicht nötig. Wenn ihr Euklid unterrichtet, könnt ihr einfach sagen, dass es nicht die Wahrheit ist, sondern nur eine Hypothese. Durch diese Hypothese wird es einfacher, das Dreieck, den Kreis und alles andere zu verstehen. Aber ihr dürft nicht vergessen, dass das Fundament eine Hypothese ist und der ganze Palast rein hypothetisch.

Genauso ist euer Gott eine Hypothese, und die ganze Pyramide der Theologie basiert nur auf dieser Hypothese. Wenn ihr anfangt, die Dinge zu durchschauen, braucht ihr keine besondere Intelligenz, nur einen unschuldigen Blick, es zu sehen.

Dieser Direktor ließ mich in sein Büro rufen und sagte: »Du kannst nicht mehr in meinen Unterricht kommen, denn jetzt ist es für mich schwierig geworden, mit den Kindern umzugehen. Sie haben mich unwissend gesehen, und bisher war ich für sie eine Autorität. Das hast du verdorben.« Aber er war ein aufrichtiger Mensch. Er sagte: »Ich kann dich verstehen, aber du solltest das nicht mit anderen Lehrern machen, denn sie können es vielleicht nicht verstehen. Und jetzt weiß ich auch, warum andauernd so viele Klagen über dich kommen: Du giltst als Störenfried. Aber für mich war es keine Störung. Du hast mir die Augen geöffnet. Ich werde nie mehr der Gleiche sein. Es ist mir aber ein Rätsel, dass ich selbst nie darauf gekommen bin – ich habe es einfach akzeptiert.«

Das ist genau der Punkt, auf den ich euch hinweisen möchte: Ihr habt bisher alles akzeptiert. Alles, was man euch erzählt hat, habt ihr einfach hingenommen. Ihr müsst anfangen, die Dinge zu hinterfragen, euren Zweifel zu aktivieren.

Hab keine Angst vor Autoritäten; es gibt keine Autorität. Ob Krishna oder Christus, Mohammed oder Mahavira – keiner von ihnen ist eine Autorität. Und wenn sie eine Autorität sind, dann nur für sich selbst, aber nicht für dich.

Du wirst deine eigene Autorität sein, wenn du eines Tages die Wahrheit deines ursprünglichen Gesichts erkennst. Aber auch dann wirst du nicht für irgendjemand anders eine Autorität sein. Niemand kann für andere eine Autorität sein. Diese ganze Vorstellung von Autorität muss aus der Welt verschwinden. Ja, die Menschen können ihre Erfahrung mit anderen teilen, aber das bedeutet nicht Autorität.

Ich will dir überhaupt nichts aufdrängen – nicht ein einziges Wort, nicht ein einziges Konzept. Mein ganzes Bemühen geht dahin, dich irgendwie aufzuwecken, damit du vor jeder Autorität auf der Hut bist. Und sobald du erkennst, dass irgendeine Autorität dein Sein belastet, räume sie aus dem Weg!

Zieh einen Schlussstrich unter alles, was man dir beigebracht hat, was man dir aufgezwungen hat, dann wird sich dein ursprüngliches Gesicht allmählich zeigen. Du kannst nie wissen, du kannst es dir nicht einmal vorstellen, wie dein ursprüngliches Gesicht aussehen wird, wie dein wahres Sein aussehen wird. Du wirst es erst wissen, wenn du es erkennst, wenn du dir selbst von Angesicht zu Angesicht gegenüberstehst, wenn es keine Hindernisse irgendwelcher Art mehr gibt und du in vollkommenem Alleinsein übrig bleibst.

In diesem Alleinsein blühen alle Wesen auf, die je zur Blüte gekommen sind.

Nicht viele sind zur Blüte gekommen. Nur hier und da ... Es ist eine seltsame Tragödie, dass Millionen Menschen geboren werden und nur hier und da einer zum Erblühen kommt. Darum sage ich, dass es keinen Gärtner gibt, keinen Gott, der herumschaut und beobachtet und sich kümmert. Wie könnte es sonst Millionen Bäume geben, aber nur hier und da einen einzigen Baum, der zur Blüte kommt ...? Der Frühling kommt und geht, und nur ein Baum blüht? Millionen Bäume bleiben kahl, unfruchtbar. Was soll das für ein Gärtner sein, der sich um diesen Garten kümmert?

Das genügt als Beweis, dass es keinen Gärtner gibt, keinen Gott, aber das heißt nicht, dass du pessimistisch werden musst. Im Gegenteil, es gibt dir eine neue Dimension: Du musst dein eigener Gärtner sein. Es ist gut, dass es keinen Gott gibt, denn dann kannst du dein eigener Gärtner sein. Aber dann liegt die ganze Verantwortung bei dir – du kannst niemand anderem die Schuld geben.

Ich nehme dir Gott weg, dann kannst du dem armen alten Mann nicht die Schuld geben. Man hat ihm genug Schuld an allem gegeben: dass er die Welt erschaffen hat, dass er dieses und jenes erschaffen hat. Ich enthebe ihn aller Schuld – weil er nicht existiert.

Ihr habt ihn nur geschaffen, damit ihr eure Verantwortung auf ihn schieben könnt.

Hole dir deine Verantwortung zurück.

Akzeptiere dein Alleinsein. Akzeptiere deine Unwissenheit.

Akzeptiere deine Verantwortung und dann sieh, wie das Wunder geschieht.

Eines Tages wirst du dich plötzlich in einem völlig neuen Licht sehen, wie du dich noch nie gesehen hast. An diesem Tag wirst du wirklich geboren. Alles davor war nur eine vorgeburtliche Vorbereitung.

Es gibt Gründe, weshalb die Menschen von ihrer Ursprünglichkeit abgelenkt werden konnten. Erstens kennt ihr eure Ursprünglichkeit nicht. Zweitens gibt es Leute, die es ganz eilig haben, euch ihre eigenen Vorstellungen aufzuzwingen, denn sobald ihr diese Vorstellungen übernommen habt, seid ihr psychologisch versklavt.

Ein Christ kann die Wahrheit nicht finden, ein Hindu kann die Wahrheit nicht finden, denn das Christentum ist ein Gefängnis, der Hinduismus ist ein Gefängnis. Ein anderer trägt die Last des Korans, wieder ein anderer die Last der Tora.

Es geht also nicht darum, *was* du über Bord werfen musst, was auch immer es sei. Darum kann bei mir jeder – ob Jude, ob Christ, ob Hindu, ob Muslim, ob Jaina, ob Buddhist, ob Parse, ob Sikh ... *Jeder* kann bei mir etwas finden, das ihn im Innersten berührt, weil das, was ich sage, für alle gleichermaßen gültig ist.

Ob du die Last der Bibel trägst oder die Last des Korans, macht keinen Unterschied. Ich bin nicht daran interessiert, dass du deine Bibel wegwirfst. Ich bin daran interessiert, dass du jede Art von Müll wegwirfst, den du mit dir herumgeschleppt hast. Und ich nenne es deshalb Müll, weil andere es dir übergestülpt haben – es gehört dir nicht.

Merke dir: Nur was du selbst erfahren hast, gehört dir.

Was du weißt, nur das weißt du. Und sei es noch so wenig – mach dir darüber keine Gedanken. Samen sind winzig klein, aber ein Same hat ein Potenzial. Er ist kein Ding. Er ist ein Lebewesen, das darauf wartet, zu knospen – es braucht nur die Gelegenheit.

Und genau darin sehe ich die Funktion des Meisters: die Gelegenheit zu schaffen. Nicht, dir Wissen zu vermitteln, nicht, dir eine Disziplin zu vermitteln, nicht, dir eine Lehre oder ein Dogma zu vermitteln, sondern eine Gelegenheit zu schaffen, in der all diese belastenden Dinge allmählich verschwinden können. Sie kleben nicht an dir, aber du hältst dich mit ganzer Kraft an ihnen fest.

Wenn ich sage, dass sie verschwinden werden, meine ich damit, dass du allmählich deine Faust öffnen kannst. Natürlich braucht es seine Zeit, weil du so lange geglaubt hast, etwas besonders Kostbares in Händen zu halten. Aber selbst wenn du mich verstehst, wird immer wieder der Gedanke auftauchen, du könntest etwas Kostbares verlieren, wenn du es loslässt. Es ist aber überhaupt nichts Kostbares daran.

Merke dir ein Kriterium: Kostbar ist nur das, was du weißt, und das, was du weißt, kannst du unmöglich verlieren. Alles, was verloren gehen kann und woran du dich festhalten musst, kann nichts Kostbares sein, denn es kann verloren gehen. Das zeigt, dass es nicht deine eigene Erfahrung ist.

Wir müssen hinnehmen, dass die Gesellschaft ihren Weg fortsetzen wird wie bisher, aber wir können intelligente Menschen finden und sie aus der Masse herausholen. Das meine ich mit *Sannyas*.

Die Leute begreifen das nicht, weil sie denken, ich würde eine bestimmte Religion schaffen, indem ich euch ein bestimmtes Klima für Meditation, eine bestimmte Identität gebe. Nein, ich schaffe keine neue Religion. Dies ist eine absolut religionslose Religion.

Das Klima, das ich euch gebe, soll dazu beitragen, euch von der Masse zu distanzieren, sodass die Masse euch hinausdrängt und nicht mehr hineinlässt. Ansonsten würdet ihr lieber drinnen sein. Wer will schon außerhalb der Menge sein? Dort ist es so warm und behaglich.

Ich gebe euch dies als eine Strategie, als ein Hilfsmittel, damit die Leute euch zu meiden anfangen. Überall, wo ihr hingeht, werden sich die Leute abwenden. Das ist die einzige Möglichkeit, euch zu retten; dann könnt ihr euch nicht mehr unter die Masse mischen. Ansonsten wäre es für mich einfacher gewesen und einfacher auch für meine Sannyasins, wenn ich euch nicht so völlig anders als andere Leute aussehen lassen würde.* Viel mehr Leute würden dann leichter zu mir kommen. Aber ich habe kein Interesse an viel mehr Leuten. Ich bin kein Politiker, ich bin kein Papst. Was habe ich mit vielen Leuten zu schaffen?

Ich bin nur interessiert an den wenigen Auserwählten, die genug Intelligenz und Mut besitzen, um in die Kälte herauszukommen und die Behaglichkeit der Menge und des Pöbels zu verlassen. Nur am Anfang fühlt es sich kalt an; denn bald wird euer Körper seine eigene Wärme erzeugen. Bald wird euer Sein anfangen, seinen eigenen Duft zu verströmen.

Wir müssen also weitermachen, Einzelne aus der Masse herauszuholen und alles zu demontieren, was die Masse ihnen eingepflanzt hat. Denn wenn ihr jemanden aus der Masse herausholt, wird er die Masse in seinem Denken mitbringen. Jemanden aus der Masse herauszuholen ist leicht, das ist nicht so schwierig, aber die Person bringt das Massendenken im Kopf mit. Dann beginnt der zweite, schwierigere Teil der Arbeit: die Masse aus dem Kopf des Einzelnen zu vertreiben.

Beide Schritte müssen getan werden: den Einzelnen aus der Masse herauszuholen und dann die Masse aus ihm zu vertreiben, damit er als Einzelner allein dastehen kann.

Für mich gibt es nichts Größeres, als vollkommen allein dazustehen, in einem reinen, essenziellen Sein.

---

* In der Frühzeit seines Wirkens ließ Osho seine Sannyasins orangefarbene und rote Kleidung tragen.

15

Glaube nicht, sondern forsche!

? *Kann ein Politiker wahrhaft religiös sein oder ein wahrhaft religiöser Mensch ein Politiker?*

Es ist absolut unmöglich, als politischer Mensch wahrhaft religiös zu sein, denn die Wege der Politik und der wahren Religiosität sind unvereinbare Gegensätze. Du musst verstehen, dass es nicht darum geht, deiner Persönlichkeit irgendetwas hinzuzufügen. Authentisch religiös zu sein ist nicht irgendeine Hinzufügung. Man kann politisch sein und gleichzeitig ein Maler, ein Dichter, ein Musiker – das sind Hinzufügungen.

Politik und Musik sind keine unvereinbaren Gegensätze. Im Gegenteil, die Musik kann dir helfen, ein besserer Politiker zu sein. Sie wird dich entspannen, wird dir helfen, dich von der Last des ganzen Tages und von den Sorgen und Nöten eines Politikers zu befreien. Aber die Religiosität ist keine Zugabe; sie ist eine völlig entgegengesetzte Dimension. Als Erstes musst du also verstehen, was genau mit einem »politischen Menschen« gemeint ist.

Der politische Mensch ist ein kranker Mensch, psychologisch krank und spirituell krank. Physisch mag er völlig gesund sein. Normalerweise sind Politiker physisch gesund; die ganze Bürde lastet auf ihrer Psyche. Das kann man sehen. Sobald ein Politiker seine Macht verliert, beginnt er, seine physische Gesundheit zu verlieren. Das ist seltsam, denn als er an der Macht war, ging es ihm trotz der vielen Sorgen und der enormen Stressbelastung körperlich ganz gut.

Sobald er die Macht los ist, ist er auch die ganzen Sorgen los, um die sich jetzt ein anderer kümmern muss. Die Psyche wird entlastet, aber in dieser Entlastung verlagert sich seine ganze Krankheit auf den Körper. Der Politiker leidet, zumindest auf der physiologischen Ebene, erst dann, wenn er die Macht verliert;

ansonsten leben Politiker in der Regel recht lang und sind physisch gesund. Das erscheint seltsam, doch der Grund liegt offenbar darin, dass die Psyche die ganze Krankheit übernimmt, und wenn die ganze Krankheit von der Psyche übernommen wird, lebt der Körper unbelastet. Wenn aber die Psyche die Krankheit freisetzt, wo wird diese hingehen? Unterhalb der psychischen liegt die körperliche Ebene, und die Krankheit konzentriert sich dann auf die körperliche Ebene. Politiker, die ihre Macht verloren haben, sterben recht bald, während Politiker an der Macht sehr lang leben. Das ist eine bekannte Tatsache, aber die Ursache dafür ist nicht so bekannt.

Als Erstes muss man also verstehen, dass der politische Mensch psychisch krank ist. Eine psychische Krankheit entwickelt sich zur spirituellen Krankheit, wenn der Druck so groß wird, dass die Psyche ihm nicht mehr standhält. Aber Achtung: Wenn der Politiker an der Macht ist, muss sich die psychische Krankheit auf das spirituelle Sein ausbreiten, weil er die psychische Krankheit unter Kontrolle hält, um nicht abzustürzen. Er hält seine Macht für seinen Schatz, und den will er um keinen Preis verlieren.

Was ich hier Krankheit nenne, ist sein ganzer Egotrip. Dafür lebt er; das ist sein ganzer Lebenszweck. Wenn er an der Macht ist, hält er seine Krankheit fest in der Hand, aber er weiß gar nichts über die spirituelle Ebene; diese Türen sind daher offen. Er kann diese Türen nicht schließen. Er hat keine Ahnung, dass es über seinen Verstand hinaus noch etwas anderes gibt. Wenn er an der Macht ist und seine psychische Krankheit zu viel wird, überschwemmt sie ab einem bestimmten Punkt die Psyche und erreicht seine spirituelle Ebene.

Seiner Macht entkleidet, wird er nicht an dieser ganzen Dummheit festhalten. Dann weiß er, was es war, und er weiß auch, dass es nicht lohnte, sich daran festzuhalten. Und außerdem gibt es nichts festzuhalten. Die Macht ist weg – er ist ein Niemand.

Aus Verzweiflung entspannt er sich – vielleicht sollte ich sagen: Die Entspannung stellt sich jetzt automatisch bei ihm ein. Jetzt kann er schlafen, kann einen Morgenspaziergang machen.

Er kann ein Schwätzchen halten, Schach spielen; er kann tun, was er will. Psychisch entkrampft sich etwas in ihm. Die Türen zwischen Psyche und Körper, die er bisher verschlossen hielt, beginnen sich zu öffnen. Jetzt beginnt sein Körper zu leiden: Vielleicht hat er einen Herzinfarkt oder er bekommt irgendeine Krankheit; alles ist möglich. Seine psychische Krankheit wird in den schwächsten Teil seines Körpers fließen. Solange er an der Macht war, floss sie nach oben, in das Sein, von dem er nichts ahnt.

Und was ist die Krankheit? – Die Krankheit ist der Minderwertigkeitskomplex. Jeder Mensch, der an Macht interessiert ist, leidet an einem Minderwertigkeitskomplex. Zuinnerst fühlt er sich wertlos und anderen unterlegen.

Und zweifellos ist jeder in mannigfacher Weise anderen unterlegen. Du bist nicht Yehudi Menuhin, aber du brauchst dich ihm nicht unterlegen zu fühlen, weil du nie versucht hast, so zu sein wie er. Es ist nicht dein Ding. Und Yehudi Menuhin ist nicht du. Was ist also das Problem? Wo liegt der Konflikt?

Doch die Psyche des politischen Menschen leidet an einer Wunde der Minderwertigkeit, und der Politiker kratzt ständig an seiner Wunde. Er vergleicht sich selbst mit Giganten: Intellektuell ist er kein Albert Einstein, psychologisch ist er kein Sigmund Freud. Aber wenn man sich mit den Giganten der Menschheit vergleicht, kommt man sich zwangsläufig völlig verkümmert und wertlos vor.

Dieses Gefühl von Wertlosigkeit lässt sich auf zweierlei Wegen beseitigen: entweder durch Religiosität, Meditation, oder durch die Politik. Die Politik beseitigt es nicht wirklich; sie deckt es nur zu. Es ist derselbe kranke Mensch, dieselbe Person, die sich minderwertig fühlte, die nun als Präsident dort sitzt! Aber welchen Unterschied macht es für die eigene innere Situation, als Präsident auf einem Stuhl zu sitzen?

Mein erster Konflikt mit Morarji Desai (indischer Premierminister von 1977 bis 1979 – Anm. d. Übers.) ereignete sich genau in einer solchen Situation. Einer der großen Jaina-Mönche … groß für die Jainas, aber nicht für mich; in meinen Augen ist er der scheinheiligste Mensch, den man finden kann. In der Tat fällt es mir schwer, ihn mit anderen Scheinheiligen zu vergleichen, weil er alle in den Schatten stellt. Dieser Jaina-Mönch hatte eine religiöse Konferenz einberufen. Es war die jährliche Feier zum Geburtstag des Begründers ihrer Religion. Morarji Desai war eingeladen. Ich war ebenfalls eingeladen. Es waren mindestens 20 Gäste aus ganz Indien da, aus allen Religionen, allen Denkrichtungen und Ideologien, und mindestens 50 000 von Acharya Tulsis Anhängern.

Vor dem Treffen begrüßte Acharya Tulsi die Gäste, diese 20 speziellen Gäste. Das muss 1960 gewesen sein, in Rajsamund, einem kleinen wunderschönen Ort in Rajasthan. Dort gibt es einen wundervollen See, so groß, so riesig, dass er den Namen Rajsamund trägt. *Samund* bedeutet in Rajasthani »Ozean« und *raj* bedeutet »königlich«. Dieser Name ist sehr zutreffend für die Schönheit des Ortes. Es ist ein königlicher Ozean, sehr majestätisch. Die Wellen auf dem See sind fast so hoch wie im Meer. Es ist nur ein See, doch man kann das andere Ufer nicht sehen.

Er hatte uns zusammengerufen – bevor wir alle hinausgingen, um vor den 50 000 Leuten zu reden, die sich eingefunden hatten –, weil er uns miteinander bekannt machen wollte und weil er der Gastgeber war, der alle eingeladen hatte. Aber schon von Anfang an gab es Ärger.

Der Ärger kam daher, dass er auf einem hohen Podest saß und alle Gäste auf dem Boden. Damit hatte keiner ein Problem, außer Morarji Desai, der Politiker. Er war der einzige Politiker unter diesen 20 Leuten – darunter ein Wissenschaftler, D. S. Kothari, der Vorsitzende der indischen Atomenergiekommission, ein Universitätsrektor ... Die Leute kamen aus den verschiedensten Bereichen, aber für keinen von ihnen war es ein Problem.

Morarji sagte: »Ich würde gerne das Gespräch eröffnen.« Er saß direkt neben mir. Weder ihm noch mir war bewusst, dass dies der Beginn einer lebenslangen Freundschaft werden sollte. Er sagte: »Meine erste Frage: Sie sind der Gastgeber, und wir sind die Gäste; die Gäste sitzen auf dem Boden, und der Gastgeber sitzt auf einem hohen Podest. Was ist das für eine Höflichkeit? Wenn Sie vor einem Saal reden müssten, wäre es verständlich, dass Sie höher als die anderen sitzen, damit die Leute Sie sehen und hören können. Aber wir sind hier nur 20 Personen, und Sie halten jetzt keine Rede. Wir plaudern nur und machen uns miteinander bekannt, bevor die Konferenz, die eigentliche Konferenz beginnt.«

Acharya Tulsi wusste nicht, was er sagen sollte. Für eine wirklich religiöse Person wäre es ein Leichtes gewesen, herunterzukommen und sich zu entschuldigen: »Das ist wirklich ein idiotischer Fehler von meiner Seite.« Aber er rührte sich nicht von der Stelle. Stattdessen sagte er zu einem seiner wichtigsten Schüler, der jetzt sein Nachfolger geworden ist, Muni Nathmal: »Beantworte du diese Frage.«

Muni Nathmal war sogar noch nervöser – was sollte er sagen? Morarji Desai war zu jener Zeit indischer Finanzminister, und deshalb hatten sie ihn auch eingeladen. Sie waren darum bemüht, eine Universität für den Jainismus ins Leben zu rufen, und da war er der richtige Mann ... Wenn er Ja sagte, würde die Finanzierung kein Problem darstellen. Muni Nathmal sagte: »Es ist keine Unhöflichkeit gegenüber den Gästen, sondern es ist nur unsere Tradition, dass das Oberhaupt der Sekte erhöht sitzt. Damit wird nur einer Gepflogenheit Folge geleistet; nichts anderes ist damit beabsichtigt. Niemand wird dadurch beleidigt.«

Morarji ist keiner, der mit einer solchen Antwort leicht zum Schweigen gebracht werden kann. Er sagte: »Wir sind nicht Ihre Schüler, und Sie sind nicht unser Oberhaupt. Keiner dieser 20 hier Anwesenden erkennt Sie als seinen Meister oder sein Oberhaupt an. Sie können mit Ihren Schülern, Ihrer Sekte, Ihren Leuten auf jedem Podest sitzen, wie Sie wollen – aber wir sind hier zu Gast. Außerdem bezeichnen Sie sich selbst als einen revolutionären Heiligen; warum halten Sie also an einer Gepflogenheit, einer Tradition fest, die derart unzivilisiert und unkultiviert ist?« Denn Acharya Tulsis erhob den Anspruch, ein revolutionärer Heiliger zu sein.

Jetzt war Nathmal still, Acharya Tulsi war still, und alle anderen Gäste fingen an, sich ein wenig unbehaglich zu fühlen. Das war kein guter Anfang. Ich fragte Morarji Desai: »Es ist zwar nicht meine Angelegenheit und ich bin überhaupt nicht betroffen, aber wenn ich die Situation hier sehe ... Wäre es Ihnen recht, wenn ich darauf antworte? Einfach nur, um das Gespräch in Gang zu bringen, damit diese Gruppe nicht in einer peinlichen Situation endet.«

Er sagte: »Es liegt mir etwas an einer Antwort. Ja, Sie können darauf antworten.«

Ich sagte zu ihm: »Ein paar Dinge: Erstens sind hier 19 andere Leute, Sie sind nicht allein hier. Sonst hat keiner hier diese Frage gestellt – warum haben nur Sie sie gestellt? Ich bin gar nicht auf diese Idee gekommen.« Und ich fragte die anderen: »Ist jemand von Ihnen auf diese Idee gekommen? Wenn nein, dann heben Sie bitte die Hand.« Alle 18 Hände gingen hoch, um zu signalisieren, dass keiner auf die Idee gekommen war.

Dann sagte ich zu Morarji: »Sie sind der Einzige, den das verletzt hat. Sie müssen eine Wunde in sich tragen und fühlen sich offenbar irgendwie unterlegen – Sie sind ein psychologischer Fall. Sie sehen hier Doktor D.S. Kothari, den Sie gut kennen, den Vorsitzenden der indischen Atomkommission, und Sie kennen diese anderen prominenten Leute. Keiner von ihnen hat sich daran gestört. Und was spielt es für eine Rolle?

Sehen Sie dort die Spinne, die an der Decke krabbelt? Sie ist höher oben als Acharya Tulsi. Wird man deswegen mehr, nur weil man höher oben ist? Aber irgendwie schmerzt Sie das. Da ist eine Wunde in Ihnen, die noch nicht verheilt ist, nicht einmal dadurch, dass Sie der Finanzminister Indiens sind. Eines Tages wären Sie gerne der Premierminister von Indien.«

Er wurde sehr wütend. Er sagte: »Sagten Sie, ich sei psychologisch krank?«

Ich sagte: »Natürlich. Diese achtzehn Hände – wofür gingen die hoch? Sie bestätigten mich, sie sagten: ›Dieser Mann scheint besonders verletzlich zu sein, was sein Ego angeht, unsicher.‹ – Schon allein ein Mönch, der ein bisschen höher sitzt, stört Sie.«

Ich sagte: »Lassen Sie uns annehmen, Acharya Tulsi würde Sie einladen, bei ihm auf dem hohen Podest zu sitzen ...« – Und wohlgemerkt, selbst da machte Acharya Tulsi keine Anstalten dazu. Ich sagte: »Wenn er Sie beispielsweise einladen würde und Sie säßen mit ihm da oben auf dem Podest, würden Sie dann dieselbe Frage noch einmal stellen für diese 18 armen Seelen, die auf dem Boden sitzen? Würde Ihre Frage dann überhaupt auftauchen?«

Er sagte: »Darüber habe ich noch nicht nachgedacht. Vielleicht würde die Frage nicht auftauchen, weil ich in Hunderten von Meetings und Konferenzen stets erhöht sitze. Diese Frage ist nie aufgetaucht.«

Ich sagte: »Das zeigt, dass es gar nicht darum geht, dass Acharya Tulsi höher sitzt als Sie. Es geht darum, dass Sie tiefer sitzen als Acharya Tulsi. Sie sollten Ihre Frage ändern in: ›Warum sitze ich tiefer als Acharya Tulsi?‹ – Das hätten Sie fragen sollen. Es wäre authentischer gewesen. Sie projizieren Ihre Krankheit auf jemand anders.

Aber vielleicht ist dieser andere genauso krank wie Sie. Denn wäre ich an seiner Stelle der Gastgeber gewesen und Sie meine Gäste, dann hätte ich mich von vornherein nicht dort hingesetzt. Und zweitens, wenn ich zufällig, aus irgendeinem Umstand doch dort gesessen hätte, wäre ich in dem Moment, als Sie die Frage gestellt haben, heruntergekommen. Das wäre eine passende Antwort gewesen: ›Kein Problem, es ist nur unsere Gepflogenheit, und ich habe vergessen, dass Sie meine Gäste sind, weil ich nur einmal im Jahr Gäste empfange, aber sonst jeden Tag meine Schüler treffe. Bitte verzeihen Sie mir und lassen Sie uns nun unser Gespräch beginnen, für das wir uns hier zusammengefunden haben.‹

Aber er ist nicht heruntergekommen. Er hat keine Courage. Er sitzt dort beinahe wie tot; er kann nicht einmal atmen, solche Angst hat er. Und er hat keine Antwort – er hat seinen Sekretär gebeten, Ihnen zu antworten. Und die Frage, die Sie gestellt haben, zu der er ebenfalls schweigt, ist die, dass er sich selbst als einen revolutionären Heiligen bezeichnet hat. Er ist weder ein Revolutionär noch ein Heiliger, was könnte er Ihnen also für eine Antwort geben? Aber im Grunde geht es mir nicht um ihn, sondern um Sie. Der politisch denkende Verstand denkt immer in Begriffen von ›höher‹ und ›niedriger‹, in Begriffen von Macht.«

Natürlich war Morarji sehr wütend, und er ist es immer noch. Er blieb während dieser ganzen 24 oder 25 Jahre wütend auf mich. Dabei hatte er Posten inne, auf denen er mir hätte schaden können, aber er hat keine Courage. Er war stellvertretender Premierminister und dann wurde er Premierminister. Bevor er Premierminister wurde, hat er mich sogar einmal um Hilfe gebeten. Er hat mich angerufen, ohne zu wissen … erst später begriff er, dass es absolut absurd war, mich anzurufen. Unter Indira Gandhi war er stellvertretender Premierminister – ein Posten, der in der Verfassung gar nicht vorgesehen ist.

Der erste Premierminister Indiens, Jawaharlal Nehru, hatte eine Kontroverse mit einem anderen Schüler von Mahatma Gandhi, Sardar Vallabhbhai Patel. Die Kontroverse war solcherart, dass Vallabhbhai Patel gewonnen hätte, wenn der Premierminister durch eine Wahl bestimmt worden wäre. Er war ein eingefleischter Politiker, Josef Stalin sehr ähnlich.

Josef Stalin war kommunistischer Parteisekretär, als die Revolution stattfand. Er war kein großer Führer oder dergleichen. Seine Funktion war in der Verwaltung; genauer gesagt, war er Generalsekretär der Kommunistischen Partei. Doch als Sekretär wusste er über alles Bescheid, und alles ging durch seine Hände. Jeder musste mit ihm bekannt sein, und er besaß ungeheuren Einfluss auf die Leute.

Bei Sardar Vallabhbhai Patel war es ähnlich. Er war ein sehr starker Mann, wie ich schon sagte, Josef Stalin sehr ähnlich. – Stalin war übrigens nicht der richtige Name; er wurde ihm verliehen, weil es auf Russisch »Mann aus Stahl« bedeutet. Seltsamerweise wurde auch Sardar Vallabhbhai Patel in Indien *Lauha purush* genannt, was ebenfalls »Mann aus Stahl« bedeutet, die genaue Übersetzung von Stalin.

Sardar Vallabhbhai Patel hatte die Parteiorganisation im Griff, und zwar von innen her. Er machte in der Öffentlichkeit keine so eindrucksvolle Figur wie Jawaharlal Nehru. Wenn ganz Indien den Premierminister zu wählen gehabt hätte, dann hätte Jawaharlal gewonnen; gegen ihn konnte keiner gewinnen. Wenn aber die Wahl nur innerhalb der Kongresspartei, der herrschenden Partei, stattfinden sollte, dann hätte Vallabhbhai über alle anderen siegen können.

Um die Wahl zu verhindern, weil es eine reine Parteientscheidung gewesen wäre, sagte Gandhi: »Es wäre gut, den Posten eines stellvertretenden Premierministers zu schaffen. Dann wird Sardar Vallabhbhai Patel zufrieden sein, dass er, wenn schon nicht der erste Mann, so zumindest der zweite Mann sein kann.« Und es besteht jederzeit die Möglichkeit, dass der zweite Mann zum ersten aufrückt, falls der erste Mann ausfällt oder stirbt oder sonst irgendetwas passiert.

Und Sardar Vallabhbhai Patel war clever genug, dass er den Mann, der über ihm stand, hätte ausschalten können. Jawaharlal war in dieser Hinsicht völlig naiv; er war überhaupt kein Politiker. Ohne verfassungsmäßige Grundlage wurde also schleunigst ein Verfassungszusatz verabschiedet, um den Posten eines stellvertretenden Premierministers zu schaffen. Er wurde eigens für Sardar Vallabhbhai Patel eingerichtet.

Als später Nehru und Patel beide gestorben waren, wurde der Posten wieder abgeschafft, weil er verfassungswidrig war, doch unter Indira Gandhi wurde er für Morarji Desai wieder eingeführt. Der gleiche Konflikt: Indira war Jawaharlals Tochter, und Morarji Desai war praktisch ein politisch adoptierter Sohn von Sardar Vallabhbhai Patel. Er war sein Jünger in der Politik, der Hauptjünger.

Morarji erfuhr erst später, dass ich Indira empfohlen hatte, ihn rauszuwerfen. Ich hatte das nur so nebenbei einmal erwähnt, als ich fast eine Stunde mit ihr sprach. Sie hörte zu und am Ende sagte sie: »Was du sagst, ist alles richtig und sollte gemacht werden, aber du kennst meine Situation nicht: Mein Kabinett steht nicht hinter mir, und auch mein Vize steht nicht hinter mir. Es gibt so viel Streit und ständiges Gerangel im Kabinett. Er versucht, mich mit allen Mitteln hinauszubugsieren und selbst Premierminister zu werden.

Wenn ich die Dinge sage, die du sagst, werden alle zu ihm halten. Keiner wird zu mir halten, denn die Dinge, die du vorschlägst, gehen so sehr gegen die indische Mentalität, die indische Tradition, die indische Denkweise, dass niemand mich darin unterstützen wird. Wenn du darauf bestehst, kann ich es dem Kabinett vorschlagen – aber dann wirst du am nächsten Tag erfahren, dass Indira nicht mehr Premierministerin ist.«

Dann sagte ich beiläufig: »Warum wirst du nicht zuerst Morarji Desai los, denn er ist derjenige, der alle anderen manipulieren kann. Die anderen sind alles Kleingeister. Unter ihnen ist keine einzige nationale Figur; es sind alles Provinzpolitiker. In bestimmten Bundesstaaten, wie Bengalen oder Andhra Pradesh oder Maharashtra, spielen sie eine Rolle, aber ein Provinzpolitiker kann unmöglich gegen dich angehen; er hat dafür keine Basis.

Nur einer kann diese Kleingeister manipulieren, und das ist Morarji Desai. Darum solltest du ihn als Erstes loswerden. Und sie werden alle zu dir halten, wenn du ihn loswirst, denn solange er da ist, kann kein anderer zum zweiten Mann aufrücken. Du könntest die Situation für dich nutzen, dass dieser Mann allen anderen im Weg steht. Wirf ihn raus, und es wird ihn keiner unterstützen.«

Und genau so war es: Innerhalb von acht Tagen wurde Morarji Desai hinausgeworfen, und keiner unterstützte ihn. Sie waren alle glücklich darüber, denn jetzt waren sie alle gleich; nun hatte keiner eine nationale Bedeutung, außer Indira. Wenn Indira aus irgendeinem Grund ausfiel, wenn sie starb oder ihr irgendetwas zustieß, würden diese Kleingeister an die Macht gelangen. Anders war es nicht möglich. Wenn Morarji wegfiel, war die halbe Reise bereits getan; dann war Indira das einzige Problem.

Morarji hatte keine Ahnung, was da ablief; er erfuhr erst später davon. Indiras Sekretär, der aus dem Nebenzimmer unser Gespräch mit angehört hatte, erzählte es ihm später. Aber noch ehe der Sekretär ihn darüber informiert hatte, bat mich Morarji Desai, ihm zu helfen. Er sagte, man habe ihn rausgeworfen und es sei unfair und ungerecht. Ohne Angabe von Gründen, ohne jeden Anlass wurde ihm einfach mitgeteilt, er müsse seinen Rücktritt einreichen.

Und er sagte zu mir: »Das Seltsamste ist, dass noch vor acht Tagen ein Wechsel überhaupt nicht zur Debatte stand; es gab keinen Konflikt zwischen ihr und mir. Und was auch seltsam ist: Ich dachte, die anderen würden mir gegen Indira den Rücken stärken. Als ich entlassen wurde, hat sich aber kein einziger Kabinettminister dagegen ausgesprochen. Sie freuten sich! Sie hatten eine Party, sie feierten es!« Er sagte zu mir: »Ich brauche Ihre Hilfe.«

Ich sagte: »Da fragen Sie aber den Falschen. Ich wäre der Letzte auf der Welt, der Ihnen helfen würde. Wenn Sie in einem Fluss am Ertrinken wären und ich am Ufer stünde und Sie mir zuriefen: ›Hilfe! Hilfe! Ich ertrinke!‹, dann würde ich sagen: ›Tun Sie es bitte leise. Stören Sie nicht meinen Morgenspaziergang.‹«

Er sagte: »Wie bitte? Machen Sie Witze?«

Ich sagte: »Keineswegs. Mit Politikern mache ich nie Witze. Ich meine es ganz ernst.«

Später fand er dann heraus, dass es im Grunde meine Empfehlung gewesen war, die sich in Indiras Kopf festgesetzt hatte. Es war eine einfache Rechnung: Wenn sie sich dieses Mannes entledigte, brauchte sie sich keine Sorgen mehr zu machen. Alle anderen waren nur Politiker von regionaler Bedeutung. Dann konnte sie vorgehen, wie sie wollte, und keiner konnte sich gegen sie stellen, weil keiner von diesen Leuten Indien als Ganzes repräsentierte. Und Indien ist solch ein riesiges Land – 30 Bundesstaaten – welches Gewicht hat es da, wenn man einen einzelnen Staat repräsentiert? Diese Idee war bei ihr hängen geblieben. Und Morarji wurde dadurch noch feindseliger.

So wie er mich um Hilfe gebeten hatte, bat er alle möglichen Leute um Hilfe: jeden, von dem er annehmen konnte, dass er eine gewisse Macht über Leute hatte. Er fragte sie alle. Er war ein Bettler. Und er fand einen Mann, der eine nationale Figur war: Jaiprakash Narayan, der aber nie in der Politik gewesen war. Er hatte von der Politik Abstand genommen und er war ein aufrichtiger Mensch. Aber, wie ich euch zu erklären versuche: Selbst der aufrichtigste Mensch …

Er war ein großer Diener der Allgemeinheit und hat Indien in vielfacher Hinsicht große Dienste erwiesen. Dennoch ist er ein Beweis für das, worauf ich hinauswill. Er hatte sein ganzes Leben dem Freiheitskampf gewidmet, und nachdem die Unabhängigkeit errungen war, wollte Jawaharlal Nehru ihn zu seinem Nachfolger machen – doch er lehnte ab. Deshalb würde jeder ihn für einen bescheidenen Menschen halten – was will man mehr an Bescheidenheit und Demut? Er nahm es hin, lieber ein Niemand zu bleiben, als Jawaharlal ihm anbot: »Komm in mein Kabinett, und ich mache dich zu meinem Nachfolger. Ich bin bereit, das öffentlich bekannt zu machen.« Und er hätte das Zeug dazu gehabt, ein passender Nachfolger von Jawaharlal zu werden.

Nun wandte sich Morarji auch an ihn, und Jaiprakash Narayan willigte ein, ihm zu helfen – aus einem sonderbaren Grund. Darum erzähle ich diese Geschichte, damit ihr versteht, dass selbst ein Mann, der imstande war, den Posten des Premierministers von Indien auszuschlagen, im Innersten dennoch ein Egoist war. Sein Verzicht kam nicht aus Bescheidenheit, sein Verzicht kam aus dem Ego: »Mir liegt nichts daran!« Vielleicht war schon allein der Gedanke, dass Jawaharlal ihm die Nachfolge anbot, nicht akzeptabel für sein Ego. Er konnte aus eigener Kraft Premierminister werden! Wer war Nehru, dass er öffentlich bekannt machen, erklären, verkündigen wollte, dass Jaiprakash sein Nachfolger sein würde?

Er war selbst eine Autorität. Und er war sehr einflussreich – wahrscheinlich war er nach Jawaharlal derjenige, den das indische Volk am meisten liebte. Und er wurde immer beliebter, je mehr Jawaharlal in die Politik hineingezogen wurde und sich immer weiter vom Volk entfernte. Jaiprakash rückte dem Volk immer näher und näher, und die Leute liebten ihn schon allein deshalb, weil sie dachten: »Das ist ein Mann, der verzichten kann!« Und in Indien ist Verzicht, Entsagung, von allerhöchstem

Wert und durch nichts zu übertreffen. Es ist die höchste Tugend. Doch er verriet sich durch eine Lappalie, und seine ganze Menschlichkeit, seine ganze Tugendhaftigkeit ging flöten.

Ich habe euch schon einmal erzählt, dass der reichste Mann Indiens, Jugal Kisore Birla, angeboten hatte, mir ein Blankoscheckbuch zu geben, wenn ich bereit wäre, den Hinduismus auf der ganzen Welt zu verbreiten und in Indien eine Bewegung ins Leben zu rufen, um die Regierung zu zwingen, das Schlachten von Rindern gesetzlich zu verbieten. Als ich ablehnte, sagte er zu mir: »Junger Mann, überlegen Sie sich das zweimal, denn Jawaharlal bekommt Geld von mir, Jaiprakash Narayan bekommt Geld von mir, Ram Manohar Lohia bekommt Geld von mir, Ashok Mehta bekommt Geld von mir.« Das waren alles Spitzenleute in der Führung.

Er sagte: »Und jeden Monat gebe ich ihnen Geld, so viel sie brauchen. Auch Ashok Mehta, der Präsident der sozialistischen Partei Indiens, die gegen die Reichen ist ... selbst er ist mein Mann!« Er sagte: »Ich gebe allen Parteivorsitzenden, allen wichtigen Leuten. Jeder, der in eine Machtposition gelangt, wird mein Mann. Lass sie reden, was sie wollen. Was sie reden, spielt keine Rolle – ich habe sie alle gekauft.«

Ich hatte Indira das über Jaiprakash erzählt, im selben Gespräch, in dem ich ihr empfahl, Morarji Desai loszuwerden. Sie war schockiert! Sie konnte es nicht fassen, denn Jaiprakash war für sie wie ein Onkel; er war beinahe wie ein Bruder von Jawaharlal. Viele Jahre lang war er Jawaharlals Sekretär gewesen, und sie hatten eine sehr enge Beziehung. Indira war unter seinen Augen aufgewachsen; als kleines Kind nannte sie ihn »*Kaka*« – Onkel.

Und als ich sagte: »Jugal Kisore hat es mir selbst erzählt, und ich glaube nicht, dass der alte Mann mir eine Lüge erzählt hat. Und wovon lebt Jaiprakash eigentlich? – Er gehört zu keiner Partei. Er hat keine Gruppe von Anhängern, er hat der Politik entsagt. Er verdient keinen einzigen Pai. Wie schafft er es, zwei Sekretäre zu haben, eine Schreibkraft? Wie schafft er es, ständig im Flugzeug zu reisen? Das Geld muss doch von irgendwo herkommen, und er hat keine offensichtliche Einkommensquelle. Mein Gefühl ist, dass Jugal Kisore nicht gelogen hat.«

Indira brachte es gegenüber Jaiprakash zur Sprache: »Beziehst du jeden Monat ein Gehalt aus dem Hause Birla?« Und das hat ihn hart getroffen. Es brachte ihn wohl zu dem Entschluss, dass Indira nicht länger toleriert werden konnte. Er wurde zu einem bereitwilligen Partner von Morarji Desai und all den Leuten, die gegen Indira waren. So geht es immer, wenn man an der Macht ist, dass man sich Feinde schafft. Aber Jaiprakash war der Schlüssel. Morarji war nicht in der Lage, die Leute hinter sich zu versammeln – dafür ist er zu beschränkt –, aber Jaiprakash war ein intelligenter Mann.

Es gelang ihm, die Regierung zu stürzen und seinen letzten großen Verzicht in Szene zu setzen: Obwohl er die Regierung gestürzt hatte, lehnte er es ab, Premierminister zu werden. Damit wollte er seine Überlegenheit gegenüber Nehru beweisen. Das war sein einziges, sein tiefstes Anliegen: sich über Jawaharlal zu stellen. Also setzte er Morarji Desai in den Sessel des Premierministers, um der Geschichte zu zeigen: »Man wollte mich zum Premier machen, aber mir liegt nichts an dem Premierministerposten. Ich schaffe meine eigenen Premiers.« Doch das war schierer Egoismus.

Ich hielt früher auch in der Stadt Patna Vorträge, wo Jaiprakash lebte, und seine Frau pflegte meine Vorträge zu besuchen. Ich wunderte mich darüber und fragte meinen Gastgeber: »Seine Frau ist da, aber Jaiprakash sehe ich nie!«

Er lachte und sagte: »Das habe ich Prakashwati, seine Frau, auch gefragt. Sie sagte: ›Er kommt, aber er sitzt draußen im Auto und hört von dort aus zu. Er bringt nicht den Mut auf, hineinzugehen und alle sehen zu lassen, dass er gekommen ist, um jemand anderen zu hören.‹«

So subtil und so schlüpfrig ist das Ego. Und die Krankheit des Politikers ist sein Ego. Er hat zwei Möglichkeiten: Er kann die Wunde zudecken, indem er Präsident wird oder Premierminister. Er kann die Wunde verbergen, aber sie ist trotzdem da. Du kannst der ganzen Welt etwas vormachen, aber wie könntest du dir selbst etwas vormachen? Du weißt: Die Wunde ist da – du hast sie nur zugedeckt.

Das erinnert mich an eine komische Geschichte, die sich einmal in Prayag ereignete, diesem heiligen Ort der Hindus, wo drei Flüsse zusammenkommen. Und wie ihr wisst, wird in Indien das ganze Land als Toilette benutzt. Da gibt es keine Grenzlinie, wo die Toilette anfängt und wo sie aufhört. Überall, wo man Platz findet – dort ist die Toilette.

Ein Brahmane musste einmal frühmorgens, ehe er sein Bad im Fluss nehmen wollte, seinen Darm entleeren. Vielleicht hatte er es besonders eilig, vielleicht hatte er irgendwelche Verdauungsprobleme, jedenfalls erleichterte er sich auf dem *Ghat*. Das *Ghat* ist die gepflasterte Einfassung am Ufer, wo die Leute ihre Kleider ablegen, bevor sie ihr Bad nehmen. Dieser Mann muss sehr in Bedrängnis gewesen sein. Ich kann das verstehen. Ich zweifle nicht an seinen guten Absichten – ich zweifle niemals an jemandes guten Absichten. Er hat also genau dort sein Geschäft verrichtet, und als er gerade damit fertig war, sah er Leute kommen. Schnell bedeckte er seine Scheiße mit den Blumen, die er für seine Andacht mitgebracht hatte. Was hätte er sonst tun sollen?

Als die Leute kamen, fragten sie: »Was ist denn das?«

Und er sagte: »Ein *Shivalinga*, ich verrichte hier meine Andacht.« Und er fing an, seine Andacht zu verrichten. Und weil da ein Brahmane seine Andacht verrichtete, fingen andere ebenfalls an, ihre Blumen darüber zu streuen – ein *Shivalinga* war erschienen! Es gilt in Indien als großes Wunder, wenn irgendwo eine Statue auftaucht oder wenn jemand ein Wunder hervorbringen will, dann ist das die einfachste Methode. Einige Leute fingen an, Mantras zu singen – und was soll man von dem Mann sagen …? Ihm muss schrecklich zumute gewesen sein. Nicht nur, dass er diesen Ort verunreinigt hatte, nun hatte er auch noch gelogen! Eine Lüge folgt der anderen auf dem Fuß, und dann … Und was machte er? Er betete es an, und andere beteten es ebenfalls an!

Aber wie kann man so etwas vergessen? Wird dieser Mann je vergessen können, was unter den Blumen war?

In der gleichen Situation ist der Politiker: Unter dem, was er zugedeckt hat, ist nichts als Eiter, sind seine Wunden, sein Minderwertigkeitskomplex, seine Gefühle von Wertlosigkeit. Ja, er ist immer höher und höher geklettert auf der Leiter, und bei jeder Sprosse hatte er gehofft, die Wunde würde auf der nächsten Sprosse verheilt sein.

Das Minderwertigkeitsgefühl erzeugt Ehrgeiz, und Ehrgeiz ist nichts anderes als das Bemühen, die eigene Überlegenheit zu beweisen. Der Ehrgeiz hat kein anderes Ziel, als zu beweisen, dass man anderen überlegen ist. Aber weshalb solltest du dich bemühen, besser als andere zu sein, es sei denn, du leidest an Minderwertigkeitsgefühlen.

Ich habe in meinem Leben nie an Wahlen teilgenommen. Meine Onkel – ich habe zwei Onkel, die beide am Freiheitskampf teilnahmen – waren alle beide im Gefängnis. Sie konnten ihre Ausbildung nicht beenden, weil sie verhaftet und ins Gefängnis gesteckt wurden. Ein Onkel ist gerade zum Festival hier gewesen. Er war mitten im Studium, als er geschnappt wurde, denn er gehörte zu einer Verschwörergruppe, die einen Zug zerstören und eine Brücke bombardieren wollte. Sie bastelten an einer Bombe – und er studierte Chemie, so konnte er aus dem Chemielabor Dinge besorgen, die zur Herstellung der Bombe nötig waren. Er wurde erwischt, kurz bevor er eine wichtige Prüfung machen wollte, nur zehn Tage vorher. Das war das Ende seiner Ausbildung, denn als er nach drei Jahren zurückkam, war es zu spät, noch einmal von vorne anzufangen. So wurde er Geschäftsmann.

Mein älterer Onkel stand kurz vor seinem Abschluss zum Bachelor of Arts, als man ihn schnappte, denn auch er war Teil einer Verschwörung gegen die Regierung. Meine ganze Familie war politisch, außer meinem Vater. Deshalb fragten mich alle: »Warum lässt du dich nicht als Wähler registrieren? Warum gehst du nicht zur Wahl? Womit vergeudest du deine Energie? Wenn du in die Politik gehen würdest, könntest du Staatspräsident werden. Du könntest Premierminister des Landes werden!«

Ich sagte: »Ihr habt völlig vergessen, mit wem ihr redet! Ich leide nicht im Geringsten an einem Minderwertigkeitskomplex, warum sollte ich ein Interesse haben, Staatspräsident zu werden? Wozu soll ich mein Leben vergeuden, um Staatspräsident zu werden? Das ist fast so, als wäre ich völlig gesund und ihr versucht mir einzureden, mich gegen Krebs operieren zu lassen – sonderbar! Warum sollte ich mich unnötig operieren lassen?

Ihr leidet unter einem Minderwertigkeitskomplex und ihr projiziert euren Minderwertigkeitskomplex auf mich. Ich bin völlig okay, so wie ich bin. Ich bin der Existenz absolut dankbar, genau da zu sein, wo ich bin. Was auch immer heute passiert, ist gut. Mehr als das habe ich nie gewollt, darum kann ich auch nie enttäuscht werden.«

Sie sagten: »Du redest von seltsamen Dingen. Was ist dieser Minderwertigkeitskomplex? Und was hat dieser Minderwertigkeitskomplex mit Politik zu tun?«

Ich sagte: »Ihr versteht ja nicht einmal die einfachste Psychologie. Und genauso wenig verstehen eure großen Politiker diese einfache Psychologie.«

All diese Spitzenpolitiker der Welt sind kranke Leute. Sie haben also diese eine Möglichkeit, dass sie sich bemühen, ihre Wunde zuzudecken. Wenn Jimmy Carter lächelt, kann er euch etwas vormachen, aber wie könnte Jimmy Carter sich selbst etwas vormachen? Er weiß, dass er nur Lippengymnastik betreibt. Da ist nichts dahinter, kein inneres Lächeln.

Diese Leute erreichen die oberste Sprosse der Leiter. Aber erst dann wird ihnen bewusst, dass sie ihr ganzes Leben verschwendet haben. Sie sind angekommen – aber wo? Sie sind angekommen an dem Platz, um den sie die ganze Zeit gekämpft haben. Und es war kein leichter Kampf; es ging um Kopf und Kragen – und dabei wurden so viele Menschen ruiniert, so viele Menschen als Mittel zum Zweck benutzt und ihre Köpfe als Trittstufen benutzt.

Ihr seid auf der letzten Leitersprosse angekommen, aber was habt ihr daraus gewonnen? Ihr habt einfach euer ganzes Leben vergeudet. Sich das einzugestehen erfordert ungeheuren Mut. Es ist besser, weiterzulächeln und die Illusion aufrechtzuerhalten: Zumindest die anderen sollen glauben, dass ihr großartig seid.

Ihr wisst aber selbst am besten, wer ihr seid. Euch geht es genauso wie früher – eher noch schlimmer, denn dieser ganze Kampf, dieser Zwang und die Gewalttätigkeit haben euch zu schlechteren Menschen gemacht. Ihr habt eure ganze Menschlichkeit verloren. Ihr habt euch sehr weit von eurem lebendigen Sein entfernt.

So weit, dass Gurdjieff zu sagen pflegte, dass nicht jeder Mensch eine Seele hat. Nicht dass es buchstäblich wahr wäre, aber er pflegte zu sagen: »Nicht jeder hat eine Seele, nur sehr wenige Menschen, die ihr wahres Sein entdeckt haben.« Sie haben eine Seele, während die anderen nur in der Illusion leben, mit einer Seele geboren zu sein, weil die Schriften es sagen und alle Religionen es predigen.

Gurdjieff war sehr drastisch. Er sagte: »Das ist alles Unsinn. Ihr seid nicht mit einer Seele geboren. Ihr müsst sie erst erwerben; ihr müsst sie euch verdienen.« Und ich kann verstehen, was er meint, obwohl ich nicht sagen würde, dass ihr nicht mit einer Seele geboren seid.

Du bist mit einer Seele geboren, aber deine Seele ist nur ein Potenzial – und das ist im Grunde das Gleiche, was Gurdjieff sagt. Du musst dieses Potenzial erst verwirklichen. Du musst es dir erwerben. Du musst es dir verdienen.

Der Politiker erkennt das erst, wenn sein ganzes Leben den Bach runter ist. Dann muss er es sich eingestehen – was total blöd aussieht, denn er müsste bekennen, dass er sein ganzes Leben wie ein Idiot gelebt hat …

Wunden können nicht heilen, wenn man sie zudeckt. Wahrhaftige Religiosität ist ein Heilwerden. Das Wort Meditation und das Wort Medizin stammen aus derselben Wurzel. Medizin ist für den Körper, und was Medizin für den Körper ist, das ist Meditation für die Seele. Sie ist heilsam, sie ist ein Heilmittel.

Du fragst mich: »Kann ein Politiker wahrhaft religiös sein?« Solange er ein Politiker bleibt, ist es unmöglich. Wenn er aber die ganze Politik fahren lässt und kein politischer Mensch mehr ist – ja, dann kann aus ihm ein wahrhaft religiöser Mensch werden. Ich mache also keine Trennung und hindere den Politiker nicht daran, religiös und meditativ zu werden. Was ich sage, ist: Solange er als Politiker tätig ist, kann er nicht wahrhaft religiös sein, denn das sind zwei völlig verschiedene Dimensionen.

Du kannst deine Wunde entweder zudecken oder heilen. Du kannst nicht beides zugleich tun. Und um sie zu heilen, musst du sie aufdecken, nicht zudecken. Decke die Wunde auf, lerne sie kennen, erlebe sie in ihrer ganzen Tiefe, erleide sie.

Nach meiner Auffassung ist das die Bedeutung von Askese – nicht nackt in der Sonne zu stehen; das ist ein idiotischer Akt! Das lass mal lieber bleiben! Oder sich selbst zu Tode zu hungern. Oder in der Kälte zu stehen, in einem kalten Fluss, tagelang! Das ist nicht der Weg, um dich zu heilen. Damit kann dich höchstens jemand zum Narren halten. Jemand, der von nichts eine Ahnung hat, gibt dir Ratschläge: »Tue dies und jenes, dann wirst du geheilt.« Es geht nicht darum, irgendetwas zu *tun*, um Heilung zu erlangen.

Vielmehr ist es nötig, dein ganzes Wesen zu erforschen – ohne Unvoreingenommenheit, ohne Verurteilung. Du wirst vieles in dir finden, von dem dir gesagt wurde, es sei schlecht oder gar böse. Schrecke nicht davor zurück, lass alles da. Du brauchst kein Urteil darüber zu fällen.

Es ist der Beginn einer intensiven Selbsterforschung. Bemerke einfach, was du vorfindest, nimm es zur Kenntnis und geh weiter. Verurteile es nicht, benenne es nicht. Bringe keine Vorurteile ins Spiel, weder dafür noch dagegen, denn das würde dich nur am Forschen hindern. Dann verschließt sich sofort deine innere Welt, und du verkrampfst dich: Hilfe, etwas Böses! Du gehst nach innen, nimmst etwas wahr und bekommst Angst, es könnte etwas Böses sein, wie Gier, Lust, Wut, Eifersucht. »Mein Gott! Alle diese Dinge in mir! Es ist besser, nicht nach innen zu schauen!«

Deshalb gehen Millionen von Menschen nie nach innen. Sie bleiben auf den Stufen vor ihrem Haus sitzen und verbringen ihr ganzes Leben unter dem Vordach am Eingang ihres Hauses. Sie leben draußen vor der Tür. Sie trauen sich nicht die Tür zu ihrem Haus aufzumachen. Dabei hat dieses Haus viele Gemächer;

es ist ein Palast. Wenn du dich hineinwagst, stößt du auf viele Dinge, von denen andere behaupteten, sie seien nicht richtig. Aber du weißt es nicht – also sag einfach: »Ich bin unwissend. Ich weiß nicht, wer ihr seid. Ich bin nur gekommen, mir selbst ein Bild zu machen und mein Haus zu vermessen.« Ein Vermesser kümmert sich nicht darum, was gut ist oder was schlecht ist; er muss einfach nur registrieren, beobachten, wahrnehmen.

Und du wirst dich über eine äußerst seltsame Erfahrung wundern: Was du bisher als Liebe bezeichnet hast – direkt dahinter verbirgt sich der Hass. Registriere das. Was du bisher Bescheidenheit genannt hast – direkt dahinter verbirgt sich dein Ego. Registriere das einfach.

Wenn jemand mich fragt: »Bist du ein bescheidener Mensch?«, kann ich nicht sagen: »Ja, das bin ich.« Ich weiß, dass Bescheidenheit nichts anderes ist als das Ego, das auf dem Kopf steht. Ich bin kein Egoist, wie könnte ich also bescheiden sein? Verstehst du? Ohne Ego ist es unmöglich, bescheiden zu sein. Sobald du erkannt hast, dass beides immer zusammen daherkommt, geschieht etwas äußerst Seltsames – wie ich schon sagte.

In dem Moment, da du erkennst, dass deine Liebe und dein Hass, deine Bescheidenheit und dein Ego eins sind, lösen sie sich auf.

Dazu brauchst du überhaupt nichts zu tun. Du hast ihr Geheimnis durchschaut. Das Geheimnis half ihnen, sich in dir einzunisten. Jetzt, wo du das Geheimnis durchschaust, haben sie keinen Ort mehr, sich zu verstecken. Geh nach innen, immer wieder, und du wirst immer weniger in dir finden. Die Menge in deinem Inneren schwindet dahin; der Pöbel zerstreut sich. Dann ist der Tag nicht mehr fern, und du bleibst allein übrig. Dann ist niemand mehr da. Dann hältst du nur Leere in den Händen. Und mit einem Mal bist du geheilt.

Vergleiche dich nicht, mit niemandem. Denn du bist du, und jemand anders ist jemand anders. Warum sollte ich mich mit Yehudi Menuhin oder Pablo Picasso vergleichen? Ich sehe darin keinen Sinn. Sie machen ihr Ding, und ich mache mein Ding. Sie genießen es, ihr Ding zu machen – vielleicht! Denn was andere betrifft, kann ich mir nicht sicher sein. Ich bin mir aber sicher, was mich selbst betrifft: Ich genieße alles, was ich tue oder nicht tue.

Ich sagte, ich kann mir bei anderen nicht sicher sein. Denn Pablo Picassso war kein glücklicher Mensch; tatsächlich war er sehr unglücklich. Seine Bilder zeigen sein inneres Leiden auf vielerlei Art; er hat dieses Leiden auf der Leinwand ausgebreitet.

Wie kommt es, dass Picasso zum größten Maler dieser Epoche wurde? Weil in dieser Epoche das innere Leiden am meisten verbreitet ist.

Vor 500 Jahren hätte ihn niemand für einen Maler gehalten. Man hätte gelacht und ihn in eine Irrenanstalt gesteckt. Und Irrenanstalten waren vor 500 Jahren kein Honiglecken! Sie veranstalteten dort alles Mögliche, vor allem Schläge, weil sie glaubten, sie könnten den Wahnsinn durch Schläge austreiben. Man hielt Verrücktheit für einen bösen Geist, von dem der Mensch besessen war. Eine gute Tracht Prügel jeden Tag, so dachte man, würde die Verrücktheit austreiben.

Noch vor 300 Jahren wurde einem Verrückten das Blut einfach abgezapft, um ihn zu schwächen. Man hielt ihn für besessen von einem bösen Geist. Und wenn man ihn seiner Lebensenergie beraubte, würde der böse Geist ihn verlassen, weil er keine Nahrung bekam. Man glaubte nämlich, der Geist würde sich von seinem Blut ernähren. Tolle Logik! – Und so wurde es gemacht.

Niemand hätte Picassos Bilder für Gemälde gehalten. Nur das 20. Jahrhundert konnte in Picasso den großen Maler erkennen, weil es sich des inneren Unglücks bewusst geworden war und sich in dem Leiden wiederfand, dem dieser Mann in Farbe Ausdruck verlieh. Was sich nicht in Worten ausdrücken lässt, konnte Picasso in Farbe ausdrücken. Du verstehst zwar nicht, was er gemalt hat, aber irgendwie fühlst du dich eins damit. Es hat eine starke Wirkung; etwas in dir fühlt sich angesprochen. Es ist nicht intellektuell, denn du kannst daraus nicht schlau werden, aber du hältst fasziniert inne, schaust und beobachtest, als wäre es ein Spiegel, der etwas aus dem eigenen Inneren, aus deinen Eingeweiden, wiedergibt. Picassos Bilder gehören zu den größten Werken seiner Zeit, weil sie fast wie Röntgenaufnahmen fungierten. Sie legten euer Leiden frei. Deshalb sagte ich: »Vielleicht.« Über andere kann ich nur »Vielleicht« sagen.

Sicher sein kann ich nur über das, was mich selbst betrifft. Ich weiß aber, wenn du anfängst, deine innere Welt ohne verurteilende oder anerkennende Gedanken, ohne jedes Urteil zu erforschen, und einfach nur die Tatsachen wahrnimmst, beginnen sich die Dinge aufzulösen. Irgendwann kommt der Tag, an dem du allein übrig bleibst und die ganze Menge verschwunden ist. In diesem Moment fühlst du zum ersten Mal, was psychische Heilung bedeutet.

Und von der psychischen Heilung öffnet sich die Tür zur spirituellen Heilung.

Du brauchst sie nicht zu öffnen; sie öffnet sich von selbst. Du gehst nach innen, ins psychische Zentrum, und die Tür öffnet sich. Es hat auf dich gewartet, vielleicht schon viele Leben lang. Wenn du kommst, öffnet sich sofort die Tür, und von dieser Tür aus kannst du nicht nur dich selbst sehen, sondern du siehst die ganze Existenz, alle Sterne, den ganzen Kosmos.

Deshalb kann ich mit absoluter Gewissheit sagen: Kein Politiker kann wahrhaft religiös sein, solange er die Politik nicht aufgibt. Erst dann ist er kein Politiker mehr, und was ich gesagt habe, trifft dann auf ihn nicht mehr zu.

Du hast auch gefragt: »Kann ein wahrhaft religiöser Mensch Politiker werden?« Das ist sogar noch unmöglicher als das Erstere, weil er überhaupt keinen Antrieb hat, Politiker zu werden. Wenn Minderwertigkeitsgefühle der Antrieb für den Ehrgeiz sind, wie kann da jemand, der meditiert, Politiker werden wollen? Dazu fehlt ihm die treibende Kraft. Doch es ist hier und da in der Vergangenheit vorgekommen, und es könnte auch in der Zukunft wieder vorkommen, darum will ich dir dazu Folgendes sagen:

In der Vergangenheit war es möglich, weil die Welt von Monarchien beherrscht wurde. Hier und da stellte sich heraus, dass der Sohn eines Königs ein Dichter war. Es ist äußerst schwierig, dass ein Dichter amerikanischer Präsident wird; wer würde ihm schon zuhören? Die Leute würden denken, er sei verrückt, und er würde wie ein Hippie aussehen. Er kann nicht einmal sich selbst in Ordnung bringen, und er versucht, die ganze Welt in Ordnung zu bringen?

Aber in der Vergangenheit war es möglich, durch die Monarchie. Der letzte Kaiser von Indien, Bahadurshah Zafar, von dem die Engländer die Macht übernahmen, war ein Dichter – darum konnten die Engländer Indien übernehmen. Er war einer der größten Urdu-Dichter. Nun, es ist nicht möglich, dass aus einem Dichter ein Kaiser wird; er wurde zufällig als Sohn eines Kaisers geboren.

Die feindlichen Truppen waren in Begriff, in die Hauptstadt einzudringen, aber er schrieb Poesie. Als sein Premierminister an die Tür klopfte und sagte: »Es ist äußerst dringend, die Feinde sind in die Hauptstadt eingedrungen«, da sagte Bahadurshah: »Störe mich nicht. Ich schreibe gerade die letzten vier Zeilen. Ich glaube, ich werde diese vier Zeilen fertig haben, bevor sie hierherkommen. Störe mich nicht.« Und er schrieb weiter und vollendete sein Gedicht; das war ihm wichtiger.

Und er war so ein schlichter und guter Mensch – er kam heraus und sagte: »Was soll dieser Unsinn, die Menschen zu töten? Wenn ihr das Land haben wollt, dann nehmt es euch. Wozu das Theater? Bisher habe ich die ganze Sorgenlast getragen, jetzt könnt ihr die ganze Sorgenlast tragen. Lasst mich in Ruhe.«

Aber sie ließen ihn nicht in Ruhe, denn sie waren Politiker und Generäle. Diesen Mann in Neu-Delhi zu belassen war zu gefährlich. Er konnte seine Truppen um sich scharen, er konnte noch Ressourcen haben – niemand wusste das. Man brachte ihn von Indien nach Burma; er starb in Rangun. In seinem letzten Gedicht, das er auf seinem Sterbebett schrieb, sagte er: »Wie arm ich bin. Ich bekomme nicht einmal sechs Fuß in der Straße meiner Geliebten.« Er meint damit Neu-Delhi, das er so liebte, das er geschaffen hatte. Und er war ein Dichter, darum machte er diese Stadt so schön wie möglich. Er sagte: »Ich kann nicht einmal sechs Fuß bekommen, um in der Straße meiner eigenen

Geliebten begraben zu werden. Wie unglücklich, Zafar ...« – Zafar war sein Dichtername – »Wie unglücklich, Zafar, bist du.«

Er wurde in Rangun begraben; man brachte nicht einmal seinen Leichnam nach Neu-Delhi. Er hatte darauf gedrängt: »Wenigstens wenn ich tot bin, bringt meine Leiche in meine Stadt, in mein Land. Eine Leiche kann niemandem gefährlich sein.« Doch Politiker und Generäle denken anders. Bahadurshah war ein sehr beliebter Kaiser des Volkes gewesen, und wenn das Volk ihn tot sah, dachten sie, könnte es eine Revolte geben, könnten sie in Schwierigkeiten geraten: »Wozu sich Schwierigkeiten einladen? Begrabt ihn dort in Rangun. Dann wird es Jahre dauern, bis überhaupt jemand erfährt, dass er gestorben ist.«

In den alten Zeiten der Monarchien war es möglich, dass sogar in der westlichen Hemisphäre ein Mann wie Marc Aurel auf den Plan trat. Er war zufällig ein religiöser Mensch. Ein Marc Aurel könnte heute unmöglich Präsident oder Premierminister werden, denn er würde nicht um Stimmen feilschen, würde nicht dafür betteln gehen – wozu?

In Indien ist es einige Male vorgekommen. Ashoka zum Beispiel, einer der größten Herrscher Indiens, war ein wahrhaft religiöser Mensch. So sehr, dass er einen Freudentanz aufführte, als sein Sohn, sein einziger Sohn und künftiger Nachfolger, ihn fragte, ob er Mönch werden dürfe. Er sagte: »Darauf habe ich so sehr gewartet, dass du es eines Tages verstehen würdest!« Und dann fragte ihn auch seine Tochter, seine einzige Tochter – denn er hatte nur zwei Kinder, diesen Sohn und diese Tochter –, als nun auch seine Tochter Sanhamitra ihn fragte, ob auch sie in die Welt der Meditation eintreten könne, da sagte er zu ihr: »Geh! Darin besteht mein ganzes Glück.« Das wäre heute undenkbar.

In Indien gab es einen großen König, Poras, der gegen Alexander den Großen kämpfte. Und ihr werdet euch wundern, wie ungerecht die westlichen Geschichtsbücher diesen Poras behandelt haben. Poras gegenüber wird Alexander der Große zu einem Zwerg. Als Alexander Indien erreichte, wandte er einen

Trick an – er war Politiker … Alexander schickte seine Frau, um Poras zu treffen, an einem ganz bestimmten Tag. In Indien gibt es einen Tag, den Tag der Schwestern, an dem eine Frau deine Schwester wird, wenn sie dir einen Faden um das Handgelenk bindet. Egal, ob du ihr richtiger Bruder bist oder nicht: Sobald sie dir den Faden um dein Handgelenk bindet, wirst du für sie zu einem Bruder. Es ist ein doppeltes Versprechen. Der Bruder sagt damit: »Ich werde dich beschützen«, und die Schwester sagt: »Ich werde für deinen Schutz beten.«

An diesem speziellen Tag schickte also Alexander seine Frau zu Poras. Er hielt sich gerade außerhalb von Poras' Königreich auf, ein Fluss war die Grenze, und Alexander stand direkt davor, und so schickte er seine Frau zu ihm. Als am Hofe des Poras verkündet wurde: »Die Frau von Alexander dem Großen will dich treffen«, trat Poras heraus, um sie zu grüßen, denn so wollte es die indische Tradition. Selbst wenn ein Feind in dein Haus kommt, ist er dein Gast, und der Gast ist Gott.

Er führte sie in seinen Hof, setzte sie auf einen Thron und sagte: »Du hättest mich rufen können. Es war nicht nötig, den langen Weg auf dich zu nehmen.«

Sie sagte: »Ich bin gekommen, dich zu meinem Bruder zu machen. Ich habe keinen Bruder, und wie ich höre, ist heute der Tag der Schwestern. Da konnte ich nicht widerstehen.«

Das war ein politisches Spiel. Und Poras vermochte zu durchschauen, was Alexander und seine Frau mit diesem Tag der Schwestern im Sinn hatten und warum Alexander diesen Tag abgewartet hatte, um seine Frau zu ihm zu schicken. Doch Poras sagte: »Das stimmt. Wenn du keinen Bruder hast, bin ich jetzt dein Bruder.« Sie hatte den Faden mitgebracht, band ihn fest, und Poras berührte ihre Füße. Der Bruder muss die Füße der Schwester berühren, wobei es keine Rolle spielt, ob sie jünger oder älter ist als er.

Eine ungeheure Hochachtung vor der Weiblichkeit liegt darin und gleichzeitig eine ungeheure Bitterkeit gegen die Frauen. Vielleicht geht die Bitterkeit auf das Konto der Mönche und Priester und die Hochachtung auf das Konto der Religiösen.

Ohne Zögern sagte Alexanders Frau: »Jetzt bist du mein Bruder, und ich hoffe, du wirst mich retten. Aber du kannst mich nur retten, wenn du Alexander nicht tötest. Würdest du wollen, dass deine Schwester ihr Leben lang als Witwe leben muss?«

Poras sagte: »Das steht außer Frage. Du musst es gar nicht erwähnen – es ist abgemacht. Alexander wird nicht angerührt. Wir sind jetzt verwandt.«

Und dann geschah Folgendes: Am nächsten Tag griff Alexander an, und im Kampf gab es einen Moment, in dem Poras das Pferd von Alexander tötete. Alexander fiel vom Pferd, und Poras saß auf seinem Elefanten – denn in Indien war der Elefant das Kampftier des Kriegers, nicht das Pferd. Der Elefant war drauf und dran, seine Füße auf Alexander zu setzen, und das wäre Alexanders Ende gewesen. Aus Gewohnheit hatte Poras seinen Speer gezogen und wollte Alexander töten, als er den Faden an seinem Handgelenk erblickte. Er steckte den Speer zurück und sagte dem Mahout, dem Elefantenführer: »Weiche zurück und sage Alexander, dass ich ihn nicht töten werde.«

Das war der Moment, in dem Alexander fast getötet worden wäre, und damit wäre all sein Streben nach der Eroberung der Welt zu Ende gewesen. Die ganze Geschichte wäre anders verlaufen. Doch Poras war ein religiöser Mensch, er war ganz anders gestrickt: Er war eher bereit, besiegt zu werden, als seine Prinzipien zu verraten. Und er wurde besiegt, weil er seine Chance vergab.

Alexander ließ Poras an seinem Hof, seinem provisorischen Hof, vorführen, mit Ketten an Händen und Füßen. Doch die Art, wie er ging! Selbst Alexander musste ihm zugestehen: »Du schreitest wie ein Kaiser, sogar noch mit Ketten an den Füßen und Ketten an den Händen!«

Poras sagte: »Das ist meine Art zu gehen. Es hat nichts damit zu tun, ob ich Kaiser oder Gefangener bin. Es ist meine Art zu gehen. So bin ich.«

Alexander fragte: »Wie willst du, dass man dich behandelt?«

Poras sagte: »Was für eine Frage! Ein Kaiser sollte wie ein Kaiser behandelt werden. Was für eine dumme Frage.«

Alexander sagt in seinen Aufzeichnungen: »Nie habe ich einen solchen Mann wie Poras getroffen. Er war in Ketten, ein Gefangener – ich hätte ihn sofort, auf der Stelle töten können – aber die Art, wie er ging, die Art, wie er sprach ...« Alexander war wirklich beeindruckt. Er befahl: »Nehmt ihm die Ketten ab. Er bleibt ein Kaiser, wo auch immer er ist. Gebt ihm sein Königreich zurück.« Dann sagte er: »Aber ehe wir abziehen, möchte ich dir eine Frage stellen: Als du die Möglichkeit hattest, mich zu töten, warum hast du deinen Speer zurückgesteckt? Eine Sekunde später wäre ich erledigt gewesen, oder dein Elefant hätte mich zertrampelt, aber du hast es verhindert. Warum?«

Poras sagte: »Frage das nicht; du weißt es. Du bist Politiker, ich nicht. Dieser Faden – erkennst du ihn? Du hattest mir diesen Faden mit deiner Frau geschickt. Sie ist jetzt meine Schwester, und ich kann nicht meinen Schwager töten. Ich kann sie unmöglich zur Witwe machen. Ich entscheide mich lieber dafür, besiegt zu werden, als dich zu töten. Es ist aber nicht nötig, dass du dich in meiner Schuld fühlst.« – So verhält sich ein wirklich zentrierter Mensch.

In der Vergangenheit war so etwas möglich, durch die Monarchie. Aber auch in der Monarchie kam es vor, dass Schwachköpfe König wurden, dass Verrückte König wurden – alles war möglich. Ich bin nicht für die Monarchie, ich sage nur, dass es in Zeiten der Monarchie für wahrhaft religiöse Menschen möglich war, durch den Zufall der Geburt Herrscher zu werden.

Für die Zukunft ist abzusehen, dass die Demokratie nicht mehr lange bestehen wird, weil der Politiker gegenüber dem Wissenschaftler völlig unwissend ist; er ist bereits in den Händen des Wissenschaftlers. Die Zukunft gehört dem Wissenschaftler, nicht dem Politiker.

Das bedeutet, dass wir das Wort *Demokratie* ändern müssen. Ich habe dafür ein anderes Wort: *Meritokratie*.

Die Fachkompetenz (engl.: *merit*) wird der entscheidende Faktor sein. Nicht, ob man genug Stimmen zusammenbekommt, indem man alle möglichen Versprechungen macht und Hoffnungen weckt, sondern fachliche Kompetenz und Leistung – in der wissenschaftlichen Welt die wirkliche Macht – werden entscheiden. Und wenn das Regieren in die Hände der Wissenschaftler gelegt wird, ist alles möglich.

Ich bezeichne die Wissenschaft als objektive Religion und die Religion als subjektive Wissenschaft.

In den Händen der Wissenschaft wird die Weltkarte einmal ganz anders aussehen, denn was gäbe es zwischen den russischen und den amerikanischen Wissenschaftlern groß zu kämpfen? Sie arbeiten an den gleichen Projekten, und es wird viel effizienter sein, wenn sie zusammenarbeiten. Es ist schiere Dummheit, dass die gleichen Experimente überall auf der Welt in den einzelnen Ländern wiederholt werden; das ist unglaublich. Alle diese Leute könnten gemeinsam Wunder vollbringen. Getrennt ist alles viel kostspieliger.

Wäre zum Beispiel Albert Einstein nicht aus Deutschland geflohen, welche Seite hätte dann den Zweiten Weltkrieg gewonnen? Bestimmt nicht Amerika und Großbritannien und Russland! Nein, die Flucht eines einzigen Mannes aus Deutschland, Albert Einsteins Flucht aus Deutschland, hatte Einfluss auf den Lauf der Geschichte. Alle diese nachgemachten Figuren: Roosevelt, Churchill, Stalin, Hitler – sie bedeuten gar nichts. Dieser eine Mann hatte eine viel größere Bedeutung, denn er war der Vorreiter der Atombombe. Er schrieb in einem Brief an Roosevelt, nur durch den Einsatz der Atombombe ließe sich der Krieg beenden. Er bereute es sein Leben lang, aber das ist eine andere Geschichte. Die Atombombe wurde eingesetzt, und in dem Moment, als sie zum Einsatz kam, stand es außer Frage, dass Japan den Kampf aufgab. Der Krieg war gewonnen. Die Verwüstung von Hiroshima und Nagasaki setzte einen Schlusspunkt unter den Zweiten Weltkrieg. Albert Einstein hatte an ähnlichen Projekten in Deutschland gearbeitet. Hätte er seinen Brief an eine andere Adresse gerichtet – nämlich an Adolf Hitler statt an Roosevelt –, dann wäre die ganze Geschichte anders verlaufen, völlig anders.

Die Zukunft wird in den Händen des Wissenschaftlers liegen. Dieser Tag ist nicht mehr fern. Heute, im Zeitalter der Nuklearwaffen, werden die Politiker sich nicht mehr lange an der Spitze halten können. Sie haben nicht die geringste Ahnung davon, nicht einmal vom ABC.

Es hieß, als Einstein noch am Leben war, hätten nur zwölf Leute auf der ganzen Welt seine Relativitätstheorie wirklich verstanden. Einer der zwölf war Bertrand Russel, der ein kleines Buch verfasste für jene, die es nicht verstehen konnten: *Das ABC der Relativitätstheorie.* Er dachte, man sollte zumindest das ABC verstehen, aber selbst das ist nicht möglich. Wer das ABC versteht, dem wird das ganze Alphabet verständlich. Wer nicht bloß das ABC versteht, für den ist XYZ nicht weit. Das eigentliche Problem besteht darin, das ABC zu verstehen.

Aber diese Politiker haben von all dem überhaupt keine Ahnung. Früher oder später werden wir die Welt in die Hände wirklich kompetenter Leute legen müssen. Als Erstes wird sie in die Hände der Wissenschaftler gelegt werden.

Ihr könnt es fast als Prognose nehmen, dass die Welt in die Hände des Wissenschaftlers übergehen wird. Und damit wird sich eine neue Dimension öffnen.

Früher oder später wird der Wissenschaftler den Weisen einladen, den Heiligen, weil er es allein nicht managen kann. Der Wissenschaftler kann sich selbst nicht managen. Er kann alles andere managen, aber er kann sich selbst nicht managen. Albert Einstein mag alles über die Sterne des Universums wissen, aber er weiß nichts über sein eigenes Zentrum.

Was die Zukunft bringen wird, ist dies: Von den Politikern zu den Wissenschaftlern, von den Wissenschaftlern zu den wahrhaft religiösen Menschen – aber das wird uns eine völlig andere Welt bringen. Religiöse Menschen können nicht auf Stimmenfang gehen. Man wird sie einladen müssen, wird sie um Unterstützung bitten müssen. Und wenn sie das Gefühl haben, dass die Einladung aufrichtig gemeint ist und echter Bedarf besteht, dann werden sie möglicherweise in der Welt aktiv werden. Aber denkt daran: Mit Politik wird das überhaupt nichts mehr zu tun haben!

Ich sage noch einmal: Der Politiker kann nur religiös werden, wenn er die Politik aufgibt; ansonsten ist es unmöglich. Der religiöse Mensch kann in der Politik wirken, aber nur unter der Voraussetzung, dass sich die Politik total verändert. Ansonsten kann sich ein religiöser Mensch unmöglich in der Politik betätigen. Es ist ihm unmöglich, sich wie ein Politiker zu verhalten.

Aber so, wie die Dinge sich entwickeln, ist es ziemlich sicher, dass die Welt zunächst in die Hände der Wissenschaftler übergehen wird und danach von den Wissenschaftlern in die Hände der Mystiker. Nur in den Händen der Mystiker könnt ihr euch sicher fühlen.

Die Welt kann zu einem wahren Paradies werden. Tatsächlich gibt es kein anderes Paradies, außer wir schaffen es uns hier.

OSHO International Meditation Resort

Ort: Das OSHO International Meditation Resort in der modernen indischen Stadt Pune, etwa 150 Kilometer südöstlich von Mumbai, ist ein Urlaubsziel ganz anderer Art. Auf einem 15 Hektar großen Areal, eingebettet in einer wunderschönen, baumbestandenen Wohngegend, liegt das Meditation Resort mit seinen spektakulären üppigen Gärten.

Einzigartigkeit: Jedes Jahr begrüßt das Meditation Resort Tausende von Besuchern aus über 100 Ländern. Der einzigartige Campus bietet die Möglichkeit für eine unmittelbare persönliche Erfahrung mit einer neuen Lebensweise voller Achtsamkeit, Entspannung, Lebensfreude und Kreativität. Eine große Vielfalt ganztägig und ganzjährig stattfindender Programme steht zur Auswahl. Nichts tun und nur entspannen ist nur eines davon!

Sämtliche Angebote beruhen auf Oshos Vision von »Zorba the Buddha« – einer neuen Seinsqualität, die uns den Alltag im Gleichgewicht zwischen zentrierter, kreativer Teilnahme und tiefer Entspannung in Stille und Meditation leben lässt.

Meditationen: Ein volles Tagesprogramm bietet vielfältige Meditationsmethoden – aktiv oder passiv, traditionell oder revolutionär – und speziell die OSHO Aktiven Meditationen™. Sie finden im Osho Auditorium statt, der wahrscheinlich größten Meditationshalle der Welt.

Multiversity: Das Angebot an Einzelsitzungen, Gruppenworkshops und Kursen reicht von den kreativen Künsten über ganzheitliche Gesundheit, persönliche Transformation, Wandel in Beziehungen und Lebensphasen, Arbeit als Meditation, esoterische Wissenschaften bis zum »Zen«-Ansatz in Sport und Erholung. Das Erfolgsgeheimnis der Multiversity liegt in der Tatsache, dass sämtliche Programme mit Meditation verknüpft sind und den Menschen als ein spirituelles Wesen begreifen, das sehr viel mehr ist als nur die Summe seiner Teile.

Basho Spa: Das luxuriöse Basho Spa bietet einen wunderbaren Rahmen für entspanntes Schwimmen im Freien mitten unter Bäumen und tropischem Grün. Dazu ein einzigartig gestaltetes, großzügiges Sprudelbad, Saunen, Fitnessraum, Tennisplätze – alles in atemberaubend schöner Umgebung.

Küche: In verschiedenen Restaurantbereichen wird köstliches vegetarisches Essen der westlichen, ostasiatischen und indischen Küche serviert – meist aus organischem Anbau speziell für das Resort – sowie Brot und Kuchen aus der eigenen Bäckerei.

Nachtleben: Viele verschiedene Abendveranstaltungen stehen zur Wahl, wobei Tanzen ganz oben auf der Liste ist. Andere Aktivitäten sind zum Beispiel. Vollmondmeditationen unter dem Sternenhimmel, Varietévorstellungen, Konzerte und Meditationen für das tägliche Leben. Man kann es aber auch einfach genießen, Leute im Plaza Café zu treffen oder in der nächtlichen Stille der Gärten in dieser märchenhaften Umgebung spazieren zu gehen.

Dienstleistungen: Alle wichtigen Dinge des täglichen Gebrauchs gibt es in der Galleria zu kaufen. Die Multimedia Gallery bietet ein breites Spektrum an OSHO Medienprodukten. Außerdem gibt es eine Bank, ein Reisebüro und ein Internetcafé auf dem Gelände. Wer gerne einkaufen geht, hat dafür in Pune viele Möglichkeiten – von traditionellen und landestypischen indischen Produkten bis zu sämtlichen internationalen Markenläden.

Unterkunft: Sie können wählen zwischen den eleganten Räumen des Osho Gästehauses und – für längere Aufenthalte – Pauschalangeboten des Living-In-Programms. Daneben gibt es eine reiche Auswahl an nahe gelegenen Hotels und Appartements mit Service.

www.osho.com/resort

Weitere Informationen

Über Osho und sein Wirken finden Sie ausführliche Informationen unter:

www.OSHO.com

Diese umfangreiche mehrsprachige Website umfasst eine Onlinezeitschrift, Informationen über Bücher, Vorträge im Audio- und Videoformat, das Textarchiv in Englisch und Hindi sowie ausführliche Informationen über die OSHO Meditationen. Außerdem enthält sie das Programm der Osho Multiversity und nähere Informationen über das Osho International Meditation Resort.

Websites:

http://OSHO.com/resort
http://OSHO.com/magazine
http://OSHO.com/shop
http://www.youtube.com/OSHO
http://www.oshobytes.blogspot.com
http://www.Twitter.com/OSHOtimes
http://www.facebook.com/pages/OSHO.International
http://www.flickr.com/photos/oshointernational

Kontaktadresse der **OSHO International Foundation:**

www.osho.com/oshointernational
oshointernational@oshointernational.com

Das Pendant zum Tibetischen Totenbuch

OTMAR JENNER
Das Buch des Übergangs
Spirituelle Sterbebegleitung
496 Seiten, € [D] 10,95
ISBN 978-3-548-74480-3

Der Einzug der Seele in den Körper

OTMAR JENNER
Das Buch der Ankunft
Der Weg der Seele
bis zur Geburt
416 Seiten, € [D] 9,99
ISBN 978-3-548-74564-0